U0529599

本书为西北民族大学外语教育研究创新团队（1110130137）研究成果

外语教育教学创新研究

基于西北民族大学教学实际

马纳琴 编著

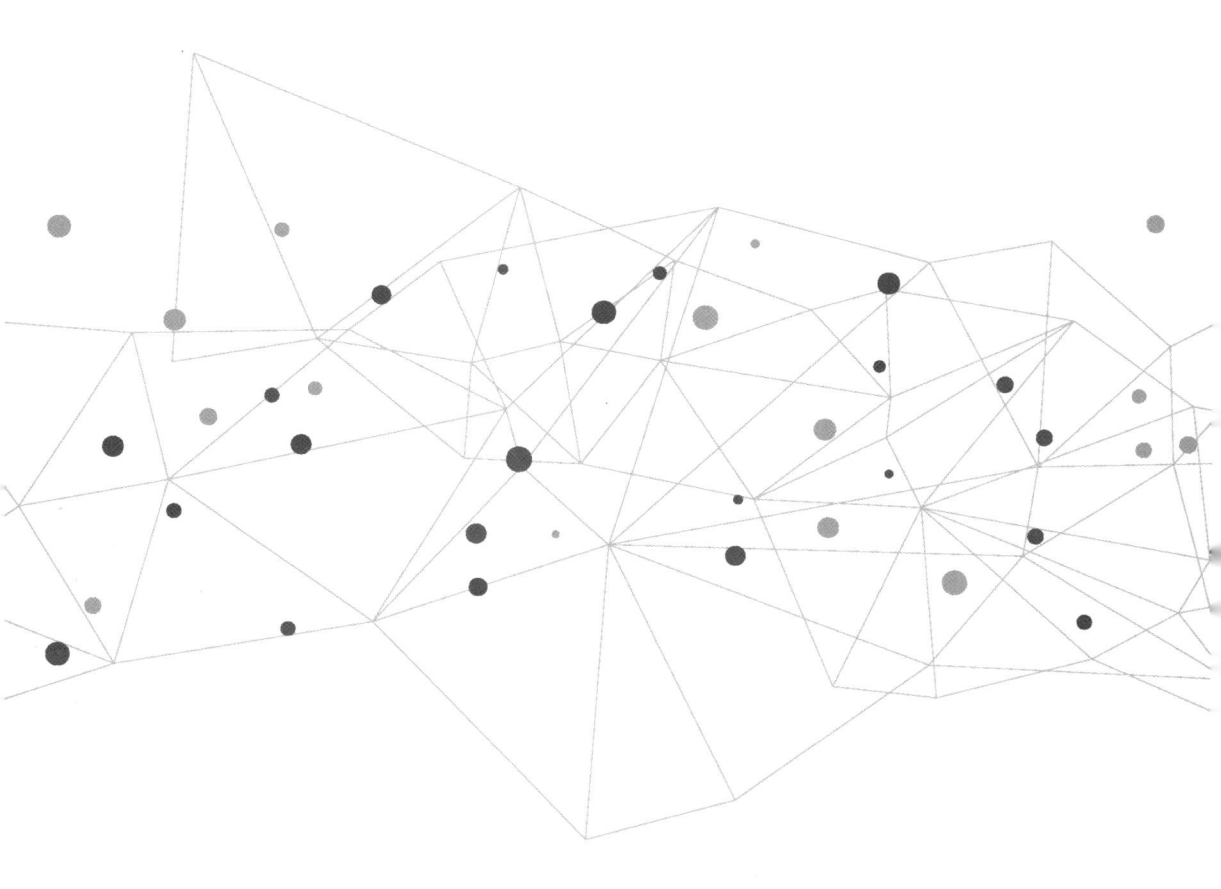

中国社会科学出版社

图书在版编目（CIP）数据

外语教育教学创新研究：基于西北民族大学教学实际／马纳琴编著．
—北京：中国社会科学出版社，2024.3
　ISBN 978－7－5227－3148－3

　Ⅰ.①外…　Ⅱ.①马…　Ⅲ.①外语教学—教学研究—文集　Ⅳ.①H09－53

中国国家版本馆 CIP 数据核字（2024）第 041625 号

出 版 人	赵剑英	
责任编辑	党旺旺	
责任校对	马婷婷	
责任印制	王　超	

出　　版	中国社会科学出版社	
社　　址	北京鼓楼西大街甲 158 号	
邮　　编	100720	
网　　址	http：／／www.csspw.cn	
发 行 部	010－84083685	
门 市 部	010－84029450	
经　　销	新华书店及其他书店	
印　　刷	北京明恒达印务有限公司	
装　　订	廊坊市广阳区广增装订厂	
版　　次	2024 年 3 月第 1 版	
印　　次	2024 年 3 月第 1 次印刷	
开　　本	710×1000　1／16	
印　　张	29.5	
插　　页	2	
字　　数	453 千字	
定　　价	158.00 元	

凡购买中国社会科学出版社图书，如有质量问题请与本社营销中心联系调换
电话：010－84083683
版权所有　侵权必究

序
外语事业　连接中外　传播文化　增进友谊
——兼谈对国家教育方针的再感悟

党的十八大以来，习近平总书记在领导全党全国各族人民推进党和国家事业发展的伟大实践中，立足世界发展大势和国家发展全局，着眼民族复兴伟大梦想，紧紧围绕"培养什么人、怎样培养人、为谁培养人"这一根本问题，牢牢把握立德树人根本任务，作出了一系列有关教育改革发展的重要论述。习近平总书记指出，教育事关国家发展、事关民族未来，是国之大计、党之大计，是功在当代、利在千秋的德政工程。习近平总书记强调："立德树人是中国特色社会主义教育事业的根本任务。学校办学要始终牢记为党育人的初心，坚定为国育才的立场，以树人为核心，以立德为根本，培育和践行社会主义核心价值观，努力培养担当民族复兴大任的时代新人，培养德智体美劳全面发展的社会主义建设者和接班人。""人而无德，行之不远。没有良好的道德品质和思想修养，即使有丰富的知识、高深的学问，也难成大器。"[①]

教育部在《高等学校课程思政建设指导纲要》中指出："全面推进课程思政建设是落实立德树人根本任务的战略举措。培养什么人、怎样培养人、为谁培养人是教育的根本问题，立德树人成效是检验高校一切工作的根本标准。落实立德树人根本任务，必须将价值塑造、知识传授

[①] 本书编写组：《习近平总书记教育重要论述讲义》，高等教育出版社2020年版，第44页。

和能力培养三者融为一体、不可割裂。全面推进课程思政建设，就是要寓价值观引导于知识传授和能力培养之中，帮助学生塑造正确的世界观、人生观、价值观，这是人才培养的应有之义，更是必备内容。这一战略举措，影响甚至决定着接班人问题，影响甚至决定着国家长治久安，影响甚至决定着民族复兴和国家崛起。"[①]

习近平总书记有关教育的重要论述是习近平新时代中国特色社会主义思想的重要组成部分，是马克思主义基本原理同中国教育实践相结合的最新成果，标志着我们党对教育规律的认识达到了新高度。这些论述为中国特色社会主义教育事业指明了前进方向，为新时代教育改革发展提供了根本遵循。

王谋清
西北民族大学外国语学院

[①] 教育部：《教育部关于印发〈高等学校课程思政建设指导纲要〉的通知》，http://www.moe.gov.cn/srcsite/A08/s7056/202006/t20200603_462437.html，2020-05-28。

目 录

第一部分 师德师风与课程思政研究 ……………………………（1）

中学英语课程思政教学：时代角色、问题及
　对策 …………………………………… 王谋清　张　福（3）
高校教师引领大学生全面发展路径探索研究
　——基于"四有好老师"视角 …………………… 马和斌（23）
民族高校大学外语教育铸牢中华民族共同体
　意识研究 ……………………………… 马纳琴　张　福（34）
近三十年高校师德建设研究梳理与思考 …………… 辛瑞青（45）
课程思政融入大学英语教学的有效途径探析 ……… 马春兰（63）
中华民族共同体意识下的大学英语课程思政教育教学
　模式探究 ………………………………………… 雷在秀（73）
课程思政走进大学英语课堂的策略探究 …………… 朱　枝（84）
大学英语教学中的课程思政研究 …………………… 毛绍磊（95）
大学英语课程思政的实施路径研究
　——以《全新版大学进阶英语》为例 …… 李　洁　王谋清（107）
翻译与诠释：中国古典作品概念译介折射出的
　中华民族共同体意识 …………………………… 马凤俊（117）
高校阿拉伯语专业"课程思政"实践探析 ………… 许　娟（128）

第二部分 外语教育高质量发展研究 …………………………（139）

大学英语教师课堂话语：问题、成因及对策
　——基于一节大学英语教学观摩课的个案研究
　………………………………………… 马纳琴　张　福（141）

基于第一性教学原理的英语专业语言学课程 e3-learning
　　教学模式 ·· 李　睿（156）
新时期民族大学生英语口语问题与对策 ············· 刘积源（166）
低水平大学生英语写作时态准确性
　　历时研究 ·············· 张汉彬　旮羊吉照玛（175）
西北地区大学生语言学习态度与方言保持状况
　　研究 ·· 张　莉（201）
试论教师视域下的大学英语四级考试教学
　　辅导策略 ·· 郭思含（211）
大学生教学认知差异问题及"同课异构"应用研究
　　——以西北民族大学为例 ······ 罗　莉　夏库拉·居生艾力（224）
略谈中阿互译难点问题及其应对策略 ············· 马晓明（244）
民族高校英语专业学生的跨文化语用能力与敏感度的
　　相关性研究 ·· 华　瑛（252）
西部高校阿拉伯语专业人才培养模式优化策略研究
　　——以西北民族大学为例 ······ 庄逸清　杨　洁　云存平（267）

第三部分　外语教育服务国家战略研究 ···············（281）
新文科背景下英语专业学生笔译能力的培养 ········· 张　荣（283）
"一带一路"背景下翻译技术与高校阿拉伯语翻译
　　人才培养初探 ·· 马　兰（292）
新文科背景下英美文学教学的守正与创新 ············· 水彩琴（304）
全球化背景下标准阿拉伯语危机现象与应对
　　措施研究 ·· 马菊香（320）
用英语讲好中国故事
　　——英语专业学生跨文化能力现状研究 ············ 赵　靓（330）

第四部分　外语教育教学改革研究 ·······················（343）
"新文科"背景下甘肃高校外语专业教学改革与
　　人才培养路径探析 ························ 关桂云　张玉泉（345）

思政教育融入"中阿翻译理论与实践"课的

  实践路径 …………………………………… 马海成 （357）

混合式教学模式在大学阿拉伯语教学中的实践探索

  ——以西北民族大学 SPOC 泛雅平台为例 ……… 买　通 （366）

基于需求分析理论的大学英语课程"EGP + ESP"模式教学

  设计探究 …………………………………… 赵　冰 （377）

道尔顿计划在大学英语教学中的可行性研究 ……… 祁天秀 （385）

混合式教学模式在大学英语教学中的

  综述研究 ………………………… 吴磊萍　赵　冰 （393）

外语专业学生实现自主学习的方法

  ——以阿拉伯语为例 …………………… 张　靖　马晓明 （402）

第五部分　教育教学调研报告 …………………………… （409）

多语言系统下少数民族地区初中英语学困生的成因及对策研究

  ——以甘肃省东乡族自治县第六中学为例

  …………………………………… 马　兰　张　慧 （411）

民族地区职业教育现状及需求调查研究 …… 赵　冰　吴磊萍 （431）

碌曲县中小学教育信息化调研报告 ………… 周　倩　栗　晨 （446）

甘南藏族自治州碌曲县中小学师德师风建设

  调研报告 ………………………… 栗　晨　周　倩 （457）

第一部分　师德师风与课程思政研究

中学英语课程思政教学：时代角色、问题及对策[*]

王谋清　张　福[**]

西北民族大学外国语学院，甘肃兰州 730030
甘肃政法大学外国语学院，甘肃兰州 730070

摘　要：新时期中学英语课程思政教学在帮助学生树立正确的"三观"、坚定"四个自信"以及"培根铸魂"等方面扮演着重要角色。针对其当前教学中存在的突出问题，笔者试从教师、教材、课堂教学等维度提出改进措施，旨在为提高中学英语课程思政教学育人实效提供参考建议。

关键词：中学英语课程思政；时代角色；问题；对策

课程思政是落实立德树人根本任务的重要战略举措。英语学科兼具人文性和工具性的特点。在中学英语教学中有机融入思政元素，可以有效增强英语学科协同育人实效。下面，本文将从中学英语课程思政教学扮演的时代角色、现阶段存在的突出问题以及如何改进中学英语课程思政教学三个方面展开论述。

---

[*] 基金项目：本文系西北民族大学课程思政示范课程"英语教学法"（项目编号：2019KCSZKC-03）的部分教学研究成果。
[**] 作者简介：王谋清，男，甘肃甘谷人，西北民族大学外国语学院教授，硕士生导师，主要研究方向为英语教学论、语言学及应用语言学。张福，男，甘肃武威人，甘肃政法大学外国语学院副教授，博士，主要研究方向为英语教学论、语言学及应用语言学。

一　新时期中学英语课程思政教学扮演的角色

中学生是最有朝气、最富有梦想的群体，承载着国家和民族的希望，其价值取向基本决定了整个社会的未来价值走向。他们又恰逢人生的"拔节孕穗期"，其正确价值观、理想信念等的形成和确立，需要广大教师的悉心引导和精心培育。2014年5月4日，习近平总书记在北京大学考察时指出，"青年（学生）的价值观养成就像穿衣服扣扣子一样，如果第一粒扣子扣错了，剩余的扣子都会扣错。人生的扣子从一开始就要扣好"①。如何帮助青年（学生）扣好"人生第一粒扣子"，培养其爱国主义情怀，践行为党育人、为国育才的使命担当？

习近平总书记指出，"要把立德树人的成效作为检验学校一切工作的根本标准，真正做到以文化人、以德育人，不断提高学生思想水平、政治觉悟、道德品质、文化素养，做到明大德、守公德、严私德"②。习近平总书记讲话为新时代背景下中学英语课程思政教学深入贯彻落实立德树人根本任务指明了方向，提供了根本遵循。培育学生家国情怀之根，铸牢学生理想信念之魂，中学英语课程思政教学责无旁贷。换言之，引导学生树立正确的世界观、人生观和价值观，教育学生秉持正确的历史观、民族观、国家观与文化观，坚定学生道路自信、理论自信、制度自信与文化自信，是中学英语课程思政教学肩负的神圣职责和光荣使命（见图1）。

（一）引导学生树立正确的世界观、人生观和价值观

帮助引导学生"树立正确的世界观、人生观和价值观"是教育的永恒主题，也是思政教育的重要内容。世界观，又称宇宙观，是人们对世界总的看法和根本观点；人生观涉及人生目的及意义，是人们对其所

---

① 《让青春在奉献中焕发绚丽光彩——习近平总书记关于青年工作重要论述综述》，《人民日报》2021年5月4日。
② 习近平：《在北京大学师生座谈会上的讲话》，人民出版社2019年版。

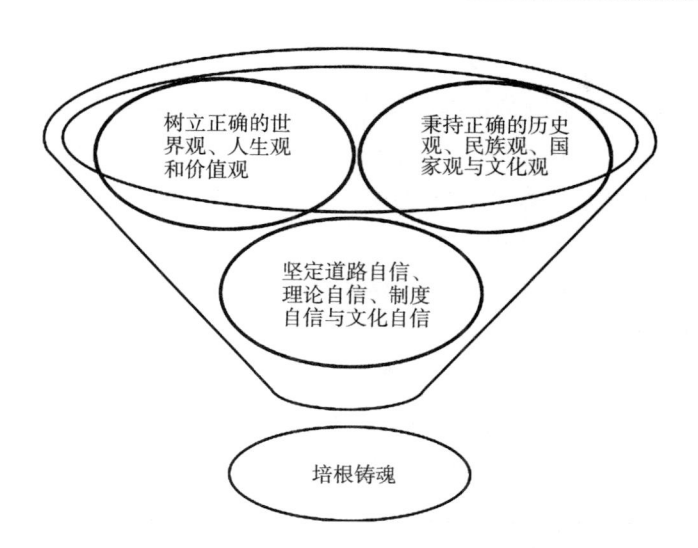

图 1 中学英语课程思政教学扮演的时代角色

(图中内容：树立正确的世界观、人生观和价值观；秉持正确的历史观、民族观、国家观与文化观；坚定道路自信、理论自信、制度自信与文化自信；培根铸魂)

持的一种基本态度和看法；价值观重点关注人们对事物的价值判断和评价标准。三者之间的关系是"你中有我，我中有你"，共同决定、支配和影响着人们的思想境界、行为选择和价值判断。中学阶段正值人生的"拔节孕穗期"。中学生正确的"三观"的树立，需要教师的悉心教育与精心引导。教育部《关于全面深化课程改革落实立德树人根本任务的意见》指出，"要把立德树人落到实处，充分发挥课程在人才培养中的核心作用，进一步提升综合育人水平，更好地促进学生全面发展、健康成长"①。《高等学校课程思政建设指导纲要》指出，"全面推进课程思政建设，就是要寓价值观引导于知识传授和能力培养之中，帮助学生塑造正确的世界观、人生观、价值观"②。由此可见，教育引导学生树立正确的"三观"，把好学生思想的总开关，理应是中学英语课程思政教学的应有之义和基本职责。

---

① 教育部：《关于全面深化课程改革落实立德树人根本任务的意见》，《基础教育参考》2014 年第 11 期，第 77 页。
② 齐鹏飞：《全面实现思政课程与课程思政的同向同行》，《中国高等教育》2020 年第 13 期，第 4—6 页。

（二）教育学生秉持正确的历史观、民族观、国家观与文化观

习近平总书记在党的十九大报告中强调，"要引导人们树立正确的历史观、民族观、国家观、文化观"①。历史观，是针对什么是历史以及人们如何看待历史的根本观点；民族观，重点聚焦民族（问题），集中反映人们对这一问题的认识与看法；国家观，体现人们对国家认同及国家相关问题的看法和观点；文化观，是指人们长期处于共同的社会文化环境中，逐步形成的人与自然、社会等的固化理念。广大中学生"如初春，如朝日，如百卉之萌动，如利刃之新发于硎"（陈独秀《敬告青年》），是最富有朝气活力、最具创造性的青年群体，其秉持的历史观、民族观、国家观与文化观的正确与否，事关国家兴亡、民族盛衰。随着我国进入中国特色社会主义的新时代，新时代对中学英语课程思政教学也提出了更高的要求：在帮助学生学习掌握英语知识和了解西方文化的同时，提高其历史辨别能力，自觉抵制历史虚无主义错误倾向；认清国外敌对势力利用民族和宗教问题进行民族分裂活动的本质，坚决反对民族分裂活动，共同维护民族团结；教育引导学生树立国家安全责任意识，增强其保密意识，严守国家秘密；在中西文化的相互碰撞中，加深学生对中国文化的深度理解，增强文化自信，促使其自觉坚守、传承和弘扬社会主义核心价值观。

（三）坚定学生道路自信、理论自信、制度自信与文化自信

习近平总书记在庆祝改革开放 40 周年大会上指出，"信仰、信念、信心，任何时候都至关重要。小到一个人、一个集体，大到一个政党、一个民族、一个国家，只要有信仰、信念、信心，就会越挫越奋、越战越勇，否则就会不战自败、不打自垮"②。近些年，世界乱象丛生。在经历了新冠疫情之后，全球经济发展的不确定因素陡然增加，导致西方一些国家内部阶级矛盾、种族矛盾频发。当今世界正处在"百年未有

---

① 习近平：《决胜全面建成小康社会　夺取新时代中国特色社会主义伟大胜利——在中国共产党第十九次全国代表大会上所作的报告》，人民出版社 2017 年版。

② 李慎明：《始终坚定信仰信念信心》，《人民日报》2019 年 2 月 12 日。

之大变局"①。在这个大变局下,中学英语课程思政教学在坚定学生"四个自信"方面扮演着重要角色:在中西文化互学互鉴中,推动中华优秀传统文化的创新发展;在中国文化"走出去"、向世界展示中国、让世界了解认识中国的进程中,传递中国声音、弘扬中国精神、凝聚中国力量,进而坚定学生的文化自信,深化对中国特色社会主义道路、理论、制度的理解认识,夯实筑牢其理想信念之堤。

(四)培育学生家国情怀之根,铸牢学生理想信念之魂

家是最小国,国是千万家。"古之欲明明德于天下者,先治其国;欲治其国者,先齐其家。"(《礼记·大学》)自古以来,国人重视家、忠于国。家国情怀深植国人心底。由己而家,从家到国,是中国人的精神脉络。新时期中学英语课程思政教学同样肩负着培育学生家国情怀,延续中国精神血脉的重任:教育学生要心怀天下,引导学生"家事、国事、天下事"要"事事关心",心中要有家国情怀;在"修身、齐家、治国、平天下"的思索与实践中,力争使个人理想与国家命运同频共振,爱家与爱国融为一体,构筑为实现中华民族的伟大复兴而奋斗终生的精神之魂。

二 当前中学英语课程思政教学存在的突出问题

课程思政旨在将思政元素与各类课程有机融和,形成协同育人效应。具体到中学英语课程思政教学,其追逐的目标是在知识传授、能力提升与价值引领中实现立德树人。当前,中学英语课程思政教学尚处于探索开发时期,普遍存在着以下问题。

(一)教师教学理念滞后,课程思政素养不足

中学英语课程思政教学的基本要求是,英语教师要将知识传授、能力提升与价值引领同向同行、整体推进。即英语教师应以教材为主要载

---

① 于洪君:《理解"百年未有之大变局"》,人民出版社2020年版,第2页。

体，课堂教学为主渠道，在给学生讲解英语基本知识、提高英语成绩、提升技能的同时，帮助学生明辨是非，提高思想觉悟，培养其道德品质。"课程思政"理念的提出，无疑为新时期各级各类学校做好学生思想政治教育工作注入了新的思想动力。但从目前中学英语课程思政教学的开展情况来看，也存在一些问题。一是当前部分中学英语教师将"课程思政"错误的理解为："课程思政"就是"学科课程"与"思政课程"的简单直接相加。在实际教学中，教师采取简单粗暴的做法，强行在英语课堂教学中加入一些与授课内容毫无相关的思政观点。其结果是，课堂气氛僵硬、沉闷，严重挫伤了学生的求知欲，英语课程育人成效几乎为零。二是受中、高考指挥棒的影响，为了迎合应试教育的需要，部分教师片面追求学生英语成绩的提升，极其注重英语知识的传授和学生英语技能的培养，而忽视英语学科协同育人功效的发挥，进而导致部分教师与学生"唯分是举、目中无人"。

"师者也，教之以事而喻诸德者也。"（《礼记·文王世子》）"教书""育人"是教师的职责所在。然而，当前部分英语教师并没有认识到自己身上还肩负着"育人"的责任和重担。一提起思政教育，其第一反应就是"这是政治教师或班主任的分内之事"。更有甚者，认为学生的人格、价值观的培养是在大学阶段完成的，育人理应是大学老师的事，与中学老师无关；英语教学应该坚持"绝对的客观"，无须挖掘学科知识蕴含的精神价值对学生开展思政教育。事不关己，高高挂起。诚然，中学英语教师承担着繁杂的教学任务。单纯从教书这个层面讲，似乎教师已尽职尽责，无可厚非。但作为教师，更应懂得比"教书"更重要的是"育人"。教书育人，教书只是手段，育人才是目的。另外，教师自身的思政素养水平，也是影响中学英语课程思政教学效果的主要因素。当前部分英语教师思政素养不足，甚至缺失，导致英语课程协同育人效果大打折扣。这种现象已屡见不鲜。

（二）现行中学英语教材中国元素融入不足

英语学科与语文学科类似，同属语言类学科。其学科性质决定了英语教材不仅是英语教师课堂教学的重要载体，而且是学生学习英语的必备参考资料。在我们细心研读教材的过程中发现，现行的中学英语教材相对缺少中国元素的融入。在实际教学中，大多数英语教师的关注点也主要放在对英语文本内容讲授、英语口语及语法等方面的指导上。同时，由于部分中学英语教师自身的国学知识储备和文学素养不足，以及课时局限等因素，只有极少数中学英语教师在现有英语文本基础上对中国文化（元素）进行少量补充和适当拓展。久而久之，英语教学导致的结果是，许多中学生在学习英语的过程中对中国优秀传统文化的摄入不足，难以达成中西方文化的对比、交流。加之中学生的心智还不成熟，思想易受西方文化的影响，其正确的世界观、人生观、价值观塑造极易会发生不同程度的波动，进而产生动摇或偏移。习近平总书记指出，"中华文明绵延数千年，有其独特的价值体系。中华优秀传统文化已经成为中华民族的基因，植根在中国人内心，潜移默化影响着中国人的思想方式和行为方式。今天，我们提倡和弘扬社会主义核心价值观，必须从中汲取丰富营养，否则就不会有生命力和影响力"[①]。在当前立德树人的教育背景下，现行中学英语教材中国元素融入不足的问题已引起广大学者和一线教师的高度关注。

（三）英语课堂教学乱贴思政标签，华而不实

立德树人是学校教学的第一要务。新时期践行课程思政理念，关键在于"要把立德树人的要求落到实处"。突出一个"实"字，要在"实"上下功夫，集中持续发力。即要求教师把教书育人工作做实、做细，使课程思政理念落地生根，开枝散叶，进而产出"立德树人"的累累硕果。反观我们的中学英语课程思政教学，许多问题也恰恰出在这个"实"上。由于"课程思政"理念最先是针对解决部分高校思政课程与其他课程之间实际存在的"各自为政"情况提出的，且率先在各个高校付诸实施的。对于大学教师来说，可以说是耳熟能详、家喻户晓。而对于中学教师来讲，这个教育理念还比较新颖。时至今日，许多

---

① 习近平：《青年要自觉践行社会主义核心价值观》，《十八大以来重要文献选编》（中册），中央文献出版社2016年版。

中学也没有制定具体的实施方案和明细的评价指标。现阶段，在一些中学英语课程思政教学的观摩课比赛中，部分教师为了使课堂教学增加亮点，使其与众不同，以便崭露头角，博得专家评委的好感，夺得高分，采取一些标新立异、哗众取宠的极端做法（随心所欲、任意拔高或降低育人目标，给课堂教学乱贴思政标签），致其纯属虚名、华而不实。其教学和育人效果可想而知。

  这里，我们需要探讨的是，在观摩课教学中，为了充分展示良好的语言水平（功底）和超强的语言驾驭能力，教师把教学目光重点放在其自身表现；为了更好地掌控课堂教学，对课堂内容和形式进行严格控制，以防纰漏失控；为了使课堂教学异彩纷呈，教师挖空心思对课堂教学方法进行改革创新，以免"泯然众人矣"。从这一角度讲，课堂教学中，教师出现这些问题是可以理解的、心照不宣的。但问题的关键在于，开展教学观摩课比赛的"初心"（目的）是给同行（教师）提供一个相互学习、相互交流和相互借鉴的平台，优秀教师在给同行展示其教学魅力、教学技能（艺术）的同时，对中学英语课程思政教学起到示范引领作用，进而更好地促进英语教师日常的课堂教学效果的提升。因此，参加观摩课教学的英语教师理应更加关注课堂教学实效和学生价值塑造。而绝不能仅仅为了实现"台上，节目一个比一个精彩；台下，掌声一阵比一阵热烈"的即时目标，而漠视教育的本质——育人。他们（她们）精心的教学设计、精彩的现场展示，应当是在打动评委的同时，也让现场观摩的教师受益匪浅。只有认清这一点，英语教师才会从根本上去改变课堂教学模式，心悦诚服地做"知识传授、能力培养与价值引领"的践行者，真正把"立德树人的要求落到实处"。

三　当前中学英语课程思政教学的改进策略

  高质量的教学既要有高屋建瓴、正确的教育理念引领，又要有具体、有针对性的教学措施。鉴于现阶段中学英语课程思政教学存在的问题症结，我们要从宏观和微观两个层面对其进行审视，寻找适宜的问题突破口，力争使这些"瓶颈"顽疾得到合理有效化解。在教育理念层面：我们要秉持将"价值引领、知识传授、能力提升"三者有机结合，整体稳步、有序推进。在具体措施层面：中学英语课程思政教学要以教师为主力军，教材为有力抓手（载体），课堂为主阵地（渠道）。

（一）教师层面

1. 英语教师要积极转变教育理念，主动作为

立德树人、教书育人是中学英语教师的主责主业。"才者，德之资也；德者，才之帅也。"（《资治通鉴》）"德"和"才"是"本"与"末"的关系。如果我们只专注于对学生进行英语知识的传授和技能的培养，而忽略对学生道德价值的塑造，英语教学已经完全沦为类似工厂流水线的生产劳动。新时代，我们要培养的是德才兼备的社会主义合格的建设者和接班人。"德"是第一位的，居于主导地位，其次是"才"。二者的关系好比是数学中正负符号与数值大小的依存关系：数字的大小，首先取决于其前面的正负符号，其次才取决于其数值大或小。否则，即便是数值再大，如果数值前面为负号，数值依然不会变大[①]。在英语教学中，"德"和"才"，我们必须两者同时抓、一起抓，且要抓实抓牢。试想，如果学生没有坚实稳固的道德基础，其掌握的知识和技能既有可能造福人类（社会），也有可能危害社会。因此，我们的英语教学首先应该培养的是具有良好道德、健全人格、敢于担当、善于作为的人，而不是知识颇丰、技能高超，但却低级世俗、投机取巧的利己主义者。

2. 英语教师要主动提升课程思政素养，努力提高课堂教学驾驭能力

问渠那得清如许？为有源头活水来。教师只有不断地学习新知识、新技能，时时补充新知识、新技能，才能使自己的教学持续出彩出新。作为新时代的英语教师，我们不能固守自己的一桶"死水"，我们应该变被动为主动，主动作为，积极主动学习新知识，掌握新技能，努力使自己的"死水"变成"活水"，而且是"源源不断的活水"。

---

① 朱文辉：《教学伦理属性的遮蔽与澄明》，《中学教育学刊》2021年第4期，第53—57页。

工欲善其事，必先利其器。新时期，做好中学英语课程思政教学，英语教师必须提升其思政素养，提高课堂教学驾驭能力。习近平总书记在同北京大学师生座谈时强调，"教师思想政治状况具有很强的示范性。要坚持教育者先受教育，让教师更好担当起学生健康成长指导者和引路人的责任"①。水之积也不厚，则其负大舟也无力。在中学英语课堂，教师要想真正上出"思政"的韵味，进而在"春风化雨、润物无声"中实现对学生的精神引领和人格塑造。英语教师必须做到"两手都要抓""两手都要硬"。即英语教师要积极克服畏难情绪、畏惧心理，在提升自身专业知识素养的同时，主动对标"政治要强、情怀要深、思维要新、视野要广、自律要严、人格要正"②的要求，着力补齐课程思政教学的短板弱项，切实提升课程思政素养。

具体来讲，首先，英语教师要加强思政知识学习，积极参加与课程思政教学相关的学习培训，在弄懂吃透我国基本国情、方针及政策等的同时，紧跟时代步伐，主动学习国家最新的大政方针（可结合中宣部每年印发的《理论热点面对面》等书籍），努力提高自己的政治意识和政治觉悟。比如 2021 年是中国共产党建党 100 周年，英语教师应将"党史"学习作为其思想政治"必修课"，对其进行强化学习。其次，要加强文化育人。文化是一种软实力，是一种潜在的力量，它会从观念、情感及心理等层面对学生产生影响。对此，英语教师要在加深学生对中国文化理解的基础上，有意识地引导学生将中国文化同课本中的英美文化作对比分析，找出文化的共性与中国文化独有的个性，增强其文化自信。最后，在不断积累总结课程思政育人经验的基础上，英语教师要积极开展教学研究，博采众长，以研究促教学，进一步提升其课程思政教学能力。

3. 英语教师要以身作则，争做学生知识和道德的楷模

学高为师，身正为范。作为新时代的英语教师，我们要做到内外兼修，不仅要有渊博的文化知识，还要有高尚的人格和对教育的敬畏。同

---

① 《习近平在北京大学师生座谈会上的讲话》，《人民日报》2018 年 5 月 3 日第 1 版。
② 新华网评：《@ 思政课教师 六个"要"时刻记心中》，https://baijiahao.baidu.com/s?id = 1676604778679880247&wfr = spider&for = pc，2020 - 09 - 02。

时我们还要深知，我们既是学生"学习知识的引路人""创新思维的引路人"，又是学生成长路上"锤炼品格的引路人"，更是学生未来路上"奉献祖国的引路人"。教师无小节，节节皆师表。我们平日的一言一行、一颦一笑都会对学生的价值追求、人格塑造等形成潜移默化的熏染。正所谓，"染于苍则苍，染于黄则黄，所入者变，其色亦变"（《墨子·所染》），"蓬生麻中，不扶自直；白沙在涅，与之俱黑"（《荀子·劝学》）。这一点值得我们每一位英语教师深思。鉴于此，在日常的英语教学中，我们要时时审视、规整我们的言行举止，力求做到谨言慎行、言行（心）一致与知行合一，切实提升我们的师德涵养。

（二）教材层面

1. 英语教材应增加中国元素的文本内容，凸显中国特色

教材既是教师进行课堂教学的有力抓手，又是落实知识传授、能力培养与价值引领的现实依据和基本保障。教材直接反映国家意志和主流价值观，其政治立场、价值导向的正确与否无疑会直接影响"培养什么人、怎样培养人、为谁培养人"这一根本问题能否真正解决。现行中学英语教材普遍存在"英语国家文化主导，中国文化不足或边缘化；中国文化内容结构零散，系统性欠佳；主动传播、传承中国文化的意识不足；中国文化内容的学习缺乏深度"[①] 等突出问题。习近平总书记在党的十九大报告中指出，"文化是一个国家、一个民族的灵魂。文化兴国运兴，文化强民族强。没有高度的文化自信，没有文化的繁荣兴盛，就没有中华民族伟大复兴"[②]。

对此，笔者的建议是，中学英语教材要旗帜鲜明地立足中国立场，对其输出的思想意识、文化价值等进行顶层设计，在加大做强中国文化数量与质量的同时，对中西文化进行统筹布局、整体规划。我们要在"讲述中国故事、体现中国立场；传播中国文化、彰显中国智慧；弘扬

[①] 郭宝仙：《新时代英语教材的文化使命及其实现路径》，《课程·教材·教法》2020年第9期，第103—104页。

[②] 习近平：《决胜全面建成小康社会 夺取新时代中国特色社会主义伟大胜利——在中国共产党第十九次全国代表大会上所作的报告》，人民出版社2017年版。

中国精神、凝聚中国力量"等方面力求突破，力争让中国的英语教材真正姓"中"，名副其实。这是一件功在当代、利在千秋的教育大事。依目前的中学英语教学状况来看，加强中学英语教材的中国元素（文化），可以有效医治现阶段英语教学中现存的"中国文化失语症"，提升跨文化交际人才的培养质量；从长远的目光来看，可以不断夯实国家文化软实力的根基，增强青年学生的文化自信，提高我国文化软实力。

2. 要深挖现有英语教材中蕴藏的思政元素，以文化人

尽管现行中学英语教材在实现课程协同育人方面存在一些不足，但绝非"无用武之地"。他山之石，可以攻玉。我们完全可以发挥群策群力，在对现行英语教材内容进行归纳汇总和分类整理的基础上，精准对接思政元素，着力聚焦育人主题，在"平凡的课文中上出不平凡"中实现对学生的价值引领和精神塑造。从宏观上讲，中学英语教材蕴含的思政元素可分为"人与自然、人与社会和人与国家"三类。以高中英语必修 4 "Unit 2 Working the land" 为例，本单元属于人与自然的大类，中心话题是农业，内容主要涉及我国杂交水稻之父袁隆平的贡献、化肥对土地耕种的影响以及开展有机生态耕种等。教师在讲授语言知识和培养学生语言技能的同时，可以重点围绕袁隆平院士的科研精神展开小组讨论，学习他不计较名利、脚踏实地的生活态度和为祖国繁荣富强、稳定发展甘愿奉献一切的工作态度，深化学生对"舍小家为大家"的奉献精神的理解认识，激发学生的爱国之情、强国之志和报国之行，厚植其为实现中华民族伟大复兴的中国梦而努力奋斗的精神之魂。

（三）课堂层面

1. 以问题为导向，聚焦思政主题

习近平总书记指出，"要用好课堂教学这个主渠道，思想政治理论课要坚持在改进中加强……其他各门课都要守好一段渠、种好责任田，使各类课程与思想政治理论课同向同行，形成协同效应"[①]。中学英语教学"如何守好课堂教学这段渠、种好自己的责任田，使其与思政课

---

① 《让高校思想政治理论课更有吸引力》，《人民日报》2019 年 1 月 25 日第 9 版。

程同向同行，协同育人"？笔者认为，课堂教学必须以立德树人为根本指针，以问题为指导，聚焦思政主题。问题是思维的引擎。教师可以充分利用文本精心创设问题链，通过问题链的层层推进，促使学生由感性认识逐渐走向理性认识。具体方法是：用问题抛锚，引出主题，激发学生的求知欲；用问题贯穿课堂教学的起承转合，引导学生对事物抽丝剥茧，深度剖析；用问题引发学生质疑，开拓思维潜力，锤炼求真精神。

以初中英语七年级上册"Starter Unit 3 What color is it？"为例，本单元的知识目标是掌握 blue、red、yellow 等表示颜色的单词，学会使用"What's this? It's..."和"What color is it? It's... and..."句型；能力目标是通过听、说、读和小组合作等活动培养学生的听力和口语表达能力；思政目标，教师可将其设定为培养学生的爱国主义情怀。在热身环节，教师可以通过让学生观看《我和我的祖国》音乐视频，为引入思政主题（话题）和提问做前期铺垫。在练习环节，趁学生看完视频意犹未尽之时，教师即时用幻灯片展示中国国旗，趁热打铁抛出"What's this?"提问，顺势引导将学生回答指向"It's a China flag"；紧接着顺水推舟用"What color is it?"提问，当学生回答"It's red"，教师反问"Why"，学生通过小组活动展开讨论；这时学生学习气氛高涨，教师指着国旗（五星），接连抛出第二个"What color is it?"，有意识地指引学生回答"It's red and yellow"，教师继续反问"Why"，学生仍以小组活动继续展开讨论。随后，教师借助"问题东风风速正急"之契机，展开思政主题教育（可以联系实际进行拓展）：国旗代表一个国家，是国家的象征；为什么中国国旗是红色的？1 颗大星星和 4 颗小星星分别代表什么，等等。仔细观察，整堂课教学以问题为导向，前后问题既环环相扣，又逐级上升，一步步逼近课程思政教育主题。整个教学过程可以说是，学生在掌握英语知识、拓展听说技能的同时，既厚植其爱国主义精神，又坚定其理想信念。

2. 以学生为中心，教师为主导

英语教学与其他学科教学最大的区别在于，教师并非用自己的母语来进行知识传授。为了掌控课堂教学，部分中学英语教师将教学目标限定在自己可操控的"教教材"的狭小范围内，很少关注"课堂教学如何做到既传授知识、提升能力，又价值塑造"诸如此类触及教学实效的深层问题。进而导致许多学生的英语学习也停留于"教师讲，学生听"的被动接受状态。如何实现高效的中学英语课程思政课堂教学？笔者认为：首先，英语教师要认识到，和其他学科一样，英语学习是一个不断发现、不断创造的过程；其次，英语教师要改变"教书匠"的固定角色，要做好"教学设计师"，更要当好"课堂教学总导演"；最后，课堂教学要以学生为中心，教师为主导，英语教师要合理规划、妥善做好课堂教学的加减法。具体来讲，英语教师要做到：一是学生已知的知识不讲，这样教师可以把"好钢用在刀刃上"，将课堂节省的时间用在学生迫切需要学习的知识（英语或思政）精讲上，让学生在多听、多说、多问与多做中不断获得新知；二是学生可以自学的知识不讲，其目的是教师可以在课堂教学的提问和生生互动环节冲锋陷阵，通过唤醒学生的问题意识，发挥学生的主观能动性，让学生主动发现问题、分析问题并解决问题，既培养学生的知识探究及创新精神，又提升学生的听说读写实践技能；三是教材内容的讲或不讲要有所取舍，教师要作出抉择判断。比如，英语教材蕴藏的部分思政教育内容，教师可以采取启发引导的方式，激发学生学习内生动力，让学生自己去体悟琢磨，心领神会。简言之，英语教师不仅要做到给课堂教学适时适度"供血"，而且要积极培养学生主动"造血"的能力。在完成从"供血"到"造血"转变的同时，实现对学生"知识传授""能力提升"与"价值引领"的同步推进。

（四）方法层面

1. 既要"走出去"，也要"请进来"

语言学习是一个认知和情感相结合的过程。中学英语课程思政教学要想取得良好的育人实效，必须要将课堂教学和实践教学有机结合。换言之，做好中学英语课程思政教学，我们必须要学会"两条腿走路"，我们既要"走出去"，也要"请进来"。具体内容阐述如下。

这里的"走出去"包含两个层面。

首先，我们走出课堂，走进社会生活。习近平总书记指出，"大思政课我们要善用之,一定要跟现实结合起来。思政课不仅应该在课堂上讲,也应该在社会生活中来讲"①。"在理论和实践的结合中,要教育引导学生把人生抱负落实到脚踏实地的实际行动中来,把学习奋斗的具体目标同民族复兴的伟大目标结合起来,立鸿鹄志,做奋斗者。"② 学习借鉴习近平总书记的讲话精髓,在日常的教学活动中,我们要把中学英语课程思政小课堂与社会大课堂有机结合,在英语课程思政小课堂内立德,在社会大课堂中育人。时代是出卷人,我们是答卷人③。将"育人"置于广阔的社会大课堂中,可以使学生在社会大课堂、群众大熔炉中施展才华、锤炼性格、完善自我,实现"社会育人"。例如,在每年的民族团结进步宣传月期间,英语教师可以引导学生走进社区、街道,积极参加民族团结进步宣传月的服务志愿活动。学生在助力工作人员普及民族团结进步知识的同时,既加深了对民族团结重要性的认识,又增强了对"伟大祖国、中华民族、中华文化、中国共产党、中国特色社会主义"的心理认同,更筑牢了"中华民族共同体意识"。再如在当前全国文明城市创建活动开展的大背景下,英语教师除了在课堂教学中积极渗透文明意识、道德意识和责任意识,在学生心中筑起文明城市创建理念之外,还要和学生一道踊跃投身到创建文明城市的实践之中,主动将小我融入大我,在脚踏实地的实干中培养学生优秀品质、塑造其健全人格。

其次,我们要走出校园,走进"红色基因库"。"革命博物馆、纪念馆、党史馆、烈士陵园等是党和国家红色基因库。"④ 我们要想把"党的故事、革命的故事、根据地的故事、英雄和烈士的故事"⑤ 作为课程思政的重要素材有机融入中学英语教学,提升红色文化对学生的吸引力和感染力,更好地把"红色种子"播撒进学生心中,使红色基因

---

① 习近平:《"大思政课"我们要善用之》,《人民日报》2021年3月7日。
② 习近平:《思政课是落实立德树人根本任务的关键课程》,《求是》2020年第17期,第4—16页。
③ 钱念孙:《时代是出卷人,我们是答卷人,人民是阅卷人》,《光明日报》2018年4月19日。
④ 张向阳:《发挥好"红色基因库"作用》,《人民日报》2021年4月6日。
⑤ 张向阳:《发挥好"红色基因库"作用》,《人民日报》2021年4月6日。

融入血液、浸入心扉，赓续精神血脉，构筑精神谱系。教师须和学生走出校园，一起走进这些红色基因库，深入了解我们党百年奋斗的峥嵘岁月和艰难历程，认真追寻革命先辈的战斗足迹，在接受思想洗礼与感受灵魂触动的同时，深刻体认我们身上所肩负的为实现中华民族伟大复兴而努力奋斗的历史重任。进而使习近平总书记强调的要"抓好青少年学习教育，让红色基因、革命薪火代代传承"[①] 真正落到实处。

这里的"请进来"涉及四个层面。

一是我们要把优秀历史人物"请进来"。历史是最好的教科书。其中，优秀历史人物是这本教科书中最能打动人的育人元素。他们身上承载着中国的民族脊梁。把优秀历史人物请进中学英语课堂教学，其目的在于通过学习他们身上的优秀品质，促使学生向优秀历史人物看齐。比如"富贵不能淫，贫贱不能移，威武不能屈"的孟子，"鞠躬尽瘁，死而后已"的诸葛亮，"不入虎穴，焉得虎子"的班超，"人生自古谁无死，留取丹心照汗青"的文天祥，"南征倭寇，还沿海太平"的戚继光，"驱逐荷兰殖民者，成功收复台湾"的郑成功，"领导虎门销烟运动，开眼看世界第一人"的林则徐等。

二是我们要把现当代英雄人物"请进来"。中华民族从来不乏民族脊梁，现当代亦是如此。比如"科学无国界，科学家有祖国"的钱三强，"杂交水稻之父"袁隆平，"青青蒿草，拳拳报国"的诺贝尔奖获得者屠呦呦，抗"非"战"疫"的"人民英雄"钟南山，新时代卫国戍边的英雄官兵，历届"十大杰出青年"，历届"全国道德模范"，历届"感动中国十大人物"等。把现当代英雄人物"请进来"，旨在用其背后的故事去感染学生、激励学生、塑造学生，使伟大的中国精神薪火相传。

三是我们要把身边的优秀人物"请进来"，讲好身边的故事。比如各地区各行业近年来涌现出的抗疫英雄、优秀杰出青年、道德模范等。我们可以把这些英雄人物、先进典型请进学校（课堂），进行事迹宣讲、作专题报告，用身边的故事给学生传递道德与精神的力量。

[①] 张胜、任爽：《让红色基因、革命薪火代代相传》，《光明日报》2021年3月17日。

四是我们还要把同龄人中的优秀代表"请进来"。比如各地区各学校每年评选的新时代好少年、美德少年、优秀班干部、三好学生等。通过学习他们的先进事迹、聆听其励志故事，发挥其榜样示范和典型引领作用，用身边事、身边人教育引导学生树立正确的世界观、人生观、价值观，培养其完美人格，坚定其理想信念。

最后，需要补充说明的是，我们在做好"走出去""请进来"的同时，还要努力练就利用国内、国外案例及素材，在中西文化制度等比较中答疑解惑，提升英语课堂教学说服力的本领与技能[1]。在日常的英语教学中，我们要教育引导学生全面客观地认识当代中国与西方世界，在批判鉴别中明辨是非、增长智慧，坚定对中国特色社会主义道路、理论、制度及文化自信。比如我们可以让学生将国内新冠疫情和海外疫情进行对比。通过对比，中国抗击新冠疫情斗争所体现的中国制度的优越性就越发凸显。对此，国外媒体也有相同的看法。2021年3月22日，美国记者艾克·弗莱曼曾在《外交政策》杂志发表文章指出，"西方国家抗疫惨败证明自由民主体制逊于中国的贤能政治、一党专政"。

2. 主动拥抱网络新技术，让英语思政课堂出彩出新

随着互联网的快速发展和普及，加之其方便、快捷、灵活等诸多优点，使其越来越受到人们的普遍青睐。当前人们的学习生活已日益离不开网络。网络俨然已成为人们生活不可缺少的一部分。这一时代特征要求我们（教师）要"顺势而为"，积极作为，主动与互联网接轨，将网络技术与中学英语课程思政教学深度融合，以更接地气、更加有效的方式开展英语课程思政教学工作，进而提升其价值引领和育人实效。在日常的中学英语教学中，教师借助互联网优势，将互联网与课堂教学进行合理对接，可有效增强课堂教学的亲和力与吸引力、生动性与互动性，进而达到事半功倍的育人效果。当前，国内的各大门户网站，尤其是中央、省（各部委）、市及县主管主办的党建及政府网站（比如人民网http://cpc.people.com.cn，新华网http://www.xinhuanet.com，中国

---

[1] 张福、王谋清：《中学英语课程思政教学：内涵、时代责任与实施方略》，《基础教育外语教学研究》2022年第3期，第22—28页。

文明网http：//www.wenming.cn），有大量的、内容颇为丰富的适用于中学英语课程思政教学的"红色教育资源"。这为教师开展中学英语课程思政教学、提升协同育人实效提供了充足有力的物质保障。凭借这些网络资源，教师可以在英语课堂教学中主动作为，大显身手，大放光彩。教师只要适当运用信息技术手段将其稍加整合，合理用之，在一定程度上可以实现中学英语课程思政教学提质增效的目的。比如每年的清明节期间，教师可以利用网络开展网上祭英烈活动，将学生近距离置身于缅怀牺牲英烈活动中，激发其爱国情感，厚植其家国情怀。教师通过线上线下融合联动，同步推进、彼此呼应，切实解决了中学英语课堂教学与学生内心深处"最后一公里"的有效衔接问题。

3. 打好立德树人"组合拳"，凝心聚力共同育人

习近平总书记强调，"要坚持把立德树人作为中心环节，把思想政治工作贯穿教育教学全过程，实现全程育人、全方位育人"①。习近平总书记的讲话为我们指明了：新时期做好学生思想政治教育工作、提升课程思政协同育人成效，我们需要打好立德树人"组合拳"，全员、全程、全方位同时发力，凝聚合力共同育人。

首先，我们要做到两个有机结合：一是课内课外相结合。学校无小事，事事皆育人。在日常教学活动中，我们除了在课堂教学中对学生进行知识传授、思想道德及价值观教育，还可以利用丰富多彩的课外活动对学生进行人格塑造和道德情感熏陶。在课堂教学与课外活动深度融合的同时，实现中学英语课程思政教学由课内育人向课外育人的自然延伸。此外，我们还要以学校开展的各类活动、比赛为契机，时时育人。比如每年的"七一建党节红歌比赛""青春向党普通话演讲比赛""我与祖国共奋进·十一文艺演出"活动等。二是校内校外相结合。在教育界有这样一个公式：5+2=0。"5"表示学生接受的5天学校教育；"2"表示周末学生接受的2天家庭教育；"0"表示教育效果。其意思是说，学生接受的5天学校教育与2天家庭教育相互抵消了。5+2=0现象，谁之过？我们姑且不谈。但这个公式至少揭示了：家庭教育对学

---

① 《坚持把立德树人作为中心环节》，《光明日报》2016年12月9日。

生的健康成长有着相当重要的影响；家庭教育与学校教育之间有着千丝万缕的联系。从某种程度上讲，家庭教育是学校教育的有益补充和延伸。我们应"两眼平视"，不能只强调学校教育对学生成长的重要性，更应该加强与家长的联系，力争使两者有机衔接、无缝对接，同向同行，合力育人。

其次，我们要做到全员育人，全课程育人。苏轼在《题西林壁》中写到，不识庐山真面目，只缘身在此山中。其对我们的启示是：作为英语教师，我们绝不能囿于一隅，我们要"跳出中学英语课程思政看课程思政"，将"立德树人落到实处""人人都是教育者""门门课程都有份"。这就要求我们，全校上下要凝心聚力，"同下一盘棋""同唱一首歌"，扎实筑牢合力育人的钢铁长城。同时我们要看到，任何一门学科都蕴藏着思政育人元素。因此，我们除了将中学英语课程逐级打通，形成英语课程链（线），还要将中学阶段的全部英语课程联通，形成英语课程面，更要与其他课程融合贯通。由点到线，由线到面，由面到体，形成全方位立体式育人格局，进而实现全课程、全过程育人。

再次，我们要建立健全中学英语思政课程教学评价体系。课程思政是将知识传授、能力培养与思政教育融合为一的教育理念。依据其核心要义，我们要彻底改变以往以结果性评价（学生成绩高低评价为唯一指标）为主的单一评价方式，应将过程性评价与结果性评价有机结合。笔者认为，我们既要对学生进行考察，也要对教师作出评价。具体来讲，学生层面：一是自我评价，学生以"成长记录档案袋"的方式对近期个人的"专业学习、行为举止与思想动态"作出评价；二是教师从"道德素养提升、知识掌握情况及专业技能提高"三方面对学生进行全面考核；三是外部评价，同桌、家长是与其密切接触的人，对其日常思想动态及专业学习有着较深的观察与了解，对其作出评价可以指明具体问题所在，指引其朝着正确方向发展。教师层面：根据其备课、上课、作业布置及课外辅导等教学环节是否体现"价值引领、专业知识及专业技能"三位一体，是否在某个环节有所缺失等情况作出判断。有则改之，无则加勉。

最后，我们还要充分发挥高考命题对英语教学的导向作用。《教育部关于做好 2021 年普通高校招生工作的通知》指出，2021 年高考命题要坚持立德树人，加强对学生德智体美劳全面发展的考察和引导；要优化情境设计，增强试题开放性、灵活性，充分发挥高考命题的育人功能和积极导向作用①。《教育部关于做好 2022 年普通高校招生工作的通知》指出，2022 年高考命题坚持以习近平新时代中国特色社会主义思想为指导，贯彻党的教育方针，落实立德树人根本任务，充分发挥高考命题的育人功能和积极导向作用，构建引导学生德智体美劳全面发展的考试内容体系②。立德树人，融入高考。这一风向标既告诉我们，高考已将对学生"德"的考察放在首要位置，同时也给中学英语教学指明了方向：在实际教学中，英语教师要将知识传授、能力提升与价值引领三者有机融合；要以教材为载体，通过课堂教学对学生进行语言知识教授、技能培养与价值观教育。对此笔者的建议是：在日常的英语教学中，我们需要把中国优秀文化作为课堂教学内容的有效补充。例如，在听说教学中，要补充反映中国社会文化、生活的视听资料，让学生通过倾听中国媒体向世界发出的声音（如中央电视台国际新闻栏目），了解现阶段中国政治、经济、文化和社会发展；在写作教学中，根据现行中、高考英语的作文形式，引导学生进行爱国敬业、诚信友善等主题写作，将中国优秀传统文化悄然融入其中。

---

① 中华人民共和国教育部：《教育部关于做好 2021 年普通高校招生工作的通知》，http：//www.moe.gov.cn/srcsite/A15/moe_776/s3258/202201/t20220129_596858.html，2021 - 02 - 02。

② 中华人民共和国教育部：《教育部关于做好 2022 年普通高校招生工作的通知》，http：//www.moe.gov.cn/srcsite/A15/moe_776/s3258/202201/t20220129_596858.html，2022 - 01 - 28。

高校教师引领大学生全面发展路径探索研究

——基于"四有好老师"视角*

马和斌**

摘　要：习近平总书记提出的"四有好老师"是新时代教育高质量发展的重要基础，也是高校大学生德智体美劳全面发展的重要保障。充分发挥高校教师的引领示范作用，促使大学在理想信念、道德情操、学识积累、身心健康、审美情趣、社会责任、回馈社会等方面都有所长进，为社会建设做一个合格的有用之才。

关键词：高等教育；价值引领；大学生全面发展；"四有好老师"

2020年10月29日中国共产党第十九届中央委员会第五次全体会议通过《中共中央关于制定国民经济和社会发展第十四个五年规划和2035年远景目标的建议》。其中，第十三篇"提升国民素质，促进人的全面发展"和第四十三章"建设高质量教育体系"指出，全面贯彻党的教育方针，坚持优先发展教育事业，坚持立德树人，增强学生文明素养、社会责任意识、实践本领，培养德智体美劳全面发展的社会主义建设者和接班人。① 简言之，未来15年，教育高质量发展的主体是培养各

---

* 基金项目：本文系西北民族大学学科建设经费资助——"外语教育研究创新团队（111013137）"教育部首批新文科研究与改革实践项目"西部民族高校外语专业人才培养模式创新与研究（202111087）"和西北民族大学新文科教改项目"西部高校外语人才培养模式创新改革与教育高质量发展实践研究（2021XJXWK-05）"的阶段性成果。

** 作者简介：马和斌，西北民族大学教授，博士，主要从事高校外语教育教学研究。

① http：//www.gov.cn/xinwen/2021-03/13/content_5592681.htm.

级各类学校学生的中华文明素养，增强社会责任与担当意识，开展科学有效的社会实践，培养思想品德、学术成长、体质健康、审美素养、参与劳动等方面的综合发展。要让学生在德智体美劳五方面都得到发展，教师必须要做到科学的价值引领、坚持立德树人、加强师德师风建设；通过教学相长之模式，共同促进，共同发展，使高等教育高质量发展。

一 "四有好老师"的科学内涵

自古以来，教师的职业被赋予了崇高的礼赞，也给予了殷切的期望。《礼记·文王世子》中说："师者也，教之以事而喻诸德也。"唐代韩愈（768—824）《师说》云：古人学者必有师，师者，所以传道受业解惑也。人非生而知之者，孰能无惑？惑而不从师，其为惑也，终不解矣。生乎吾前，其闻道也固先乎吾，吾从而师之；生乎吾后，其闻道也亦先乎吾，吾从而师之。吾师道也，夫庸知其年之后生于吾乎？是故，无贵无贱，无长无少，道之所存，师之所存也。近代学者陶行知（1891—1946）曾提出，教师要"教人做人，教人做真人，教人做真善美的新人"。

党的十八大以来，党中央提出全面领导教育工作，坚持社会主义办学方向，立足中国大地办教育等一系列重要论述，使教育步入一个新的发展阶段。2014 年第 30 个教师节来临之际，习近平总书记视察北京师范大学时做重要讲话，勉励广大教师要做"有理想信念、有道德情操、有扎实学识、有仁爱之心"的新时代"四有"好老师。[①] 2014 年底，北京师范大学发起"中国好老师"公益行动计划。2018 年 9 月 8 日，首届"中国好老师"奖励计划颁奖活动在北京师范大学举行，标志着新时代中国教师的历史责任和时代使命进入一个新阶段。

2018 年 9 月 10 日，全国教育工作大会在北京召开，习近平总书记发表重要讲话，强调要坚持中国特色社会主义教育发展道路，培养德智体美劳全面发展的社会主义建设者和接班人。各级各类学校"要

---

① 习近平:《做党和人民满意的好老师——同北京师范大学师生代表座谈时的讲话》，《新华每日电讯》2014 年 9 月 9 日。

始终牢记为党育人的初心，坚持为国育才的立场，以立德为根本，以树人为核心，培育和践行社会主义核心价值观，努力培养担当民族复兴大任的时代新人，培养德智体美劳全面发展的社会主义建设者和接班人"①。简言之，"四有好老师"是新时代中国教师实实在在的行业标准，而不是一个时代的口号。

"四有好老师"是中国教育界立足中国实际创新性地开展的划时代伟大工程之一，具有意义非凡的科学内涵。坚持党对教育事业的全面领导，坚持立德树人的根本任务，坚持优先发展教育事业，坚持社会主义办学方向，坚持扎根中国大地办教育，坚持以人民为中心发展教育，坚持深化教育改革创新，坚持把服务中华民族伟大复兴作为教育的重要使命，坚持把教师队伍建设作为基础工作。该重要论述根植于中华民族崇文重教的光荣传统，"大学之道，在明明德，在亲民，在止于至善""才者，德之资也；德者，才之帅也"等优秀传统文化中的教育思想和理念，且赋予了新时代的内涵和表述形式，实现了对优秀传统文化理念的创新性发展。

新时代教育界对"四有好老师"的学理研究和实践研究成果斐然，观点诸多，总结颇丰，笔者在此试图将之做以下梳理与归纳，主要有以下几点。

（1）理想信念。好老师的职业之根，即要有为国家育人、为社会育才的远大理想与抱负，坚持在党的领导下从事与职业相关的工作，忠实践行核心价值观，培养有益于社会发展的建设者。

韩愈曾说过，师者的首要职责是传道。学术界认为，教师传授给学生的除了客观普遍的规律，即科学文化的"天道"外，一定的人生观、世界观、价值观以及政治主张或思想理论体系也是教师所传之"道"②，即人文文化的"人道"，反映的是主观世界。③ 笔者以为，师者的"道"

---

① 本书编写组：《习近平总书记教育重要论述讲义》，高等教育出版社 2020 年版，第 44 页。
② 李军、崔峰：《传道授方启疑——教师职责基本内涵新探》，《中国高教研究》2007 年第 2 期，第 87—89 页。
③ 李晶、刘晓玫：《论教师"传道"思想在新时代的发展——以习近平总书记"四有"好老师和四个引路人"重要论述为指引》，《教育理论与实践》2021 年第 1 期，第 36—40 页。

是正道，阳光大道、理想之道、信念之道、奋斗之道。师者要做人类文化的传导者，学生个人成长与发展的引路人，以坚定的理想信念为根基，用远大志向、纯洁心灵、高尚情操引领学生前行、成长和发展。

（2）道德情操。好老师践行教育使命的重要品质就是教师的道德修养和品行情操。好老师应该以德立教、以德立身，方能教好书、育好人。古人所认知的教师职业形象就是"师德"，对此有很多精辟的论述，如"师者，人之楷模也""师者为师以为范""教，上所施，下所效也"等，而当今人们对师德也给予了符合时代的诠释。教师应不断地提升个人修养，用楷模般的言行举止为学生树立榜样，用高尚的人格魅力引导学生的心灵，努力成为塑造学生品格、品行、品位的"大先生"。

好老师在具体工作中表现出来的忠诚和热爱，是道德情操的最好实践。进入教育行业里的人，但凡与用人单位签署了工作协议，就应该按照社会契约的约束规范自己的言行举止，在工作环境中只谈工作，不要把生活中的不愉快或不顺心硬拉到工作中寻求泄愤通道；也不要因工作遇到的些微挫折而表现出横眉冷对的愤世情绪，一边骂着娘，还一边不停地接受着老娘的供给。敬畏职业、敬重学生乃教师道德修养实践的重要组成要件，特别在具体的教学环节中更应该如此。

（3）学识造诣。教师职业的保障是应具有扎实的学识、丰厚的学识积累、科学的学识鉴别、有效的学识引导。习近平总书记强调，教师应是学问之师，扎实的知识功底、过硬的教学能力、勤勉的教学态度、科学的教学方法是教师的基本素养，其实知识是根本基础。[①] 教师应该在专业知识方面弄通，在与专业知识相关的同类学科方面要懂。只有具备了扎实的学识素养，才能从中获取较开阔的视野，才能获得较为睿智的教学风格，才能引导学生走向光明的未来。

只有具备了扎实的学识，教师才能传承知识。教师学识的构成，除本体性知识（专业知识），还有具备条件性知识（相关类别的知识）和实践性（应用型）知识。这是新时代教师职业的基本要求，且学识构

---

① 本书编写组：《习近平总书记教育重要论述讲义》，高等教育出版社2020年版，第212页。

成要件缺一不可。假如说教师只具备本体知识，未免会成为一个照本宣科的教书匠。教师把现有的专业知识传授给学生，教会学生学习的方法，让他们自觉地爱学习、肯学习，条件性知识则会起到至关重要的辅助作用；为了使学生获取知识的途径更加广泛和有效，教师必须要懂得实践性知识，熟悉实践目标、流程，能分析实践中发现的问题，做相应的归纳总结，成为学生实践的引导者，使学生将心沉浸在学习氛围中，才能获取知识带来的裨益。相反，假如教师在知识储备方面有欠缺，那必须有计划有目标地开展与职业发展和规划相关联的学习补充，从实际行动出发，吸纳新的知识，以弥补自身学识积累的不足，努力做到不断学习，坚持学习，站在知识发展的前沿，实现自身的长远发展，引导学生走向光明的未来。教师应坚持教学研究和职业知识同步发展的时代理念，固守陈规，不思进取，不愿进取，学问上吃老本，教学工作中划重点、给高分，奉行"大家好才是真的好"的个人行为主张，得过且过、消极怠慢等"极少数职业诟病"现象，不应是新时代教育环境中教师的起码具备的"学识"基础。

（4）仁爱之心。教师应该具有博爱的胸怀和职业责任，为学识打开获取知识的大门，启迪智慧；在尊重、理解、宽容中引导学生健康成长，使他们的心理阳光，善于和人合作，勤于沟通，勇于思考；引导学生以积极向上的态度，谦逊和善的行事方式与人相处，走向书本，走向社会，走向生活，规避孤傲、怪癖、自私、利己、狭隘、冷漠等与青年人属性不符合的行为。

仁爱之心是好老师的永恒主题。教师应平等对待学生，还要关注学生个体的健康成长，尊重学生个体差异，要给学生提供个别支持，给予学生学业和成长过程中的帮助。要以平等的身份和学生相处，让学生从相处之中学会尊重他人，并接收被尊重，或许能使他们的学业成长有着极其重要的动力和信念。

二 高校大学生德智体美劳全面发展的基石

培养德智体美劳全面发展的社会主义建设者和接班人，是各级各类学校开展教育工作的根本任务和教育现代化的方向目标。"培养社会发展、知识积累、文化传承、国家存续、制度运行所需求的人。"① 新时代社会主义建设者和接班人应该具备的基本条件,既包含思想品德、知识学识、创新能力、动手能力,还包括身体素质、艺术修养、人文气质、劳动技能。学生要在德智体美劳方面得到全面训练和发展的关键是教师。反过来说,学生德智体美劳全面发展的主体是各级各类学校的广大教师。

高校大学生德智体美劳全面发展是高校教师的神圣责任和社会义务。高校教师的理想追求、学识素养、责任担当、言行举止、人格健全、自省自律、敬业爱生、学术视野、奉献情怀、创新实践等基本素养,无时无刻不影响着学生的成长与发展。师者,人之模范也。教师作为"锤炼品格的引路人",其言行举止、所思所想皆对学生起到不容忽视的垂范作用。② 2018年1月20日,《中共中央国务院关于全面深化新时代教师队伍建设改革的意见》(中发〔2018〕4号)颁布,将新时代教育和教师工作提到了前所未有的战略高度,为教师职业发展确定了新的目标,为教育高质量发展确立了新的方向。

教师是立教之本,兴教之源。"教师要成为大先生,做学生为学、为事、为人的示范,促进学生成长为全面发展的人。"③ 高校大学生德智体美劳全面发挥的基石是新时代教师职业的发展,主要内容如下。

1. 教师应坚守职业信念

坚守职业信念是在职业生涯中将理想信念的认知转化成职业兴趣的行动,并始终坚守却贯穿于教育环节之中,以体现教书育人的价值,赋予群体属性应具有的敬业精神和职业操守。方能做到"执着于教书育人,有热爱教育的定力、淡泊名利的坚守"④,以传道授业的责任担当

---

① 习近平:《在北京大学师生座谈会上的讲话》,人民出版社2018年版,第5页。
② 张伟、张茂聪:《论新时代教师的成长及其向度》,《山东师范大学学报》(社会科学版)2021年第4期,第142页。
③ 习近平:《坚持中国特色世界一流大学建设目标方向,为服务国家富强民族复兴人民幸福贡献力量》,《中国教育报》2021年4月19日。
④ 习近平:《坚持中国特色社会主义教育发展道路,培养德智体美劳全面发展的社会主义建设者和接班人》,《人民日报》2018年9月11日。

和使命践行开展各项工作，尤其是培养学生成长与发展。忠诚教育，热爱育人。北京师范大学顾明远教授认为，教师只有认识到自身职业的重要性，具有强烈的使命感，才能全身心投入教书育人工作中，才能不断成长。①

2. 教师应以"道德"为身份的标识

教师的职业道德是教育发展的重要保障，是引导学生拥有积极向善品行的有利推动力。习近平总书记指出的"抓好师德师风建设，引导教师把教书育人和自我修养结合起来，做到以德立身、以德立学、以德施教"，"一个教师如果在是非、曲直、善恶、义利、得失等方面老出问题，怎么能担起立德树人的责任？广大教师必须率先垂范、以身作则，引导和帮助学生把握好人生方向，特别是引导和帮助青少年学生扣好人生的第一粒扣子"等论断，是新时代教师师德师风建设的重要指南。新时代教师尤其是高校教师应牢固坚守师德信念，以深厚的德行修养和高尚的道德品位引导学生、影响学生，在教育实践中真正践行做一个高尚的人、纯粹的人、脱离了低级趣味的人，自觉坚守精神家园、坚守人格底线，使之成为不懈的职业价值追求和行为常态。②

教师应以德立身、以德立学、以德施教、以德育德，坚持教书与育人相统一、言传与身教相统一、学术自由与学术规范相统一。

3. 教师应以"专业"为职业底色

教师应以"专业"为从事职业的基础，专业化水平、专业素养、专业知识储备及实践，都应适应新时代的要求，否则难以培养出高质量的学生，更难以培养合格的社会建设者与接班人。"良好的专业素质是教师素养中最重要、最具有广泛迁移价值的部分。"③ 教师的专业短板，须要在一定的时间内予以提升。这是自身发展和学校教育发展共同的话题。

---

① 顾明远：《教师成长的三个境界》，《中国教师报》2018年1月10日。
② 张伟、张茂聪：《论新时代教师的成长及其向度》，《山东师范大学学报》（社会科学版）2021年第4期，第142页。
③ 戚如强：《新时代师德建设的基本遵循》，《中国教育报》2018年9月6日。

4. 教师应以"仁爱"为职业的终生追求

自古以来，中国学术界就对教师职业终身美德有过不少的论述，立足传授知识，培养学生健康成长，在"教"和"育"中发挥积极上善、友好博爱的作用，以"教"为始，以"育"为终。

"老师对学生的影响，离不开老师的学识和能力，更离不开老师为人处世、于国于民、于公于私所持的价值观。"① 教育是一个"仁而爱人"的崇高事业，而不是一个养家糊口的职业。爱是教育的灵魂，没有爱就没有教育。教育方面体现的爱，应建立于"仁爱的心"而非"溺爱之行"，应建立于"博爱之举"而非"私利之为"。老师—好老师—有"仁爱心"的好老师，是促进学生全面发展最理想的状态。

三 引导高校大学生全面发展途径与方法

互联网时代，教师已经不再是知识的唯一载体和独家权威。学生也不仅依靠教师在课堂上传授的知识，而是可以通过各种媒体获取更多信息。因此，新时代教师的主要任务是为学生的学习营造适合的环境，指导学生正确获得信息、处理信息的策略和方法；同时也要为学生设计个性化的学习计划，帮助学生解决学习中的一些疑难问题。

引导高校大学生德智体美劳全面发展是培养社会主义建设者和接班人的终极目标，基于教师师德师风建设和学生参与课堂学习、课外实践等一系列活动之中。引导大学生全面发展旨在逐步培养有理想、能担当、会思考、勤实践、善总结的新时代大学生，塑造他们的家国情怀、感激师恩、回馈社会、奉献人生的美好德行，在理想信念、学识积累、身心健康、审美情趣、动手劳作等方面都有长进，取得良好的效果。

1. 高校教师协助学生设计发展规划

顾明远教授说，没有爱就没有教育，没有兴趣就没有学习；教书育人在细微处，学生成长在活动中。教师在教育活动中的"爱"应该贯

---

① 习近平：《做党和人民满意的好老师——同北京师范大学师生代表座谈时的讲话》，《光明日报》2014年9月10日。

穿于教学和育人的各个环节，而不仅仅是停留在用仅有储备的一点点知识去解决学生课程分数的层面，则是要交给学生如何获取更有价值知识的路径。这种方法的首选任务就是协助学生做好自己的学业规划、学习目标，即"授人以渔"。

高校学生来自祖国各地，教育背景、生活环境、成长阅历、个人性格、人生追求各不相同。面对如此庞大繁杂的一个群体，教师则应该发挥自己的学识、处事优势，因学生而异，依据不同的兴趣设计有共同愿望的发展目标，辅助学生制订阶段性的发展计划。该课题是高校辅导员或班主任在学生刚入学时的半年之内须要完成的工作，应做到每个学生一个特定方案，引导学生按照自己设计的发展目标逐步进行，切勿有计划却不实施，或实施过程中因心情状况出现问题而导致的计划执行中断的可能性。笔者在 20 多年的教学工作中发现，绝大多数新生入学的前两个月，学习积极性很高，颇具"趾高气扬"之神态。但随着学习难度（尤其是零起点外语专业）的不断加大，个别"宝贝公子""受宠小姐"的本性暴露无遗，开始规避课堂学习，畅游在"英雄联盟""三国志""山海经""剑斩乾坤"等名目众多的手机游戏之中，以青年人的豪迈连续玩一个昼夜甚至更多时段，直到两眼发直、手指麻木，方才按下暂停键，等待喘一口气再继续战斗。尽管如此，还是乐此不疲，把自己当作是学生中的"王者"而荣耀无限。该种情况已不再是个案，而且较普遍；学生宿舍恰如一个个游戏战场，轰轰烈烈，好不热闹，目中无人，只有游戏中的人物，完全不顾及其他舍友的感受。面对如此状况，教师尤其是辅导员或班主任大都会进行长达数个学期的跟踪纠正，实属辛苦。

笔者从事的专业教学中，有两位校友在读书期间就确定了自己人生的奋斗目标，毕业后服务家乡脱贫攻坚中取得了骄人成绩，得到党中央国务院的嘉奖，且受邀参加建党 100 周年的天安门观礼活动。回想起来，他们曾经在老师的引导下，积极进步，加入中国共产党；毕业之际，老师提醒考虑省委组织部大学优秀毕业生的选调生考试，录取后到最艰苦的基层锻炼，为家乡建设贡献大学毕业生的才智，因工作业绩突出，被任命为某乡镇副书记、镇长，带领乡亲们脱贫奔小康，开展乡村振兴建设。

2. 高校教师参与学生开展的实践活动

高校教师每年都会通过"团学"的渠道发布科研项目，鼓励学生参与，其目的是培养学生收集文献、阅读文献、整理文献的意识，熟知与自己学习专业相关的学术研究前沿动态，掌握文献资料整理的方法等。另外，学校都有不同类型的社会实践活动，到农村基层了解国家乡村振兴战略实施推进的成果，体验城市以外美丽乡村的建设，走村入户，帮助孤寡老人做家务，听老红军畅谈红色革命经历……类似的活动教师一定要参与，并适当地指导学生，目的就是引导他们开展一手资料的收集整理、踏实地做实际调查，而非"拿来"后不做任何甄别就使用，甚至有些使用了也不做注释说明。

笔者今年暑假参与了"乡村振兴青年建功"大学生社会实践活动，从实践目的、环节、所见所闻稿件的撰写与修改、小组谈论、最终总结等都留下了痕迹，和实践活动小组每一位成员进村入户、参观企业、关爱留守儿童……活动总结时，一位大四的同学说，遗憾的是自己没有在前两年参加这项活动，感受颇多，使自己接受了真实的教育，非课本和课堂所至。今年10月下旬，新冠疫情在学校所在地暴发，参加该次活动的部分成员积极地参与到抗疫志愿服务中；有的则在图书馆复习功课准备年底的全国研究生考试。可以说，他们已经学会了承担社会需要的责任。

3. 高校教师督促学生适时总结调整

大学生在校学习期间，会有很多事情需要去完成。有的学生对某件事的总体把握不够，且对自身的认知太过乐观，理想太过丰满，但最终的结果却使绝大多数参与者没有了相关的活动痕迹。经询问得知，是没有得到认可或没有拿到相应的比赛名次，发誓从此与该类赛事一刀两断。还有的学生报考专业研究生，专门挑选国内顶尖级高校，甚至坦言说自己就选某某学校，其他不予考虑。

对于此处说的这两类事情，都是真实发生的。对于前者，笔者与曾经的参与者谈心，得知他从中受益较多；便把参赛作品拿出来重新评判，发现里面确实存在问题，终于承认是自己的不足。后者则需要等待初试或复试成绩公布后,让报考者静下心来审视自己的学业结构、知识储备、综合反应能力,才发现有较大的不足。后来做了一些"亡羊补牢"的事,使其来年的就学有一个较为理想的去处。

结　语

新时代高等学校教师的职业使命不仅是教书,还应该兼顾"育人",为国家育人才。简单说,教书容易而育才难。国家需要的是德智体美劳人才,则要求教师将"五育"纳入一体化教育环节中,缺一不可,缺一则不能被认为是个全才。因而,新时代教师尤其是高校的教师的社会责任和使命极其重大,需要从自身做起,厚植爱国情怀,培养使命担当,引导人生理念。教师理应成为"好老师",且需要争做"大先生"。[①] 每一位高校教师要做"大学问"、怀"大爱心",向标准看齐,向榜样学习,以身施教,积极引导学生,不断督促补正,使学生的德智体美劳得到全面发展,身心健康,智力健全,成为社会有用之材,国家建设的栋梁之材。

---

① 王新清:《从"好老师"到"大先生":高校师德师风建设的基本路径》,《中国高等教育》2021 年第 9 期,第 31—37 页。

民族高校大学外语教育铸牢中华民族共同体意识研究*

马纳琴　张　福**

西北民族大学外国语学院，甘肃兰州 730030
甘肃政法大学外国语学院，甘肃兰州 730070

摘　要：铸牢中华民族共同体意识是时代赋予民族高校的重要教育命题。新时期民族高校大学外语教育教学应聚焦这一命题，以"为党育人、为国育才"为教育目标，从教师、教材和课堂三个层面入手，以"五个认同"教育为核心内容，力争把铸牢"中华民族共同体意识"的种子根植各族学生的心灵深处。

关键词：民族高校大学外语教育；铸牢中华民族共同体意识；路径；内容；抓手

引　言

铸牢中华民族共同体意识是新时代党和国家关于民族工作一系列重大决策部署的核心内容，是中国共产党民族理论、政策和伟大实践的全面创新成果，是实现中华民族伟大复兴的中国梦的根本条

---

* 基金项目：西北民族大学铸牢中华民族共同体意识研究专项立项项目（31920200482）、外语教育研究创新团队（1110130137）。

** 作者简介：马纳琴，西北民族大学外国语学院教授，硕士生导师，主要研究方向为英语教学论、语言学及应用语言学；张福，男，甘肃武威人，甘肃政法大学外国语学院副教授，博士，主要研究方向为英语教学论、语言学及应用语言学。

件和前提①。党的十九大报告中指出，全面贯彻党的民族政策，深化民族团结进步教育，铸牢中华民族共同体意识，加强各民族交往交流交融，促进各民族像石榴籽一样紧紧抱在一起，共同团结奋斗、共同繁荣发展②。习近平总书记在全国民族团结进步表彰大会上指出，"坚持走中国特色解决民族问题的正确道路，坚持和完善民族区域自治制度，加强党的民族理论和民族政策学习以及民族团结教育，以铸牢中华民族共同体意识为主线做好各项工作，把各族干部群众的思想和行动统一到党中央决策部署上来，不断增强各族群众对伟大祖国、中华民族、中华文化、中国共产党、中国特色社会主义的认同"③。大学外语教育教学由于其跨文化、跨语言的特性，天然承担着中华民族共同体价值教育的重任，其终极目标是培养具有家国情怀和国际视野的人的教育；在新时代背景下，开展民族高校大学外语教育铸牢中华民族共同体意识的探索研究，是民族高校做好民族团结工作，服务国家战略的现实需要，具有重要的理论价值和现实意义。

一 中华民族共同体意识研究简述

国外学者 E. Alder 和 M. Barnett④认为，共同体具有三个特征：拥有共同的认同和价值观，多方位的直接互动，一定程度的互惠和利他主义。基于共同体这一理念，国内学者认为，中华民族共同体已经形成⑤。有学者认为，中华民族共同体包含两层含义：作为人的共同体和作为文化的共同体，它既是全体拥有中国国籍的中国公民共同体，也是

---

① 万明钢、王婕：《铸牢中华民族共同体意识与学校民族团结进步教育课程建设》，《西北师大学报》（社会科学版）2021 年第 期，第 3 页。

② 习近平：《决胜全面建成小康社会 夺取新时代中国特色社会主义伟大胜利——在中国共产党第十九次全国代表大会上所作的报告》，人民出版社 2017 年版。

③ 习近平：《在全国民族团结进步表彰大会上的讲话》，《十九大以来重要文献选编》（中册），中央文献出版社 2021 年版。

④ ［英］齐格蒙特·鲍曼：《共同体》，欧阳景根译，江苏人民出版社 2003 年版。

⑤ 赵杰：《铸牢中华民族共同体与构建人类命运共同体》，《广西民族大学学报》（哲学社会科学版）2019 年第 9 期。

以中华文化为核心的文化共同体①。还有学者将中华民族共同体概括为，"多民族统一的政治共同体，意义复合的文化共同体和同感境遇的命运共同体"②。对于中华民族共同体意识的解读，学术界的普遍共识是，其核心本质为认同层面的问题，认为"五个认同"是"共同体意识"的核心要义③。中华民族共同体意识应从认知、情感、意志三个方面考察。认知层面强调各民族成员对待中华民族共同体肯定的态度与认同；情感层面强调各民族之间，各民族与中华民族之间的情感维系程度；意志层面强调认知情感向行为层面的转化④。中华民族共同体意识教育应以爱国主义教育为核心，以"四个共同"和"五个认同"为基本内容，对中华民族产生积极的情感、态度与认同⑤。

从上面的论述，我们可以看出，尽管国内学者对中华民族共同体意识的理解存在诸多差异，但殊途同归。其理论观点共同揭示出：中华民族共同体意识是中国多民族国家历史发展的必然产物，彰显了中华民族共同体的心理特征，是维系中华民族团结统一的强大精神纽带和推动中华民族发展进步的强大精神动力⑥。

二　新时代民族高校大学外语教育肩负的历史使命

大学外语是高校受众面最广、集中体现国家意识的一门必修课程，与思想政治教育课程一道，肩负着相同的使命——培养德智体美劳全面

---

① 沈桂萍：《铸牢中华民族共同体意识是民族工作的核心理念》，《中央社会主义学院学报》2017年第12期。
② 原子茜、袁梅：《后主体性理论视角下民族高校筑牢中华民族共同体意识教育研究》，《西南民族大学学报》（人文社会科学版）2022年第2期。
③ 杨文炯：《建设各民族共有精神家园　夯实中华民族伟大复兴的文化基础》，《中国民族》2015年第3期。
④ 陈立鹏、薛璐璐：《基于心理测量学的中华民族共同体意识量表的编制》，《中南民族大学学报》（人文社会科学版）2021年第2期。
⑤ 曹能秀、马妮萝：《中华民族共同体意识培养融入学校教育研究》，《西南师范大学学报》（哲学社会科学版）2022年第1期。
⑥ 苏德、后慧宏：《深化民族团结进步教育　铸牢中华民族共同体意识》，《中国教育报》2022年3月10日。

发展的社会主义建设者和接班人。通俗一点讲，大学外语教育应以时代需求为己任，服务经济与社会发展以及国家战略需求，培养既有国际视野，又有国家意识的跨文化交际人才。何为国家意识？其内涵包括国家认知、认同、责任、立场和期待五个维度①，集中体现为作为国家的公民，要了解自己所属国家的历史、地理、政治经济体制、国际关系等，对国家产生归属感和认同感并对其产生合理期待②。而外语学科的国家意识则更宽泛，不仅包括国家主权、安全、发展、国家形象和国家责任意识，同时也涉及以民族、文化、历史、母语等表征的社会主义制度、共同理想及中国梦等核心价值观的认同③。

  回顾历史，过去我国高校外语教育过于关注外语知识和能力的培养，而忽略了其语言背后的意识形态和价值观等深层次问题，导致日常教学中东西方文化生态失衡，产生了国家认同、制度认同、文化认同、语言认同等诸多问题④。而外语学习者国家意识的缺失，在一定程度上也导致了其个人成长同国家命运关联的缺失。当前，高校大学外语教育，尤其是民族院校大学外语教育对学生的国家意识培养已刻不容缓。鉴于民族院校大学外语教育作为培养学生国家意识的重要渠道，在培养各民族学生的国家意识中负有重要责任。笔者认为，在新时期，培养各民族学生的国家意识，民族高校大学外语教育必须以培育铸牢中华民族共同体意识为主线，为党育人、为国育才；加强各民族学生对伟大祖国、中华民族、中华文化、中国共产党、中国特色社会主义道路的认同，进而有效应对新时代价值多元冲击对各民族学生造成的深层次信仰危机与价值困惑；在深入推进各民族学生的广泛交往、交流、交融的基础上，铸牢各民族学生精神力量之魂，夯实其中华民族共有精神家园。

---

  ① 文旭、文卫平、胡强、陈新仁：《外语教育的新理念与新路径》，《外语教育与研究》2020年第1期。

  ② 房洁：《大学英语课程思政中的国家意识培养》，《外语电化教学》2021年第6期。

  ③ 王靖潭：《国家话语能力视阈下外语学科国家意识教材观》，《当代外语研究》2022年第2期。

  ④ 房洁：《大学英语课程思政中的国家意识培养》，《外语电化教学》2021年第6期。

三　民族高校大学外语教育铸牢中华民族共同体意识的实施路径

教育是国之大计、党之大计。习近平总书记指出，"要从党和国家事业发展全局的高度，坚守为党育人、为国育才，把立德树人融入思想道德教育、文化知识教育、社会实践教育各环节"①。习近平总书记关于教育的这一重要论述，为新时期民族高校大学外语教育指明了方向、提供了根本遵循。新时期民族高校大学外语教育应以"为党育人、为国育才"为教育目标，以"五个认同"（对伟大祖国、中华民族、中华文化、中国共产党及中国特色社会主义道路的认同）为教育内容，从教师、教材和课堂三个层面做实、做细（见图1），力争使中华民族共同体意识"入脑""入心""入行"，进而转化为做好民族高校大学外语教育工作的强大动力。

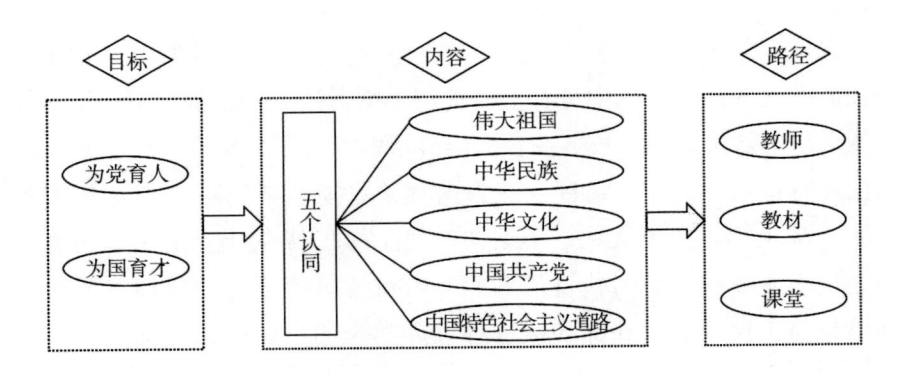

图1　民族高校外语教育铸牢中华民族共同体意识路径构建

---

① 《坚守为党育人、为国育才　培养担当民族复兴大任的时代新人》，《人民日报》2021年12月2日。

四 以"五个认同"为主要内容培育民族高校学生中华民族共同体意识

"五个认同"既是民族团结的根基,也是中华民族共同体意识培育的根本。习近平总书记强调,解决好民族问题,物质方面的问题要解决好,精神方面的问题也要解决好。当前解决精神方面问题的一项重要工作是大力推进"五个认同"教育①。现阶段,我国已进入中国特色社会主义新时代。立足新时代,培育各民族学生的中华民族共同体意识,民族高校外语教育应聚焦"五个认同",以"五个认同"教育为核心内容,将其贯穿于大学外语教育始终。

(一)对伟大祖国和中华民族的认同

民族高校是一个多民族共生的时空场景,民族高校大学生的国家认同与民族认同紧密相关。在这一特定场域下,少数民族高校大学生的国家认同体现在对中国共产党执政的政治认同,对公民身份的认同以及对核心价值观的价值认同②。在少数民族国家认同和民族认同方面,目前学术界存在三种观点,"冲突论""共生论"和"替代论"。"冲突论"观点比较偏激,"共生论"观点将认同分为高、低两个层次,高层次的认同不必排斥或取代低层次的认同。因此,民族认同和国家认同可以和谐共生。"替代论"观点认为经过长期的发展,民族认同逐渐融入国家认同,二者合二为一,融为一体③。自梁启超先生提出"中华民族"的概念以来,国内学术界对于"中华民族"的认识发生了从孙中山先生提出的"五族共和"、抗日战争时期的"中华民族是一个"的论争到费孝通先生提出的"中华民族的多元一体格局"理论等多次转变。基于

---

① 中华人民共和国国家民族事务委员会:《铸牢中华民族共同体意识,建设中华民族共同体》,https://www.neac.gov.cn/seac/mztj/201805/1075109.shtml,2018 - 05 - 22。
② 杨显东、李乐、汪大本:《国内关于少数民族国家认同研究的可视化分析》,《云南行政学院学报》2020 年第 5 期。
③ 杨显东、李乐、汪大本:《国内关于少数民族国家认同研究的可视化分析》,《云南行政学院学报》2020 年第 5 期。

此，民族高校大学外语教育应加大对各民族学生"多元一体"的国情教育和历史教育内容，让各民族学生充分认识到中国是"多元一体"的统一的多民族国家，坚信其中华民族的历史是由各民族共同书写的，进而夯实其对伟大祖国和中华民族认同的基础。

（二）对中华文化的认同

民族高校学生对文化的认同，既包括对本民族文化的认同，也包括对中华文化的认同。在中华民族发展的历史长河中，各民族相互交往交流交融，形成了内涵丰富的中华文化。中华文化既有各民族特性，又有中华民族共通的民族精神和民族品格。有学者考证，我国文化宝库中的诗经、汉赋、唐诗、宋词、元曲、明清小说，既有大量反映少数民族生产生活的作品，也有大量少数民族作者的创造。藏族的《格萨尔》、蒙古族的《江格尔》、柯尔克孜族的《玛纳斯》并称为中国少数民族"三大英雄史诗"。在列入《人类非物质文化遗产代表作名录》的中国项目中，少数民族项目占到三分之一①。习近平总书记指出，"中华文化是各民族文化的集大成。中华文化之所以如此精彩纷呈、博大精深，就在于它兼收并蓄的包容特性。展开历史长卷，从赵武灵王胡服骑射，到北魏孝文帝汉化改革；从'洛阳家家学胡乐'到'万里羌人尽汉歌'；从边疆民族习用'上衣下裳''雅歌儒服'，到中原盛行'上衣下裤'、胡衣胡帽，以及随处可见的舞狮、胡琴、旗袍等，展现了各民族文化的互鉴融通。各族文化交相辉映，中华文化历久弥新，这是今天我们强大文化自信的根源"②。鉴于此，民族高校大学外语教育要在充分挖掘各民族的文化、研究其特性的同时，更要关注文化的共通性和重叠性，努力探寻各民族文化中的普世价值，增强各民族学生对中华文化的高度认同。

---

① 王宗礼：《国家建构视域下铸牢中华民族共同体意识研究》，《西北师范大学学报》（社会科学版）2020年第9期。

② 习近平：《在全国民族团结进步表彰大会上的讲话》，《十九大以来重要文献选编》（中册），中央文献出版社2021年版。

(三) 对中国共产党的认同

对中国共产党的认同教育可以采取教学实践的方式通过让各民族大学生对当地红色基因、红色故事、红色人物形象进行收集整理和翻译，强化对中国共产党的认同。通过对中国共产党光辉奋斗历程的深度挖掘和了解，让各民族大学生深刻认识到，是中国共产党领导各族人民寻求民族独立和解放，为各族人民创造独立的国家主权以及共同的法律政治体系[①]，为各民族共同繁荣发展创造良好的国内和国际环境。在加强各民族大学生对共产党执政行为的认知和理解的基础上，逐步提升对中国共产党的认同。

(四) 对中国特色社会主义道路的认同

改革开放以来，通过40多年各族人民艰苦卓绝的努力，中国经济实现了腾飞，已经成为第二大经济体。经济增长速度远高于世界平均水平，对全球的经济增长贡献率达到三分之一。在取得巨大成就的同时，我国也面临诸多困难和挑战。中国共产党带领各族人民通过政治体制和经济体制的改革，逐渐摸索出一条适合中国发展的道路。我国经济建设取得的成就证明，具有中国特色的社会主义道路符合中国发展的道路。无须多言，在帮助各民族学生提升对中国特色社会主义道路的认同上，民族高校大学外语教育负有重要责任，责无旁贷。

五 以"三维一体"为主要抓手铸牢民族高校学生中华民族共同体意识

在民族高校外语教育中，如何培育和铸牢各民族学生的中华民族共同体意识？我们可以从外语教师、教材、课堂三个方面同时发力，做好

---

① 李彦：《铸牢中华民族共同体思想基础的三重维度》，《四川省社会主义学院学报》2020年第9期。

这项工作。具体来讲，教师是培育学生中华民族共同体意识的关键（主力军），教材是开展此项教育活动的基本依据（载体），课堂是铸牢学生中华民族共同体意识的主阵地。

（一）外语教师

教师是塑造学生品格、品行、品位的"大先生"。教师的工作是塑造灵魂、塑造生命、塑造人的工作。培育民族高校学生中华民族共同体意识的首要任务是建设高素质的大学外语教师队伍。习近平总书记在北京大学师生座谈会上指出，建设政治素质过硬、业务能力精湛、育人水平高超的高素质教师队伍是大学建设的基础性工作[①]。首先，要坚持教育者先受教育，教育引导广大外语教师积极主动地用党的创新理论最新成果武装头脑，丰富其精神人文素养。其次，外语教师要以"政治要强、情怀要深、思维要新、视野要广、自律要严、人格要正"的标准严格要求自己，以德立身、以德立学、以德施教。最后，外语教师既要做学生传道、授业、解惑的"经师"，又要做学生价值引领、精神塑造的"掌舵者"，努力使自己成为学生锤炼品格的引路人、学习知识的引路人、创新思维的引路人、奉献祖国的引路人。

（二）外语教材

外语教材建设应以"四个共同"为根本遵循：我国各族人民共同开拓了辽阔的疆域，共同书写了悠久的历史，共同创造了灿烂的文化，共同培育了伟大的精神。在外语教材中应浓墨重彩地书写各民族人民共同的历史记忆，使其成员了解过去、感知现在、展望未来。在历史记忆的书写中，要凸显各民族友好交往、交流、交融的历史现实，充分展现中华民族同仇敌忾、患难与共的历史场景，牢固树立中华民族共同体意识[②]。要让各民族学生看到：无论是历朝历代的开疆拓土，还是近现代反抗外敌的战争中，都涌现了各民族的英雄，他们保家卫国，抛头颅，

---

① 王定华：《造就高素质教师队伍，推进"双一流"建设》，《人民日报》2018年5月30日。

② 吴玉军：《传承历史记忆：国家认同建构的重要路径》，《人民论坛》2019年第1期。

洒热血，共同书写了抵御外侮，追求国家独立的光荣历史。在现代化建设事业中，也有敢为人先、勇于探索的各民族社会主义事业接班人。在追求现代化的时代特征中，各民族团结互助，共谋发展，共同实现了中华民族从站起来到富起来乃至强起来的历史进程。

教材建设是国家事权，是国家意志在教育领域的直接体现[①]。对此，我们必须清醒地认识到，只有在教材中充分彰显是各民族共同书写了中华民族历史，学生才能形成对中华民族同一性和连贯性的认识，铸牢其中华民族共同体意识。同时，外语教材还要突出政治站位意识，破解以西方为中心的论调，凸显各民族共同创造的中华文明和中华文化的价值，凸显中华文明的现代化体现就是社会主义核心价值观。党的十九大报告指出，社会主义核心价值观是当代中国精神的集中体现，凝结着全体人民共同的价值追求。外语教材建设务必要把社会主义核心价值观这个精神之魂融入教材，展现核心价值观在各民族人民生产、生活、民俗、文艺作品中的不同表现形式，聚焦各民族共同的价值取向。另外，我们还需要在教材中，加入中国历史、党史、新中国史、社会主义发展史、改革开放史、中华文化史的基本知识，丰富外语教材的中华民族共同体意识培育内容。

（三）外语课堂

在课堂教学中，教师除进行常规教学外，可以开展实施以外语戏剧表演为载体的"舞台式"教学。通过挖掘、整理、翻译中华民族优秀传统文化中适宜表演的内容，将其以舞台剧的形式展现出来。舞台剧表演要求学生具备一定的语言表达能力、跨文化交际能力、沟通能力、团队合作能力、共情能力等，这些都与中华民族共同体意识的培育不谋而合。在舞台剧的表演过程中，教师应充分挖掘各民族学生的思辨能力，让学生逐渐学会用外语讲好中国故事；通过让学生对各民族优秀文化进行对比研究，发现其中的共性，提炼中华文化的精髓。由于学生专业和

---

① 康晓伟、王刚：《铸魂育人：新时代教材建设的思想遵循》，《课程·教材·教法》2020年第9期。

民族来源各异，自带多元文化资源，在舞台剧编排、演练过程中，可以自然实现多元文化的碰撞和不同专业的交流；同时在各民族文化的相互对话和互鉴中，各民族学生可以更加公正、客观地看待不同文化，在悄无声息中构筑其中华民族共同体意识。

结　语

中华民族共同体意识是中国各民族共同缔造统一多民族国家的历史进程中形成的集体民族认同，核心内容是对中华民族共同体的认同[①]。铸牢中华民族共同体意识是民族高校的根本遵循，是民族高校具备国家意识的体现。在当今世界面临百年未有之大变局、国际风云变幻莫测的大环境下，民族高校外语教育应当聚焦国家战略，认真贯彻落实习近平总书记关于民族工作的重要讲话精神，以铸牢中华民族共同体意识为主线，以立德树人为根本任务，将铸牢中华民族共同体意识贯穿于外语教育教学始终。为推动各民族学生坚定对伟大祖国、中华民族、中华文化、中国共产党、中国特色社会主义道路的高度认同而不懈努力，为不断推进中华民族共同体建设作出新的贡献。

---

① 刘迪：《高校少数民族学生铸牢中华民族共同体意识培育路径研究》，《法制与社会》2020年第6期。

近三十年高校师德建设研究梳理与思考*

辛瑞青**

摘　要：高校师德建设关乎社会整体道德水平，关乎高校立德树人根本任务的实现，更关乎学生德智体美劳全面发展。近三十年，学术界对高校师德建设研究的成果数量整体呈增长趋势。研究成果主要涵盖了高校师德建设的意义、高校师德的内涵、高校师德现状及其底层原因、高校师德建设的策略等几个方面。这些成果为我国高校师德建设提供了重要数据参考和决策依据，今后高校师德建设研究应向多角度、多方法等方面发展。

关键词：高校师德建设；近三十年研究；梳理与思考

2020年12月24日，教育部等六部门印发了《关于加强新时代高校教师队伍建设改革的指导意见》。这是党的十八大以来第一个全面系统部署高校教师队伍建设的文件，主要强调了高校教师思想政治素质和师德师风建设、高校人事制度改革、细化落实教师评价改革和提升教师教书育人四方面内容，是对中共中央、国务院《关于全面深化新时代教师队伍建设改革的意见》和《深化新时代教育评价改革总体方案》的深入落实，是国家对高校教师队伍建设的进一步深化。

---

* 课题：2020—2022年度甘肃省高等院校外语教师发展研究项目《铸牢中华民族共同体意识进程中民族高校英语教师师德建设研究》、西北民族大学人才引进项目《新文科背景下外语教学实践中的立德树人路径研究》、西北民族大学学科建设外语教育研究创新团队项目（编号：1110130136）。

** 作者简介：辛瑞青，西北民族大学外国语学院副教授，博士，研究方向为英语教育、应用语言学。

当今纷繁复杂的政治经济形势和人类命运共同体的发展态势越发证明教育对社会发展的深远影响。教育作为普及传播知识的重要形式，作为引领培养思想的必然渠道，是任何现代国家发展的关键，而作为教育的主要实践者，教师队伍的素质是决定教育质量的关键。高等院校以直接服务于社会和培养直接参与社会实践的人才为己任，高校教师队伍素质对社会发展有直接的影响，因而受到学术界的高度关注。学者们著书立说，针砭时弊，从多方面对高校师德建设开展研究，建言献策。

本文以"高校师德建设"和/或"高校师德"为关键词在 CNKI 搜索近三十年（1991—2021）的有关研究论文总计 1167 篇，虽不能穷尽所有成果的形式和数量，但亦可体现这一阶段的高校师德建设研究发展趋势和主要思想。从文献数量分布趋势图（见图 1）可见，1998 年开始，高校师德建设研究成果较其前一阶段有所增加，从 2000 年开始整体呈稳定上升趋势，2007 年达到第一个产出高峰期，2015 年达到第二个高峰期。这一方面是由于国家在高校教师队伍建设方面的政策推动；另一方面也说明高校教育实践中教师师德方面确实存在需要关注和解决的问题。

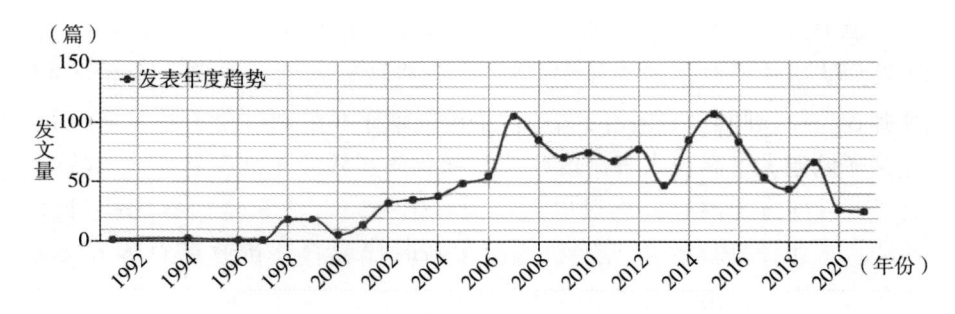

图 1　1991—2021 年高校师德建设研究成果数量分布

总览这三十年的成果，学者们从高校师德建设的意义、高校师德的内涵、高校师德现状及其底层原因、高校师德建设的策略等几个方面开展了全面研究。

一 高校师德建设的意义

高校师德建设的重要性和必要性是学术界共识。伴随时代变迁,其意义延展会有适应性微变,从具体到宏观依次涵盖学生、学校和社会三个层面。

在学生层面,高校师德建设是实现立德树人根本任务,培养德智体美劳全面发展的社会主义接班人的重要保障。一方面,教师的道德形态会潜移默化地影响学生的道德发展。《说文解字》关于教育有这样的解释:"教,上所施,下所效也。育,养子使作善也。"所以,中国传统文化中有"一日为师终身为父"的说法。古人求学问道,师者即为一个人全面发展的引导者。《礼记》有云:"师也者,教之以事而喻诸德也。"现代教育中,学科分类细化,教师教授的知识是专业单一的,但是教师思想言行对学生的影响是同样深刻的。田建国(1998)认为:高尚的师德就是一本好的教科书,它对学生的成长、影响是潜移默化的、长期的、深刻的、使学生终身受益的[1]。另一方面,教师的道德素质会影响教学质量和学生的学习动机。首先,"高校教师的师德境界在深层次上影响其治学态度与专研精神,进而影响其专业素养和学识水平"[2],师德崇高的教师会以学生的成长为己任,以学生发展为目标。其次,在培养学生的学习动机和态度时,"对学生的影响,师德往往超过师识"[3],所谓"其身正,不令而行;其身不正,虽令不从"(《论语·子路篇》)。

在学校层面,高校师德建设是推动高等教育改革发展、建设世界一流大学的关键。高校教师是高等教育的实践者,是大学精神的创造和传承者,是大学的脊梁。如梅贻琦所言,"所谓大学,非有大楼之谓也,

---

[1] 田建国:《要切实重视高校师德建设》,《思想教育研究》1998 年第 4 期,第 29—30 页。

[2] 黄李琴:《论高校师德建设中的"内外兼修"》,《高教学刊》2017 年第 6 期,第 146—148 页。

[3] 赵瑞麟:《谈高校师德建设及其激励机制》,《青海师专学报》1991 年第 3 期,第 13—17 页。

有大师之谓也",而大师,非德才兼备者难以谓也。杨克礼认为,一所大学能否获得并保持良好的社会声誉,吸引优秀学生就读以及作出高水平的学术研究成果,关键在是否拥有高素质、高质量的教师队伍①。

在社会层面,高校师德建设是推动先进思想文化传播,加强社会主义精神文明建设的重要先导。一方面高校直接服务于社会,作为位于文化层次顶端的高校教师,其道德形象可为示范;另一方面高校向社会直接输出劳动者,他们步入社会时所承载的思想价值观大多受学校教育熏陶,这些思想融入社会精神层面,产生传递性影响。因此,"传道者自己首先要明道、信道。高校教师要坚持教育者先受教育,努力成为先进思想文化的传播者、党执政的坚定支持者,更好担起学生健康成长指导者和引路人的责任"②。

二 高校师德的内涵

师德,通常被理解为教师的职业道德,是指教师和一切教育工作者在从事教育活动中必须遵守的道德规范和行为准则,以及与之相适应的道德观念、情操和品质③。师德内涵既要有对传统文化的继承,也要承载时代思想特征。对师德内涵的理解决定着师德建设的理念和策略。学术界对高校师德内涵的认识发展主要存在于"神化与人性""公德与私德""崇高师德与底线师德"等几个相对概念的讨论中。

(一)高校师德的神化与人化

所谓神化,是指将教师形象极端完美化,认为教师须为圣贤。这种观点主要源于中国传统文化赋予师者的尊崇。所谓"天地君亲师",自春秋战国时,师者便被置于崇高的地位并接受祭拜,可见人们对师者的

---

① 杨克礼:《社会主义精神文明与高校师德建设》,《机械工业高教研究》1998年第3期,第61—64页。
② 《习近平在全国高校思想政治工作会议上强调:把思想政治工作贯穿教育教学全过程 开创我国高等教育事业发展新局面》,《人民日报》2016年12月9日。
③ 周晓焱、张建伟:《再论新时期高校师德建设的意义与对策》,《辽宁教育行政学院学报》2005年第11期,第119页。

极高期望。

对高校教师道德形象的拔高和神化多存在于 21 世纪初期以前。例如，杨克礼根据我国教育学家和伦理学家的研究，对高校师德内容总结了详细的八条，其中除"以身作则，为人师表；热爱学生，诲人不倦"等常见的师德阐释，还包括"疾恶如仇，爱憎分明；谦虚谨慎；语言文明高雅，举止端庄稳重"等内容①。有人认为高校教师还需"淡泊名利，志存高远；谈吐幽默风趣"等②。吉贻祥认为，高校师德的基本内涵应包括：献身教育，敬业爱岗；以身作则，为人师表；严谨治学，教书育人；热爱学生，诲人不倦；团结协作，关心集体③。这些对高校师德内涵的阐释包括了教学过程的方方面面，甚至包括对语言风格的要求，但过于理想化的圣贤品德让多数教师难以企及。当教师被称为"太阳底下最光辉的事业""人类的殉道者"时，教师精神就被刻意拔高到悲壮的地步，以致使教师成为不食人间烟火的神者④。

学者们一致认为，社会对教师职业道德期待值太高给教师的职业道德建设带来很大的困难。21 世纪初期之后，对高校师德内涵逐渐有了更为理性的认识。2008 年 9 月我国《中小学教师职业道德规范》重新修订，"师德规范中将'热爱学生'改为'关爱学生'，这就是从高标向低标改变的开始"⑤。2011 年底教育部和中国教科文卫体工会全国委员会首次颁布《高等学校教师职业道德规范》，明确了高校师德"爱国守法、敬业爱生、教书育人、严谨治学、服务社会、为人师表"6 个方面的要求，使高校师德内涵更平易近人。

（二）高校师德之公德与私德

道德有公德与私德之分。按照公德与私德概念的厘定依据，当个人

---

① 杨克礼：《社会主义精神文明与高校师德建设》，《机械工业高教研究》1998 年第 3 期，第 61—64 页。
② 路璐：《高校教师道德人格研究》，《现代商贸工业》2009 年第 18 期，第 242—243 页。
③ 吉贻祥：《素质教育中的高校师德建设》，《江苏高教》2003 年第 2 期，第 102—104 页。
④ 冯传亭：《高校师德建设：问题、遵循原则和长效机制》，《南阳理工学院学报》2009 年第 5 期，第 75—77 页。
⑤ 王俏华：《对我国教师师德规范的重新思考》，《教育导刊》2010 年第 9 期，第 51—53 页。

以社会成员身份与他人的交往中体现的德行,在公共场域的行为中体现的德行,以及在利他行为中体现的德行为公德,反之为私德①。

21世纪初期以前,学者们对高校师德内涵的阐释,如"以身作则,为人师表""谦虚谨慎,待人以诚""淡泊名利,志存高远"等,多是对中国传统道德中私德的继承。

梁启超先生在《论公德》一文中指出,中国传统道德"私德居十之九,而公德不及其二焉",久之"国民益不复知公德为何物"。师德既为教师的职业道德,则为公德。马建省等认为,必须提高教师的公德意识和道德觉悟②。《高等学校教师职业道德规范》中的"爱国守法、敬业爱生、服务社会"明确体现了对教师的公德要求。此后,随着我国思想意识形态发展,学界对高校师德内涵的阐释也融入时代特征,以思想政治觉悟为首要条件,突出公德规范,如"公平对待每一位学生""遵守学术道德规范"等。

然而,公德与私德并非对立,而是相辅相成。我国著名的教育家陶行知先生说过:"私德不讲究的人,每每就是成为妨碍公德的人,所以一个人私德更是要紧,私德更是公德的要本。"2018年5月习近平总书记在北京大学师生座谈会上的讲话中指出:广大师生要"做到明大德、守公德、严私德"。

(三)崇高师德与底线师德

赵少英等认为,道德应该是有层次的,并将高校师德分为底层师德、基准师德和高校师德③,现在多归类于两个层次,即崇高师德和底线师德。

崇高师德是高校教职工职业伦理的最高要求和最理想的境界,主要源于我国古代传统道德观念,以儒家圣贤思想为主要内容;底线师德是高校教职工作为普通人应该遵守的道德要求,如遵纪守法、不损害他人

---

① 张建英、罗承选、胡耀忠:《公德与私德概念的辨析与厘定》,《伦理学研究》2010年第1期,第81—86页。

② 马建省、杨红娟:《公德、私德及其对高校师德建设的启示》,《法制与社会》2010年第10期,第231—232页。

③ 赵少英:《系统论视野中的高校师德建设路径探讨》,《延边大学学报》(社会科学版)2012年第2期,第126—130页。

和社会、履行教师基本职责等。如对师德形象的"神化"和圣人君子的"私德",崇高师德要求可能使教师产生一种道德负担①,给高校师德建设造成困难,因此,底线师德成为高校师德的基本标准和保障。

崇高师德和底线师德并非是对立存在,聂阳等认为,"高校师德建设的标准应当在崇高师德境界和底线师德规范之间保有内在的张力,从而为高校教师的道德选择留有足够的弹性空间"②。底线师德是高校师德建设的起点,崇高师德是发展方向。

三 高校师德现状及其底层原因

长期以来,我国高校教师为高等教育改革发展、社会稳定、科技进步等各方面作出了积极贡献。但近年来,一些高校师德负面问题的发生,引起了学术界的重视。

(一) 高校师德现状

何祥林[③④]、贾光辉[⑤]、邓井红[⑥]、傅国光[⑦]、童锋[⑧]、阮晓菁[⑨]、王

---

① 薛昉:《新时代高校师德建设的定位标准及实现路径》,《福建师大福清分校学报》2019年第6期,第21—28页。

② 聂阳、庞立生:《高校师德建设的三重关系及其内在张力》,《思想理论教育》2017年第4期,第97—101页。

③ 何祥林、黄吴静、徐丽:《教师为本 师德为魂——关于当前我国高校师德建设现状的调研报告(上)》,《学校党建与思想教育》2010年第22期,第85—87页。

④ 何祥林、黄吴静、徐丽:《教师为本 师德为魂——关于当前我国高校师德建设现状的调研报告(下)》,《学校党建与思想教育》2010年第28期,第68—71页。

⑤ 贾光辉、曹斯兀:《制度视角下高校师德建设长效机制构建路径——以山东省高校为例》,《菏泽学院学报》2015年第4期,第102—105、133页。

⑥ 邓井红:《海南高校师德建设存在的问题及对策探讨》,《海南广播电视大学学报》2011年第4期,第8—12页。

⑦ 傅国光、余龙进:《现代高校师德建设解析及多维机制重构——以浙江省高校为例》,《绍兴文理学院学报》(教育版)2020年第2期,第81—86页。

⑧ 童锋、夏泉:《高校教师潜心治学影响因素实证研究——基于广东高校的分析》,《国家教育行政学院学报》2018年第1期,第81—87页。

⑨ 阮晓菁:《新形势下高校师德的内涵及建设研究——基于对福建省部分高校师德建设情况的调研》,《福建论坛》(人文社会科学版)2017年第5期,第178—183页。

敏①等分别对湖北省、山东省、海南省、浙江省、广东省、福建省和南京市等地的部分高校师德状况进行了调查研究。研究结果表明，我国高校师德基本面向好，多数教师能够遵纪守法、恪尽职守，但也确实表现出许多不容忽视的问题，宏观上可概括为以下几个方面：社会责任感及奉献精神淡漠，工具化理性日趋膨胀；以市场化规则衡量自身价值和定位，使命感和职业操守日趋平庸；学术研究追求市场价值和热点，缺乏基础研究热情②。具体表现为敬业精神差，教书不育人，甚至治学不严、学术腐败、师生关系冷漠、缺乏团队合作精神等。

由此可见，虽然大部分高校教师没有触犯师德底线，但是当前存在的一些师德问题已然成为阻碍高等教育发展的障碍，对大学和教师队伍的集体声誉产生了负面影响，也不利于立德树人根本任务的实现，不利于中华民族伟大复兴事业的实现。

（二）高校师德问题的底层原因

高校师德问题产生的原因是多样且复杂的，主要可归因于三个大的层面：宏观的社会环境因素、中观的高校存在的问题、微观的教师和学生自身因素。这三个层面的因素相互作用，导致高校师德问题凸显。

1. 社会环境因素

经济基础决定上层建筑，社会经济体制和形式的变化必然对人们的思想意识造成一定影响。市场经济被普遍认为是影响高校师德问题的主要因素之一。张雷提出，市场经济的发展推动教育商品性增强，学校领导和师生在观念上都趋于面对现实、面向市场，增强商品经济意识③。李辉认为，市场经济给高校教师带来的影响是独立的自我意识④。自我

---

① 王敏、刘兆磊、韩键：《当前我国高校师德现状调查研究及启示——以南京市三所高校为例》，《上海教育评估研究》2014年第3期，第55—59页。

② 毛连军、成容容：《大学教师文化构建与高校师德建设》，《东南大学学报》（哲学社会科学版）2005年第5期，第121—123页。

③ 张雷：《新时期高校师德建设的理论探讨》，《广西社会科学》2003年第12期，第180—182页。

④ 李辉：《论高校师德建设研究的前提——兼议当前高校师德建设的主要矛盾》，《黑龙江高教研究》1998年第6期，第30—33页。

意识可促进教师自我发展和正当需求的满足，然而，在市场经济的消极因素，例如拜金主义、功利主义等的强烈冲击下，一些高校教师把自身价值完全以市场价格来衡量，"把自己所从事的工作当成一种谋取私利的手段，过分看重个人利益，从而改变了原有的职业价值取向"①。与此同时，杨万义等认为，高校教师尤其是青年教师的待遇相对较低，工作收入与市场经济条件下居高不下的房价和高额生活所需支出往往不成比例，严重影响了他们的工作积极性②。

中西方文化交流碰撞是对高校师德观念产生影响的第二个重要因素。随着改革开放不断深入，中西方文化交流影响到工作生活的各个方面，人们的思想道德观念呈现多样化趋势，极大冲击了中国传统道德观念。例如，刘瑞平等认为，"教育者和被教育者是平等主体"的观念得到社会认可，"学高为师，身正为范"的传统观念认同淡薄，使教师的主体自我认可程度下降，作为一种高层次要求的群体地位消失，导致了教师放松对自身的要求③。另外，信息网络化的速度和网络文化所具有的开放性，客观上加速了西方意识形态和文化的渗透，"使教师政治观念产生模糊，民族意识出现淡化，……优良品格受到冲击，伦理政治的守法等行为受到挑战"④。

第三影响高校师德建设的社会因素是公众对高校师德的期望过高，而又缺乏切实的尊师重教的良好风气。一方面，对社会公众而言，教师是"最重要的道德期望承担者和道德义务承载者"⑤。社会给高校师德贴上"崇高"的标签，要求高校教师"学高为师，德高为范"且"甘于清贫，乐于奉献"。而另一方面，公众把优秀师德认为是一种理所当

---

① 赵培举：《加强师德师风建设　培养高素质教师队伍》，《中国高等教育》2013 年第 Z2 期，第 66—68 页。
② 杨万义：《当前高校师德建设的主要问题与解决路径研究》，《中国青年研究》2012 年第 9 期，第 75—78 页。
③ 刘瑞平、蒋传东、叶绍灿：《高校师德建设存在的问题、成因及对策探析》，《思想教育研究》2004 年第 12 期，第 24—27 页。
④ 程新治：《网络文化环境下高校师德建设浅议》，《学校党建与思想教育》2005 年第 7 期，第 70 页。
⑤ 赵少英：《系统论视野中的高校师德建设路径探讨》，《延边大学学报》（社会科学版）2012 年第 2 期，第 126—130 页。

然，对高校教师的优秀品德不予肯定鼓励，同时又用"崇高"师德标准构筑群体性的讨伐"失德"教师的力量，一旦个别高校教师师德出现瑕疵，便口诛笔伐，认为全体高校教师都有师德问题。此外，在大众心目中，高校教师是一份清闲的职业，有着可观的收入，两个令人羡慕的假期，还不需要坐班。但是他们却看不到高校教师为上好一堂课背后所付出的时间和努力，也不知道高校教师为科研工作牺牲掉的假期，更不知道高校教师承担的职称晋升压力。社会对高校教师职业缺乏客观的认识和公正的评价，又对高校教师进行道德绑架，实则是未从根本上建立起尊师重教的良好风气。王志民认为，教师生活中经常性的道德困惑与对教师职业高尚道德情操的客观要求，很可能导致教师的人格分裂现象，而教师的物质生活状况与社会对教师道德的过高要求之间的对立又加深了这一裂痕[①]。

2. 高校存在的问题

始于1999年的高等教育扩招给高校师德建设带来了较大冲击和挑战。高校扩招导致了两个直接后果：一是高校师资紧缺，很多高校盲目扩充教师队伍，未能严格把好入口关，使一些思想道德水平较低、职业情感淡薄、责任心不强的人进入教师队伍，给高校师德建设带来困难[②]。二是高校学生人数倍增，层次差异大，客观上增加了培养难度，教师教学任务加重，难有时间进行教育教学研究、提高自身素质和科研能力[③]。

高校尚未从根本上建立起师德建设意识和决心，对教师的培养和管理"一手硬、一手软"，重教学科研，轻教师道德，教师思想政治教育工作薄弱，这是高校师德问题产生的主观原因。首先，高校师德建设存在"重形式，轻实践"的现象。当前各高校虽然形成了师德建设的领导体制、工作机制和师德评估体系，但是学校各职能部门和二级学院在落实师德建设任务的过程中，缺乏积极性和主动性"说起来重要、做起来次

---

① 王志民：《高校师德建设琐谈———一位古代文学老教师的思考》，《内蒙古师范大学学报》（教育科学版）2003年第3期，第76—79页。

② 杨万义：《当前高校师德建设的主要问题与解决路径研究》，《中国青年研究》2012年第9期，第75—78页。

③ 卿大咏：《加强高校师德建设 促进高校和谐发展》，《重庆工学院学报》（自然科学版）2007年第3期，第154—156页。

要、忙起来不要"的现象时有发生①。其次,高校对师德建设的对象和责任划分认识不够全面,认为师德建设的对象和建设主体均在于一线教师,对教师单方面"卡、管、罚"。实际上,高校师德建设是一项系统工程,管理对象和主体均应包括教学工作人员、行政管理人员、教育教辅人员、后勤服务人员等,而师德实践结果则会受到学校办学理念、管理模式、学生表现及社会环境等多方面影响。单极思维定式下的制度设置不仅极易引发教师的对立情绪,而且会反向催生出形式主义的工作态度②。

高校管理制度不健全是阻碍师德建设,导致教师失德的重要原因。首先,高等教育管理体制行政化倾向,大部分教师没有自主性,在校地位被边缘化,没有管理权和发言权,致使一线教师没有自豪感和主人翁意识,只是一味地完成教学任务,工作积极性不高③。部分高校在旧有人事制度的影响下对教师的出国、进修等方面在不同程度上进行限制,一些教师往往因为自己的某些愿望得不到满足,个人发展受到禁锢,产生对学校的抵触心态和不满情绪,工作上缺乏敬业心和责任感④。现行教师考核制度,尤其是职称晋升考核办法也是导致高校师德问题的重要因素。一方面,大多高校在职称晋升时,倾向于高水平科研成果,使教师要么感觉晋升无望,丧失事业追求,要么热衷于忙文章、忙课题,一定程度上影响了教师对学生的关心和培养⑤。另一方面,在职称晋升的师德考核部分主观性太强,有失公允,极大影响了教师的工作热情,甚至是价值观取向⑥。

---

① 刘嘉:《阻碍高校师德建设的因素有哪些》,《人民论坛》2018 年第 24 期,第 128—129 页。

② 潘林珍:《高校师德建设的路径选择:制度伦理及制度构建》,《江苏高教》2011 年第 5 期,第 46—48 页。

③ 都达古拉:《制度视野下高校教师师德的研究》,《内蒙古民族大学学报》2008 年第 1 期,第 78—79 页。

④ 王多华:《高校师德建设存在的问题及对策》,《学校党建与思想教育》2003 年第 4 期,第 59—60 页。

⑤ 张雷:《新时期高校师德建设的理论探讨》,《广西社会科学》2003 年第 12 期,第 180—182 页。

⑥ 田增涛、李德祥:《浅谈新时期高校师德建设》,《保定师专学报》1998 年第 1 期,第 54—56 页。

"高校教师群体组合范围越来越小,互相联系越来越少,人与人之间感情淡漠,高层次的精神需求得不到满足,致使思想感情受压,心理上产生失落感"①,也是导致高校师德问题的一个方面。

3. 教师和学生自身因素

在教师自身方面,"部分教师素质素养不够"是高校教师出现背离师德行为的最主要原因②。现在各高校教师大部分是 20 世纪八九十年代的毕业生,他们有着较高的学历,但是他们大多没有系统学习过教育伦理学知识,加之社会功利性风气的影响,"对应该遵守的教师职业道德原则和道德规范还缺乏正确的认识和认同,更不用说在实践中自觉遵循了"③。许多高校教师缺乏职业情怀和理想信念,"没有认识到自身承载着民族和社会的依托,不具备教师应有的神圣感和高尚感,因而在教育工作中失去了必备的精神家园,教育和教师因此而失去了自身应有的魅力"。有个别高校教师,个人私德较差,更没有遵守公德的意识,因此成了高校师德建设中的害群之马。

学生是高等教育的客体,但是学生自身的素质会反作用于作为教学主体的高校教师,导致高校师德问题。首先,信息网络化发展,一方面,使知识的获取更加简单,极大冲击了学生对代表知识的高校教师的敬畏;另一方面,网络的虚拟化容易使学生"和现实社会疏远、产生心理异化现象。教师在课堂上正面教育一堂课,也许抵不上学生上网一分钟所接收的消极影响"④,这强烈冲击了教师的成就感,打击了教师对自身价值的认可,导致部分教师工作积极性降低。其次,高校学生尚未形成真正的是非观,尤其是在高等教育跨越式发展的大众化教育时代,许多学生不能真正了解教育的价值和内涵,不能领会高等教育的教

---

① 田增涛、李德祥:《浅谈新时期高校师德建设》,《保定师专学报》1998 年第 1 期,第 54—56 页。

② 何祥林、程功群、任友洲、袁本芳:《高校师德建设的现状、问题及对策——基于湖北省 H 高校的调查》,《高等教育研究》2014 年第 11 期,第 53—59 页。

③ 刘亦仓、杜德鱼、詹晓航、杨早园:《新时期高校师德建设的思考》,《高等农业教育》2002 年第 9 期,第 46—49 页。

④ 何沐蓉、黎莉、凌朝辉:《新时期高校师德建设面临的挑战及对策》,《中山大学学报论丛》2007 年第 12 期,第 77—79 页。

学目标和意图,"他们更看重教师表面的亲和力,平易近人、能与学生处理良好关系的教师较受学生喜欢;而严格要求、潜心致学的教师很可能受到部分学生的排斥"①。这给高校教师的职业态度选择造成了一定困惑。同时,苏锡武认为,"现在学生独生子女多,吃苦精神差,思想感情脆弱,且高校中出现的一些不正之风,如考试作弊风,请客送礼风等",无疑给高校师德建设也带来了难度②。总之,在市场经济和其他各种社会因素的负面影响下,学生对待教师的态度也充满功利色彩,以至于校园里尊师重教之风趋于弱化,极大影响了高校师德建设的精神基础。

四 高校师德建设的策略

关于高校师德建设策略,学术界主要从国家政策法规、文化与精神、制度建设三个大方面开展了研究。

(一) 国家政策法规

中华人民共和国成立以来,我国各届政府都非常重视高等教育的发展和高校教师队伍建设,先后颁布了多项政策法规指导高等教育发展方向,规定高校教师的权利、义务及其职业道德规范。

陈大超③等对改革开放以来,我国师德政策工具的构成、演进特征进行分析,认为我国师德政策工具发展经历了四个阶段:第一阶段(1978—1984年),权威工具占据主导地位。第二阶段(1985—2002年),权威工具延续并加强,激励工具初步启动。第三阶段(2003—2013年),能力建设工具和象征与劝诫工具并行融通。第四阶段(2014—2020年),政策工具类型多样,使用频次显著提升。

---

① 徐颖:《高校师德建设中的误区分析与建议》,《黑龙江高教研究》2009年第1期,第108—110页。
② 苏锡武:《关于当前高校师德建设问题的探讨》,《广东教育学院学报》1999年第1期,第25—28页。
③ 陈大超、迟爽:《改革开放以来我国高校师德政策变迁的文本分析——基于政策工具视角》,《现代教育管理》2020年第7期,第61—67页。

肖立勋等①对中华人民共和国成立至 2019 年国家出台的师德规范文件进行综合研究，认为我国高校师德规范的发展历程分为四个阶段：刻板化发展阶段（1949—1978 年），师德规范均被政治要求占据，职业道德要求被压制，存在刻板化、政治化、单向度等趋向。模糊化发展阶段（1978—1998 年），党和国家颁布了一系列规范性文件，促进了师德规范建设全面恢复和发展。高校教师待遇和地位逐渐提高，教师职业道德逐渐被国家重视，为师德规范发展确立了基本方向。国家对高校师德的认识，从仅对政治思想要求的"一枝独秀"到政治和道德要求"并重"，逐步跳出政治的窠臼，回归本然的道德理解，但仍处于模糊化发展阶段。完备化发展阶段（1999—2011 年），我国高校大规模扩招，高等教育已从"精英化"过渡到"大众化"阶段。师资的增长、教育需求的多元以及社会主义市场经济的深入，使得高校师德问题的类型和表现形式愈加多样，师德失范行为的外延更加扩大，各类严重的师德失范问题被推至风口浪尖。在此背景下，国家层面高度重视高校师德问题，不再局限于师德行为内容的倡导，而是开始对师德失范的约束、师德建设方式方法等各方面进行全面的探索和规范，呈现出完备化发展趋势。精细化发展阶段（2012—2019 年），2012 年党的十八大胜利召开，中国特色社会主义进入了新时代。教育由民生之基变为国之大计，其重要性被提到前所未有的高度。教师作为立教之本、兴教之源，不仅是一种职业，而是与教育的发展、国家的命运、民族的复兴紧密相连的关键要素。这一时期，国家根据不同教师身份、群体和行为，出台了多个专门性的师德规范文件，高校师德规范逐步进入精细化发展阶段。

两组研究切入的角度不同，但对我国师德规范政策工具使用和规范要求发展趋势的分析结果是一致的。根据高校师德建设过程中现实情况的变化，政策工具和规范要求不断调整，我国高校师德规范实现了"从倡导崇高到兼备底线、从注重自律到联合他律、从宽泛要求到走向

---

① 肖立勋、韩姗杉、康秀云：《70 年来高校师德规范的回顾和前瞻》，《江苏高教》2019 年第 11 期，第 6—10 页。

精细规范的转变"①。

(二) 文化与精神

国家政策工具是导向和保障,文化与精神则是意识的根本。中国陶行知研究会会长朱小蔓教授认为,"从根本上说,师德建设是一项文化建设,最深层的、难度最大的在于教师作为人以及作为职业人的精神建设、心灵建设"②。尤其是在当今世界多元文化激荡交融、市场经济意识给高校师德建设造成巨大压力的情况下,大学文化的弘扬,才能从根本上为高尚师德建设提供精神家园。

大学文化凝聚为大学精神,与高校师德建设相互促进。王蔚清③将大学精神定义为"一个哲学文化范畴,是大学内生的、具有普适性的一种非物质性存在,它是大学整体价值观念、思想作风、情感氛围综合而成的气质、神韵与品位",并指出"大学精神的核心内容是科学精神和人文精神",科学精神包括"独立、创新、批判"等精神品质,人文精神涵盖"包容、自由、尚德"等精神要素。张应强④在《现代化的忧思与高等教育的使命》一文中指出,当前"高等教育在适应论或工具论教育理念支配下,过分紧密地与工业社会和市场化需要相联系,从而导致主体性丧失和大学理想的衰落",人文教育的传统和理念,理应成为高等教育的本质特性之一,关注人的精神文化和道德状况,促进人的全面发展,应该在高等教育中得到更深刻的体现。由此可见,以文化人是当前大学精神的主要发展方向。

关于大学精神的文化内涵建设,何菁等⑤认为,中国传统师德思

---

① 肖立勋、韩姗杉、康秀云:《70年来高校师德规范的回顾和前瞻》,《江苏高教》2019年第11期,第6—10页。

② 张兴华:《寻找高校师德建设新的思路与视角——访中国陶行知研究会会长朱小蔓教授》,《山东高等教育》2014年第12期,第5—12页。

③ 王蔚清:《大学精神感召下的高校师德建设》,《浙江师范大学学报》(社会科学版) 2013年第6期,第82—85页。

④ 张应强:《现代化的忧思与高等教育的使命》,《高等教育研究》1999年第6期,第12—16、36页。

⑤ 何菁、孙松平:《高校师德建设与大学精神》,《江苏社会科学》2012年第S1期,第23—25页。

想，即教书育人、敬业勤勉、疑旧求新和乐于奉献精神，与现代大学精神所提倡的"学为人师、德为人范"相得益彰。马恒民等①认为，中华"道德元典精神"是今天商品化物欲化时代的高校教师在职业道德上所欠缺的，是从内心激活教师道德感的关键所在。王欣瑜②和鲍春燕等③提出以传统儒家思想和孔子的师德观融入现代大学精神中。除此之外，民族精神和社会主义荣辱观等都被认为是现代大学精神建设的重要内容。

（三）制度建设

高校师德作为一种社会职业道德，具有自律性和他律性的共同特征。徐颖④认为，师德建设的突破口并不在于教师本身，而是与教师制度本身的正义性息息相关。在制度环境没有改变、制度德行没有提升的条件下，仅仅通过教师自律不足以从根本上改善师德状况和水平。因此，高校制度建设是师德建设的保障和重要推手。

良好的制度建设必然要充分发挥制度伦理的作用。王忻昌等认为"制度伦理是隐含在制度规定中的价值判断、道德规则和伦理追求，行为主体在有关制度的约束和激励下，不论其主观意识如何，客观上都会由于制度的"牵引"而不自觉地表现出或生成某种道德倾向"⑤。他们通过对伦理制度和制度伦理的对比阐释，提出必须使制度伦理与伦理制度紧密结合，形成以伦理制度为价值导向、以制度伦理为作用杠杆的"合力机制"。

张哲指出，好的制度需满足"民主性、正义性、科学性、规范性、责任性、稳定性、激励性、监控性、协调性、创新性"等方面

---

① 马恒民、刘平昌、徐建华：《中华"道德元典精神"与高校师德建设》，《理论界》2007年第10期，第128—130页。

② 王欣瑜、刘文霞：《儒家传统师德视阈下的高校师德建设》，《内蒙古师范大学学报》（教育科学版）2012年第3期，第28—30页。

③ 鲍春燕、林良山：《论孔子的师德观及其对高校师德建设的启示》，《南京财经大学学报》2013年第6期，第105—108页。

④ 徐颖：《高校师德建设中的误区分析与建议》，《黑龙江高教研究》2009年第1期，第108—110页。

⑤ 王忻昌、王宏、杨玲：《高校师德生成过程中的伦理制度与制度伦理》，《江苏高教》2007年第3期，第126—128页。

属性①。良好的高校师德建设制度也不例外。学术界研究涉及的高校师德建设制度主要包括聘任制度、监督管理制度、激励制度和考核制度等，但是当前关于这些制度的建设研究主要是提出未来完善的目标和理念依据。例如，以目标管理理论为基础的激励制度②、以定性和定量分析相结合为特征的层次分析法（AHP）为师德评价机制③、柔性管理视域下教师参与高校管理建设的制度④，以及以人为本的教师管理制度等。这些制度建设理念的提出都为高校师德建设发展提供了重要参考，但是还多停留于理论阶段，更多的是需要各高校能够针对自身特点付诸实践，让师德建设不再是空谈。

另外，也有学者借鉴国外高校师德建设经验为我国高校师德建设提出了参考建议。例如，任志锋⑤等分析了美国高校师德建设的价值取向、具体内容和实践方式，认为其"行业约束、地方特色与群体特质三维并进，全员覆盖与全程监督有机结合，法律规制与道德导引交互使用，政府、行业协会、学校共同参与等特点"对我国新时期加强和改进高校师德建设具有一定的启示和借鉴价值。康秀云⑥等指出，国外高校师德建设具有国家法律法规明示、师德规范分层、各方协同建设、保障机制务实等可供我国借鉴的优点。

结　语

高校师德建设是一项复杂的综合工程，不是任何单一方面可以完成

---

① 张哲：《制度伦理在高校师德建设中的适用与局限》，《当代教育与文化》2014年第5期，第103—109页。

② 王德勋：《目标管理视野下高校师德建设探究》，《国家教育行政学院学报》2010年第9期，第73—77页。

③ 李永平：《基于 AHP 和 Fuzzy Math 的高校师德评价》，《黑龙江教育》（高教研究与评估）2010年第6期，第22—23页。

④ 赵慧杰：《柔性管理视域下高校师德建设研究》，《中国农业教育》2014年第6期，第24—26页。

⑤ 任志锋、孟茹玉：《美国高校师德建设的历程、特点与启示》，《思想理论教育》2017年第4期，第106—111页。

⑥ 康秀云、郗厚军：《国外高校师德建设的实践特质、内在逻辑及经验借鉴》，《东北师大学报》（哲学社会科学版）2016年第6期，第195—200页。

的，也不可能在短时间内快速达到预期目标。当前的大部分研究都把高校一线教师作为师德建设的对象，这是非常局限的。首先，教师不是孤立存在的一个群体，也不是生活在世外桃源的仙子，要解决高校师德问题，必须提纲挈领，协调各方面的关系，创建师德建设的和谐语境。其次，高校师德是社会公德的重要组成部分，从公民道德建设出发，提高全民道德水平，是解决高校师德问题的根本基础。最后，高校师德建设必须从高校领导干部抓起，领导干部若没有良好的思想品质，必是上行下效，高校师德建设也难以开展。

传统道德文化和现代管理理念都可为高校师德建设提供重要的理论支撑，但是仅仅停留在理论层面的宣传、规划都难以带领高校师德建设走出困境。唯有各责任方从根本意识上足够重视，将理论运用到实践中，验证出适合自身发展的确切路径，才能让高校师德建设落到实处。因此，各高校应根据自身情况，适当投入经费，鼓励教师进行师德建设的实证研究，这样一方面可以让教师自觉发现问题，解决问题；另一方面可以为高校师德建设提供决策参考。

作为承担高等教育职责，为社会直接培养劳动者的机构，高校虽有自己的校规校纪和管理机制，但是随着高校办学社会化程度深入，依法办学、依法治校的理念必须要从根本上树立起来。国家法律法规和高校校规校纪都要不断深化高校师德建设内涵的时代特征，将师德规范要求落实落细落小，使师德建设有法可依、有禁可令，才能保障底线师德，推动崇高师德，建立起高校师德建设长效机制。

课程思政融入大学英语教学的有效途径探析[*]

马春兰[**]

西北民族大学外国语学院,甘肃兰州 730030

摘　要：课程思政是一种新的教学理念,这一理念是将思想政治教育融入大学所有课程,充分发挥课程所蕴含的思想政治教育功能,在学科教学过程中既完成教学任务又实现立德树人这一育人宗旨。要正确认识和定位课程思政这一新的教学理念,在大学英语教学实践中进行语言技能和语言知识传授的同时,创新教学方式方法,充分挖掘教材中丰富的思政教育内涵,将中华文化元素和社会主义核心价值观等内容融入课堂教学,使大学英语课堂教学由单纯的重视英语技能培养转向注重塑造学生品格和引领学生价值观的主阵地,充分发挥大学英语课程在落实立德树人根本任务中的重要作用,承担起传播社会主义核心价值观的责任。

关键词：课程思政；大学英语教学；思想政治教育；立德树人
中图分类号：H319.3　　**文献标识码**：A

引　言

课程思政是一项将思想政治教育融入高校各门课程的教育实践活

---

[*] 基金项目：本文受西北民族大学学科建设经费资助,项目名称:"外语教育研究创新团队",项目编号:1110130137。
[**] 作者简介：马春兰,女,回族,西北民族大学外国语学院教授、硕士生导师,主要研究方向为第二语言习得、语言与文化。

动，是利用高校的思想政治教育资源，充分发挥大学课程中所蕴含的思想政治教育功能的重要举措。大学英语作为高等院校普遍开设的通识课程，是高等教育的一个重要环节，也是开展课程思政教育的重要阵地。大学英语课程是一门人文学科，具有中西方文化交流和交融比较突出的特点，将课程思政融入大学英语教学对于构建全方位育人格局具有重要意义。在大学英语教学实践中，教师可以根据课程所具有的特殊学科性质，对课程思政内容进行拓展深化，在传授知识的过程中结合思政教育，将学科资源转化为育人资源，充分利用中西方价值观中存在的共性和差异性进行课程思政教育，以润物细无声的方式培养学生的社会主义核心价值观，增强学生对自身文化的自信心，充分发挥大学英语在落实立德树人根本任务中的重要作用。

探索课程思政的形成缘由、阐释课程思政的价值意义、探讨课程思政的实践策略是提高高校教育教学工作水平的现实需要。基于此，现阶段大学英语教学中也要认真考虑如何将思政教育融入课堂教学实践这一问题。本文从课程思政的内涵以及大学英语课程的特点出发，认真分析课程思政融入大学英语教学的价值所在，并深入探讨如何在大学英语教学实践中贯穿课程思政这一理念，将大学英语课程内容与思想政治教育有机结合，在教学中达到既完成教学任务又实现立德树人这一育人宗旨的有效途径。

一 课程思政的内涵

课程思政是一种新的教育教学理念，是一种全新的课程观，也是高等教育实现立德树人这一育人宗旨的必然选择，其基本含义是"大学所有课程都具有传授知识培养能力及思想政治教育双重功能，承载着培养大学生世界观、人生观、价值观的作用"[①]。课程思政这一概念的提出，是基于对高校课程育人环境的基本判断和对课程育人作用的深刻把

---

① 安秀梅：《〈大学英语〉"课程思政"功能研究》，《文化创新比较研究》2018年第11期，第84—85页。

握。课程思政是将思想政治教育融入专业课和通识课课程的教学实践中，充分发挥课程的思政育人作用，这是新时代思想政治教育发展的必然结果。"课程思政是指高校教师在传授课程知识的基础上引导学生将所学的知识转化为内在德行，转化为自己精神系统的有机构成，转化为自己的一种素质或能力，成为个体认识世界与改造世界的基本能力和方法。"① 因此，课程思政教学理念的提出是为了兼顾知识传授与价值观引导的双重教育功能。

课程思政理念是将社会主义核心价值观教育贯穿于教学的全过程中，并且强化了高校课程的思想政治功能和意识形态功能。正如习近平总书记在全国高校思想政治工作会议上指出，"要用好课堂教学这个主渠道，思想政治理论课要坚持在改进中加强，提升思想政治教育亲和力和针对性，满足学生成长发展需求和期待，其他各门课都要守好一段渠、种好责任田，使各类课程与思想政治理论课同向同行，形成协同效应"②。

高校的根本任务是育人，所以课程思政要紧紧围绕立德树人这一根本任务，并且要秉持大局意识，挖掘各学科中潜在的育人价值，通过传授知识实现对学生的价值引领，促进学生的全面成长，培养德才兼备、能满足国家需要的当代青年学生。这就意味着教师应该在教学实践中把课程思政作为课程教学目标中的重要内容，要有意识地将课程思政融入教学过程，在传授专业知识的同时，认真探讨如何潜移默化地提升大学生的思想道德品质，塑造良好的品行。课程思政是一种教学理念，同时也是一种思维方式。所以，教师在教学过程中要有目的地对学生进行思想政治教育，要把学生思想政治培养作为课程教学的首位目标。在课程思政教育教学过程中，教师不仅要重视系统科学地传授知识，同时还要注重建立知识与人、知识与生活的交融关系。除此之外，教师在知识传授过程中，要向学生传播探索知识的勇气、爱党爱国的情怀和锲而不舍的精神，培养学生的高尚人格、优良品行和奉献精神。

---

① 邱伟光：《课程思政的价值意蕴与生成路径》，《思想理论教育》2017 年第 7 期，第 10—14 页。

② 习近平：《决胜全面建成小康社会夺取新时代中国特色社会主义伟大胜利》，人民出版社 2017 年版，第 1 页。

二　大学英语课程的特点

　　大学英语课程几乎覆盖所有专业的学生，具有学生涉及面广、课时多、周期长的特点。《大学英语》教材收录的篇目题材广泛，其内容涉及政治、经济、科技、文化、教育、伦理、宗教、道德等方面，能充分体现对学生文化素质的培养和国际文化知识的传授。作为覆盖面广的高校人文基础课程，大学英语教学可以使学生在学习课程中接触到大量的英文材料，了解西方国家的历史、政治、文化、风俗等内容，这些素材涵盖了思政教育的各个方面，通过学习能使学生了解世界文化，拓宽知识面，提高自身素质。所以大学英语教师可以在教学活动中充分挖掘课程所包含的丰富人文内涵，将中华文化、社会主义核心价值观与语言能力培养有机结合，弘扬正确的价值观，注重人才的综合素质培养和全面发展。

　　教育部大学外语教学指导委员会制定的《大学英语教学指南》明确指出，大学英语的课程性质是高校人文教育的一部分，该课程具有工具性和人文性双重性质。工具性是指培养学生的跨文化交际能力，其内涵主要是在教学中注重培养学生的英语交流能力，同时还要培养学生运用英语从事专业工作的能力。语言是文化的载体，同时也是文化的组成部分，大学英语作为一门语言类课程，具有人文性性质，这意味着学生通过学习英语语言可以了解英语国家的社会历史与文化习俗，正确认识中西方文化差异，增进对不同文明的理解和包容，这有助于学生树立正确的世界观、人生观、价值观。因此，大学英语教师能够将社会主义核心价值观有机融入英语教学内容中，充分实现其工具性和人文性的统一，提升学生的思想水平、政治觉悟、道德品质和文化素养，将学生培养成具有家国情怀和世界眼光的社会主义建设者与接班人。

三　大学英语教学融合课程思政的重要意义

　　课程思政作为一种教学理念，是把思政教育内容融入课堂教学中，通过每一门课程教学实现全方位的育人目标。贯彻课程思政这一教学理念，教师应深入挖掘各类课程所蕴含的思政教育元素与功能，既让课程承载思政，又可以寓思政于课程，在课程教学实践中实现知识传授与价值引领的双重功能。为此，高校各学科都要承担起对学生精神塑造和价值观引领的教育功能，每门课程都要通过课程思政来培养学生树立正确人生观、价值观，确保高校立德树人根本目标的实现。

高等教育不仅是传授知识，更重要的是立德树人，立德树人是高校的立身之本，而课程思政在高等教育实现立德树人这个目标过程中起着举足轻重的作用。大学期间是一个人人生观、价值观形成的重要阶段，大学生面临着各类思想观念交锋、多元思潮文化碰撞的挑战，他们除了在学校中接受主流思想和社会主义核心价值观教育外，还会受到社会上形形色色价值观的影响。大学生的思想变化快、可塑性强，这就要求高校教师在知识传授过程中把社会主义价值观教育融入每一个教学环节。因此，教师在课堂教学中，不仅要注重向学生传授基本知识和基本技能，更要重视塑造学生价值观和思想引领的工作，在课堂教学过程中渗入社会主义核心价值理念，激发学生的爱国热情，提升他们的民族自豪感，使培养出的学生不仅具有扎实的专业知识，更主要的是具有良好的品德，形成优秀的人格，树立正确的人生观、价值观。

大学英语作为一门语言类课程，其目的语的文化价值观常常渗透在语言背后。学生在学习语言技能的同时肯定会接触到英美文化，面对西方意识形态，很容易被不同的西方文明和文化所吸引，进而出现盲目推崇西方文化，漠视中华优秀文化和价值观的现象。因此，将课程思政理念融入大学英语课堂教学，其重要意义在于引导学生在不同语言和文化碰撞过程中形成开放性和批判性思维，使学生在学习新事物和新思想的同时也学会辩证地看待西方文明及其价值观，正确认识和评价外来文化思想，牢记和践行中国特色社会主义核心价值观，成为具有国际视野和优秀文化素养的双语人才，更好地为我国社会发展服务。

四 大学英语教学融合课程思政的有效途径

大学英语教学融合课程思政能使大学英语教学与思政教育有机结

合,这既能使传统的思政教育具有鲜活的生命力,又能丰富大学英语课程内涵,拓展大学英语教学的功能,在传授语言知识的同时立德树人,有利于培养新时代中国特色社会主义建设所需要的人才。如何根据大学英语课程特点有效地进行课程思政教育是众多高校英语教师重点关注和研究的问题。对此,笔者认为可以从以下三个方面探讨课程思政融入大学英语课程的有效途径。

(一)牢固树立课程思政教学理念

树立课程思政教学理念是实现大学英语课程思政功能的关键。大学英语同其他课程一样,其存在的本质是育人,教师要充分认识到思政教育贯穿高校教育全过程的重要性,深入理解课程思政理念的价值所在,在大学英语教学过程中有意识地主动融入思政教育内容。首先,在大学英语课程建设中强化课程思政理念。大学英语教师必须加强思想政治理论学习,牢记中国特色社会主义核心价值观,形成正确的人生观、道德观,紧跟时代步伐,提升自身的政治人文素养。其次,在英语教学中强化思政教育功能。大学英语课程兼具工具性与人文性的双重性质,英语教师并非是单纯的工具型教书匠,其在课堂上的角色不仅是传授语言知识,还要结合课堂教学的内容,通过文化的比较、思想的启发引导学生树立正确的文化观、价值观、思想观,在教授英语知识的同时潜移默化地培养学生良好的思想品质、文化素养,在课程教学中实现育人的目标。最后,在课堂教学实践中,教师应该基于教学篇目,提炼特定语言环境中的思政元素,并将其融入教学目的,以实现承载人文性育人目标的语言教学。

(二)充分挖掘教材内容"寓教于育"

大学英语教材版本较多,课文题材广泛,内容丰富,其中蕴含着丰富的育人资源。大学英语作为一门语言类课程,其教学目标主要是讲授英语语言知识,培养学生的英语语言应用能力和跨文化交际能力。语言是文化不可分割的一部分,大学英语课程也离不开文化方面的内容,其中也隐含着思政元素。然而,大学英语课程中的思政元素是隐性的、潜在的，这些蕴含于课程本身与具体教学内容之中的思政元素要靠教师去挖掘。教师在挖掘课程思政元素的过程中，应该注重在进行语言技能和语言知识传授的同时，充分挖掘教材中丰富的思想教育内涵，将课程中隐性的道德观念、家国情怀、社会责任、科学精神、人文精神、法治意识等显性化，重点突出与文章主题相关的育人内容，引导学生正确把握某些宏观价值观念。同时，教师应根据教学内容以及英语语言的特点，在教学中通过分析和对比中西文化，让学生认识到中华传统文化的优秀，增强学生对中华文化的认同感，从而强化中华民族共同体意识。

1. 植入中华文化元素

"文化是一个国家、一个民族的灵魂。文化兴国运兴，文化强民族强。没有高度的文化自信，没有文化的繁荣兴盛，就没有中华民族伟大复兴。"① 语言记录和传承一个民族的文化，并推动着文化的形成和发展，二者之间有着不可分割的联系，因此语言教学也就离不开文化因素。大学英语的授课内容有着丰富的英美国家社会文化知识，教师在课堂教学中，一方面应引导学生深刻把握中西文化的共同点与差异性，让学生认识到文化双向交流与互相借鉴的必要性；另一方面可以根据具体教学内容，采用中外比较的视角有意识地融入中华文化元素，同时有针对性地训练学生用英语表达中国文化的能力，具体包括中国文化发展历史、核心价值观、思维方式与行为方式、影响中国文化的因素等方面，引导学生充分了解中国文化。

大学英语教学要"深入挖掘中华传统文化蕴含的思想观念、人文精神、道德规范，结合时代要求继承创新，让中华文化展现出永久魅力和时代风采"②。中华民族传统文化是民族智慧的结晶，在英语课堂教学中结合单元主题有机融入优秀文化内容，有助于提升大学生文化涵养与能力素质，增强其文化自觉与文化自信。在教学实践中，教师应根据教学内容，充分挖掘中华民族传统文化中的精华，将其融入英语课堂教

---

① 《习近平在全国高校思想政治工作会议上强调：把思想政治工作贯穿教育教学全过程 开创我国高等教育事业发展新局面》，《人民日报》2016年12月9日。

② 陈秉公：《马克思主义意识形态理论与社会主义核心价值体系建构》，《马克思主义研究》2008年第3期，第19—24页。

学，通过进行中西文化对比，让学生在中西方文化的交流和对比中认识到中华民族传统文化优越性，以此来增强学生的民族文化自豪感，以及传播中华文化、讲好中国故事的使命感。

基于此，在制订大学英语课程教学大纲、教学计划时，不仅要注重语言技能和目的语文化的教学，也要注重中国文化及其英语表达能力的培养，在输入目的语文化的同时，也要培养大学生对自身文化的自信，输出优秀的中华文化。正如美国语言学家克拉姆契（Kramsch）所说："对目的语文化的学习与理解应和母语文化背景知识相结合并加以对比，语言教学中的文化教学包含的应是目的语和母语的文化教学。"①为此，教师在教学实践中要有意识地将目的语文化与中国文化有机结合，运用中国文化思想和伦理价值观审视异文化中涉及的人类普遍关注的问题，倡导学生以开阔的视野审视中西文化交流，提升学生对中华传统文化的文化自觉和文化自信，提高大学生的中国文化素养和运用英语传播中国文化的能力。

2. 树立正确的意识形态导向

大学英语课程应秉承立德树人的教育理念，从立德树人的育人本质出发，贯彻课程思政的核心理念，确立大学英语教学目标是在提高学生英语综合运用能力的基础上，在教学过程中积极引导学生分析和判断中西方文化差异和意识形态差别，通过中西方文化比较学会如何面对和评价西方文化内涵与价值观表现。同时教育学生对于西方文化思想不能全盘接受和盲目追崇，要学会过滤英美文化中的负面、低俗和需要摒弃的思想糟粕，学习和借鉴其积极并有益于自身发展的方面，以此来帮助学生树立正确的价值观，提升他们继承和传播深厚悠远的中华民族文化的能力。

大学英语教学以训练学生用英语进行学术和文化交流活动为基础，培养学生分辨西方国家意识形态立场和文化政治偏见，提升英语交流水平，并增强学生积极投身推动中华优秀文化"走出去"的使命意识。

---

① 安秀梅：《〈大学英语〉"课程思政"功能研究》，《文化创新比较研究》2018 年第 11 期，第 84—85 页。

其目的是使学生既能深入了解英美国家的思想及其独特的社会历史、政治文化等特征，又能储备比较丰富的含有中国元素的外语知识，自觉站在中国立场，不断提升自己用英语讲好中国故事的能力。

（三）教学手段多样化

高校开展思政教育的主要场所就是课堂，大学英语课堂教学除了强化思政教育意识，更要探讨融合思政教育的教学方法和教学手段，寻找语言教学和思政教育的契合点，使大学英语课程更好地体现其育人功能，实现课程思政的有效融入。为达到这一目的，大学英语教师要认真研究教材内容，深入挖掘其中可以进行思政教育的素材，探索新的教学方法，将思政教育与语言知识的传授有机结合起来。例如，在进行语言知识讲授、课文内容讲解、作者观点分析时，通过课堂讨论、正反观点辩论等方式，让学生学会表达自己的观点，培养学生的批判性思维能力。

除了利用课堂这个主阵地，教师还要利用第二课堂广泛开展课外活动，组织学生参与主题为国际国内大事或国家政策、中国传统文化、中西方价值观念与个人人生选择等方面的英语辩论赛、演讲赛、朗诵赛、主题征文、专题讲座等活动，在培养学生英语语言应用能力的同时，锻炼学生的分析问题、解决问题能力，不断增强文化自信和中华民族自豪感和认同感。

结　语

课程思政是一种教育教学理念，其核心内容是立德树人，引导学生树立正确的世界观、人生观和价值观。课程思政的内涵是指高校各学科都承载着一定的精神塑造和价值观教育职能，每一门课程在课程教学实践中，都应通过课程思政来实现知识传授与价值引领的双重功能，确保高校立德树人根本目标的实现。大学英语作为一门讲授语言知识和文化的通识课程，学生在学习语言技能的同时肯定会接触到英美文化及其意识形态。将课程思政理念融入大学英语课堂教学，对于引导学生在不同语言和文化碰撞过程中形成开放性和批判性思维，使其在接触英美文化及其意识形态的过程中能辩证地看待西方文化和价值观，牢记和践行中国特色社会主义核心价值观具有重要意义。

　　大学英语课程融合课程思政是大学英语教学改革的必然趋势和发展方向，因此，大学英语教师要深入领会课程思政这一教学理念，不断提高自身政治素养，在深入分析教学材料的基础上多角度探寻课程思政与教材内容的融合点，创新教学方式方法，从教学大纲、教材、教法、课外拓展等各方面加强课程思政建设，使课程思政理念更好地融入英语教学，使大学英语课堂由单纯的英语技能培养转向对学生品格塑造和价值引领的主阵地，充分体现思政教育的德育功能，承担起传承中华优秀传统文化、弘扬社会主义核心价值观的责任。

中华民族共同体意识下的大学英语课程思政教育教学模式探究

雷在秀[*]

西北民族大学外国语学院

摘 要：习近平总书记旗帜鲜明地强调："铸牢中华民族共同体意识是新时代党的民族工作的'纲'，所有工作要向此聚焦。"作为中西文化思想交流碰撞的前沿阵地，民族院校的大学英语课程思政应该以培育青年学子的社会主义核心价值观为"根"，以铸牢其中华民族共同体意识为"魂"，从而实现在知识传授和能力培养的同时，达到对广大青年学子培根铸魂，落实"立德树人"根本任务。

关键词：大学英语；课程思政；社会主义核心价值观；中华民族共同体意识；模式

一 大学英语课程思政的必要性

习近平总书记在全国高校思想政治工作会议上指出："教育强则国家强。高等教育发展水平是一个国家发展水平和发展潜力的重要标志。实现中华民族伟大复兴，教育的地位和作用不可忽视。我们对高等教育的需要比以往任何时候都更加迫切，对科学知识和卓越人才的渴求比以往任何时候都更加强烈。"[①] 这里绝不是仅从数量上讲的，关键是我们

---

[*] 作者简介：雷在秀，女，西北民族大学外国语学院副教授，硕士学位，专业方向为英语教育。

[①] 《习近平谈治国理政》第 2 卷，外文出版社 2017 年版，第 376 页。

培养的学生要能够"为人民服务，为中国共产党治国理政服务，为中国和发展中国特色社会主义制度服务，为改革开放和社会主义现代化建设服务"。2020年5月，教育部印发的《高等学校课程思政建设指导纲要》中明确指出，"落实立德树人根本任务，必须将价值塑造、知识传授和能力培养三者融为一体、不可割裂。全面推进课程思政建设，就是要寓价值观引导于知识传授和能力培养之中，帮助学生塑造正确的世界观、人生观、价值观"。"课程思政"理念的提出标志着我国高等教育育人思想理论和实践得到了新发展，达到了新高度。"做好高校思想政治工作，要因事而化、因时而进、因势而新，用好课堂教学这个主渠道，思想政治理论课要坚持在改进中加强，提升思想政治教育亲和力和针对性，满足学生成长发展需求和期待，其他各门课都要守好一段渠、种好责任田，使各类课程与思想政治理论课同向同行，形成协同效应。"民族院校的大学英语课程思政的核心理念应该以培育广大青年学子的社会主义核心价值观为"根"，铸牢其中华民族共同体意识为"魂"，注重在潜移默化中坚定学生理想信念、厚植爱国主义情怀、加强品德修养、增长知识见识、培养奋斗精神，提升青年学子的综合素养。

二 培育大学生的社会主义核心价值观和铸牢其中华民族共同体意识的战略意义

2014年5月4日，习近平总书记在北京大学师生座谈会上所作的题为《青年要自觉践行社会主义核心价值观》的讲话中指出，"人类社会发展的历史表明，对一个民族、一个国家来说，最持久、最深沉的力量是全社会共同认可的核心价值观。核心价值观，承载着一个民族、一个国家的精神追求，体现着一个社会评判是非曲直的价值标准"。①

"中华民族共同体意识，是国家统一之基、民族团结之本、精神力量之魂。"民族团结是各族人民的生命线。各族人民亲如一家，是中华

---

① 《青年要自觉践行社会主义核心价值观》（2014年5月4日），《十八大以来重要文献选编》（中），中央文献出版社2016年版，第2页。

民族伟大复兴必定要实现的根本保证。2019年10月23日，中共中央办公厅、国务院办公厅印发《关于全面深入持久开展民族团结进步创建工作铸牢中华民族共同体意识的意见》，文件指出，"新时代民族团结进步创建工作要坚持以铸牢中华民族共同体意识为根本方向……强调要加强中华民族共同体教育，引导各族群众不断增强对伟大祖国的认同、对中华民族的认同、对中华文化的认同、对中国共产党的认同、对中国特色社会主义的认同"。新修订的《中国共产党章程》，把"铸牢中华民族共同体意识"这一重要论断作为习近平新时代中国特色社会主义思想的重要内容纳入其中。在2019年的全国民族团结进步表彰大会上，习近平总书记进一步指出，"实现中华民族伟大复兴的中国梦，就要以铸牢中华民族共同体意识为主线"；党的十八大以来，习近平总书记每年两会的高频词都有"民族团结"。他27次论述"民族"，强调中华民族共同体意识，深情寄语各族干部群众，"像爱护自己的眼睛一样爱护民族团结，像珍视自己的生命一样珍视民族团结，像石榴籽那样紧紧抱在一起"。我校校庆70周年之际，巴特尔强调，"学校要以此为新的起点，始终坚持党的全面领导，进一步提高思政意识和思政育人能力，并将其贯穿到办学治校全过程，努力成为新时代民族团结进步事业的重要窗口和示范基地，坚决贯彻让真正有信仰的人讲信仰"。我校书记邓光玉、校长郭郁烈在《光明日报》发表署名文章《铸牢中华民族共同体意识，建设现代化高水平大学》。在去年的中央民族工作会议上，习近平总书记旗帜鲜明地强调，"铸牢中华民族共同体意识是新时代党的民族工作的'纲'，所有工作要向此聚焦"。在我们的大学英语课堂上，我们要播下这样的民族观的种子："牢记汉族离不开少数民族、少数民族离不开汉族、各少数民族之间也相互离不开。"中华民族共同体意识的深刻内涵，不仅强调民族团结，还蕴含着全国人民共担风雨、共迎挑战的精气神，是中华民族实现伟大复兴的重要精神力量。

三　具体实施方案

大学英语兼具工具性、人文性、国际性的特点，通过文明互鉴，大学英语更容易培养学生的家国情怀，树立文化自信、道路自信、制度自信、人类命运共同体的使命意识、责任担当乃至深刻的国家意识观念。然而，笔者在 CNKI 输入大学英语、课程思政的关键词，发现文章特别多，但结构多是千篇一律，基本是围绕"提升教师思政素养和'课程思政'教学团队建设；调整若干课程设置；优化教学内容方法"的宏观设计，但就如何将铸牢中华民族共同体意识有机融入大学英语课程教学中的文章一篇也没有找到。大学英语课程的教学对象覆盖面广，教学内容丰富，教学时间长、跨度大，教师与学生接触的相对较多，因此，它对全校实现全程、全方位同向育人、协同育人起着不可或缺的作用。为了实现大学英语课程思政育人效果最大化，我们从一开始就进行了很好的规划。

我们在大一新生的大学英语开学第一课上，除了说明我们的知识传授和能力培养的总体要求之外，对笔者所带四个班的 216 位学生进行了社会主义核心价值观、铸牢中华民族共同体意识的问卷测试。问卷内容如下：

（1）中国梦的内涵是什么？

（2）社会主义核心价值观的内容是什么？

（3）我国有多少个民族？中华民族的历史与各民族的历史有着什么样的根本关系？

（4）铸牢中华民族共同体意识是什么时候提出的？何为铸牢中华民族共同体意识？

（5）何为共享中华文化？

（6）什么是"五个认同"？

学生们根本没想到，在大学英语的开学第一课会有这样的问卷调查，但也给予了认真、如实的作答。本次发放试卷 216 份，回收有效试卷 216 份，男女生人数相当。经过分析问卷调查的结果，我们发现同学们都知道"中国梦"，但对"中国梦的内涵"了解的仅 36.51%；对"社会主义核心价值观的内容"的了解高达 98%，同学们说刚刚经历过高考的他们对此很熟悉；对"我国有多少个民族"，同学们的知晓度 100%，但对"中华民族的历史与各民族历史的根本关系"完全了解的仅 26.42%；对"铸牢中华民族共同体意识是什么时候提出的？何为铸牢中华民族共同体意识？"了解的仅 10.28%；对"何为共享中华文化？"同学们了解的仅 26.93%；对"五个认同"回答准确的有 46.33%。这一分析结果为我们接下来在大学英语课程中的核心价值观的培育和铸牢中华民族共同体意识的培育提供了有力的依据。下面我们以《全新版大学进阶英语综合教程》第一册第一单元 The Pursuit of Dreams（追逐梦想）中的 Text A Deaf DJ（耳聋的打碟师）为例，阐述我们的思政元素融入的教育教学模式。

教学设计：

如图 1 所示，本单元的主题是追逐梦想。总体目标是在知识传授、能力培养的同时帮助学生锻造品格、培根铸魂，引导学生树立自觉践行社会主义核心价值观和铸牢中华民族共同体的意识。价值观塑造是通过区分美国梦的内涵，让学生切实了解中国梦的内涵：中国梦归根到底是每个人的梦。我们必须把每个人的梦同伟大的中国梦联系起来，形成中华民族伟大复兴的磅礴力量。实现中华民族伟大复兴的中国梦，是全体中华儿女的共同心愿，也是全国各族人民的共同目标。能力培养包括语言能力（提高学生听、说、读、写、译综合运用英语的能力）和价值观培育（在追逐自己的人生梦想的过程中，应该始终以社会主义核心价值观为"根"，以铸牢中华民族共同体意识为"魂"，并将其变为自己的行动自觉）。

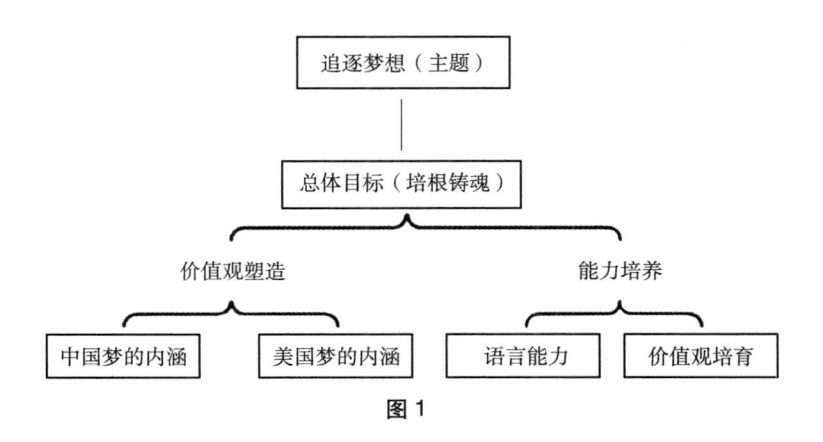

图 1

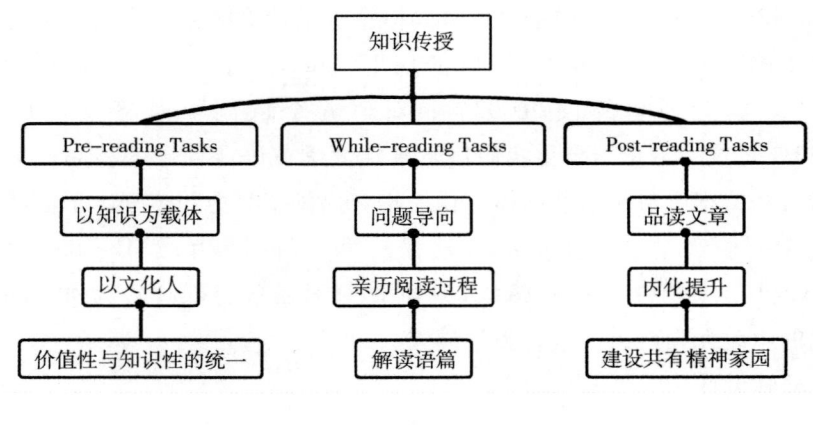

```
                    ┌──────────┐
                    │ 知识传授 │
                    └──────────┘
         ┌──────────────┼──────────────┐
┌─────────────────┐ ┌─────────────────┐ ┌─────────────────┐
│Pre-reading Tasks│ │While-reading Tasks│ │Post-reading Tasks│
└─────────────────┘ └─────────────────┘ └─────────────────┘
    │                    │                    │
┌──────────┐        ┌──────────┐        ┌──────────┐
│以知识为载体│        │ 问题导向 │        │ 品读文章 │
└──────────┘        └──────────┘        └──────────┘
    │                    │                    │
┌──────────┐        ┌──────────┐        ┌──────────┐
│ 以文化人 │        │亲历阅读过程│        │ 内化提升 │
└──────────┘        └──────────┘        └──────────┘
    │                    │                    │
┌──────────────┐    ┌──────────┐        ┌──────────────┐
│价值性与知识性的统一│ │ 解读语篇 │        │建设共有精神家园│
└──────────────┘    └──────────┘        └──────────────┘
```

图 2

图 2 展示了本单元知识传授的思路。课程思政首先应该是为提升课程质量服务的。它不是简单地针对知识点做加法、贴标签，而是通过对内容的解读，揭示其承载的育人元素，达到以文化人，在潜移默化中实现价值性与知识性的统一。具体步骤如下：

Pre-reading Tasks（课前任务）

围绕单元主题，我们布置了以下任务：

1. 学唱王统作词、孙康作曲的歌曲《少年中国梦》。

2. 扫码了解 Opener 中提供的人物：钱学森和乔布斯。引领同学们了解科学家的探索历程，发现他们的求真品格和创新精神以及科学家如何利用知识回馈社会、展示科学研究中的人文情怀和社会责任感。

a. What do you know about them?

b. What difficulties did they come across when pursuing their dreams?

同学们把完成的任务按小组打包发到 QQ 群里，由负责本单元 Presentation 的同学以幻灯片的形式用英语或必要时用双语归纳总结。因为网络的便利，同学们非常喜欢这样的任务，并且总能带给大家新颖、独到之处：

Both of them succeeded in fulfilling their dreams through hard work in their own specialized domains. Mr. Qian Xuesen was a distinguished and world-renowned rocket scientist. He became universally acknowledged as the father of China's space programs. In the early 1950s, Qian, a scientist working in the United States, suffered serious persecution by the US government just because he sympathized with New China. However, he remained firm and overcame lots of obstacles and returned to his motherland in the end. Following that, he devoted himself whole-heartedly to the development of China's nuclear weapons program. As to Jobs, he was a famous American entrepreneur, the co-founder, chairman, and CEO of Apple Inc. He also had to overcome lots of obstacles on his way to success. Once he was forced out of Apple, the company he had co-founded. But years later, he came back and became its CEO, and led the world in tablet computing and smartphones.

不言而喻，通过这样的展示，同学们极大地震撼于科学家们追逐梦想的毅力和决心，也深深折服于"火箭之父"钱学森赤胆忠诚的爱国情怀、全心全意为人民的奉献精神。接着，笔者又抛出了以下问题：

c. How can you work hard to achieve your dream?

d. What is the relationship between your dream and Chinese Dream?

回答这两个问题，顺理成章地引出了本单元的价值观塑造。此时，我们趁热打铁，播放了习近平总书记党的十九大报告中对青年学子的深情寄语：

青年兴则国家兴，青年强则国家强。青年一代有理想、有本领、有担当，国家就有前途，民族就有希望。中国梦是历史的、现实的，也是未来的；是我们这一代的，更是青年一代的。中华民族伟大复兴的中国梦终将在一代代青年的接力奋斗中变为现实。全党要关心和爱护青年，为他们实现人生出彩搭建舞台。广大青年要坚定理想信念，志存高远，脚踏实地，勇做时代的弄潮儿，在实现中国梦的生动实践中放飞青春梦想，在为人民利益的不懈奋斗中书写人生华章①！

接着用幻灯片呈现了英语翻译。

我们逐句讲解，学生们不仅领略其优美的措辞，更能深刻感受到其蕴含的价值观，然后齐声朗读。在这样的思政氛围中，学生们无疑会得到灵魂的浸润，春风化雨，润物无声。

  While-reading Tasks（课堂任务）
  课文 A（耳聋的打碟师）主要讲述了这样的故事：作者 5 岁时，耳朵发炎，第三次感染后，由于无钱医治，导致右耳失聪，左耳只剩百分之二十的听力。但是他酷爱打碟，经过克服重重困难，凭借自己的决心和坚定的毅力，最终实现了看似不可能实现的梦想——一名技术精湛的打碟师。

此阶段的主要任务是以"问题导向法"解读语篇。教师的主要角色是引领者、合作者、参与者。通过 Pre-reading Tasks 活动中有的放矢的话题引领，学生们已经构建了原有知识与课文话题相关的文化背景知识的链接，激活了相关图式，大大激发了他们的阅读兴趣。同学们亲历阅读理解过程的本质，运用 skimming/skinning 的阅读策略，统揽全篇，重点关注段首、段尾，关注每段的首句和尾句，迅速得出文章主旨大意：a deaf DJ who chased a seemingly impossible dream，宏观把握文章结构（以时间为顺序的记叙文），了解文章的谋篇布局：Setting（故事背景）→Conflict（理想与现实的冲突）→ Development（情节发展）→ Ending（故事结尾），进而层层推进，逐段分析课文，难句 paraphrase，

---

① 习近平：《决胜全面建成小康社会　夺取新时代中国特色社会主义伟大胜利——在中国共产党第十九次全国代表大会上的讲话》，人民出版社 2017 年版，第 70 页。

归纳语言点、重点词汇，引领学生达到自己对文章的"读懂"，而不是教师的"教懂"，有效提升学生的综合运用语言的能力。

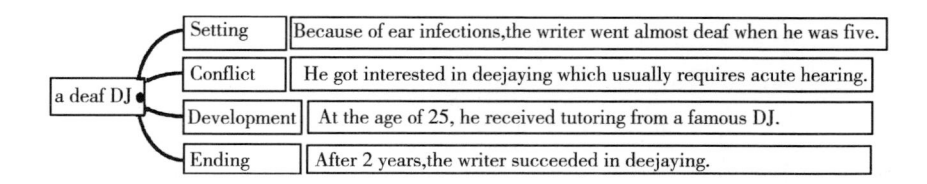

a deaf DJ	Setting	Because of ear infections, the writer went almost deaf when he was five.
	Conflict	He got interested in deejaying which usually requires acute hearing.
	Development	At the age of 25, he received tutoring from a famous DJ.
	Ending	After 2 years, the writer succeeded in deejaying.

Post-reading Tasks（课后任务）

大学英语课程思政的终极目的是使学生真正做到学有所思、思有所得、得有所用，进而实现价值引领、能力培养和知识传授的同步提升。

此阶段的主要任务是通过给出的关键词复述课文，熟悉内容，品读文章，内化提升。同时，我们通过分析作者的写作意图和技巧，培养学生鉴别、体验、欣赏英语和英美文化的能力，吸收西方文化为我所用，使学生在潜移默化的英语学习的过程中，不仅能获得知识，而且能产生情感，让调动起来的"情"与教学过程中的"境"实现交融，从整体上把握语言在特定语境中的运用，在情感上达到润物无声。事实上，只有在对文本的整体理解和充分鉴赏的基础上，学生才能有效地内化、升华自己，以此培育中华民族共同体意识，建设各民族同学共有精神家园：作者作为一个几近失聪的人尚且可以成为优秀的打碟师，而身体强健的我们呢？同学们联系本单元的科学家——钱学森、乔布斯的光辉事迹，纷纷表达了自己从本单元的学习中收获的成长：作为新时代的新青年，不能坐等时代来成就我们，而是要坚定理想信念，自觉融入时代发展，自觉践行社会主义核心价值观，铸牢中华民族共同体意识，奋力拼搏，练好本领去成就更好的时代。

课后作业的布置也应体现课程思政与时俱进，课上、课下不断线。其中，句子翻译是与课文中的重点词汇相关的摘自党的十九大报告中的句子。

（1）作文：I Am also a Dream Chaser.（我也是追梦人）

（2）句子翻译：

a. 实现中华民族伟大复兴，是全体中国人共同的梦想。（dream）

b. 社会主义核心价值观是当代中国精神的集中体现，凝结着全体人民共同的价值追求。（value）

c. 今天，我们比历史上任何时期都更接近、更有信心和能力实现中华民族伟大复兴的目标。（confident，goal）

d. 我们要激励全体中华儿女不断奋进，凝聚起同心共筑中国梦的磅礴力量！（realize）

e. 中国人民是勤劳勇敢、自强不息的伟大人民。（pursuit，progress）

最后我们师生高声齐唱王统作词、孙康作曲的歌曲《少年中国梦》：

自古英雄出少年，少年有梦在今朝……日出东方，我们是八九点钟的太阳；中华少年，向伟大中国梦出发……在这样昂扬优美的歌声中，我们本单元的学习接近了尾声，但因此培育的社会主义核心价值观和铸牢中华民族共同体意识会久久定格在学生心中，并成为他们的行动自觉，激发广大青年学子脚踏实地、志存高远，最终成为中华民族伟大复兴的中坚力量！

结　语

习近平总书记曾经指出：让真正有信仰的人讲信仰[①]。课程思政对教师的专业素养和专业精神提出了更高的要求，其成败的关键在于教师。学生们的课堂获得感和总体成长的程度如何全然取决于教师的耳濡目染、潜移默化。今天，我们重温"教师是人类灵魂的工程师，承担着神圣使命"这句话，倍感使命光荣，责任重大，不仅要时刻记在脑

---

①

海里，更要不折不扣地落实到行动上。教师要自觉"坚持教育者先受教育"，自觉"成为先进思想文化的传播者、党执政的坚定支持者"，高站位地认识大学英语课程思政的时代价值，建设与大学英语课程思政的要求相匹配的，可考核、可复制的评价体系，以踏石留印、抓铁有痕的狠劲儿，不断提高课程思政的针对性与亲和力。在教学内容设计上，做到使课程思政如盐入水；在教学方式上，使课程思政润物无声，使学生在不知不觉中"亲其师，信其道"，自觉地把爱国情、强国志、报国行融入自己的日常生活学习及未来的职业规划中，使培育、践行社会主义核心价值观和铸牢中华民族共同体意识的氛围像空气一样无处不在，补足广大青年学子一生的"精神之钙"，待到他日毕业之时，他们一定会以"吾辈青春，护盛世中华"的自觉担当，踔厉奋发，激励和影响身边的人。星星之火，可以燎原，必将汇聚成更广泛的中华民族伟大复兴的磅礴之力！

课程思政走进大学英语课堂的策略探究

朱 枝[*]

西北民族大学外国语学院

摘 要：德才兼备，以德为先，知识教育工作的开展不能够忽视思政教育工作的融合与渗透，否则就难以为社会培养出优质化的栋梁之材。本文即是从转变教师观念，重视读书育人；结合英语课程，渗透思政内容；小组合作讨论，深化思政渗透；灵活教学手段，加深德育理解；利用微课教学，实现思政融合；组织表演活动，演绎思政主题；布置课后作业，加强思政实践；加强英语阅读，实现自主提升；开展思政考核，挖掘教学不足九个角度出发，对大学英语课程思政的探索与实践进行论述，以供大家参考。

关键词：课程思政；大学英语；课堂融合；探究策略

随着新课程教学改革的不断推进，传统的大学英语课程教学模式已不再满足当今时代教学发展的需要，注重大学英语课程与课程思政的融合教学模式逐渐深入人心。教育工作的有效开展不仅以基础知识的有效传输为导向，还要与学生思维品质的引导进行结合，如此才能够培养出德才兼备的社会人才。尽管大学英语课程属于外语学科，但是这并不影响思政教育的渗透教学，只是需要教师进行更深一步的探索与实践，以挖掘更为有效的思政教学策略，进而保证和提高大学英语课程进行课程思政教学的效果。本文针对大学英语课程进行课程思政的探索与实践进

---

[*] 作者简介：朱枝，西北民族大学外国语学院讲师，主要研究方向：大学英语教学。

行较为深入的分析和总结，现综述如下。

一 转变教师观念，重视读书育人

正所谓态度决定一切，思路决定出路，教师在开展大学英语课程教学的过程中，首先要具备思政教育的思想和意识，这样才能够在课堂教学的过程中融合思政教育内容。但是反观当前的大学英语教师教学，其始终秉承着知识传递的理念，没有将思政教育囊括在知识教育的教学设计中，自然也就不能够在课堂教学的过程中，向学生渗透思政相关知识[1]。对此，教师就要摒弃自身以往那种唯知识灌输的教学方式，向着知识教育和思政教育进行融合的方向转化，这样才能够具备在大学英语课程中展开思政教育工作的基础。

具体而言，首先，高校管理者应当注重加强对英语教师的思维转变，这一点至关重要。因为只有通过学校管理人员的教育指导，一线教育工作者对于自身后续教学工作的开展才会加强重视，而且也才会进行主动的思政教学学习工作，进而逐步应用到大学英语课程的教学过程中。其次，高校还可以组织英语课程教师就思政教学工作的开展进行讨论。这种讨论既是进一步加深教师对于思政融合的认识，同时也能够基于当前的大学英语教学现状，探究融合课程思政的方法和策略。最后，高校还要就大学英语课程融合课程思政的效果进行考核，这样既能够了解不同教师在大学英语课程中开展思政教育的效果，同时又有助于加强教师的思想重视，进而鼓励和督促教师进行思维观念的转变[2]。此外，除了高校做好相应的转变教学理念指导外，大学英语教师也要做好相应的教学理念学习工作。比如，大学英语教师可以通过网络等方式学习思政教育的理念，从而自主转变自身的教学观念。

---

[1] 毛现桩：《"三全育人"视角下课程思政融入大学英语课程群的价值意蕴、建设现状与路径优化》，《安阳工学院学报》2022年第1期，第115—119页。

[2] 王悦：《课程思政走进大学英语课堂的策略探究》，《产业与科技论坛》2022年第2期，第106—107页。

二　结合英语课程，渗透思政内容

　　思政内容的渗透教学需要与具体的教学内容进行结合，并且根据课程内容的编排选择对应性的思政内容，这样既不影响知识教育工作的有效开展，同时又能够保证思政教育工作的开展效果①。对此，教师就要在课堂教学之前，做好相应的教学设计工作，以科学、合理地安排思政教育内容，这样不会使学生感到突兀，从而更易于学生对于思政内容的学习和接受。

　　例如，在教学英美相关风土人情时，英语教师就可以以此导入，面向学生开展思政教育工作的渗透。比如提及西方人的肥胖症，可联系日常身体锻炼的重要性。此时，教学老师就可以咨询学生身体锻炼情况，并讲述中国奥运健儿的优秀表现和他们给我们的鼓励，从而向学生渗透锻炼身体的思想认识。在和学生谈及英美文化时，教师就可以以此作为切入点，培养学生们的爱国思想。对此，教师可以向学生讲述我国感人的爱国故事，从而激发学生们的爱国情感。学生都比较喜欢听故事，所以教师在进行故事讲述时，要注重选择一些典型的且精彩的故事，以吸引学生注意力，同时也能够较好地融入思政元素，加强对学生的思想教育。需要说明的是，在结合英语课程渗透思政内容时，教师要加强文章内容和学生现实状况之间的对比，这样能够引导学生展开自主性的思考，从而加深学生对于这部分内容的学习和认识的同时，还有助于思政内容的进一步渗透②。而且，教师还要加强对学生自主性思考的引导，这不仅体现在大学英语语言知识的教学方面，而且还要体现在思政内容的渗透方面。因为只有经过学生自主性的深入思考，才能够真正对思政内容进行深入地学习、理解和认识，也才能够保证思政教育工作的最终开展效果。

---

　　①　何姣姣：《高职院校大学英语课堂中"课程思政"的渗透研究》，《产业与科技论坛》2022年第2期，第128—129页。

　　②　代小玲：《高职大学英语课程思政教学设计与效果分析》，《武汉船舶职业技术学院报》2021年第4期，第62—64页。

三 小组合作讨论，深化思政渗透

教师在开展思政渗透教学的过程中，不仅要通过自身的讲述开展思政教育工作，同时还可以通过组织学生进行讨论的方式，加深学生对于思政内容的理解和认识。而且通过小组合作讨论的方式，可以有效调动学生们的学习积极性，这也就在一定程度上保证了学生们的知识学习和思政渗透效果①。在开展小组合作之前，教师要注重对学生进行分组的方式，这一点尤其重要。一般而言，教师可以根据学生们的学习能力和思维特点进行差异化分组，以促进学生之间的思想能够展开较为充分的碰撞，从而更加有效地保证思政教育工作的渗透效果。

例如，在课堂教学中进行英语训练时，教师就可以根据课本内容要求，引导学生通过小组合作的方式进行学习和探究。在完成对学生的科学分组之后，学生即可开展合作讨论工作。在学生进行合作学习的过程中，教师不要对学生们的合作讨论方式进行限制，而是让学生自主选择合作讨论的方式，并自主控制合作讨论的节奏。当然，在引导学生展开合作讨论训练之前，教师还要为其加入一定的思政元素，即学生的合作讨论内容既包括知识元素，同时又包括思政元素。在学生进行合作学习讨论的过程中，教师需要进行巡场监听，以了解学生们的知识讨论结果，并了解学生们的思维认知方式。在学生讨论结束之后，教师即可邀请各小组代表就英语训练以及思政讨论的结果进行总结，并以此作为切入点，以对学生展开有效性的思政渗透工作②。而且，学生间的合作学习讨论本身也是面向学生展开思政渗透工作的重要方式。因为合作讨论有助于提高学生间的配合能力，学生也会在无形之中受到影响，进而影响学生们的思政学习效果。针对讨论结果当中具有争议性的问题，教师不要过于纠结，而是要善于巧妙化解。因为问题的答案并不是只有一

---

① 代小玲：《高职大学英语课程思政教学设计与效果分析》，《武汉船舶职业技术学院报》2021年第4期，第62—64页。
② 黄艳群：《课程思政背景下的混合式大学英语课堂研究与实践》，《科教文汇》（中旬刊）2021年第12期，第178—180页。

个，此时教师就可以引导学生学会站在不同的角度看待问题，从而使学生懂得换位思考。

四 灵活教学手段，加深德育理解

教学手段是展开知识教育和思政教育的重要路径，很多学生对于在课堂上老师讲解的知识难以理解，其本身并不源于知识自身的复杂性，而是源于教师的讲课方式，也就是教学手段。一般而言，教师普遍采用灌输式的教学方式，无论是大学英语教学，还是思政内容的渗透，都是依靠教师的一味讲授，这种教学方式不仅死板，而且还极大地降低了课堂教学的效果[1]。对此，教师就要丰富自身的教学手段，根据学生们的学习特点灵活变换教育教学的方式，以保证思政内容的渗透效果。

具体而言，教师在开展大学英语教学的过程中，首先要注重激发学生们的学习兴趣。因为大学英语的语言知识就是单词、词组、语法、句法等的学习，内容较为枯燥，这就需要教师融合思政教育内容，将枯燥的英语语言知识点变得更具趣味性，这样既能够实现思政教育工作的有效开展，同时还能够提高学生们的最终学习效果。比如，在课堂教学之前，教师就可以向学生介绍一些新闻热点，并引导学生就新闻热点发表自身的个人看法，进而对学生的思维展开针对性的思政教育渗透。这种教学方式既活跃了课堂教学氛围，同时又保证了学生们的最终学习效果，重点是教师还就此了解了学生对于时事新闻热点的态度，从而也就为教师思政教育工作的开展指明了方向。或者，教师可以以某个具有争议性的话题作为切入点，引导学生就此展开辩论，根据学生情况可用英语展开，既锻炼了学生的英语表达能力，同时也丰富了学生们的思想认知。在老师发现学生课堂学习的积极性不高时，可以通过唱歌或者讲故事的方式集中学生的学习注意力，这也就为教师德育教育工作的开展提

---

[1] 胡宇：《新时期思政教育融入大学英语课堂必要性探究》，《湖北开放职业学院学报》2021年第23期，第74—75页。

供了契机①。比如，教师可以通过引导学生唱响爱国歌曲或者其他一些具有一定思想主旨的歌曲，无形之中也就完成了思政元素的渗透，而且还愉悦了学生的身心。

五　利用微课教学，实现思政融合

信息技术在当今教育教学过程中发挥重要作用，不仅可以帮助教师实现相关教学资料的收集和展示，同时还可以将课程内容制作成微课，从而引导学生利用课下时间进行知识的预习、复习和巩固。而在进行微课制作的过程中，教师就可以向其中加入思政方面的元素，从而提高学生的思政学习进步与提高②。因为微课的时间相对比较短，所以教师在融合思政进入微课时，要注重时间和方式的把握，在不占用较多时间的基础上，还能够提高学生对于思政的实际学习效果。

例如，教师在完成课堂教学之后，可以将课堂教学内容进行总结，然后进行分点记录，整理成微课文案，这也是为自己微课内容的制作做好准备。但是此时教师就需要在课堂教学内容总结的层面上添加思政元素，但是对于思政元素的方向只能够选择其中的一点，而不能过多，否则就会影响微课教育工作的实际开展效果。比如，教师可以提前将思政元素进行方向划分，以社会主义核心价值观为指导的爱国、爱岗、诚信、奉献、孝顺等多个方面，然后在微课制作时，教师就可以从中进行选择，并与自己的课堂内容总结进行融合，然后展示在自己的微课教学过程中。这样既为自己的微课教学工作开展提供了素材，同时也完成了思政教育元素的渗入。除了这种方式之外，教师还可以通过自身实际行为的方式开展思政教育③。比如教师在进行微课知识讲解的过程中进行了案例展示，这其中需要撕碎一张纸，并且这些纸最后散落一地。但是

---

①　王园：《让"思政"随"英语"潜入"课堂"——谈高职英语课堂教学的改革和实践》，《校园英语》2021 年第 50 期，第 83—84 页。

②　王艺璇：《大学英语课堂教学中课程思政教育的渗透策略》，《课程教学与管理研究论文集》（五）2021 年，第 89—95 页。

③　刘作为、阮倩：《家国情怀走进"翻转课堂"——基于 POA 理论的公安院校大学英语课程思政教学研究》，《外国语言与文化》2021 年第 2 期，第 94—102 页。

教师在完成微课内容的录制时，将最后一部分时间应用在自己对于纸屑等垃圾的清扫方面。虽然教师没有说一句话，但是教师却通过实际行动向学生说明了不乱扔纸屑以及注重环境卫生等思政内容，同样可以强化思政元素的渗透。

六　组织表演活动，演绎思政主题

活动表演指的是教师组织学生进行故事表演教学的一种方式，其不仅能够满足学生喜爱表演的兴趣，而且还能够锻炼学生的口语表达能力。在组织学生进行表演活动时，教师就可以选择一些含有思政元素的表演主题，进而引导学生参与其中并进行活动表演，让学生在无形之中接受思政元素的渗透。但是教师不要直接将表演剧本发给学生，因为让学生按照剧本的内容进行表演不仅趣味性低，而且不利于启发学生的思政思想[①]。教师应当抛出具体的思政主题，然后引导学生进行思考和发散，并按照自己的方式进行思政主题的演绎。这样的活动表演方式才能够更好地助力学生对思政元素的思考，也才能够了解学生对于某个问题或者事件的看法，从而为教师的思政引导指明方向。

例如，教师在开展课堂教学之前，可以引导学生提前预习课文，并且想一想课文所表达的主题内涵，然后通过表演的方式将其进行演绎。因为表演活动并不是由学生一个人展开，所以学生之间可以通过相互配合的方式进行活动表演，这其实也是在引导学生对思政元素进行探索。当然，学生对于活动内容的表演并不会主要围绕思政元素展开，而是会以课文内容为主，思政主题的考量只是相伴形成。在课堂教学的过程中，教师就可以引导学生走上讲台进行活动表演。其他学生既要观赏台上学生的表演，同时又要对他们的表演进行评判。比如可以分析台上活动的表演是否契合文章表达的主题、分析他们的活动表演方式、分析他们的价值观等。在这个过程中，教师就要发挥其自身的穿针引线作用，

---

① 杨丽莉：《新文科背景下大学英语课堂教学中课程思政教育渗透的策略研究》，《英语广场》2021 年第 16 期，第 73—75 页。

将思政元素的主题渗透在评判交流的过程中①。而且,教师还可以从表演的角度出发,对学生进行思政元素的教育教学。比如学生在表演一位老人帮助年轻人的时候,其应当是一种发自内心的欢喜,是真的希望年轻人过得好,表演时应当将这种心情流露出来,从而引导学生体会乐于助人的快乐以及对年轻人的殷切期盼。对于思想导向存在错误的学生表演,教师可以让他们对自己的表演进行延续,即额外增加一场表演,其内容就是这么做的最终结果。如此一来,也就能够使学生认识到自己错误思想最终给自己带来的惩戒,从而实现对学生错误思想的修正。此外,关于学生故事设计的方向也可以脱离课本,给学生设定具体的主题方向即可。比如,教师可以为学生选择爱国主题方向的情景剧,学生在进行该情景剧的设计时,就需要自主思考情景剧内容的设计如何与爱国主题的思想进行结合,而且通过情景剧的表演,还能够进一步传播爱国主义思想。而且,关于学生的情景剧表演,教师还可以引导学生将其发布在抖音、快手、朋友圈、动态等网络空间,从而增加该类视频的积极宣传,满足学生表现欲和关注度的同时,还能够提高学生们的活动表演积极性。

七 布置课后作业,加强思政实践

课后作业是检验和巩固学生基础英语知识学习效果的重要路径,同时也是常规化课程教学的重要组成部分。但是教师在为学生布置课后作业任务时,也要注重思政内容的结合,以通过思政教育实践的方式引导学生学习和认识思政内涵,这样才能够真正提高学生的个人综合素养②。我们都知道,思政教育并不仅仅是思想知识的传输,也更加需要学生通过实践的方式加以引导,这样才能够加深学生对于思政内涵的理解与认识。正所谓"纸上得来终觉浅,绝知此事要躬行",仅仅通过教

---

① 李秀秀:《将"课程思政"引入大学英语课堂教学的策略分析》,《现代英语》2021年第9期,第16—18页。

② 袁晓玲:《大学英语课堂教学中课程思政教育的渗透策略》,《湖北开放职业学院学报》2020年第8期,第159—160页。

师的思政讲解，并不能够切实性地提高学生的综合素养，只有让学生经过实践的锤炼，才能够保证学生的最终思政学习效果。因此，教师就要注重思政教育实践工作的有效开展，并且通过布置课后作业的方式，引导学生完成思政实践，从而升华学生的思政学习效果。

例如，在教学英语语法之后，教师就可以为学生布置课后作业，引导学生通过学习语法训练的方式进行生活日常实践应用。学生可以直接截取自身日常生活中的片段即可，并不需要进行专门化的设计。而且日常生活中，处处都包含着思政元素，学生在进行英语实践应用的过程中，就需要学会与人相处的方式和方法。人与人之间需要尊重，这样彼此之间才能够实现和平共处。学生在完成作业的过程中，需要和其他人打交道，或者和生活的各个方面打交道，这就是考察和了解学生为人处世能力的重要方式。针对学生们的课后作业，教师可以问一问学生在这个过程中遇到了哪些困难或者出现了哪些问题，自己又是如何解决的。通过这样的深入挖掘，就能够很好地找到开展思政教育引导的切入点，而且这些切入点都比较贴近学生现实生活，对于学生的引导价值更高。需要说明的是，学生课后作业实践过程中学习和领悟的思政内容，需要与课堂教学过程中所传达的思政内容相统一，这样才能够更好地发挥出思政教育渗透的效果和作用。比如课堂渗透的思政内容为诚信，则在结合大学英语教学内容展开思政教育实践的过程中，也需要以诚信为主题，这样能够使思政教育工作更加系统化，也才能够更具效果性地保证和提升思政教育工作的实际开展效果。

八　加强英语阅读，实现自主提升

阅读的重要性是众所周知的，因此，教师在开展大学英语语言知识教学的过程中，要注重引导学生加强英语相关文章的阅读工作，这样不仅能够有效保障英语相关知识的学习效果，而且还有助于深化学生的思政学习效果。这种通过英语文章阅读的方式实现思政教育工作的渗透，主要还是源于学生自身的个人感悟，而且加强对学生的阅读指导还有助于培养学生形成良好的阅读习惯，从长远的角度而言，这也是对学生思政教育渗透工作的长远投资①。

具体而言,教师需要加强对学生基础英语文章阅读内容的要求和指导工作。首先,教师不能将英语文章的阅读工作完全交给学生自己,否则学生因为自身惰性因素的存在,就会逐渐减少英语阅读量,直到最终放弃。对此,教师就要将英语文章的阅读当作一种学习任务进行监督,这样才能够提高学生的阅读自觉性,并且由此强化学生的最终英语阅读学习效果。其次,教师在开展大学英语阅读教学时,要对学生们的阅读内容进行筛查,或者直接帮助学生指定具体的阅读内容。因为这部分阅读内容都是由教师进行选择的,所以就可以选择一些带有思政元素的文章,引导学生进行阅读、学习和体会,从而使学生在完成英语阅读的同时,还能够净化心灵、提高素养、陶冶情操。最后,教师还要定期对学生们的英语阅读学习效果进行考查,这既是对学生英语阅读任务的有效性监督,同时也能够对学生们的思政学习效果进行检查,并加以指导,以引导学生实现德育自主提升。

九 开展思政考核,挖掘教学不足

开展思政考核,并不仅仅是要增加大学英语教师的考核指标,同时更是挖掘英语教师在思政融合教学过程中存在的问题和不足,进而促进英语教师进行自我反思,从而提高思政走近大学英语课程教学的效果。而且通过强化大学英语思政融入考核,还能够进一步增强英语教师对于思政教育工作的重视。而且在考核的压力下,教师更会将思政融合当作自己必须要开展的一项教学任务,而不再是简单的一种教育理念。一般情况下,大部分的英语教师已经形成自己独特的教学习性,而且这种教学习性已经相对成熟。但是在加入了思政教育的指标要求之后,教师就必须要打破自己原来的舒适区,重新建立一种新的教学平衡。这个过程并不是轻轻松松就能实现的,需要教师不断反复的摸索和尝试,而教师

---

① 万晓卉:《微课在大学英语课程思政进课堂中的应用策略研究》,《海外英语》2019年第21期,第110—111页。

进行摸索和尝试的基础就是日常的课堂教学。故此，在推进思政走进大学英语课堂教学的过程中，就需要引导英语教师对于自身的思政融合课程效果进行反复思考。而且，学校可以对此设立具体的考核标准，从而对教师的课程思政融合教学进行引导，以帮助大学英语教师能够尽快找到最为恰当的思政融合教学方式。此外，学校对不同教师的思政融合教学进行量化，并且还要进行评比，从而明确不同教师在思政融合方面的具体表现，以此促进不同大学英语教师进行相互追赶，特别是督促后进者加强教学转变，从而提高全体大学英语教师的课堂思政融合效果。当然，针对后进者，学校也要采取一定的措施进行引导和帮助，比如共同分析其在思政融合方面存在的欠缺，并且一起寻找相应的优化解决对策。这种通过教师之间相互帮助提升的方式，既能够促进教师之间的团结，同时又能够帮助大家实现共同的优化和提升。

总而言之，在大学英语课程教学的过程中开展思政元素的渗透并不轻松，这不仅需要教师转变自身的传统教学观念，加强对思政教育内容的认识和重视，而且还要结合大学英语课程的教学内容，并且采用多元化的方式展开教学，以深化学生对于大学英语知识和思政内容的理解和认识。此外，教师还要注重对学生基础英语学习和思政内容的实践指导工作，在加强学生对英语语言知识学习和掌握效果的同时，还能够强化和提高学生们的最终思政素养。

大学英语教学中的课程思政研究*

毛绍磊**

西北民族大学外国语学院

摘 要：本文从课程思政的背景及意义出发，揭示了大学英语教学中实施课程思政的机遇与挑战，分析了大学英语教学中实施课程思政的重难点，最后从学校、师资、教材及课堂教学四个层面结合实例展示了在大学英语教学中实施课程思政的思路和方法。

关键词：课程思政；大学英语教学；思政意识培养

一 课程思政的背景及意义

2016 年 12 月，全国高校思想政治工作会议上，习近平总书记强调：“办好我们的高校，必须坚持以马克思主义为指导，全面贯彻党的教育方针。要坚持不懈培育和弘扬社会主义核心价值观。"[①] 在课堂教学中开展思政教育，旨在解决教育领域的系列核心问题：培养什么人，怎样培养人，为谁培养人。其深远意义在于课程思政的成败影响甚至决定着国家的长治久安，影响甚至决定着社会主义接班人问题，影响甚至决定着中华民族伟大复兴和国家崛起。因此，各类课程在教学实施中，必须要上升到思想政治的首要高度，以立德树人为根本培养目

---

* 基金项目：本论文受中央高校基本科研业务费专项资金项目资助（Supported by the Fundamental Research Funds for the Central Universities），项目编号：31920220123。

** 作者简介：毛绍磊，西北民族大学外国语学院副教授；研究方向为英语教学、汉英翻译。

① 《习近平谈治国理政》第 2 卷，外文出版社 2017 年版，第 377 页。

标，在方式方法、知识体系、思想文化等各层次、各环节，都要解决好课程设置和知识讲授过程中的政治性、思想性、人文性等问题，将高校思想政治教育融入课程教学和改革的各环节、各方面，实现立德树人润物无声。教师要充分发挥其育人功能，把知识传授和价值引领相结合，帮助学生形成正确的世界观、人生观、价值观，提高学生的道德修养和精神境界，促进学生身心和人格健康发展。各级各类教育机构在开展教育教学活动时，都要把立德树人成效看作检验其工作的重要标准，要将思政教育贯穿于人才培养的全过程。

《高等学校课程思政建设指导纲要》强调①："落实立德树人根本任务，必须将价值塑造、知识传授和能力培养三者融为一体、不可割裂。"该纲要指出："全面推进课程思政建设，就是要寓价值观引导于知识传授和能力培养之中，帮助学生塑造正确的世界观、人生观、价值观，这是人才培养的应有之义，更是必备内容。"具体到大学课堂教学而言，课堂教学是大学教育的主渠道，落实立德树人根本任务，就必须把思想政治教育全面落实到所有课堂教学。作为一门大学通识必修课程，大学英语在教学中课程思政也必然不能缺位。如何通过课程思政教学进行价值观引导，如何实现知识传授、能力提升和价值引导的有机统一，实现思想政治教育和外语语言学习的有机统一，是当今外语教育必须认真思考并需要迫切践行的使命和责任。

二 大学英语教学中实施课程思政的机遇和挑战

课程思政作为一种教育理念，其实质就是在非思政课程中进行思政教育，在进行专业知识传授的同时，用间接、隐性的方式培养学生的政治认同、家国情怀、道德文化素养和各类价值观。在教学过程中，教师要能够挖掘专业课程所内涵的思想政治教育元素，既让课程承载思政，又寓思政于课程，真正在课程教学实践中实现知识传授与价值引领的双

---

① 《教育部关于印发〈高等学校课程思政建设指导纲要〉的通知》，Retrieved from：http://www.gov.cn/zhengce/zhengceku/2020-06/06/content_ 5517606.htm，2020。

向互动①。

具体到大学英语课程而言，学生学习英语一方面可以增强专业知识，及时跟进专业领域的最新发展趋势；另一方面在中国快速发展和国际地位不断提升的今天，外语教育的目标已从单纯培养听、说、读、写、译等语言技能转变为使学生具有国际视野和跨文化沟通能力，具有对外沟通交流的能力。新的时代赋予了学生讲好中国故事、传播好中国声音的使命。重大的责任和使命要求我们培养的人才既要心怀对祖国和人民深厚的感情，具有家国情怀、中华优秀文化素养和社会主义道德修养，同时还要具有全球视野，通晓国际规则。我们的学生要能够熟练运用英语将中国特色社会主义道路、中国社会所取得的成就、中华优秀传统文化、社会主义核心价值观等信息转换为国际社会所喜闻乐见的中国声音、中国故事，对外用英语"翻译中国"，让世界适应、理解中国的和平崛起，推动国际形势向有利于我国的方向发展，为中华民族的伟大复兴营造良好的国际环境。在中国前所未有地走向世界舞台中央的历史进程中，开展对外交流合作、传播中华文化、参与国际事务、展现国家形象都需要大量业务能力强、政治觉悟高、道德品质好的高素质外语人才，需要一大批了解我国国情、熟悉党和国家方针政策、精通国际沟通谈判的专业人才②。从这个意义上来说，我们当下在大学英语教学中实施课程思政面临着前所未有的机遇。成功的课程思政建设将极大地促进我国参与全球治理、树立良好的国际形象。

另外，我们也要看到，长期以来，我国的大学英语教学普遍存在重知识传授和能力培养而轻德行培育和价值引领的状况。教师在课程教学中注重学生对语言能力的掌握，学生在学习中更多地关注语言的工具性和实用性。长期以来，在知识传授、能力培养、价值塑造的课程教学目标中，"智育"和"德育"相分离③。大学英语教师习惯了基于培养外

---

① 杨金才：《新时代外语教育课程思政建设的几点思考》，《外语教学》2020年第6期，第12页。

② 王军哲：《全球治理人才培养视域下外语类院校课程思政建设探索与实践》，《外语电化教育》2020年第6期，第52页。

③ 王军哲：《全球治理人才培养视域下外语类院校课程思政建设探索与实践》，《外语电化教育》2020年第6期，第52页。

语能力的语言训练式教学，教学内容集中在语言知识的传授和语言技能的培养。学生所学教材多以英语为母语的作者撰写的材料为主，所选取的内容往往具有典型西方文化语境，缺乏体现中国优秀传统文化和社会主义核心价值观的内容，致使很多学生能较好地用英语介绍外国文化，却不能恰当准确地用英语对中国传统文化和社会主义核心价值进行描述①。此外，外语类课程的一大特点在于语言是课堂教学的重要内容、途径和目标。语言是文化的载体，它与意识形态紧密相关。从某种程度上说，语言教学是一种与文化、意识形态相关联的政治行为。外语教师在课堂讲授过程中，会不自觉地使用西方学术话语，夹带西方价值观念。学生所学内容大多与目的语国家的语言、文化、社会、政治、经济、法律等相关，涉及目的语国家的社会、文化、价值观念、宗教信仰等。这就把学生直接放置在了外国文化语境之中，使学生直接面对外国的话语体系、思想文化，乃至不同的意识形态，对外语教学的思政目标构成巨大挑战。

三 大学英语教学中实施课程思政的重难点

大学英语教学中实施课程思政第一大难点在于教师。在课程思政大背景下，思政教育客观上对大学英语教师提出了更高要求，大英教师需要将语言教学与立德树人进行融合，将英语教育与"中国文化""中国故事""中国道路"等有机结合起来。大英课程教学在实施中面临以下难点与挑战：首先，课程内容如何和思政内容有机融合，使大英课程既不失去语言教学的本质和提高学生语言能力的目标，又能兼顾思政教育的要求；其次，课堂教学如何采用形成性评价去贯彻课程思政的内容，使教师教学有章可循；最后，如何评价课程思政的效果，做到既恰当又准确②，真正起到引导和培养学生主流意识形态价值观，增强学生"四

---

① 刘建达：《课程思政背景下的大学外语思政改革》，《外语电化教学》2020年第6期，第39页。

② 刘建达：《课程思政背景下的大学外语思政改革》，《外语电化教学》2020年第6期，第41页。

个意识"，坚定学生"四个自信"。

　　课程思政背景下的大学英语教学，要求大英教师在进行语言教学的同时，要深入挖掘课程所蕴含的思想政治教育元素，深度挖掘提炼语言知识体系中蕴含的思想价值和精神内涵，深入梳理外语课程教学内容，结合语言课程特点、思维方法和价值理念，科学合理地拓展外语课程的广度、深度，实现思想政治教育与知识体系教育相统一、知识传授与价值引领相统一、显性教育与隐性教育相统一，最终实现润物无声的育人效果。

　　大学英语教学中实施课程思政的第二大难点在于外语课程的特殊性。受语言教学的限制，外语类课程很大程度上都与目的语国家的语言、文化、政治、经济等相关，这些内容涉及目的语国家的价值观念、社会文化、宗教信仰等。如何在这样的课程中恰当融入思想政治教育？这对外语课程思政建设提出了特殊要求。实际上，语言作为文化和意识形态的载体，其使用从来都不可能脱离其产生发展的语境。因此，就大学英语教师而言，大学英语教学不能简单地从国外"拿来"或"移植"，而是需要有一个思想意识的过滤过程，英语教师在将语言知识传授给学生的过程中，有必要进行意识形态的甄别与价值取向的鉴定①。

　　大学英语教学中实施课程思政的第三大难点在于学生。作为出生在互联网大潮中的当代大学生，获得信息的渠道多、能力强。但是，由于他们还处于价值观的形成期，面对互联网上良莠不齐的海量信息和多元价值观，涉世未深的他们会感到困惑迷茫，极易轻信某些错误思想。如果得不到及时、正确的引导，他们有可能误入歧途，偏离正确的方向。因此，在大英教学中实施课程思政，要求教师的课堂教学在重视知识和能力培养的同时，必须充分发挥价值引领作用。要通过有目的、有针对性地在课堂教学活动中融入价值观教育，帮助大学生克服在价值认知、价值判断、价值选择等方面的困惑与偏差，在日趋多样化的价值选择中坚守社会主义核心价值观，不断增强对中国特色社会主义的认同。当代

---

① 杨金才：《新时代外语教育课程思政建设的几点思考》，《外语教学》2020 年第 6 期，第 12 页。

大学生自己也要自尊自强，在学习知识的同时，不断校准自己理想信念、价值取向的坐标，提升自身人文素养、思想道德和精神品格。

我们应该看到，当前，大学英语教师对开展课程思政建设的必要性已经有了广泛的共识，对在大学英语教学中实施课程思政的特殊性有着清醒的认识，有攻克大英课程思政难题的思想准备。然而，对于如何结合教学内容，找准育人角度，如何把专业知识传授、语言能力培养、思想价值引领、情怀立场铸就融入课堂教学中去，如何在潜移默化中完成立德树人的重要任务等问题[1]，还没有形成全面系统的教学体系。广大大学英语教师在课程思政的教学目标、教学环节和任务设计上还没有形成具体清晰的概念。个别教师在大学英语教学中依然存在着语言和思政割裂的现象，学生中依然有人抱有"外语工具论"的学习动机。这些都是我们今后在大学英语教学中实施课程思政需要着力纠正和解决的难题。

四　大学英语教学中实施课程思政的思路和方法

在学校、学院层面，第一，学校可以成立由校党委主导的课程思政建设领导小组，联合宣传部、教务处、学工部、外事处等相关部门，制定制度章程，明确课程思政建设的基本原则、目标要求、评价考核、保障措施。形成领导小组统筹协调、职能部门密切配合、教学单位主动推进、授课教师具体落实的工作机制[2]。第二，外语学院要完善教学组织管理制度，把课程思政建设纳入日常教研活动中去。定期组织讨论课程思政教学方案设计，收集课程思政教学典型范例，及时交流课程思政教学心得。要建立并落实大英教师思想政治学习交流研讨机制，保证大学英语教师紧跟习近平中国特色社会主义思想的最新成果及中央最新精神，与时俱进地开展课程思政。第三，可以设立课程思政教学改革研究项目，举办一系列课程思政讲座和培训会。培育一批前沿的课程思政项目、建成一批课程思政精品课、设立一系列课程思政教学成果奖，提

---

[1]　陈法春：《外语类本科专业课程思政内容体系构建》，《外语电化教学》2020年第6期，第13页。

[2]　洪岗：《对外语院校课程思政建设的思考》，《外语电化教学》2020年第6期，第25页。

升广大教师课程思政的意识和能力。第四，要完善课程思政评价体系，健全课程思政成效考核机制，在教学改革项目、教学竞赛、教学成果奖、优秀教材等评选中突出课程思政要求，将课程思政建设情况纳入教学单位的考核、教工支部的考核，以及教师个人的考核中，把课程思政的教学效果作为教师职称晋升、评优评奖的依据之一[①]。鼓励在教学科研中积极贯彻课程思政理念的教师，奖励课程思政成效显著的教师。

在师资层面，首先，大学英语教师要在提升自身专业素养的基础上，不断加强政治理论学习。马克思主义、毛泽东思想、邓小平理论、"三个代表"重要思想、习近平新时代中国特色社会主义思想是中国特色社会主义高校教师必须掌握的基本知识，也是大英教师结合现行教材实施课程思政的思想源泉。大英教师只有掌握了上述政治理论知识，才能深刻理解中国特色社会主义道路、文化和制度，才能深刻领悟"为谁培养人、培养什么样的人"这一基本问题，才能发自内心地言传身教、以身示范，用自己鲜明的政治态度和高度的情感认同，激发学生的共鸣[②]，引导学生形成正确的世界观、人生观和价值观。

其次，大学英语教师要研读国学经典，增进自己对中华传统思想文化的理解，不断提高自身历史文化修养。我国传统文化源远流长，凝聚着无穷的智慧，闪烁着光辉的思想，蕴含着高尚的道德价值。大英教师在课堂讲授中不仅要向学生介绍国外思想文化和道德习俗，使学生接受世界各国文化洗礼，同时，也要积极将我国传统文化和道德观念引入课堂，用中华优秀思想文化滋养熏陶学生。只有这样，我们所培养的学生才能对中西方文化融会贯通，才能理性客观地看待中西方文化差异，求同存异，坚定社会主义文化自信。

最后，大学英语教师要有"为党育人、为国育才"的情怀，要有一颗集"理想信念、道德情操、扎实学识"于一体的爱国心。一个爱岗敬业、无私奉献的大英教师将会怀着对祖国、对人民的深厚感情扎实

---

① 洪岗：《对外语院校课程思政建设的思考》，《外语电化教学》2020年第6期，第25页。
② 陈法春：《外语类本科专业课程思政内容体系构建》，《外语电化教学》2020年第6期，第16页。

开展教育工作，充分发挥教书育人的主动性和创造力，在中西方对比教育中引导学生正确认识中国和世界，培养学生的爱国情感和讲好中国故事的决心。

在教材层面，外语教材是外语教学的根本依托，应为外语课程思政提供融于语言材料之中的思政素材，设计贯穿于语言习得之中的思政体验。所以，在教材内容选择上，我们应尽量挑选那些用英语书写且不带偏见的有关我国国情、社会、文化的语言教学材料，在自编外语教材中增加中国元素和故事的内容，引导学生树立对人民的感情、对社会的责任、对党和国家的忠诚[①]。新推出的《大学英语教学指南》[②]在教材建设部分也提道："大学英语教材要体现党和国家对教育的基本要求，服务高等教育教学改革和人才培养，应体现人类文化知识积累和创新成果。在教材内容的选择上应自觉融入社会主义核心价值观和中华优秀传统文化，引导学生树立正确的世界观、人生观和价值观。"

在课堂教学层面，第一，大学英语教师可以在授课过程中根据具体内容有意识地将思政元素引入课堂，引导学生的价值观取向。例如，外教社全新版大学进阶英语第一册第一单元的主题是 The Pursuit of Dreams。在这一单元的教学中，作为引入，教师可以先向学生抛出一个问题"Do you have a dream? The importance of having a dream"，以此来激发学生对梦想的谈论，在谈论中让学生认识到梦想的重要性。作为参考，教师可以将"Having a dream can spur us to strive for a better life. /A life without a dream is just like a boat without a beacon. /A dream in life can lighten our future path."等表述呈现给学生，让学生意识到一个人只有有了梦想才能激发起强大的战斗力和顽强拼搏的精神，鼓励学生做"有理想、有道德、有文化、有纪律"的"四有青年"（A youth having dreams, morality, culture and self-discipline）。

第二，大学英语教师可以在课文讲解中采用中外对比的方式有针对性地导入中国故事元素，让学生在中外事迹对比中感受到社会主义的优

[①] 陈法春：《外语类本科专业课程思政内容体系构建》，《外语电化教学》2020年第6期，第14页。
[②] 教育部大学外语教学指导委员会：《大学英语教学指南》，高等教育出版社2020年版。

越性,增进他们的民族自豪感和国家认同。我们还以外教社"The Pursuit of Dreams"这一单元为例。在"Deaf DJ"这篇文章中,作者写道"I started getting ear infections every three months or so. We didn't have health insurance at the time and when I got a third infection, my parents couldn't pay for the treatment. I went deaf...①"在我们中文读者看来,文中的作者所患的无非就是我们常见的中耳炎。但就是这样一种常见的疾病,身在美国的作者父母却因没有买医保而负担不起昂贵的医疗费用,最终导致了作者的残疾,留下了终身的遗憾。讲到这里,教师可以提出两个问题让学生课下查找资料并在下次上课时用课堂报告的形式向班级汇报自己的结论。(1)"Why couldn't the writer's parents pay for his treatment?"(2)"Why didn't his parents buy health insurance for him?"通过对这两个问题的深入思考并结合所查到的信息,学生不难发现美国医疗系统根深蒂固的弊病:大多数低收入人群没有被纳入医保范围,医疗费用十分高昂,这才使得即便是中耳炎这样常见的疾病也会给普通家庭带来灭顶之灾,让作者终身残疾。反观我国的医疗保险制度,虽然受制于发展中国家这一现实条件,我们依然在广大的农村地区建立起了农村合作医疗制度,为基层农民提供最基础的保障。自新冠疫情暴发以来,我国更是实行全民免费核酸检测,免费接种疫苗,对感染人群免费救治的伟大举措,在全世界范围的疫情防控方面做出了中国样本,展现出了中国担当。事实胜于雄辩,中外事迹的对比分析将会极大地增强学生对社会主义优越性的认识,提升他们作为中华儿女的自豪感和认同感,同时也将激励学生爱党爱国,奋发有为,为实现中华民族伟大复兴而努力奋斗。

第三,大学英语教师可以在语言技能课程和专业知识讲解中将中华文化元素融入其中,引导学生了解中国传统文化及价值体系,同时有针对性地训练学生对中国文化核心价值观、中国传统思维方式及行为准则等表述的外语表达能力,从认知与表达两方面消除学生的"中国文化失语症"。例如,浓缩了我国传统价值观念的习语"君子喻于义,小人

---

① 季佩英:《全新版大学进阶英语综合教程》,上海外语教育出版社2018年版,第14页。

喻于利"。我们可以就"君子"和"小人"的翻译让学生展开讨论，让大家群策群力找出它们恰当的英文表达，也可以给出"君子（An exemplary person/a man of virtue）"和"小人（a petty person/a despicable man）"的参考英译，让学生思考"君子喻于义，小人喻于利"这一表述的合适英文翻译，最后还可以给出"Junzi（An exemplary person）understands what is appropriate, a petty person understand what is of personal advantage"这样的参考译文和学生一起讨论该怎样对这一中华文化术语进行贴切的翻译。通过这些活动，学生不仅学习了"exemplary""virtue""petty""despicable"等词汇，增加了词汇量，学习了怎样按照英文表达习惯去组织语言；更重要的是，通过这种课堂讨论，学生对"君子喻于义，小人喻于利"所内涵的中华传统价值有了更进一步的认识，增强了学生明大义而远私利的意识，而这和我们当下所弘扬的社会主义核心价值观不谋而合。再如，反映我国传统思维和行为方式的习语"言必信，行必果"，我们同样可以采取让学生分组讨论的形式探讨这一中华文化术语的翻译。在学生分组讨论完成之后，教师可以找一两个学生采用课堂报告的形式给出翻译结果并陈述小组决定采用这一译文时的思考过程。最后，教师还可以给出参考翻译"Promises must be kept; Actions must be resolute"和学生一起分析学生译文中可能出现的问题以及参考译文中值得借鉴的地方。通过这种讨论，相信大多数学生会对英文"keep one's promise"这一表述形式有了更加深刻的认识，对动词"keep"表"履行、遵守"的意思有了更加切身的体会。与此同时，教师还可以进一步对"keep"一词进行拓展，把"keep one's word, keep an appointment"等表述解释给学生，并趁热打铁让学生针对相关表述进行造句。通过这一课堂活动，学生能够更加深刻地体会"言必信，行必果"的内涵，在潜意识中提升自己对诚信做人、说到做到价值观的认同，在未来的人生中也会不自觉地按照这种价值观去行事。最后，我们来看一条集中反映我国古代文人行为规范的表述"修身、齐家、治国、平天下"。其中"修身"的内涵可以理解为"自我修养的培养"，这里面就包含了自我的道德约束，包含了自尊、自爱、自信、自强的成分，因此我们可以用"Self-cultivation"来表述。"齐家"即"管理家庭",要培养一个和睦相处的家庭环境,这里面就包含了尊敬父母、爱护幼童、夫妻相敬如宾的朴素道德观念,因此,我们可以用"Family Regulation"来翻译。"治国"则是"治理国家",没有国家,何谈小家。作为新时代的大学生,要爱国、爱社会主义、热爱自己所在的集体。要积极参与国家治理、社会社区治理,为自己所在集体建言建策、添砖加瓦。这里,我们可以用"State Governance"来对应。"平天下"则在讲"安定整个世界"。作为新时期的青年,我们要有全球视野、要胸怀天下。要努力学好外语,把中国好的经验和做法推广出去,讲好中国故事,给世界注入来自中国的和平力量,向世人揭示美国的单边主义和霸权主义,积极维护世界和平稳定。有鉴于此,我们可以把"平天下"翻译为"Bringing Peace to All Under Heaven"。

第四,大学英语教师还可以通过分析探究中外语言、文化、思维方式的差异,引导学生把握中西文化的共同点与差异性,培养学生的逻辑思维与批判思维能力,提升学生对文化交流互鉴的认识,促使学生形成求同存异的价值观念,培养学生深厚的家国情怀、国际视野。在具体实践中,我们依然用"The Pursuit of Dreams"这一单元主题为例,教师可以将学生分成辩论的双方,甲方为"American Dream"而辩,乙方为"Chinese Dream"而辩。通过采用双方辩论的形式让学生意识到"American Dream"强调独立自主、艰苦奋斗,通过自己的不懈努力和不断的开拓进取来实现自己的人生价值,它彰显的是个人价值。"Chinese Dream"则强调"国家富强、民族振兴、人民幸福",它是我们中华民族复兴之梦,是民族的梦,归根到底也是每一个中国人的梦,它强调的是整体观,彰显的是民族大义。不难看出,中西文化虽有差异,但"梦"的价值都是促进人们积极进取、奋发有为,都主张人们通过自身艰苦奋斗,超越自我,走向成功。

从以上分析可以看出,在大学英语教学中贯彻课程思政,尽管存在一定的困难,但机遇和挑战共存,且机遇大于挑战。在大学英语教学中实施课程思政,无论从学校、教师还是从教材及具体的课堂教学而言,都有很大的施展空间。这就要求作为教学主体的学校各个层面紧密配合,充分发掘大学英语课程及其教学方式中所蕴含的思政教育元素,使大学英语课程思政与学校开设的思政课程同向同行，形成协同效应。把对学生的德育教育贯穿到教学目标设定、教学素材编写、教学活动设计与实施、教学质量评估等各个环节，从而将大学英语教学过程变成外语教学领域社会主义核心价值观教育的重要阵地。

大学英语课程思政的实施路径研究
——以《全新版大学进阶英语》为例

李 洁 王谋清*

摘 要：根据《大学英语教学指南》，作为大多数非英语专业学生在本科教育阶段必修的公共基础课程，大学英语具有重要的育人作用，是构建三全育人——即全员、全程、全方位育人格局不可或缺的部分，也是高校开展思想政治素养教育的重要途径。本文以笔者所在学校使用的教材——《全新版大学进阶英语》为例，探讨大学英语课程思政的具体实施路径。大学英语教师应当在教育教学的各个环节充分挖掘思政元素，深挖教材中的思想品德资源，引导学生开阔国际视野，了解国家大政方针，培育和践行社会主义核心价值观，引领学生提高文化自信，培养学生的社会人文情怀，由此使大学英语教学在落实立德树人根本任务中发挥重要作用。

关键词：大学英语；课程思政；立德树人

引 言

教育部 2020 年颁发的《高等学校课程思政建设指导纲要》（以下简称为《纲要》（2020 年版））指出：培养什么人、怎样培养人、为谁培养人是教育的根本问题，立德树人成效是检验高校一切工作的根本标

---

* 作者简介：李洁，西北民族大学外国语学院副教授；研究方向为英语教学。王谋清，西北民族大学外国语学院教授；研究方向为口译、英语教学。

准。落实立德树人根本任务，必须将价值塑造、知识传授和能力培养三者融为一体，不可割裂。而作为大多数非英语专业学生必修的公共基础课程，大学英语在立德与树人，即人才培养和价值塑造中发挥着不可忽视的作用；根据《大学英语教学指南》（2020年版）（以下简称为2020年版《指南》）的要求，大学英语教学应融入学校课程思政教学体系，使之在高等学校落实立德树人根本任务中发挥重要作用。

一　文献综述

自2016年以来，很多专家、学者以及高校英语教师对于大学英语课程思政进行了多方面的思考和探索。以大学英语课程思政为主题，笔者在CNKI检索到相关论文1629篇，其中有些文章研究了大学英语课程思政的内涵和实施路径；有的作者探讨了外语课程思政的教学理念和路径；有的学者思考了课程思政背景下的大学外（英）语课程改革；还有的文章对大学英语教师课程思政能力进行了研究。总体来看，目前大多数关于课程思政的研究探讨了大学英语与课程思政的内涵和结合，课程思政与思政课程的理念，教师课程思政的能力，以及实施大学英语课程思政的可行性和有效策略，如教材改革、师资培养、课程评价等；但在结合大学英语现有教材如何进行教学改革、实现立德树人的根本任务方面缺乏详细的实践方案①。本文将从笔者所在学校的大学英语课堂选用的《全新版大学进阶英语》教材出发，探讨大学英语课程思政的具体实施路径。

二　大学英语课程思政的相关理论和实施原则

根据《纲要》（2020年版），我们要"使各类课程与思政课程同向同行，形成协同效应，构建全员全程全方位育人大格局"。2020年版《指南》对大学英语的定位是"大多数非英语专业学生在本科教育阶段必修的公共基础课程"。《纲要》（2020年版）的要求和2020年版《指

---

① 杨婧：《大学英语课程思政教育的实践研究》，《外语电化教学》2020年第4期。

南》的定位对我们开展大学英语课程思政提供了理论依据和指导原则。

(一) 隐性课程理论

课程的建设是一个多方面、多层次的复杂系统,可按形态载体分为显性课程和隐性课程。列入教学计划的学科课程为显性课程,多以课堂教学为载体;相对于显性课程的是隐性课程,它是隐藏在显性课程内外的非正式课程。隐性课程以其潜移默化的功能在通识教育的培养中起着重要的作用,应该与显性课程共同在学生的全面发展中起作用[①]。在一个完整的课程体系里面,隐性课程和显性课程缺一不可,二者共同在学校的三全育人中发挥重要作用。大学英语课程思政也不例外,其中既包含显性的学科课程,又包括隐性的思政课程;既具备了普通学科课程的一般育人功能,同时也蕴含了隐性思想品德教育的功能。即要在传授教学计划内的语言知识、语言技能、跨文化知识和技能的同时,向学生传递积极的、正面的价值观。这些价值观与社会主义核心价值观相一致,与思政课程同向同行[②]。

(二) 显性教育和隐性教育并重的原则

大学英语课程思政实施的过程中需要遵循显性教育和隐性教育两者并重的原则。2020年版《指南》中规定大学英语的课程性质是"大学英语课程是普通高等学校通识教育的一个重要组成部分,兼具工具性和人文性"。笔者认为,工具性要求我们实施专门知识的显性教育。教师首先要弄清楚在课堂上教授的显性的外语语言核心知识和核心技能[③],在大学英语课堂中不仅要注重培养学生在听、说、读、写、译各方面的综合运用能力,还要涉及一些英语专业知识,如语法、句法、语用方面的知识,让学生学习与所学专业相关的专门用途英语,提高学生的英语文化文学素养。人文性则要求我们进行隐性的思想品德教育,要进一步

[①] 马晶文:《通识教育视域下大学英语隐性课程的建设》,《兰州交通大学学报》2014年第2期。
[②] 蒙岚:《混合式教学模式下大学英语课程思政路径》,《社会科学家》2020年第12期。
[③] 文秋芳:《大学外语课程思政的内涵和实施框架》,《中国外语》2021年第2期。

挖掘育人元素，包括价值导向、情感品格和自我管理①等。在大学英语课堂教学中，我们要坚持显性育人和隐性育人两手抓，使之在高等学校落实立德树人根本任务中发挥重要作用。

三 大学英语课程思政的具体实施路径

以笔者所在的学校为例，大学英语课程跨度为四个学期，每学期54学时；所使用的教材为《全新版大学进阶英语》第一、第二、第三、第四册，每册6个单元。大学英语教师应当在教育教学的各个环节充分挖掘思政元素，深挖教材中的思想品德资源，引导学生开阔国际视野，引导学生了解国家的大政方针，培育社会主义核心价值观，引导学生提高中国文化认知和文化自信，培养学生的社会人文情怀。

（一）引导学生开阔国际视野

我们可以在大学英语课堂发掘相关素材帮助学生开阔视野，开阔眼界。例如，环境保护已经成为一个亟待解决的全球性的问题。《全新版大学进阶英语》第一册第五单元的主题是 Water Problem，三篇课文分别是 *What's the World to Do about Water? Global Water Scarcity* 和 *China's Water Situation*，讲述了全球水危机以及人们该怎样应对。这个单元的 Viewing & Listening 部分还包含一段关于全球水危机的视频，让学生得以很直观地了解到水危机离我们并不遥远。从这个单元中，学生们可以了解日常生活中节约用水的一些卓有成效的方法如何用英语来表达，我们可以补充一些环境保护的专门词汇和行业术语，如联合国环境规划署（UNEP），介绍给学生有关环境保护的国际公约如《巴黎协定》等。在大量输入相关词汇和语言的基础之上，组织学生对课文中的思想观点开展辩论，让学生对于自己的居住地是否遭遇用水用电短缺等进行讨论，这样既可以提高学生的口语表达能力，又能潜移默化地使环保的观念深入人心。

---

① 文秋芳：《大学外语课程思政的内涵和实施框架》，《中国外语》2021年第2期。

《全新版大学进阶英语》第二册第一单元的主题是 Living Green，三篇课文分别是 *Living Off the Grid*：*How a Family of City-Dwellers Discovered the Simple Life*，*The Three-Wheeling Family*：*Car-Free in Suburbia* 和 *China's Solar Roof Heaters*，讲述了人们对于绿色环保生活的尝试和探索。第一篇课文里作者全家住在远离电网的乡镇、克服种种不便、自给自足、怡然自得的环保生活，让读者产生了类似于对"采菊东篱下，悠然现南山"的向往。第二篇课文讲述了作者一家在大都市的郊区尝试为期五周的无车生活，最终影响了他们的生活方式和生活理念：买了节能型汽车，尽可能地过可持续的生活。第三篇课文介绍了在中国很普及的太阳能屋顶热水器，一种可降低能耗开支，减少碳排放的装置。我们可以采取模拟新闻报道、小组讨论和演讲的方式让学生对环保问题发表自己的见解，借鉴别人的做法。还可以提供中英文双语版的党的十九大报告，让学生了解和学习我国对于生态环境保护的方针：坚持人与自然和谐共生；坚持节约优先、保护优先、自然恢复为主的方针（the principles of prioritizing resource conservation and environmental protection and letting nature restore itself）；必须树立和践行绿水青山就是金山银山的理念（act on the understanding that lucid waters and lush mountains are invaluable assets），坚持节约资源和保护环境的基本国策等。在学习诸如节能减排、退耕还林、垃圾分类、限塑令、后疫情时代、PM2.5 等环保词汇之余，学生们还应该明白环保不仅是一个口号，更是一种生活态度、生活理念，毕竟在环境危机来临之际，没有哪个国家哪个民族能够独善其身。

（二）引导学生了解国家的大政方针

作为社会主义事业的合格建设者和接班人，大学生们有必要心怀家国天下，了解国家的大政方针。根据2020年版《指南》的要求，教师应鼓励学生结合英语学习内容关注社会热点问题、社会发展趋势以及国家发展战略。我们可以从课本内容挖掘这方面的内容。《全新版大学进阶英语》第四册第二单元的主题是 China in Transition，三篇课文分别是：*Hutong Karma*，*China's Villages Change Amid Rush for the Cities*，*Shenzhen—from Rural Village to the World's Largest Megalopolis*，讲述了我国改革开放和城镇化建设取得的伟大成就,也不避讳谈及变迁中的未尽事宜,让学生更客观地看待我国的改革开放,更感投身社会主义事业的责任感。老师可以援引一些我国经济建设的数据,例如城镇化率(The level of urbanization)年均提高 120 个百分点(an annual average of 1.2 percentage points),8000 多万(more than 80 million)农业人口转移成为城镇居民(those who have moved from rural to urban areas have gained permanent urban residency);脱贫攻坚战(fight against poverty)取得决定性进展,6000 多万贫困人口稳定脱贫(have been lifted out of poverty),贫困发生率从 10.2% 下降到 4% 以下等(poverty headcount ratio has dropped from 10.2 percent to less than 4 percent),借此帮助学生复习和巩固英文中数字、百分比、倍数等的用法。还可以拓展一些重点词汇,例如区域发展(regional development)、"一带一路"倡议(the Belt and Road Initiative)、京津冀协同发展(coordinated development of the Beijing-Tianjin-Hebei region)、长江经济带(Yangtze Economic Belt)等。本单元的 Viewing & Listening 部分还有关于中国城镇化的视频,学生们可以结合自家住房条件的改善、生活水平的提高、家乡基础设施的改善等方面讨论改革开放带给人民实实在在的好处,提高学生对于国家大政方针的的兴趣和认识,鼓励他们学成后积极投身社会主义事业建设之中。

(三)在大学生中培育社会主义核心价值观

习近平总书记指出,社会主义核心价值观是当代中国精神的集中体现,凝结着全体人民共同的价值追求。要培养能够担当民族复兴大任的时代新人,必须把社会主义核心价值观融入我们的高等教育。《纲要》(2020 年版)指出,要教育引导学生把国家、社会、公民的价值要求融为一体,提高个人的爱国、敬业、诚信、友善修养,自觉把小我融入大我,不断追求国家的富强、民主、文明、和谐和社会的自由、平等、公正、法治,将社会主义核心价值观内化为精神追求、外化为自觉行动。《全新版大学进阶英语》第二册第三单元的主题是 Friendship,课文 *What Should We Do for Our Friends*?提出了一个很值得思考的问题:如果你的朋友触犯了法律法规，你是要维护朋友，还是要维持公平正义？来自有些文化的受访者认为公正首先要合法，就应该实话实说；来自另外文化的受访者则认为维护朋友就是公正。公正（Justice）、法治（Rule of Law）、诚信（Honesty）、友善（Friendliness）都是我们着力培育和践行的核心价值观。这本就是个颇具争议的话题，教师可让学生采用"思考—讨论—分享"（Think-Pair-Share）的方法来培养学生的正确价值观和思维判断能力。首先，教师向全班提出一个具有挑战性和思辨性的价值观问题：维持公正法治和维护朋友哪个更为重要？其次，让全班学生独立思考答案；再次，让学生结成对子进行讨论；最后，请学生在全班分享自己与同伴的观点。之后老师可以对学生的观点进行总结，公正法治是公德，朋友义气是私德，公德始终是第一位的，把学生引向正确的价值取向。老师还可举一反三，同学们都知道考试作弊不对，但还是有学生考试时会想办法给朋友传纸条，有些同学甚至有这样的心态：我没有抄别人的就不是作弊，因此为朋友、室友等提供抄袭之便。还有学生上课替人签到，帮缺勤同学打掩护，这些其实都违背了诚信友善的价值观。教师应结合学生日常学习生活中的例子帮助学生将公正、法治、诚信、友善这些价值观转化为学生们的情感认同和行为习惯。

（四）引导学生提高文化自信

党的十九大报告明确指出：文化是一个国家、一个民族的灵魂；没有高度的文化自信，没有文化的繁荣兴盛，就没有中华民族伟大复兴。因此，我们的大学英语课堂在学习英语语言文化的同时应该坚持引导学生加深对中国文化的认知，提高文化自信。《全新版大学进阶英语》第二册第六单元的主题是 Maker Movement in China。第一篇课文 *In China, Lessons of a "Hackerspace"* 讲述了中国的创客空间的发展及政府对其的扶持。老师可以让学生收集中国古代能工巧匠（makers）的作品图片和资料，让学生了解鲁班、诸葛亮等大师（master of makers）的高超技艺，鼓励学生在日常生活中自己动手（DIY）。第二篇课文 *Made in China 2.0* 描述了中国制造的2.0时代，即从中国制造向中国创造的转化。

教师可以分享党的十九大报告中的关于创新驱动发展取得的世界领先的重大科技成果，包括 the successful launch of Tiangong-2 space lab（天宫二号），the commissioning of the deep-sea manned submersible Jiaolong（蛟龙）and of the five-hundred-meter aperture spherical telescope（FAST）Tianyan（天眼），the launch of the dark matter probe satellite Wukong（悟空）and the quantum science satellite Mozi（墨子），and the test flight of the airliner C919，这些大都是学生在时事新闻中耳熟能详却没有掌握其英文表达的词汇。通过讲解分析词汇和其构词法等不仅可以使学生通晓相关英文词汇，掌握它们的用法，还能自然而然地提升学生的民族自豪感和文化自信心。

（五）培养学生的人文情怀

大学英语课程兼具工具性和人文性。人文性的核心是以人为本，弘扬人的价值，注重综合素质的培养和人的全面发展。这完全契合了中国社会主义教育的目标，培养德智体美劳全面发展的社会主义事业建设者和接班人。《全新版大学进阶英语》第四册第四单元的主题是 Women Nobel Prize Winners，课文 *Marie Curie*：*The First Women Nobel Prize Laureate*，*The Saint of Gutters*，*The Modest Women Who Beat Malaria for The World*，讲述了三位女性诺贝尔奖得主的成长奋斗历程，她们的人文主义情怀和奉献精神。在第一篇课文中，通过居里夫人（Marie Curie）的求学经历和献身科学的故事，我们了解了她不畏艰苦、孜孜不倦的精神；她拿到了数学、物理两个硕士学位，老师可以援引其他的女性科学家的例子，鼓励学生不囿于男生擅理科、女生擅文科的成见，选择自己感兴趣的课程；她因为长期接触放射性物质，罹患血癌，英年早逝，这能够让学生感悟科学家、先驱者的牺牲和奉献精神。

《贫民窟的圣徒》讲述了特蕾莎修女（Mother Teresa）的事迹，她出生在东欧的阿尔巴尼亚，却来到印度加尔各答传教，带领教会为贫民窟的孩子办学，收容那些贫病交加的、被遗弃的人，开办收养弃婴的儿童之家，获得了诺贝尔和平奖（Nobel Prize for Peace）。她的这种无国界，世间众生平等的博爱精神与我们中国传统文化里的"老吾老以及人之老，幼吾幼以及人之幼"有异曲同工之处。老师可以结合新冠疫情（COVID-19）暴发以来我国对弱小国家医疗和物资等方面的无私援助，白衣天使们临危受命、舍己救人的可歌可泣的事迹，对比某些西方国家的无耻行径和对中国的污蔑，和联合国世界卫生组织（WHO）对中国抗疫成就和所作贡献的称赞，让学生发表自己对于人道主义的看法，激发学生的爱国主义精神和人文主义情怀。

第三篇课文讲述了青蒿素（Artemisinin）之母屠呦呦的故事。屠呦呦为了获取第一手的疟疾资料，抛下年仅四岁的女儿远赴海南；为了检验制剂的药效和安全性，她第一个自愿试药；她提取的青蒿素拯救了数百万人的生命，她却甘居幕后——在她获得美国医学最高荣誉拉斯克奖（the Lasker Award）之前，这种药物的发现者对世人来说是个谜。屠呦呦这种舍小家为大家的奉献精神，不屈不挠的钻研精神，勇于为医学献身、不畏牺牲的精神和谦虚谨慎的精神，都是值得我们学习的。老师可以布置学生查阅研究自己感兴趣的诺贝尔奖得主的资料，或是阅读讨论喜欢的诺贝尔文学奖的作品，以手抄报、学期论文等形式提交，让学生在研究过程中掌握相关表达，激发学生对这些杰出人物的仰慕和向往，提升学生的文学素养和人文精神。

结　语

《纲要》（2020年版）指出，高校要构建科学合理的课程思政教学体系。要坚持学生中心、产出导向、持续改进、不断提升学生的课程学习体验、学习效果，坚决防止"贴标签""两张皮"之现象。大学英语课程当然也要遵循这一要求，不能简单地在课程基础上加入思政内容，而是要坚持以教师为主体，以学生为主导，以课堂为抓手，以教材为蓝本，在教学过程中系统有机地融入思政元素。根据每个单元的不同主题和课文相关内容挖掘其中的思想政治元素、情感认同、人文内涵，坚持显性教育和隐性教育两手抓的原则，通过引导学生开阔国际视野、引导学生了解国家的大政方针、培育社会主义核心价值观、引导学生提高中国文化认知和文化自信、培养学生的社会人文情怀等途径润物细无声地提升学生的思想品德、人文素养和家国情怀。大学英语课程思政的研究和实践还处于"路漫漫其修远兮"的阶段,"比较可行的方法是组织团队,针对某套教材,发挥集体智慧,逐个单元挖掘恰当的育人元素,积累成功教学案例,将课程思政的理念落细、落实"①。

---

① 文秋芳:《大学外语课程思政的内涵和实施框架》,《中国外语》2021年第2期。

翻译与诠释：中国古典作品概念译介折射出的中华民族共同体意识[*]

马凤俊[**]

摘　要：在实施"一带一路"倡议的过程中，中华传统文化经典外译是彰显我国软实力的重要途径。在外译活动中，必然会遭遇一些比较难翻译且会引发歧义的概念和词汇。本文以《史记》《礼记》《周礼》等历史典籍为例，尝试就自己中文作品翻译成阿拉伯文过程中遇到的一些可能引发歧义的概念，如"帝""胡""士"等的译法进行探讨，并质诸同人，希望在促进外译活动的顺利开展的同时更为准确地传达和表述中华民族共同体意识。

关键词：传统经典；翻译；中华民族共同体意识

一百多年来，我们翻译了大量国外、尤其是西方的著作，对我国了解西方现代化、了解西方文化作出了巨大贡献。相比之下，把中国传统经典和传统文化翻译成外语的工作则相对不成比例，与我国日益增强的国力不相匹配，也滞后于国家"一带一路"倡议的快速发展，所以，研究阐发、教育普及、保护传承、创新发展、传播交流一大批具有中国

---

[*] 基金项目：西北民族大学外语教育研究创新团队项目（项目编号：1110130137）、2022—2024年甘肃省高等院校外语教学研究项目《高校外语教育教学探索中国知识体系路径与实践研究》（项目编号：GSSB2222）；2022年校级教改研究一般项目《新时代高校翻译教学中铸牢中华民族共同体意识教育途径实践研究》（项目编号：2022XJJG-76）；2022年校级一流本科课程《阿拉伯语读写》（项目编号：2022YLKC-29）阶段性研究成果。

[**] 作者简介：马凤俊，男，西北民族大学外国语学院副教授，主要研究方向为阿拉伯语言文化。

特色、中国风格，中国气派的文化成果已刻不容缓，通过宣传，让世界真正了解和理解中华文化的精髓，从而为营造"各美其美、美美与共"的和谐国际社会作出努力。

在这一宏伟的文化战略中，必然要涉及诸多传统经典的外译工作，国家社科基金中华学术外译项目为此作出了不懈的努力，也产生了一批重要的外译著作。这还不算民间自主进行的翻译工作。在传统经典外译活动中，必然会遭遇一些比较难翻译的且会引发歧义的概念和词汇。本文以《史记》《礼记》《周礼》等历史典籍为例，尝试就自己中文作品翻译成阿拉伯文过程中遇到的一些可能引发歧义的概念进行探讨，并质诸同人，希望在促进外译活动的顺利开展的同时更为准确地传达和表述中华民族共同体意识。

一 "五帝"之"帝"与"皇帝"之帝

"帝"是古典翻译中常见而又容易出错的字，因为在历史发展过程中，这个字的内涵也发生了变化。《诗经·大雅》中有诗云："既受帝祉，施于孙子"，这里的"帝"，是上古先民信奉的最高的天神。《史记·高祖本纪》中谈及高祖刘邦的出生时说："吾子，白帝子也，化为蛇，当道，今为赤帝子斩之。"① 这里，"帝"泛指一切神灵，前加"白""赤"加以限定。在这里，我们不妨将"帝"字翻译为"神灵"，也即"الإله"，这应该是没有太大歧义的，但在《史记》等著作中，"帝"字远不止上述这两种意思。如《史记·五帝本纪》中的"帝"字，就非神灵之义。"皇帝者，少典之子，姓公孙，名曰轩辕。"② 这里所称的"帝"，并非我国古史传说时代的三皇五帝这些人物的真实称号，而是后世对他们的称呼，当时的我国还处于氏族部落社会，所谓"五帝"不过是部落联盟首领。"自春秋以上，帝皆指上帝，不指人

---

① 司马迁：《史记·高祖本纪第八》（第二册），中国文联出版社2016年版，第650—651页。

② 司马迁：《史记·五帝祖本纪第一》（第一册），中国文联出版社2016年版，第3页。

王。"① 所以，黄帝、帝喾、帝尧、帝舜、帝禹等称呼，是战国后期人们沿用古代神话人物的称呼，他们被推举为部落联盟首领时并不以"帝"相称，即便在中国历史上第一个世袭王朝夏朝，君主也不称"帝"，而称"后"，如司马迁所说："夏后帝启，禹之子，其母涂山氏之女也。"② 那么，我们如何准确将其翻译为阿拉伯文呢？或许，最方便的办法就是按字面意思直接翻译，如许多译者所做的那样。

王复先生在《群书治要》的翻译中直接将"帝"字翻译为"الإمبراطور"（emperor）（其复数形式为"الأباطرة"），如他翻译的《群书治要》简介中有这样一句话："上始五帝，下迄晋代。"王复先生将其翻译为："يرجع تاريخها إلى الزمن الممتد من عصر الأباطرة الخمسة القدامى إلى أسرة جين."③ 在这里他将"五帝"直接译为"الأباطرة الخمسة القدامى"。在《尚书》的翻译中，王复先生也是如此翻译，如他将"尧典"翻译为"شريعة الإمبراطور ياو"④ 译成白话文就是"尧帝的法典"。阿拉伯语中的الإمبراطور一词，是指帝国的统治者，也即皇帝，这一称呼，在中国历史上始于秦始皇，《史记·秦始皇本纪》记载："臣等谨与博士议曰：古有天皇，有地皇，有泰皇，泰皇最贵。臣等昧死上尊号，王为'泰皇'。命为'制'，令为'诏'，天子自称曰'朕'。王曰：去'泰'著'皇'，采上古'帝'位号，号曰：'皇帝。'他如议。"⑤ 上述这段引文明确指出作为一个大帝国的最高统治者"皇帝"一词的诞生背景。帝国指版图很大或有殖民地或向外扩张的君主国家，这种国家的最高统治者就叫"皇帝"，简称"帝"。但很显然，尧、舜、禹都不是帝国的统治者，充其量也不过是部落联盟的首领，所以，将他们称为"الأباطرة"（emperors）则明显有误。那么，我们该如何翻译"五帝"中的"帝"字呢？

如果按照基本的史实，我们完全可以将其翻译为"شيوخ شيوخ القبائل"

---

① 司马迁：《史记·五帝祖本纪第一》（第一册），中国文联出版社2016年版，第151页。
② 司马迁：《史记·夏本纪第二》（第一册），中国文联出版社2016年版，第151页。
③ 侯赛因·伊斯梅尔、王复阿译：《群书治要简介》，华文出版社2016年版。
④ 王复、侯赛因·伊斯梅尔阿译：《尚书·尧典》，五洲传播出版社2020年版，第3页。
⑤ 司马迁：《史记·秦始皇本纪第六》（第二册），中国文联出版社2016年版，第437页。

也即"部落联盟首领",当我们在介绍"五帝"的身份时,如此翻译最能体现历史原貌,但显然这并非太史公的原意,《史记》沿用战国后期关于"帝"的用法,将君主或部落联盟领袖称为"帝"。同时,战国时期,夏、商、周三代的最高统治者被称为"王",如《论语·学而》中说:"先王之道,斯为美。"三代以及春秋时期,王之下封诸侯,这些诸侯其实不能称为"الملوك"(王),如果要按历史事实来翻译,诸侯应该译为"الأمراء"。再后来,在战国时期,"王"被用来称呼所有诸侯国的君主,如"今王欲民无衣紫者,王请自解紫衣而朝"①。其中的"王"指的是春秋五霸之一的齐桓公。战国末期,甚至有诸侯王一度自称为"帝"的,如"十九年,王为西帝,齐为东帝,皆复去之"②。就是说,在战国末期,诸侯国君早已纷纷称王,其中最强大的秦国和齐国都有一统天下的宏愿,所以这两国的君主一度称帝,但时机不成熟不久就去除帝号。而太史公采用的是战国末期的称呼,所以在他那里,"五帝"之"帝"其实就是"王",而绝非"皇帝""الإمبراطور",所以,笔者认为应该将之翻译为"المَلِك",正如薛庆国教授在翻译《论语》时将"王"字对译为"المَلِك"或其复数形式"المُلوك"一样。如此,我们既能照顾到历史事实,也能照顾到太史公的用意。

二 "胡人"与"少数民族"

在古代典籍翻译过程中,还有一个词也会引发歧义,那就是"胡"或"胡人"。"胡人"是我国古代对北方边地及西域各民族的称呼。太史公引用贾谊《过秦论》说:"乃使蒙恬北筑长城而守藩篱,却匈奴七百余里,胡人不敢南下而牧马,士不敢弯弓而抱怨。"③ 这里明确说"胡人"即匈奴,这与汉代称匈奴为"胡"的习惯是一样的,《史记·孝文本纪》中曰:"后六年冬,匈奴三万人入上郡,三万人入云中。以

---

① 韩非:《韩非子·外储说左上》,中华书局2015年版,第422页。
② 司马迁:《史记·秦本纪第五》(第一册),中国文联出版社2016年版,第382页。
③ 司马迁:《史记·秦始皇本纪第六》(第二册),中国文联出版社2016年版,第495页。

中大夫令勉为车骑将军，军飞狐；故楚相苏意为将军，军句注；将军张武屯北地；河内守周亚夫为将军，居细柳；宗正刘礼为将军，居霸上；祝兹侯军棘门：以备胡。数月，胡人去，亦罢。"① 这里也是将匈奴称为"胡"。但汉代"胡"并不完全等同于匈奴，羌也被称为"胡"。如，（居延新简：7809：EPF22：325A）"范君上月廿一日过当曲，言窦昭公到高平，还，道不通。天子将兵在天水，闻羌胡欲击河以西。今张掖发兵屯诸山谷。麦熟，石千二百，帛万二千。牛有贾，马如故。七月中恐急匆匆，吏民未安。"② 汉以后，"胡人"也被用来泛称外国人。如干宝在《搜神记·卷二》中所载："晋永嘉中，有天竺胡人，来渡江南。"王国维先生就此进行研究并总结说："是其所谓胡，乃指西域城郭诸国，非谓游牧之匈奴。后汉以降，匈奴浸微，西域诸国，遂专是号。"（《西胡考》）③ 就是说，东汉以后，"胡"指西域诸国。

秦汉以来，"由北方进入黄河流域的非华夏民族至少有匈奴、乌桓、鲜卑、羌、氐、羯、丁零、突厥、高丽、回鹘、契丹、党项、女真、蒙古、维吾尔、回、满等，其中有的来自遥远的中亚和西亚。这些民族中，一部分又迁回了原地或迁到中国以外去了，但相当大一部分加入了汉族，有的整个民族都已经消失在汉人之中了。在南方，随着汉人的南迁，原来人数众多、种族繁杂的夷、蛮、越、巴、僰、僚、俚等，有的已经完全消失，有的后裔的居住区已大大缩小，原来他们的聚居区大多已成为汉人聚居区。"④

由此可知，"胡人"的内涵随时代不同而有了变化，所以，对该词的翻译也应该注意区别不同时代的独特内涵。一般情况下，我国阿拉伯语学术界将民族一词翻译为"القومية"，但最近"人民网阿拉伯文版"的许多文章中都将我国的"各民族"翻译为"المجموعات العرقية"⑤，这

---

① 司马迁：《史记·孝文本纪第十》（第二册），中国文联出版社2016年版，第830页。
② 《中国简牍集成》编辑委员会编：《中国简牍集成》（第十二册），《甘肃省、内蒙古自治区卷（居延汉简）四》，敦煌文艺出版社2001年版，第91页。
③ 王国维：《观堂集林》，中华书局2004年版，第607页。
④ 葛剑雄：《统一与分裂：中国历史的启示》，商务印书馆2013年版，第15—16页。
⑤ 2021年7月21日 arabic. people. cn；2021年7月18日 arabic. people. cn；2021年4月13日 arabic. people. cn。

里使用的"العرق"一词,有时也与"民族"一词有相似用法,但更侧重"血统""血缘",强调一个群体的语言文化特殊性,在阿拉伯语中是"人种"的意思,所谓人种,也称种族,是"在体质形态上具有共同生物遗传特征(肤色、发色、面容、体格、血型、头型等)的人群。"① 基于此,德国人种学家布鲁门巴赫将全世界的人分为:白色人种、黄色人种、棕色人种、黑色人种及红色人种。显然,种族概念不同于民族,几个民族可以同属于某一种族,但同一民族不能属于几个种族,我国各民族都同属于黄色人种,只是由于语言、地域、经济生活、文化心理素质等方面的不同才分为不同民族。自汉朝以来,长城一直被认为是"天之所以限胡汉"的分界线,长城以外及西域诸国即为胡人的疆域,如此众多的民族,有些已经融入了中华民族大家庭,如匈奴、鲜卑、乌桓、契丹、女真等,这些民族,按照当时文献中的内涵,不妨将之翻译为"المجموعات العرقية",而那些本来就不属于中国疆域范围的民族诸如天竺人、大食人、波斯人等,本来就是外国人,完全可以将之翻译为"الأعراق الأجنبية"(即外国人,或外来种族),因为期间的差异性是显而易见的,但如今,长城内外的各族人民早已融为一个不可分割的整体,因此,不应该再以"المجموعات العرقية"来称呼各民族了,长期以来学术界普遍适用的"القومية"一词,派生自"القوم",有群体、民众、人民、百姓、民族等含义,所以,"القومية"更侧重群体性和国家身份认同,更少强调差异性,显然更为合适。

事实上,如果从血统和人种的角度而言,世界上可能没有一个绝对纯血统的民族,中华民族一直是在融合中发展壮大的,正如葛剑雄教授所说:"在今天的十亿汉人中,地道的炎黄子孙反而是'少数民族'"。② 但中国自古不以血统区分民族,而是以文化来进行区分。文化上认同华夏文明的就是华夏民族的一员,就是"夏"民;文化上不认同华夏文明就是"蛮夷",而且这种"夷夏"关系并非一成不变,夷可变为夏,夏亦可变为夷,关键都在文化。所以,在翻译"胡人"一词

---

① 冯契:《哲学大辞典》,上海古籍出版社2001年版,第2021页。
② 葛剑雄:《统一与分裂:中国历史的启示》,商务印书馆2013年版,第16页。

的时候，应该根据历史背景进行条分缕析，然后准确地对号入座，不能"一刀切"，否则会闹笑话。比如，当古典原文说的"胡人"是"天竺人"或"波斯人"，我们将其翻译为"少数民族"，则会贻笑大方。而当我们翻译今天中国境内的 56 个民族时，完全可以沿用成说，将之译为"القومية"，至于少数民族，则可将之翻译为"الأقليات القومية"，具体到某一个民族，如汉族，则可称为"قومية هان"，学术界的这一传统用法，早就约定俗成，且更符合原意，所以，没必要改变其译法。

从词源学的角度来讲，"القومية"派生自"القومية"，前者一直被我国阿语学界当作"民族"使用。但有些阿拉伯学者认为"القومية"一词是一个新生词，是从西方传入阿拉伯语的一个译介词汇，并非"القوم"一词的派生词[①]。其实，他们这里所指的"القومية"一词是将其作为"民族主义"而非"民族"来理解的，两个词虽然同形，却非同义，完全可以根据上下文进行区分。

至于中华民族共同体，阿语中有对应的翻译，应该没有异议，这个词就是"الصينية الأمة""الأمة"由诸多"القومية"（民族）构成，"中华民族"就是中国的国族，是 56 个民族对共同历史的自觉与认同，这些民族在漫长的历史上生活在大致相近的地理范围内，虽然之间在文化、心理、语言上有着不同程度的差异，但在上千年的共同生活中，它们互相融合，有着共同的历史命运，它们一起缔造了中华文明，都是中华民族大家庭中不可或缺的一员。

三 "士""大夫"与"士大夫"

古汉语是高度简练浓缩的，一个词可能有多重含义，用词不一样，内涵也可能不一样，如果不深究这些词的背景和内涵，翻译过程中可能会导致望文生义的误译，本节仅以古代部分官职名称为例进行说明。

"士"在古汉语中有多种意涵，所以一定要按照其具体语境进行翻译。"士"作为古代知识分子的通称，是大家非常熟悉一种用法，《论

---

① غسان مزاحم: "القومية"، من كتاب شؤون عربية، دار المنظومة 2021، ص 84.

语》当中这种用法就俯拾即是,如"士不可以不弘毅,任重而道远。仁以为己任,不亦重乎?死而后已,不亦远乎?"① 李泽厚先生甚至将《论语》中的"士"统统译为"知识分子"。鉴于《论语》的巨大影响力和渗透力,"士"字几乎成了知识分子的代称,翻译的时候亦是如此。如薛庆国教授对此句的译文:"لا يمكن للمثقف إلا أن يكون واسع عباءه ثقيل وطريقه طويل. المروءة هي عبؤه أفليس عبؤه ثقيلا؟ عليه أن يحمله حتى الممات، أفليس طريقه طويلا؟الأفق وقوي العزم لأن"② 其中的"المثقف"就是"士"的译文,意为"知识分子"。但若将所有古典文献中的"士"都译为"知识分子"显然会出现差错。如《周易·归妹》中说:"女承筐,无实;士刲羊,无血。"③ 此处"士"与"女"相对,是古代男子的通称,所以须译为"الرجل"或其复数"الرجال";《吕氏春秋·报更》中说:"晋灵公欲杀宣孟,伏士于房中以待之。"④ 此处的"士"指的是"武士",而非普通男子了,所以应译为"الجنود"(兵士)或"حرس القصر"(宫廷护卫);《史记》引用《尚书·舜典》中的话说:"舜曰:'皋陶,蛮夷猾夏,寇贼奸宄。汝作士,五刑有服。'"⑤ 皋陶是舜帝时代掌刑狱的官员,这种官就被称为"士",应译作"القاضي";"士"还是古代四民之一,指农工商以外,位于庶民之上的人,如《管子·小匡》说:"士农工商四民者,国之石民也。"此处,"士"是中国古代社会的四个阶层或四种职业之一,是这四个阶层中最有地位的,是知识分子和官吏的统称,应译为"النخبة"。

《礼记·王制》中记载:"王者之制禄爵,公、侯、伯、子、男,凡五等。诸侯之上大夫卿、下大夫、上士、中士、下士,凡五等。"⑥ 就是说,君王制定的俸禄、爵位等级可分为:公、侯、伯、子、男五个等级,而诸侯国制定的爵位也是五个等级,分别是:上大夫也即卿、下

---

① 李泽厚:《论语今读》,江苏文艺出版社 2010 年版,第 180 页。
② 费拉斯·萨瓦赫、薛庆国阿译:《论语》,五洲传播出版社 2021 年版,第 119 页。
③ 杨天才、张善文译注:《周易》,中华书局 2011 年版,第 476 页。
④ 陆玖译注:《吕氏春秋》,中华书局 2011 年版,第 490 页。
⑤ 司马迁:《史记·五帝祖本纪第一》(第一册),中国文联出版社 2016 年版,第 46 页。
⑥ 胡平生、张萌译注:《礼记》,中华书局 2017 年版,第 240 页。

大夫、上士、中士、下士。汉语中，通常以英国和法国的贵族制度为参考，将西方贵族制度依中国爵位分为五个等级，依序是公、侯、伯、子、男，而阿拉伯学术界也了解这一等级名称，所以，我们可以直接按他们的习惯分别翻译成："دوق"（公）、"مركيز"或"نبيل"（侯）、"كونت"或"إيرل"（伯）、"فيكونت"（子）、"بارون"（男）。诸侯国的爵位也有五级，在仔细研究后，笔者认为处于诸侯国最高爵位的上大夫（被称为"卿"）可以译为"كبير المستشارين"（直译为高级顾问），下大夫就译为"المستشار"（即顾问），那么，这里的"士"如何翻译？此处的"士"是先秦时期贵族的最低等级，多为卿大夫的家臣，详细考察后，发现此处的"士"与"士农工商"中的"士"其实是基本可以等同视之。所以，也不妨将其译为"النخبة"。而"士"又分三个等级，我们可分别将其译为"نخبة النخبة"（上士）、"النخبة"（中士）与"المثقف"（下士），下士即一般的知识分子，中士是知识分子中的精英，而上士又是精英中的精英，如此，既把"大夫"与"士"进行了区分，也把"士"的三个等级进行了区分。值得注意的是，《汉语阿拉伯语词典》中，也列出了"上士""中士"及"下士"几个词条，但这几个词指的是现在大家熟知的几个军衔，与上述古代典籍中的词义风马牛不相及，绝不可生搬硬套。但在《周礼·夏官》中有这样的记载："凡制军，万有二千五百人为军，王六军，大国三军，次国二军，小国一军，军将皆命卿。二千有五百人为师，师帅皆中大夫；五百人为旅，旅帅皆下大夫；百人为卒，卒长皆上士；二十五人为两，两司马皆中士；五人为伍，伍皆有长。一军则二府、六史、胥十人、徒百人。"① 意为：凡军队编制，一万二千五百人为一军，王拥有六军，大的诸侯国可以拥有三军，中等的诸侯国可以拥有二军，小的诸侯国可以拥有一军，军将皆由卿来担任；二千五百人为一师，师帅皆由中大夫担任；五百人为一旅，旅帅皆由下大夫担任；一百人为一卒，卒长皆由上士担任；二十五人为一两，两司马皆由中士担任；五人为一伍，每伍都有伍长。战时，每一军配有府二人，史六人，胥十人，徒一百人。这里说的确实是军队编

---

① 徐正英、常佩雨译注：《周礼》，中华书局2014年版，第588页。

制，具体分为卿（上大夫），中大夫，下大夫、上士、中士，伍。如果按照《礼记》中的诸侯国的爵位来对译，就会出现问题，就古代中国政治而言，文武不分，文官统率军队也未尝不可，但会对阿文读者造成困惑，所以，在这种情况下，还需要用军制军衔来对译。但古今军队编制及人数都有很大变化，根本无法一一对应，所以，在翻译时也无法做到完全对应，如果文中没有具体军队数量，选择音译再用脚注加以解释也不失为一种译法，但上文中不但出现了军队名称，也出现了担任长官的名称和军队数量，在这种情况下，我们不妨对应阿文中的军衔及军队名称来进行对译，读者自然不会产生误解，而且还会明白古代中国军制与当代世界各国军制之间的异同，比如，我们可将"军"译为"الفيلق"，把军将也即卿或上大夫译为"اللواء"；把"师"译为"اللواء"，"中大夫"译为"العميد"；把"旅"译为"الكتيبة"，"下大夫"译为"العقيد"；把"卒"译为"السرية"，"上士"译为"النقيب"；把"两"译为"الفصيلة"，"中士"译为"الملازم"；把"伍"译为"الحظيرة"，"伍长"译为"الرقيب"。

至于"大夫"，在三代时，职官分为三个等级：卿、大夫和士，也即上文《礼记·王制》中记载的诸侯国的爵位等级。但秦汉及唐宋都有以"大夫"为名的官职，如御史大夫、光禄大夫等，此处，就不能按照上文的译法翻译，而应按照具体官名进行翻译，如秦汉时期的御史大夫，是仅次于丞相的中央最高长官，不妨译为"نائب رئيس الوزراء"，而光禄大夫的职权则在每个朝代各有不同，需要按照具体语境进行对译。

至于"士大夫"，则一般指居官有职位的人，《周礼·冬官·考工记》记载："坐而论道，谓之王公；作而行之，谓之士大夫。"① 这里的"士大夫"就可以翻译为"الموظف الحكومي"，即官员。但有时"士大夫"也指将帅的佐属，无论期间差别，皆统称为"士大夫"，如明柯维骐在《史记考要》中说："《周礼》师帅皆中大夫，旅帅皆下大夫，卒

---

① 徐正英、常佩雨译注：《周礼》，中华书局2014年版，第860页。

长皆上士,两司马皆中士,而皆统于军将,故曰士大夫。"① 因此,此处可译为"مساعدو القائد"。

结　语

根据传统翻译理论,翻译即译本无限接近原本的过程。而自然语言中的绝大部分语词都是"一名多义"的,这一现象在语言学中被称为"语义域"(areas of meaning),古汉语可谓是"语义域"的典型代表。这既展示了其独特的魅力,也给译者造成了巨大的困难,如"五帝"之帝和"皇帝"之帝、"胡人"和"蛮夷""士"等,远非一篇论文所能穷尽的。在翻译过程中需要以虔敬的心理面对原本,要对中华民族的共同历史和现实有深刻认识,在彻底了解原意和背景之后才动笔翻译,否则,就会产生望文生义的问题。现当代解释学有两个特征:它强调作为"语词构成物"的"文本"之间的间距是普遍存在的,而与这种普遍性的"文本间距"相对应,它关注一种普遍性的翻译概念,也即解释。但显然这种对"文本间距"或"文本差距"等同视之的观点是一种普遍主义的叙事方式,它以一个在同质语言文化共同体中的解释经验取代了异质语言文化共同体中的解释经验,而"语内翻译"中的文本差异与"语际翻译"中的文本差异显然不一样,在充分理解"语内翻译"的差异之后,才能更好地为"语际翻译"服务。传统经典是一个共同体精神活动的资源性、回溯性、权威性和认同性母题,是跨文化的"语际翻译"的重要内容,如何最大限度保持其原汁原味,并将中华民族共同体的历史与现实意识贯穿其中,都是翻译与诠释的重要工作和挑战。

---

① 孙永都、孟昭星:《中国历代职官知识手册》,百花文艺出版社2006年版,第138页。

高校阿拉伯语专业"课程思政"实践探析

许 娟[*]

西北民族大学外国语学院

摘 要："课程思政"是在我国高校教育中需要长期坚持的教学路线，是中华民族伟大复兴中的重要途径。在"课程思政"教学提出之后，学者们积极响应国家思政教育的号召，深入研究该理论的基本内涵、主要特点、基本理论、功能定位、基本原则、基本问题和建构路径等问题。[①] 在"课程思政"教学改革全面发展之际，高校阿拉伯语专业承担着要为祖国培养具备国际视野和家国情怀的新时代高素质外语人才的重任。在高校阿拉伯语专业课程体系中有必要加入传播中国优秀传统文化、国家发展成就等以"中国文化"作为教学元素的课程内容。这些内容对于培养学生的文化自信心和民族自豪感具有重要意义。高校阿语专业必须深入挖掘课程中的思想政治教育资源，充分发挥专业优势，进而实现阿语专业价值培养和教学能力提升的双重目标，进一步实现为国家和社会培育出一代肩负时代使命、努力为国家服务、积极为社会主义建设服务的优秀阿拉伯语人才。

关键词：课程思政；实践研究；外语人才

---

* 作者简介：许娟，硕士研究生，西北民族大学外国语学院讲师，主要从事阿拉伯语语言文化研究。

① 付文军：《"课程思政"的学术探索：一项研究述论》，《兰州学刊》2022 年第 3 期。

一 课程思政的理论基础

(一)"课程思政"的基本内涵

厘清"课程思政"的理论是进行科学研究的重要前提。"课程思政"就是通过高校的"课程建设"和"课堂教学"来对广大学生群体进行思想政治方面的教育。从广义方面来看,"课程思政"是针对高校"思政体系"而言的,是思想政治课程,是专门对学生进行思想政治教育的专门课程,与其他课程是统一体;从狭义方面来看,"课程思政"是除去思政课之外的其他课程。① "课程思政"的实施需要各课程之间的相互合作来实现,这个过程需要所有的教师和学生都积极地参与其中,最终实现终身学习和教育的过程。课程思政的基本教学策略是"要深入梳理专业课教学内容,结合不同课程特点、思维方法和价值理念,深入挖掘课程思政元素,有机融入课程教学,达到润物无声的育人效果"。也就是说,课程思政的过程不是在专业课程教学中将思想政治教育的内容生搬硬套进教学材料中,把立德树人与教学看作没有关联的两部分内容,而是要在知识传授和能力培养的过程中有机融入思政教育元素,达到盐溶于水的效果。②

(二)"课程思政"的功能定位

立德树人是教育的目的,高校的课程思政所担负的责任尤其重大,高校的课程思政建设肩负着为我国的社会主义建设事业培养优秀人才的使命,在"课程思政"的实践中教学的目的在于让学生通过教学材料的学习发掘中国优秀传统文化的博大精深,借此树立正确的世界观、人生观、价值观。"课程思政"是我国高校思想政治教育的实现路径,是特色社会主义教育的特色体现,它有利于推进教育教学的改革,也是高校思政工作的有效抓手,更是深化"三全育人"改革的有效途径。课

---

① 付文军:《"课程思政"的学术探索:一项研究述论》,《兰州学刊》2022 年第 3 期。
② 赵璧、王欣:《外语类专业课程思政"课程链"建设:理据与路径》,《外语电化教学》2021 年第 4 期。

程思政是通过课堂实现育人目标的主要渠道,它在帮助学生完善个人的人格,提升学生的思想道德水平和培育公共精神方面都起着非常重要的作用。由此可见,在高校教学中充分挖掘并发挥"课程思政"的作用,也能够对于各专业的教学效果起到促进的作用。

(三) 阿语专业课程思政的目标

阿语专业课程的教学内容涉及大量阿拉伯国家的有关知识,特别是阿拉伯国家的价值观念、宗教信仰、生活方式、意识形态、政治体制等。阿语课程的设计是要将学生的学习环境还原在阿拉伯国家的语言文化之中,以便最有效地学习并掌握阿拉伯语。这也必然会对课程思政形成严峻的挑战。但是,从另外一个角度来看,在阿语课程中进行课程思政又具有得天独厚的优势。阿语课程教学资源中包含阿拉伯国家价值理念、生活方式、价值观念等大量有关阿拉伯国家文化以及世界多元文化的信息,为中阿文化间跨文化比较与反思提供了丰富的教学资源。当阿语教学不仅局限于知识点的讲解而是进一步从跨文化视角展开,阿语课程就成为不仅能够培养学生的语言能力的专业课程,而是能够更深层次地启发学生的人文素养、文化自信、价值取向、国际视野,乃至人类命运共同体意识的课程思政过程。阿语课程在以下方面可以发挥立德树人的作用:坚定中国特色社会主义道路自信、理论自信、制度自信,学会用阿拉伯语讲好中国故事。在学习中深入了解并领会习近平新时代中国特色社会主义思想的核心要素。了解并学会表达中国传统文化中的先进思想、优秀文化,增强文化自信,提高道德修养,培养中国情怀,提升人文素养。理解世界多元文化的异同,提高文明互相沟通和借鉴的意识、形成人类命运共同体意识。因此,阿语教师要充分认识阿语课程思政所面临的挑战与机遇,充分利用阿语课程的跨文化特点开展课程思政,达到润物细无声的教学效果。

二 高校阿拉伯语专业课程思政的必要性

(1) 阿拉伯语跟其他外语一样,具备了多数课程共同的知识性、工具性、人文性等特征，既具有人文学科的共性，也有外语学科的特质。外语学科具备的跨文化属性及文化交流的教育任务决定了外语课程思政建设的必要性和紧迫性。阿拉伯语学科核心素养发展与阿拉伯语课程思政建设要求高度重叠，学科核心素养在"文化基础""自主发展""社会参与"三个维度的内涵上体现了阿拉伯语课程思政的建设任务，具有丰富的课程思政元素。新时代阿拉伯语人才不仅要具备中国情怀还要拥有宽广的国际视野，这也是外语人才应该具备的最基本的思想政治素养。① 语言是文化的载体，文化学习是外语学习的重要知识基础，大学生学习阿拉伯语的过程中一定会受到阿拉伯文化和中国文化的双重影响，学生在两种文化的交叉学习中也必然会面临着两种文化之间的意识冲突，对于这种文化冲突的正确认识就需要学生有正确的思想意识指导，在正确思想意识的指导下促使学生在学习过程中不断进行判断和吸收。因此，在具体的阿语教学过程中，不仅要培养大学生扎实的阿拉伯语语言基础、中外文化兼备的宽广的知识面和正确思想指导下的丰厚的人文思想，高校阿拉伯语课程中的思政教育作为高校思想政治教育的组成部分，高校阿拉伯语专业教学中也需要充分彰显阿拉伯语课程教学的价值引领和语言自信。

（2）阿拉伯语是我国了解阿拉伯世界的工具。在我国阿拉伯语人才与阿拉伯国家的交流中，高素质的阿拉伯语人才能够提升我国的国际形象、提高我国的国际影响力。新时代的阿拉伯语人才培养应该具有世界性的站位和格局，通晓国际规则。伴随着我国综合国力的不断提升，我国作为国际社会中的重要一员也越来越多地参与到全球治理、国际事务之中。我国开展对外交流合作、传播中国优秀传统文化、展现大国的国家形象都要求具有高素质的阿拉伯语人才来发挥作用。阿拉伯语人才出色的语言能力、高尚的思想品质、正确的价值取向、坚定的文化立场，既是阿拉伯语学生核心素养的直观体现，也是阿拉伯语课程思政建设任务的体现。阿拉伯语教学不仅要提升学生阿

---

① 安丰存、李柏年：《新文科视阈下外语课程思政与外语人才核心素养培养》，《外语电化教学》2021年第6期。

拉伯语知识和语言运用能力,还应当通过阿拉伯语课程思政建设,全面提升外语人才的综合素养,将中国情怀、国际视野和交流能力这三个核心要素融入高校阿拉伯语学科核心素养发展中。高校阿拉伯语教育日益面向全球化,这种全球化不仅表现在教学资源的全球化更体现在教学主体的全球性流动。① 随着教学技术的飞速发展,现代化的教学技术和教学方法已经被广泛地应用到高校教育的各方面,阿拉伯语教育也同样得到了快速发展。我国高校阿拉伯语专业教学中,学生可以通过网络平台学习大量的课程。这种全球化优势发展的过程中,学生也将接触不同的师资,大量的教育信息,现代化的教学设备,不同的教育理念、教育模式等。在这个过程中,学生也面临着各种文化、思想观念、价值理念的冲击。这就需要我们在教学中培养学生的批判性思维,促使学生能够辩证地分析和吸纳所接触的信息。

三 高校阿拉伯语专业课程思政面临的问题

(一)课程思政意识薄弱

首先,从教师自身层面来看,虽然高校一直号召教师关注课程思政,学习课程思政的理念和方法。但多数教师还是不能全面深入地理解"课程思政"实施的意义,也没有研究"课程思政"的实施方法。部分教师对于课程思政的理解比较片面,认为只有思想政治理论讲解才是课程思政,把课堂内容和思政内容生搬硬套,使学生对于思政部分的学习和思考失去兴趣,达不到课程思政的效果。部分教师将思政融入课堂的方法比较随意,将思政元素以简单粗暴的方式引入课程教学中,会使学生对于牵强的思政内容不感兴趣,达不到课程思政的教学效果。有些教师在教学目标中有意把思政教学资源作为学生的学习内容,但是在教学活动中缺乏反馈和有效监督,导致思政课程仅仅流于形式,② 学生也就

---

① 杨立刚、李庆云、梁庆合:《课程思政视角下应用型人才外语人文素养的提升》,《教书育人·高教论坛》2021 年第 24 期。
② 杨洋、宋妍:《混合式教学中高校外语课程思政资源建设的"瓶颈"和"策略"研究》,《北华航天工业学院学报》2021 年第 4 期。

渐渐失去了自主学习的兴趣。阿语教师大多没有进行系统的思想政治理论学习，教学过程中从教学资源中挖掘的思政点比较零散，课程思政能力还需提升。部分阿语教师在进行教学设计时以及在教学实践过程中，习惯性本能地注重课本知识的传授和语言能力的提高，并没有将育人目标体现在教学目标体系之中。从以上的情况中可以看出，高校阿语教师对课程思政的理解不够全面，课程思政意识还较薄弱。

（二）课程思政保障机制不健全

有效的保障机制有利于课程思政从各个层面深入开展和推行。目前，从学校层面来说，学校对于课程思政建设的重视不足，课程思政建设没有长足有效的保障机制。学校党委、教学主管部门对课程思政建设的顶层设计，是实施课程思政建设的强有力后盾。学院领导、教研室和教师对课程思政落实的实践程度，是课程思政资源建设的有力保障。[①] 学校应当建立健全鼓励机制，积极鼓励课程思政科研教师团队开展课程思政建设，充分调动教师对于开展课程思政建设研究的的积极性和主动性。此外，课程思政建设质量验收标准不统一，高校阿拉伯语专业课程思政建设质量参差不齐，思政教学资源的发展水平不仅取决于对教学资源中思政元素提炼挖掘得精准、思政内容有机融入得巧妙，还取决于外在课程思政教学效果外在的呈现效果。因此，在统一课程思政建设质量标准的基础上，严要求、重审核，是保障课程思政建设效果的重要手段。

（三）思政元素挖掘不到位

完善的教材体系是教师开展好教学的基础。教材对于课程思政的把握得当也是教师进行课程思政的基础。因此，教师对于教材内容的理解和分析在课程思政过程中尤为重要，能够从教学材料中结合学生的认知挖掘思政元素和育人元素，是教师在课程思政过程中重点研究和思考的

[①] 杨洋、宋妍：《混合式教学中高校外语课程思政资源建设的"瓶颈"和"策略"研究》，《北华航天工业学院学报》2021年第4期。

问题。但是，在实际的教学实践活动中，多数阿拉伯语教师的教学重点还是局限于课本中的知识点，不能将思政元素和课堂内容融会贯通。教师通常专业能力较强，能够把握本专业的学术动态和发展前景，但是不能够深入挖掘教材中涉及意识形态的问题。阿拉伯语教学过程中，思政教育的隐性影响因素较多，但在教学实践中缺乏思政教育相适应的理论和方法。因此，对于教学材料中的思政元素挖掘不彻底，主要表现在课程思政元素讲解不透彻、课程思政元素讲解单一、课程思政元素不能结合学生的认知。

（四）课程思政实施方法不当

多数阿拉伯语课堂教学的现状是，教师采用传统的教学模式在课堂实践中讲解专业知识，学生只是处于被动接受知识的状态，这种传统的"填鸭式"教学中课堂活跃度不足，学生和教师的互动较少。这种教学模式下的思政融入效果就不能达到育人的效果，主要表现为：教师在融入课程思政的过程中没有充分了解学生的认知情况，不能结合学生的特征、成长阶段、现实需求等现实因素将思政元素融入课堂，无法引起学生的共鸣；课程思政融入方式不接地气，在思政元素融入教学资源的过程中通常过于注重形式，讲解不能深入人心，同样难以实现育人目标；由于课堂时间有限，课堂学习目标以知识传授为主，学生大部分时间处于被动学习的状态，学生和教师课堂互动较少，学生参与课堂的积极性不高。并且，我国高校阿拉伯语教学的"应试性""工具性"过强，重视"实用性"而轻"人文性"，阿拉伯语教学过程中过于重视语言能力的培养，但对语言文字背后的思想价值分析不充分，对语言表达中所包含的社会元素不够重视，知识传授和思想教育存在着明显的失衡。

四 阿拉伯语专业课程思政融入途径

（一）提升文化自信，提高思政育人意识

"文化自信是发自内心地对自身文化的价值、能力和前途的坚信，

是一种内在的精神力量。"首先，它表现为文化自觉，即对于自身文化之由来、发展历程、内在特质、现实状况、发展趋势的"理性把握"，对于自身文化与其他民族文化关系的"理性把握"。其次，文化自信表现为"自觉的文化批判和价值重构"①，也就是在自身文化的学习过程中能够认识到本民族文化的局限性，自觉地推动本民族传统文化的创造性转化和创新性发展。最后，文化自信还表现为"对民族文化当下状况的充分肯定和对未来前景的满怀信心"，即高度认同当代中国文化，并且积极参与新时代中国文化的创新发展。意识先行，高校教师从思想深处理解"课程思政"不是某一类老师的责任与任务，而是所有高校课程都应成为主战场，所有教师都应是主力军。每一位老师都要守好一段渠，种好责任田。充分理解课程思政建设的意义，并且在教学实践中正确实施课程思政的教学团队是保证课程思政实施的前提条件。阿语专业教师是阿语课程思政的主导者、设计者和实践者。

因此，全面提高阿语教师的课程思政意识，提升高校阿语教师的课程思政能力，使阿拉伯语专业教师充分理解课程思政的理念及其重要性，最终努力在教学实践过程中加强课程思政研究，才能改变高校阿语课程思政薄弱的现象。阿拉伯语专业教师是开展阿拉伯语专业课程思政的实践者，全体阿拉伯语专业教师都应当积极参与思政教育的培训课程，提升教师自我德育意识和德育能力，在教学实践中加强阿拉伯语专业学科思政育人意识和学科思政建设的紧迫感，提高课程改革方法和社会资源整合能力。首先，在课程思政过程中教师要准确把握课程思政的意义，从教师自身认知层面理解阿拉伯语课程思政不能将思政内容简单加入教学过程，而是阿语课程承托思政，思政内容融于阿语课程之中，阿拉伯语课程是学生学习阿拉伯语、了解阿拉伯国家文化的主要途径。阿拉伯语教师是带领学生认识阿拉伯世界，了解阿拉伯世界的重要引路人。学生通过阿拉伯语课程学习能够提升政治认同、提高文化素养、提升道德修养、厚植家国情怀，并且通过阿拉伯语专业课程思政的实践学

---

① 陈嘉如：《非物质文化遗产与高职英语教学融合的路径探索——以无锡地区为例》，《江西电力职业技术学院学报》2021 年第 7 期。

生能够坚定中国特色社会主义道路自信、理论自信、制度自信，在学习过程中能够树立积极的"三观"，这就达到了课程思政的教学目标。因此，高校阿语教师要充分理解课程思政的概念，真正认识到课程思政的重要性，在课程思政过程中培养学生的文化自信，提高自身课程思政意识和课程思政能力。

（二）挖掘思政元素，修订专业教材

课程思政是实现立德树人教学目标的重要途径。教材是教师进行课程思政的媒介，是承托课程思政元素的重要载体。① 在课程思政教学改革的倡导下，教材也需要随着课程思政的教学理念的需要进行修订，国内高校阿拉伯语专业使用的教材内容主要是围绕阿拉伯国家的家庭生活，学校生活，传统节日等展开的。新时代背景下，课程思政的开展形势紧迫，阿拉伯语专业教师应该重新审视原有教材，了解教材中的缺点，积极参与教材的修订。重新思考教材中主题的筛选，推出高水平、高质量的教材。教师在授课过程中积极挖掘专业教材内的课程思政元素，教师的教学目标不仅是提升学生的专业知识技能，而要在知识传授的基础上引领学生了解中国的思想理念、中国道路，将价值观引领作为教学的首要目标，抓好语言和思政两方面的教育。深入挖掘教学内容中的思政元素，阿语课程依据教材中的单元设计，围绕每个单元确定课程思政主题；在教学实践环节，开展围绕思政主题的思政教学活动。思政知识点讲解要求精简易懂，以微视频、微讲解、微实践等形式使学生能够深入领会问题的核心要义。

（三）改革教学方法，改善教学方案

阿拉伯语专业的学生绝大多数是没有语言基础的学生，需要从字母开始学习。为了让学生在大学期间掌握这门新的语言，原有的培养方案主要围绕阿拉伯语知识和文化展开，注重培养阿拉伯语言应用能力。外

---

① 谢范范：《朝鲜语专业"课程思政"融入路径探索与实践》，《现代交际》2021年第16期。

语目标不仅局限于拓展语言知识，提高语言能力，它也是学生了解阿拉伯文化、阿拉伯人的价值观念的重要途径。阿语教学要重视意识形态和价值观塑造的问题，高素质阿语人才不仅要有过硬的语言技能，还担负向世界传播中国声音的重任，更重要的是，阿拉伯语人才要能够具备开阔的国际视野，在各国文化的交流与冲突中，选择性地判断与接受外来文化，厚植中国文化，坚定文化自信。因此，阿语课程的思政价值引领尤为重要。当今思政育人的教育倡导下，单纯地以语言知识为核心的基础能力的培养已经不能够满足我国新时代背景下的人才培养要求，阿拉伯语课程思政应该与阿拉伯语交际能力形成相互促进的良性发展。阿拉伯语课程的教学目标应该是将学生的价值观的引领与阿拉伯语知识结合起来，更应该把价值观引导摆在教育的重要位置。教师在进行教学设计时，就要考虑到教学材料中的编写特点，还要关注汉语和阿拉伯语两种语言背后的两种文化之间的区别。我们在教学中必须树立以中国优秀传统文化为核心的教育观，中国优秀传统文化是中华民族的文化精髓，是我们中华民族的精神命脉。所以，在阿拉伯语教学过程中，始终要坚持弘扬中国优秀传统文化中丰富的精神力量，使高校阿拉伯语教学成为弘扬社会主义核心价值观的重要阵地。

（四）建立评价机制，保障课堂效果

高校阿拉伯语课程思政资源建设从学校对于课程思政进行全方位的整体部署，鼓励在教学一线的教师积极组建课程思政资源建设小组，进行课程思政资源建设的协调，使所有课程与思政课程同向协调发展。与此同时，将课程思政的各个环节规范化，制定统一的资源验收标准，为课程思政建设提供制度。

优化教师的职称评价标准，教师在课程思政建设的过程中付出了大量的时间和精力，将教师的课程思政成果纳入教师职称评定的成果中，提升教师进行课程思政建设的积极性，使教师更加积极主动地对课程思政持续建设，这是提升课程思政资源动态建设和实际应用的关键。因此，学校应从课程思政建设的教师团队、思政教师、技术团队等各方面制定鼓励措施，发挥各自的优势，使课程思政建设真正落到实处。

结　语

综上所述,"课程思政"作为新的教学理念,在高校阿拉伯语教学中进行应用,促进了阿语教学教书与育人的协同发展,有助于师生政治和理想信念的提升,有利于学生正确世界观、人生观和价值观的树立,对"立德树人"、培养"德才兼备"的高素质人才具有重要的价值与意义。①

---

① 金少芬:《课程思政在高校外语教学中的价值与应用》,《科教导刊》(下旬刊)2020年第36期。

第二部分　外语教育高质量发展研究

大学英语教师课堂话语：问题、成因及对策*

——基于一节大学英语教学观摩课的个案研究

马纳琴　张　福**

西北民族大学外国语学院，甘肃兰州　730030
甘肃政法大学外国语学院，甘肃兰州　730070

摘　要：教师课堂话语既是学生目的语的主要来源，也是教师实施课堂教学的有效手段。教师课堂话语运用得恰当与否，直接关系到课堂教学的成败。通过对大学英语教师课堂话语进行分析，发现其课堂教学中存在"伪互动、伪交际、教师话语霸权、批判性思维启迪欠缺和本土文化输入深度缺失"问题。结合"可理解性输入假设"和"建构主义学习理论"等理论剖析其成因，提出解决问题的措施：课堂教学应构建师生话语共享平台、尝试文本的多元化解读和增强本土文化意识。

关键词：英语教师课堂话语；问题；成因；对策

引　言

课堂是教师有效开展教学的主阵地。近年来，随着全国各个高校

---

* 基金项目：本文系2022年度甘肃省普通高等学校英语教学改革研究项目重点项目"英语写作精品课程建设"（项目编号：Z202205）的部分研究成果。

** 作者简介：马纳琴，女，内蒙古赤峰人，西北民族大学外国语学院教授，硕士生导师，主要研究方向为英语教学论、语言学及应用语言学。张福，男，甘肃武威人，甘肃政法大学外国语学院副教授，博士，主要研究方向为英语教学论、语言学及应用语言学。

"立德树人"教学理念的深入推进,大学英语课程思政教学研究持续升温。作为公共外语课程思政教学的主力军——大学英语教师,其课堂话语问题备受众多学者及大学英语教学一线教师的青睐和关注。

在大学英语课堂教学中,英语教师的课堂话语贯穿整个教学过程。它不仅是大学英语教师组织课堂、讲授知识的重要媒介和基本抓手,而且是大多数学生有效进行英语语言输入、顺利实现英语语言输出的重要途径。同时,大学英语教师课堂话语的数量和质量在一定程度上也可以反映出其基本英语知识素养、教育教学理念等情况。鉴于其课堂话语在大学英语教学中起着举足轻重的作用,对大学英语教师课堂话语进行分析研究,有助于我们了解真实的大学英语课堂实际情况,发现其亟须解决的普遍问题。对其问题成因进行深入剖析,进而提出相应的解决策略,可以有效促进大学英语课堂教学效果的稳步提高。

本文以美国教育家斯蒂芬·克拉申(Stephen D. Krashen)的"可理解性输入假设"(Comprehensible Input Hypothesis)和"建构主义学习理论"(Constructivism Learning Theory)等为理论基础,通过课堂观察与录音转写的方法,选取20××年××届大学英语教学比赛中获得一等奖的1节大学英语教学观摩课为研究对象,基于程晓堂在《英语教师课堂话语分析》提出的从英语教师的课堂话语是否有助于提高课堂教学的4个维度(真实性、互动性、逻辑性和规范性)[①](见图1)来衡量其课堂话语的实际效果,以期对大学英语教师更好地开展英语教学有所启示。需要指出的是,由于本文是基于省级大学英语教学观摩课比赛,参赛教师课堂话语的规范性(优点)有目共睹,比如,话语质量高、流利度高、无重复话语、课堂内容丰富、信息量大等。在本文中对其优点将不再赘述,仅试图挖掘英语教师话语背后所反映的问题及成因,提出化解对策。

---

① 程晓堂:《英语教师课堂话语分析》,上海外语教育出版社2009年版。

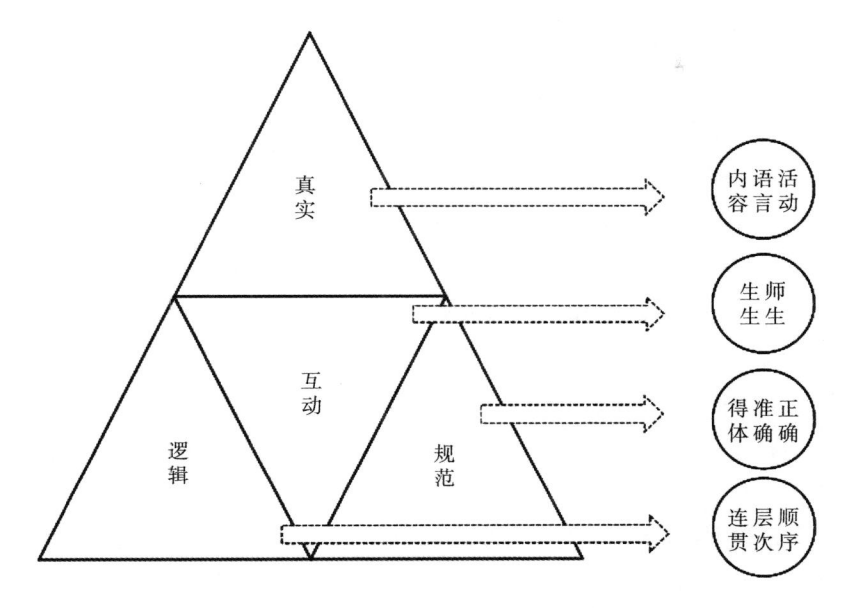

图1 基于程晓堂教授的教师课堂话语"四维一体"建构

一 存在的问题

(一)"虚情假意"——伪互动、伪交际

在本节观摩课教学中,参赛教师使用了大量的音频、视频资料,表面看课堂十分活跃,互动性、交际性很强。教师的语音、语调及语言基本功都毋庸置疑。但是,在我们把这位教师的课堂话语转写下来分析时,发现原本看起来热热闹闹的交际活动实际上是一种伪互动、伪交际。程晓堂在《英语教师课堂话语分析》一书中指出,课堂真实的互动应该是教师和学生之间、学生和学生之间的思想碰撞;在理想的课堂教学中,教师个体与学生个体或学生群体、学生个体与学生群体、学生群体与学生群体之间的互动应该各占有一定的比例,这对充分发挥学生的主体性和提高课堂教学效果具有积极意义[①]。课堂真实的交际应该是

[①] 赖新丽:《略论在幼师生课堂教学中的"伪互动"》,《牡丹江教育学院学报》2009年第5期。

在真实情境下的交际，应当是交际双方处于平等地位的交际，是学生自由地、独立地表达自己的思想、情感、信息等，且能达意、得体地完成交际①。但，本课堂的交际和互动基本以音频、视频资料为基础，教师展示资料，学生只需按照其内容回答"是什么？"（例如，—What can help us communicate with people? —Which is often less emphasized? —What are they, class? —What does that mean?）、"正在做什么？"（例如，—And then I will give you another video, please look at the picture and then tell me what the people in the picture are doing. —Can you tell us what the people in the pictures are doing?）和"做得怎么样？"（例如，—Yes, and how about this one? —And how about next one? —How about the boy?）等简单问题，无须深度思考，更不需要学生之间相互讨论。综观整个课堂教学，只有教师提问环节和学生个体、群体回答问题环节，既无学生提问环节，也无小组讨论环节，更无学生群体之间的相互对话。学生的语言输出机会屈指可数。大量的音频、视频资料掩盖了整节课堂的伪交际、伪互动，使其看起来"热闹非凡"。

（二）"喧宾夺主"——教师话语霸权

这里借用"喧宾夺主"指代教师话语霸权。通俗地讲，"教师话语霸权是指教师凭借其知识权威地位，占据课堂对话的大部分时间，并且控制对话的内容和形式，将其思想不假思索地灌输给学生，剥夺其发表自己看法见解和提出疑问的权利，对其语言和思想进行潜意识的控制"②。为使本文数据科学精确，笔者将该教师课堂话语转写后，请两位教师按正常语速各读了一遍。结果显示，两位教师的平均阅读时间为30分钟，即在45分钟的课堂教学中，该教师话语占用了67%的时间。对其话语模式研究后发现，该教师课堂话语模式为典型的IRF模式：教师发起话语（Initiation）—学生作出回应（Response）—教师进行反馈

---

① 汪岚：《培养口语能力的关键——如何从伪交际上升到真正意义上的交际》，《杭州教育学院学报》1997年第3期。
② 蔡昭明、邓敏：《教师话语霸权的成因、表现及师生关系的重建》，《中国校外教育》2007年第11期。

(Feedback)。在反馈环节中,该教师话语的句子最长、句子复杂度最高,几乎都是解释性话语(例如,—What is... —According to Wikipedia, ... —So that is the definition of... from Wikipedia. Simply speaking, ... are the things which... —Actually, we can simply use... to describe... because most of...)。同时,这些话语也都是其对概念、课堂需要灌输信息的强制性输入。结合课堂观察及教学视频发现,学生回答问题时语言的输出形式大多是1个单词、几个单词、短语或短句,很少有长句(复杂句)。课堂中,学生几乎没有用长句表达其见解及论述其思想的机会。有学者指出,"教师对课堂内容和形式控制得越紧,IRF结构出现的频率也就越高"①。另外,该教师课堂话语以宣讲式和说教式为主,这是学者们在课堂话语研究中经常提到的"教师话语霸权的显性表现"②。针对教师课堂话语霸权问题,程晓堂曾一针见血地指出,教师"一言堂"不利于学生学习语言,因为知识和技能无法单靠教师的讲解来培养。师生通过互动才能建构意义、交流信息,从而习得语言。教师使用互动性的语言,能提高课堂教学过程的互动性,提高学生的参与程度③。

(三)"心有余而力不足"——批判性思维启迪不够

《国家中长期教育改革和发展规划纲要(2010—2020年)》指出,教育应"促进学生全面发展,着力提高学生勇于探索的创新精神和善于解决问题的实践能力;注重学思结合,倡导启发式、探究式、讨论式、参与式教学,帮助学生学会学习;激发学生的好奇心,培养其兴趣爱好,营造独立思考、自由探索、勇于创新的良好环境"④。从中我们可以解读出,发展学生的批判性思维能力不仅是广大教师面对的问题,也是国家可持续发展的战略性任务。批判性思维能力的核心聚焦"分

---

① 王珍平、钟地红:《营造互动英语课堂,教师话语模式的分析和改进》,《长春教育学院学报》2012年第1期。
② 姚数萍:《大学英语精读课堂教师话语研究》,《中国校外教育》2012年第1期。
③ 夏雪:《小学英语教师课堂话语分析》,华中师范大学2018年版。
④ 《国家中长期教育改革和发展规划纲要》工作小组办公室:《国家中长期教育改革和发展规划纲要(2010—2020年)》,人民出版社2010年版。

析、评估、合成的智力过程,我们不仅要接受已知事实,熟悉其形成的缘由及指定的结论,而且要对其质疑并深入思考,同时形成自己的可信结论"①。在英语学习中表现为,学生不仅要同时具备"文本解码者身份"和"意义建构者身份",还要向"文本分析者身份"发展,从基础的英语语言知识掌握向综合的批判性认知思辨发展②。同时从认知角度讲,"问题"是思维的起点,提升思维就必须发挥"问题"的引领作用。这就要求,在大学英语课堂教学中,英语教师要启发学生的批判性思维能力,通过提问引导学生批判性地接受语言知识和文化输入。在课堂提问方式上,英语教师应多提一些能够促进思维发展的发散性、评价性和延伸性的参考性问题,而非学生不用过多思考就能回答的展示性问题。从本质上讲,在本节观摩课中,该教师所提的问题没有真正意义上的参考性问题。虽然有些问题以特殊疑问句形式呈现,但学生可以立刻找出其答案(例如,And before this topic, please look at some videos. ——Mm, okay, this is the video and I want to ask you what can you see from the pictures, what can you see?)。即使个别问题一时找不出答案,教师也会很快给出答案,并强行灌输给学生(例如,——Mm, and can you tell us what happened in the video? ——What happened? ——Yeah, there are so many...)。课堂教学没有设计学生独立思考、自由讨论、各抒己见的环境。即使到整节课结束时,学生仍然处于文本解码和低层次意义建构阶段。

(四)"供给不足"——本土文化输入深度欠缺

大学英语教学不仅要培养学生的英语语言技能,同时也要注重本土文化(中华民族优秀传统文化)的输入。语言是文化的载体,亦是文化的传承工具。诚然,英语承载的西方文化,尤其英美文化是英语教学的主要内容。在某种意义上讲,学习英语也就是在间接地输入西方文化。但如何解读这些国外文化,则需要深厚的本土文化功底。作为教师

---

① Orientation Lecture Series: Leraning to Learn Developing critical thinking skills. http://www.usyd.edu.au/lc pdf, 2013.

② 阮全友:《构建英语专业学生思辨能力培养的理论框架》,《外语界》2012年第1期。

都有一种共识：给学生教授新知识，需建立在学生已知内容的基础上，循序渐进。学习发生的第一步，就是"激活旧知识"。而这个"旧知识"正是克拉申"i + 1 可理解性输入"假设中的"i"（学生现有的认知水平）。教学要想取得成效，学习内容最好是在现有的认知水平上只加上一个"1"，即"跳一跳就能够得着"的东西①。对此，大学英语教师必须重视本土文化的教学定位。在学习国外文化时，本土文化既是一种依托，也是根基所在。离开了本土文化依托（根基），不可能对国外文化有深层次的理解②。作为大学英语教师，更应该将传承本土文化视为己任。在本文中，从课堂话语的数量上看，该授课教师在这节教学观摩课对本土文化的输入较多。在教学目标中也明确指出，"文化意识的培养是本堂课中除听、说、读、写之外的第五项技能"。但从课堂话语的质量上看，该授课教师的本土文化的输入仍处于浅层次的知识灌输层面。对本土文化背后隐藏的文化底蕴、思想观念、人文精神、道德规范，尤其是对中华民族精神品格的形成影响缺乏深度解析。同时也没有将中华民族优秀文化和国外文化进行对比分析。反观本次大学英语教学比赛，不仅本堂教学观摩课如此，参加比赛的其他教师课中也存在相同的问题。这一教学情况导致的结果是大学生不能用英语讲好中国故事，传播中国文化。文化是一种软实力，有其潜在的威力，它会从观念上、感情上和心理上影响世界③。在日常的大学英语教学中，对本土文化进行循序渐进的深挖广探有助于提升学生日后传承、传播本土文化的能力。正如黑格尔所说，"只有当一个民族用自己的语言掌握了一门学科的时候，我们才能说这门学科属于这个民族"④。毋庸讳言，大学英语教学本土文化输入深度欠缺问题亟待解决。

---

① 张福、马纳琴：《基于支架式教学理论的中学英语语法教学探究》，《基础教育外语教学研究》2021 年第 1 期。

② 侯晓玉：《大学英语教学中的民族文化定位》，《黑龙江教育学院学报》2005 年第 1 期。

③ 张运桥、韩玉强：《英语学科思政教育的内涵、困境与路径》，《教学月刊》（大学版）2020 年第 9 期。

④ 黑格尔：《哲学史讲演录》（第 4 卷），贺麟、王太庆译，商务印书馆 1978 年版。

二　问题成因分析

（一）"濯足濯缨"——课堂性质影响

唯物辩证法指出，主要矛盾决定事物发展方向，矛盾的主要方面决定矛盾的性质。由于该案例取自大学英语观摩课教学，教师话语霸权、师生、生生之间的伪互动、伪交际有部分原因可能由观摩课的性质所决定。在观摩课中，教师把目光重点放在了其自身的表现，关注了教师"教"的环节，而忽略了学生"学"的环节。为了展示其最佳的语言水平和超强的语言驾驭能力，一味加大了教师课堂话语量。对课堂内容和形式的严格控制也是为了更好地掌控课堂教学，避免纰漏和失控。从这一角度讲，课堂教学中教师出现的一些问题是可以理解的。但问题是，开展观摩课教学的目的是给同行教师提供相互学习、相互交流的平台，在给同行教师展示优秀示范课魅力的同时，对大学英语教学起到示范引领作用，进而更好地指导日常的大学英语课堂教学。因此，参加观摩课教学的教师理应重点关注课堂教学的实效。教学的根本目的不在于教师教了多少，而在于学生学会了多少。建构主义学习理论指出，教学要以学生为中心，通过让学生对知识进行主动探索、主动发现，进而实现对所学知识意义的主动建构。通俗一点讲，教师的"教"是为了学生的"学"。只有认清这一点，教师才会从根本上去改变课堂教学模式。同时，观摩课的评分标准针对教学方法和手段强调"能根据所授课文的特点和教学要求，选择合适的教学方法和手段，体现以学生为主体，教师为主导的原则，开展有效的教学活动，能借助多媒体、网络等技术，培养学生的学习能力和研究能力"。从中可以看出，指导教学比赛的教学理念是"以学生为主体，更加注重学生的学习过程及结果"。教师的讲授应当以组织有效的教学为主，而非强行灌输知识。

（二）"因循守旧"——教学理念固化

毛泽东同志指出，我们看事情必须要看它的实质，而把它的现象只看作入门的向导，一进入门就要抓住它的实质，这才是可靠的科学分析方法①。即我们要通过现象看本质。现象只是我们认识事物本质的向导，我们只有认识了现象，借助抽象思维，才能揭示事物的本质。透过这位参赛教师课堂教学的种种表现，剖析其存在的深层次原因，从中折射出这些问题与我国固有的教育理念和考试评价制度紧密相关。在这个问题的分析上，我们要摒弃"一叶障目不见泰山"的做法，做到"既见树又见林"。综观我国近十多年的英语教学发展历程，英语教学从小学开始就一直在倡导教学的互动性、交际性，加强学生的语言实际运用能力。大学英语教学大纲及课程标准更是强调语言运用能力和听说能力的重要性。各级各类教师培训反复给教师灌输"以学生为主体，以教师为主导"的教学理念。但我们要看到，新的教学理念和行为赖以生存的学校教育制度和社会环境（考试评价制度）并没有发生根本性的改变。因此，在实际教学中，教师习以为常的教育、教学理念依然根深蒂固，进而强有力地支配着其日常的教学活动。大学英语教学，教师们大多还是以灌输为主，将知识输入作为重要的教学内容，所有的教学手段都为知识输入服务。夸张一点说，平时的教学就是"满堂灌"加"一言堂"。因此，在观摩教学中，让参赛教师完全摆脱其日常的教学模式，创造出一种全新的教学模式也不大现实。在这种现状下，为了上好这堂课，参赛教师挖空心思设计的"为互动而互动的伪互动"和"为交际而交际的伪交际"，也就无可厚非。

三　解决对策

（一）"美美与共"——构建话语共享平台

从上面论述中，我们可以看出，教师课堂话语霸权在一定程度上是我国延续多年的教育、教学理念造成的。针对这个问题，我们要从教师自我定位入手。何为教师？自古以来，教师就有三重身份：传道、授业及解惑。在传统的知识传播模式下，教师由于闻道在先而成了知识的化

---

① 毛泽东：《毛泽东选集》（第1卷），人民出版社1951年版。

身和知识的唯一传播媒介，因此拥有绝对的话语霸权①。在当今社会，随着互联网电子信息化的加速，知识的传播方式相比过去已有很大转变。教师讲授已经不再是知识的唯一来源。学生可以通过网络等途径随时获取所需的知识。教师固有的话语霸权地位不断受到挑战。尽管各类考试对教师的教学行为和学生的学习行为仍有一定影响。但国家已经大刀阔斧推进考试评价标准改革，力求从各个方面对学生进行多元化评价。鉴于此，新时期大学英语教师应顺应时代的潮流，顺水推舟，从根本上改变其教育理念，树立师生话语共享的教育信念；充分认识师生拥有共同的话语权利，彼此处于平等的位置，应该努力创建对话、交流和沟通的话语共享平台。

首先，大学英语教师应从根本上改变教学理念，淡化脑海中长期形成的教师主体意识，重新定位自己在课堂教学中的角色。教师不是课堂话语的霸权者，而是学生学习的启迪者、引导者，教学活动的参与者。学生是和教师具有平等地位的独立个体。教师应尊重学生存在的价值和意义，把学生看作具有创造性的个体，宽容学生具有个性的行为和思想，帮助其建构自己的话语。对此，课前，大学英语教师要对课堂教学大胆预设，课堂要精讲精练，激励学生积极思考，帮助学生发现问题、解决问题，而不是给出现成的结论②。

其次，针对大学英语教学这一实践性很强的教学活动，英语教师要通过创设（模拟）真实的语言情境，多角度、多方位地设计各种问题，以多样化的设问和提问方式，引导学生发表其不同的见解，发展其横向、类比、逆向、联想等思维能力，使其不单停留在理解和掌握所学知识上。在英语教师的帮助指导下，学生利用现学知识，结合已学的知识去创造、去探索，拓展新思维。

最后，大学英语教师要通过不断的合理引导，唤醒学生的主体意识，让他们认识到自己是英语学习的主人。同时督促其养成积极思考、主动学习的习惯。

---

① 丛海燕：《师生话语共享，超越教师话语霸权》，《现代中小学教育》2006年第4期。
② 丛海燕：《师生话语共享，超越教师话语霸权》，《现代中小学教育》2006年第4期。

这一教学理念具体表现在以下三个方面。

（1）教师减少课堂话语。"二语习得之父"埃利斯（Ellis，1994）认为，"在以学生为主体的课堂教学中，教师话语时间要控制在课堂时间的30%以内；教师话语要质高、量少"①。在大学英语教学中，英语教师应尽量减少自己的话语，把课堂话语时间留给学生，让学生进行有效的交际，允许其发表不同见解。力争使英语课堂变成一个各抒己见、集思广益、拓展思维的场所。

（2）合理设计课堂问题。课堂问题应分为展示性问题和参考性问题。展示性问题具有唯一答案，是考察学生理解、记忆的问题，无须学生的深度思考。参考性问题没有标准答案，需要学生通过推理、分析后，根据其理解，提出自己的合理解释。在大学英语教学中，英语教师应平衡两种问题，体现教学的渐进性。英语教师应先从展示性问题入手，考察学生对教学内容的掌握程度。在此基础上，升华教学内容，启迪学生思维，用参考性问题引导学生积极思考、并阐述自己的理解和观点。通过整合不同的信息，刺激学生间信息的流动，促进学生之间真正意义上的互动。这也符合程晓棠提出的"教师话语应当具有逻辑性——逻辑顺序、层次和连贯性"②的要求。

（3）有效组织交际活动。班级人数较多，这是国内大学英语教学的普遍现状。让所有学生参与英语课堂互动，表达其观点，需要英语教师有效组织课堂交际活动。英语教师应根据教学内容，课前精心设计，有针对性地、合理地组织安排，如小组活动、公共演讲等。在小组活动中，英语教师要充分发挥监控、引导作用。积极鼓励每个学生开口，发表见解。同时，注意避免语言表达能力和批判性思维能力强的学生控制小组活动的发言权，剥夺其他学生的发言机会。通过英语教师的有效调控，让学生具有均等的英语发言权，培养互补、协作的团队精神。

---

① Ellis, Rod, *The Study of Second Language Acquisition*, Shanghai: Shanghai Foreign Language Education Press, 1994.

② 夏雪：《小学英语教师课堂话语分析》，华中师范大学2018年版。

(二)"多管齐下"——尝试多元化文本解读

文本解读,是语言素养、鉴赏水准、知识能力、人文精神、逻辑思辨等综合素质的集中体现①。文本解读是一个分析、理解的过程,但阅历、动机、信念、特质等因素对文本解读会产生很大的影响。所以即使是对同一文本也会作出不同的解读②。大学英语课堂中,批判性思维启迪不够,其中主要原因是师生习惯于对英语文本的单一解读。对英语文本的解读大多局限于对其简单分析,对同一问题缺乏从不同维度进行拓展,在一定程度上抑制了学生对文本的深度思考。

对于文本的多元解读,笔者从网络上搜索到 1 份适用于美国 9—12 年级课程计划,从中摘取了 1 个探讨越南战争问题(Vietnam War Protest Primary Documents:2014)案例③,主要内容包括批判性阅读、填补信息差、分组讨论、演讲和写作。具体实施方式如下。

(1)学生分组阅读 5 篇关于越战的文章,内容包括"大众媒体与越战""肯特州立大学枪击事件""默罕默德·阿里反越战招致牢狱之灾""越战中的美莱村事件"和"越战中的学生运动"。这 5 篇文章分别从不同角度对越战进行了解读,同时还介绍了人们反对越战和支持越战的缘由。

(2)各组学生阅读完后,分组讨论阅读内容并列出提纲。每组学生需要根据阅读内容,在提纲中列举 3—4 条美国人民反对或支持越战的理由。

(3)各组派代表陈述阅读内容,展示原始阅读材料,其他组学生填空,补充信息差。

(4)再次阅读,准备演讲辩论。

(5)组织辩论。A 组反对越战,B 组支持越战。

(6)写作。陈述自己对越战的观点。

---

① 李作芳:《文本解读的方法与策略》,《湖北教育》2009 年第 2 期。
② 史绍典:《新课程背景下的文本解读》,《湖北教育学院学报》2005 年第 1 期。
③ Vietnam War Protest Primary Documents, http://www.education.uiowa.edu/docs/default-source/teach—social/Vietnam War Protest Primary Documents.pdf?sfvrsn=2.pdf.2014.

该教学设计共有 4 个教学目标。其中，第一个教学目标是"运用原始资料了解历史，评价对同一历史事件的不同解读，审核其信度"。不论是从教学组织，还是教学目标，我们都可以看出，它不同于我们对历史事件"原因—经过—结果—意义"的简单讲解和学生的强化记忆。这一教学设计要求学生对同一事件的不同文本进行解读，让学生站在不同的立场看待同一问题（事件），同时要求学生给出自己的评价。学生必须站在主人公视角，综合其家庭、成长、种族、教育等背景和其所处的历史时代等信息，才能形成有效的评价标准，作出客观的评价。在这一过程中，学生需要对同一问题进行阐释、推理、解释和评价。其结果是，有效激活了学生的批判性思维，助推了学生发现问题和解决问题的能力。无论是认知能力，还是语言能力，国内大学生都具备完成上述教学设计的条件。知不足，然后能自反也；知困，然后能自强也。要想改变这种教学窘境，大学英语教师需要在认真反思的同时，合理借鉴国外的教学设计，摒弃满堂灌和宣讲式教学；引导学生在课堂不断发现问题，探究解决问题的措施（路径）；鼓励学生提出原创性、独到的见解，进而实现培养学生批判性思维能力的目标。

（三）"培根筑魂"——培养本土文化意识

随着全球化进程的加速，培养具有中国情怀、国际视野和跨文化沟通能力的合格的社会主义建设者和接班人俨然已成为当下大学英语教学直面的课题。既根植中国灵魂，拥有一颗"中国心"，又开阔国际视野，拥有一双"国际眼"，也已成为新时代大学生的必修课。从某种程度上讲，培养大学生的家国情怀、跨文化交际能力是时代赋予大学英语教学的历史使命。多元文化理论认为，多元文化教育的根本目标是通过学习不同的民族文化，达到对多种文化的理解包容，在尊重各民族的优秀文化的基础上，各个不同文化群体学会求同存异，进而实现多种文化和谐共处[①]。综观国内大学英语教材，其文本主题大多涵盖普世价值。

[①] 陈兴贵：《多元文化教育与少数民族文化的传承》，《云南民族大学学报》（哲学社会科学版）2005 年第 9 期。

这无疑为英语教师培养学生的本土文化意识提供了有利的客观物质载体。英语教师可以通过中西文化的对比分析，在培养学生跨文化交际能力的同时，有效提升其对中华民族优秀传统文化的认同。对于中华优秀传统文化的的重要性，习近平总书记指出，中华文明绵延数千年，有其独特的价值体系。中华优秀传统文化已经成为中华民族的基因，植根在中国人内心，潜移默化影响着中国人的思想方式和行为方式[①]。培育和弘扬社会主义核心价值观必须立足中华优秀传统文化。牢固的核心价值观，都有其固有的根本。抛弃传统、丢掉根本，就等于割断了自己的精神命脉。博大精深的中华优秀传统文化是我们在世界文化激荡中站稳脚跟的根基[②]。因此，在大学英语教学中，英语教师必须坚持语言学习与传统文化相结合的理念，在加深学生对中国文化理解的基础上，逐步形成中西文化的双向交流。在实际教学中，英语教师可以充分挖掘身边的优秀传统文化，针对课文内容，吸收那些适合国情、民情、学情，对英语教学真正有用的成分，来充实和完善其日常的大学英语教学。英语教师有意识地引导学生将中国文化同教材中的英美文化作对比分析，发现文化的共性及中国文化独有的个性，增强其爱国情怀，坚定其文化自信，筑牢其民族精神之魂。

结　语

英语教师课堂话语既是学生课堂中主要的英语输入来源，也是英语教师实施课堂教学的重要媒介。英语教师课堂话语使用是否恰当，直接关系到课堂教学是否有助于学生的英语学习，能否帮助其有效建构英语知识体系。对此，本文选取1位优秀大学英语教师的课堂话语，采用观察法和录音转写方法对其进行研究，发现其课堂教学存在诸多问题（在真实性、互动性和逻辑性方面）：课堂教学存在伪交际、伪互动现

---

① 习近平：《青年要自觉践行社会主义核心价值观》，http：//cpc. people. com. cn/n/2014/0505/c64094-24973220. html，2014。

② 习近平：《把培育和弘扬社会主义核心价值观作为凝魂聚气强基固本的基础工程》，http：//cpc. people. com. cn/n/2014/0226/c64094-24464564. html，2014。

象；教师话语霸权；批判性思维缺失和本土文化输入较少。窥一斑而见全豹，观滴水可知沧海。这些问题从本质上讲，也是广大大学英语教师课堂教学的普遍症结。解铃还须系铃人。要解决这些问题，大学英语教师需要从自身做起：从课堂教学入手，积极建立师生话语共享平台，在增加文本的多元化解读的同时，强化本土文化的输入。唯有这样，大学英语课程思政建设的教学改革才能有序推进，大学英语教学的协同育人作用才能充分发挥。进而增强学生爱国情怀，坚定其"四个自信"，筑牢其中华民族精神之魂才能真正落到实处。

基于第一性教学原理的英语专业语言学课程 e3-learning 教学模式[*]

李 睿[**]

西北民族大学

摘 要:"语言学概论"类课程是目前高等院校英语专业本科高年级阶段的核心专业必修课程之一,是培养学生英语专业能力的重要课程。然而,这样重要的核心课程在实际教学中,"教"和"学"两个环节的现状并不尽如人意。英语专业语言学课程的教学改革势在必行。鉴于此,本文将基于第一性教学原理,提出 e3-learning 教学模式,旨在探讨进行语言学课程教学改革的可能性、可行性和实现路径。

关键词:语言学课程;第一性教学原理;e3-learning 教学模式

引 言

进入新时代,教育部明确提出把本科教育放在人才培养的核心地位、教育教学的基础地位、教育发展的前沿地位。在此背景下,教育部于 2018 年初发布了《普通高等学校本科专业类教学质量国家标准(外国语言文学类)》(以下简称《国标》)。为了贯彻和落实《国标》的质量标准,教育部高等学校外国语言文学类专业教学指导委员会又于

---

[*] 基金项目:西北民族大学外语教育研究创新团队项目(1110130137)阶段性研究成果。2021 年度甘肃省社科规划一般项目(2021YB029)阶段性研究成果。2022 年度甘肃省高等院校外语教学研究重大项目(GSSKB2201)阶段性研究成果。

[**] 李睿,西北民族大学外国语学院副教授,主要研究兴趣为理论语言学和应用语言学。

2020年初跟进出版了《普通高等学校本科外国语言文学类专业教学指南》（以下简称《指南》）。《国标》和《指南》的相继颁布标志着外语专业进入全面提升本科人才质量建设的新阶段。课程是人才培养的核心要素，课程质量直接决定人才培养质量。坚持课程的内涵发展、坚持课程的创新改革、坚持以学生为中心的教育理念是保证和提升课程质量的重要原则。

语言学是目前高等院校英语专业本科高年级阶段的核心专业必修课程之一，是培养学生英语专业能力的重要课程。语言学课程突出的理论性、实践性和学术性特征对于深化学生的语言意识，加强学生的语言素质训练，培养学生的学术意识，发展学生的理性思维都有着非常重要的作用。同时，语言学课程也是高年级阶段其他专业课程，比如笔译、口译、第二语言习得、英语教学法等课程的重要理论基础。因此，语言学课程的教学在英语专业课程中具有"承上启下"的地位，是英语专业高年级阶段专业必修课的代表性课程。然而，这样重要的核心课程在实际教学中，"教"和"学"两个环节的表现都令人担忧，课程教学现状并不尽如人意。英语专业语言学课程的教学改革势在必行。鉴于此，本研究将基于第一性教学原理，旨在探讨 e3-learning 教学模式进行英语专业语言学课程教学改革的可能性、可行性和实现路径。

一　英语专业语言学课程教学现状

语言学课程是一门包含大量术语、概念、原理的理论性课程，课程内容抽象程度高、信息量大。课程的突出特点是理论多、术语多、学派多、分支多、发展快。对初次接触到语言学的同学而言，一方面没有前序知识体系作为学习的认知支撑，另一方面强理论性和偏自然科学的研究方法也给学习造成了极大障碍。因此，课堂教学过程中，师生双方在教学中都面临挑战，教学困难比较突出。具体而言，语言学课程的教学困境突出表现在以下几点。

（一）教学内容难度较大

语言学课程主要包括语言与语言学，现代语言学的基本分支，现代语言学主要流派，语言学的跨学科研究等方面的内容。就语言学的基本分支而言，重点内容涵盖语音学、音系学、形态学、词汇学、句法学、语义学、语用学等涉及语言本体研究的不同学科。从语言学跨学科研究的视角来看，语言学课程还包括社会语言学、心理语言学、认知语言学、语言习得研究（包括一语习得和二语习得）、计算机语言学、语言与教育教学等分支。课程内容容量较大，专业性、学术性、理论性、逻辑性、抽象性程度较高，而且课程包含的各分支学科独立性较强。虽然语言学课程的授课对象是本科三年级学生，但是要在一个学期内通过英语掌握语言学的基本概念、原则和方法，了解语言学的基本分支和理论流派，了解语言学跨学科知识和研究范式，并且运用语言学知识观察和分析语言现象，课程内容既有语言方面的压力，又有未知学科带来的认知压力，对第一次接触到语言学的同学而言，课程难度是不言而喻的。

（二）教学方式较单一

一方面，语言学课程内容难度大，强度高；另一方面，语言学课程的课堂教学时间却相当有限。这是每一位教授语言学课程的教师在教学中遇到的最棘手问题。为了在有限的课内时间最大限度地呈现理论性较强的课程内容，教师通常采取了最直接的讲座式授课方法，教师"满堂灌、一言堂"，教学方法单一，师生缺乏互动，课堂氛围相对沉闷。学生在课堂学习的过程中大多时间都处于被动接收状态，能动性比较差，学习任务变成了单纯的课上记笔记和课后整理笔记。单一和单调的授课模式非但没有起到快速有效帮助学生获得和理解语言学知识的目的，反而加重了学生的认知压力，消解了学生的学习兴趣。而且强灌和漫灌的授课模式只训练了学生的机械记忆，与新时期学生思辨和创新能力的培养目标背道而驰。

(三) 体验感和获得感较差

语言学课程理论性强、难度大、课时有限是客观现实，教师呈现课程的授课方法单一也是不争的事实。由此导致的直接后果是，语言学课程教学过程中师生双方的体验感、获得感、满意度都比较差。潘之欣[①]、陈新仁[②]、李世琴、李气纠[③]等学者就英语专业语言学课程教学现状在不同层次的本科院校进行了问卷调查，调查结果基本趋同。教师费心讲授却无法得到有效的教学反馈，教学效果和教学成果并不理想。学生认为课程趣味性较低，实用性不强，学习兴趣不高，畏难情绪和倦怠情绪明显。师生双方对整个"教""学"环节的体验感和获得都比较低。

(四) 评价方式不科学

目前英语语言学课程的教学评价仍主要采用单一的终结性评价方式，即采用考试等一次性检验方式，以成绩来判断学生的学习结果和教师的教学质量，将考试简单地等同于评价。考试以传统的笔试为主，考核内容紧扣教材，主要考查语言学理论基本知识点和概念的简单理解与记忆，思维成分考查较少，语言学知识的运用和扩展能力基本上被忽略，这种静态的评价方式无法真实、全面反映学生的知识掌握程度，无法科学、客观地考核学生的实际能力，不仅使评价信度和效度出现偏差，无法对课程学习产生良性反拨作用，更无法说明课程是否有效促进学生能力的培养。

针对上述问题以及新时代《国标》和《指南》对英语专业教学改革的要求，语言学课程的教学改革势在必行，亟待解决。

---

① 潘之欣：《关于高校英语专业"语言学导论"类课程设置的调查》，《外语界》2002年第1期，第47—55页。

② 陈新仁：《本科生"英语语言学导论"教学法探究》，《中国大学教学》2007年第12期，第39—42页。

③ 李世琴、李气纠：《英语语言学课程教学现状调查及对策：基于湘南学院外国语学院语言学课程教学》，《湘南学院学报》2014年第6期，第71—77页。

二 语言学课程改革的可行性和路径

英语专业语言学课程的教学改革必须考虑到如何平衡知识传授和能力培养两者之间的关系;如何发挥学生的学习主体作用,培养创新思辨能力;如何有效实现网络平台、多媒体技术在语言学教学中的应用。鉴于此,本文将基于第一性教学原理(First Principles of Instruction)的指导思想,以"学生"作为教学活动中的绝对主体,转换教师和学生的程式化定位,把培养学生自主学习能力和思辨能力作为主要学习目标,通过现代教育技术所提供的技术支持转变教师传统职能,利用交互式课堂活动改变学生学习风格,从而实现学生学习的自发性和探究性,改进教学效果,提高学生的学习能力和思维能力。

(一) 课程改革理论基础:第一性教学原理

第一性教学原理是由美国当代著名心理学家和教学设计技术理论家梅瑞尔(Merrill)[①] 提出的。梅瑞尔认为,好的教学模式一定是能够体现最大限度的教学融入,达成最好的教学效果、教学效能最高的方法,他把这种教学模式理念称为 e3 学习或 e3 教学[②]。他指出,随着 e-learning 的日益普及,e 应该不仅仅是电子的意思。这里的 e3-learning 更应该是有效的(effective)、高效的(efficient)和有参与性的(engaging)教学形式。基于 e3 学习理念,他将整个教学活动以问题为中心(problem-centered)分为四个相互关联的阶段,即激活(activation)、演示(demonstration)、应用(application)和整合(integration)。以问题(或任务)为中心的教学模式是促进教学最有效的原动力,解决问题和完成任务既是教学活动的指南也是教学活动的目的。当学习者激活现有知识和技能作为新技能的基础时,学习就会得到促进;当学习者观察到要学

---

① Merrill, M. D., "The First Principles of Instruction", *Education Technology*: *Research and Development*, 2002 (3), pp. 43 – 59.
② Merrill, M. D., "Finding e3 (effective, efficient, and engaging) Instruction", *Educational Technology*, 2009 (3), pp. 15 – 26.

习的知识和技能的演示时，学习就会得到促进；当学习者运用新获得的知识和技能解决问题时，学习就得到了促进；当学习者反思、讨论和捍卫他们新获得的知识和技能时，学习就会得到促进。图1形象地说明了第一性教学原理的概念框架。

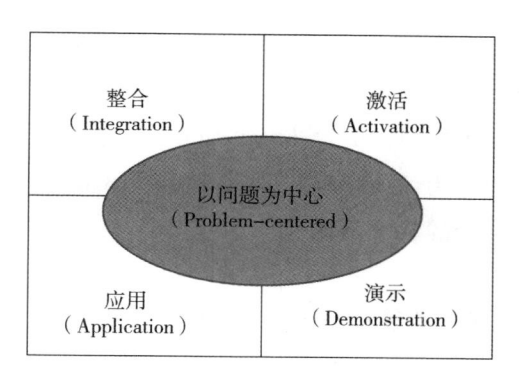

图 1　第一性教学原理（First Principles of Instruction）

资料来源：Merrill, M. D., *The First Principle of Education: Identifying and Designing Effective, Efficient and Engaging Instruction.* San Francisco: Peiffer. 2013。

相较于传统的"主题式"教学任务排序，第一性教学原理模式面向完成任务的教学排序策略，要求学习者在教学中以问题（任务）为核心，在完成任务的过程中，积极参与到教学活动中，最大限度地提取已有知识，通过展示、应用、整合等不同环节促进新知识的获取，以及新旧知识的整合，有利于学习者对知识的建构；而传统的教学模式知识结构较为零散，学习者在相对孤立和零散的情境片段中开展学习，在结束整个学习任务之前，他们通常不清楚怎样应用所学到的知识和技能。Lantolf & Poehner[①]指出，教学过程和学习过程本身就是一个动态过程，因此教学评估模式也应该是一个动态系统（Dynamic Assessment）。动态教学系统和动态评估模式大致可分为干预式（interventionist）和互动式（interactionist）两类。干预模式注重量化指标，即学习速度指标和学习

---

① Lantolf, J. P. & Poehner, M. E., "Dynamic Assessment: Bringing the Past into the Future", *Journal of Applied Linguistics*, 2004 (1), pp. 49–74.

者有效达到预设学习目标所需的帮助量。互动模式则侧重学习者和教师在学习过程中的互动程度以及教师给予学习者的帮助。第一性教学原理模式在帮助学习者构建完整的知识体系的过程中强调各环节的联结，尤其倡导教学参与者（师生双方）最大限度地融入和参与教学活动中，鼓励师生之间开放式的交流，反对教师依照程式化的步骤过度干预。缺乏"动能"是当前语言学课程的最突出的问题，第一性教学原理为改革语言学课程教学提供了可行的借鉴思路。基于第一性教学原理和动态评估模式，本文认为构建以问题为核心驱动力，以学生为主体，以教师为主导，以动态评估为评价指标的语言学课程 e3-learning 教学模式或可解决目前语言学课程的教学困境。

（二）课程改革的路径：e3-learning 教学模式

e3-learning 教学模式的核心是以问题为中心（problem-centered）的教学活动，问题就是任务，无明确的任务驱动，仅强调以"学生为中心"教学活动往往会流于形式，并不能有效达成教学目的，以问题为任务，以任务为教学活动的驱动力，让学生动起来、做起来，发挥教学活动的主体性作用。e3-learning 教学模式的重点是参与性（engaging），教师、学生、教学内容、课堂活动均为参与的要素。由教师作为参与活动的主体，设计教学内容的呈现步骤、呈现方式，并监控学习过程；由学生作为参与的主体，主动、能动地参与所有教学和评估环节，改变被动学习和消极学习的现状。e3-learning 教学模式的要求是有效和高效（effective & efficient），以干预和互动两个重要指标，对"教"和"学"进行动态和过程性评估，科学有效地评价教学活动和教学效果。与翻转课堂（Inverted Classroom/Flipped Classroom）不同，e3-learning 教学模式并不强调以"学生为中心"，刻意互换师生的课堂的主导身份。e3-learning 教学模式最主要的优势在以教学问题为核心，于重新调整课堂内外的时间，经过精心设计的教学模块和教学流程，可以使教师不再占用宝贵的课堂时间用来讲授基本知识，而是将课堂变成师生共同研究问题、共同讨论问题的时段，最大限度地让学生积极主动地参与课堂活动进行探究性学习，以达到理论课程拓展思维、训练逻辑、开阔视野、培养学术意识的要求。

依据第一性教学原理模式，语言学课程 e3-learning 教学模式可以分为四个模块，其中激活、演示、应用对应相关的三个教学环节，整合对应于整体教学活动的评价。

1. 课前自主学习

在这个模块中，教师依据教学内容先行推送需要学生记忆和理解的知识性内容。教师将这类知识性内容录制成有声幻灯片课件，或者在钉钉、QQ课堂录制可重复回放的直播课程，并在课前1周推送给学生。要求学生围绕设定好的问题（或者任务），结合教材完成个人学习任务和课程小组学习任务两项具体工作。其中个人学习任务旨在了解、熟知、记忆、理解课程中的知识性内容，课程小组学习任务则要求以组为单位汇报学习成果和学习心得，鼓励学生在课前的小组讨论中提出疑惑、提出问题，最终形成小组学习报告。自主学习环节中，学生是学习的控制者和执行者，为了完成新知识的学习，学生要最大限度地激活认知系统中的已有知识，完成既定任务。

2. 课堂互动学习

课堂学习大体上分为三个部分，第一个部分是课堂反馈，教师依据任务清单，以组为单位，听取学习报告，核查学生自主学习的成果，通过反馈获得学生是否能够理解、归纳、总结课程内容要求的基本知识点；第二个部分是课堂问答，就学生在自主学习过程中提出的问题和疑惑给予回答和解释，教师答疑的过程也是深化学生理解的过程；第三个部分是课堂拓展，对课程中的核心理论问题在梳理的基础上，教师从不同的视角和切入点对相关问题进行分析，在分析的过程中鼓励学生加入讨论，帮助学生从掌握知识向批判性学习推进，并为之后的应用知识打下基础。在课堂学习过程中，学生和教师主导课堂的身份随着任务的变化而变化，师生之间通过各自的展示和演示达成互动学习目的。

3. 课后实践学习

基于课堂拓展部分讨论的内容，教师依然以问题（任务）清单的形式，针对每一节的专题内容，布置实践性活动，比如运用基本理论分析某些语言现象；或者通过具体的语言实例阐释相关语言理论；或者基于语言现象进行英语和汉语的对比分析；或者对相关语言现象的不同理论进行评价。通过实践活动，一方面开阔学生思路，帮助学生了解语言学研究方法，培养学生应用知识分析问题、解决问题的能力；另一方面实践活动有助于使学生获得一定程度的信心和成就感，认同理论是用来指导实践的理念，增强理论学习的兴趣。与其他两个环节的学习任务不同，实践环节既要确保每个学生的参与性，又要考虑到学生之间的差异性，所以实践活动的问题和任务在难易程度上要有梯度，以满足不同程度学生的需求。课后实践学习既起到了巩固所学知识的目的，也起到了评测课堂学习成果和自主学习成果的目的。对于学生而言，课后实践是由教师介入的半自主性学习，实践性任务是由教师提前规划好并给出指导提示，而任务如何完成以及任务完成得如何则完全取决于学生对相关知识的掌握和理解程度。

4. 动态评估

所有的课堂活动都必须有相应的科学的、可行的评价方式来进行评估。与"一考定音"的评价模式不同，语言学 e3-learning 教学模式的评价方式是课程大论文。本质上课程大论文是以项目为驱动的学习升华，理论课程的学习目的除了要熟知相关的术语、概念、原则、假设等，更重要的目的在于如何运用理论来解决具体问题，如何客观地评价相关理论，如何通过理论学习掌握学术研究的方法。所以，课程大论文既能考查学生语言学基本知识的掌握情况，又能考查学生基本理论的综合运用能力和语言能力的综合训练水平。课程大论文的考核方式不仅要对学生的学习结果进行评价，而且要对学生的学习过程进行多维度、全方位的综合评价。这种整合性评价涵盖知识内容（使用的基本理论和方法的正确程度）、资料收集的能力（资料的完整性、资料收集的难易程度、资料的可用性）、分析问题的能力（论述的合理性、严密性、创新性）以及逻辑思维（论文的总体框架结构的安排与论文内容的契合）等方面。通过课程论文写作，学生一方面锻炼了将语言理论与语言实际运用相结合的能力；另一方面也为即将面对的毕业论文撰写奠定了一定基础。

结　语

综上所述，本文基于第一性教学原理设计的语言学课程 e3-learning 教学模式通过改编习惯性的课堂教学方式和教学思路，引导学生通过积极主动的思维活动获取知识、掌握语言学学习方法。同时，充分利用现代教育技术所提供的信息资源和教学资源，利用网络媒体和计算机辅助的教学模式，实现教学资源的重新整合和动态利用，改变学生的学习方式，培养学生学习的主动性和思辨能力，真正实现 2020 年版《普通高等学校英语专业英语教学指南》对语言学课程的教学要求，即"培养学生对人类语言的理性认识，了解语言研究的丰富成果，提高学生的语言文化意识和思辨能力；运用语言学知识观察和分析语言现象，促进外语学习"。

新时期民族大学生英语口语问题与对策

刘积源[*]

摘 要：我国西部地区民族高校的大学生英语基础参差不齐，能力比较薄弱，口语方面的问题尤为突出。因此，在互联网语境下，大学英语教师必须重视少数民族学生口语表达能力的培养与提高，根据少数民族学生自身的优势、不足和特点，充分利用互联网等诸多工具，积极配合大学英语教学改革，引导学生掌握语言交际技巧、掌握自主学习英语的能力。同时，民族院校还应该加强师资队伍建设，提升教师专业素质，切实提高西部少数民族大学生英语口头表达能力。

关键词：互联网；西部少数民族大学生英语口语；问题与对策

长期以来，西部地区民族院校的外语教学水平虽然有所提高，但仍然存在一些问题。学生英语基础参差不齐，能力比较薄弱，口语方面的问题尤为突出。由于语言是交际的工具，语言教学的最终目标是培养学生以书面或口头的方式进行交际的能力。因此，搞好民族大学生英语口语教学工作、提高学生口语交际能力是十分必要的。但若要产生高效、令人满意的教学效果，必须研究、分析各方面的现状和特点，制定出相应的教学策略与手段。

---

[*] 作者简介：刘积源，博士，教授，主要从事外语教学、欧美文学与翻译研究。

一　西部少数民族大学生英语口语问题

经济、文化落后，起点低。我国西部地区经济、文化相对落后，少数民族学生大多来自偏远、经济欠发达地区，往往承受着较大的经济压力。特别是从民族聚居地来的学生，由于经济困难，初中和高中阶段缺少复读机、MP3、手机等英语学习辅助工具，上大学后多数学生的英语听力较弱，与此有关的口语表达更弱。从英语基础来看，他们多数发音不够标准，语音辨别能力低，语流的连贯能力弱，词义的语境剖析能力差。另外，少数民族学生由于生活环境所限，对英语文化背景知识缺乏了解，其文化敏感性较弱，在英语学习中常常忽视英语与本族语文化之间的差异，以本民族文化为基准理解和套用英语。这种文化迁移无疑会给英语学习带来负面影响，造成理解偏差和语用失误。同时，贫困落后地区的少数民族人民对英语教育重视不够，认同率较低。很多人觉得英语学习无甚用处，这种思想观念严重阻碍了少数民族学生的英语学习积极性。

英语学习过程具有三语转换的特征。不同民族、不同文化系统的少数民族大学生的思维方式与价值取向深受本民族文化的影响，在学习英语时，习惯于以本民族的思维方式和语言方式去处理英语语言。由于其特殊的学习倾向或习惯，在学习中，对外来文化容易产生隔膜感。不同文化系统、不同语言系统的同时并存，从而在理解、接受外语的过程中也容易发生混淆。许多来自农村牧区的少数民族大学生汉语水平也较低，特别是拥有本民族语言的维吾尔族、蒙古族、藏族等聚居区的一些学校，曾实施本民族语言与汉语同时教学的双语教学模式，有些地方在中学阶段推行双语教学的同时，还增加了英语教学。多种语言教学增加了学生学习过程、认知规律、语言转换、接受能力等方面的复杂性，因而产生了不同程度的混淆和困难。此外，相当一部分学生受到方言的影响，普遍存在发音不标准的问题。

学习策略不当。策略是指在语言学习和使用过程中，与某个具体阶段相关的思想活动和行为活动。很多少数民族大学生急于提高英语成绩，却较少考虑采用合适的习得策略，认为多背单词、多做题就能达到预期目标，或被动地完成教师布置的任务，缺乏计划性和灵活性。笔者曾对西北民族大学2007级和2008级200余名非英语专业民族学生进行了一学期的跟踪、调查和访谈，了解了他们的英语自主学习情况。结果表明，有70%的学生认为自己有学习目标，多数学生还确定了长远目标。但是，他们并未把具体目标细化，所以一学期结束时，真正付诸实施的仅占15%左右。据调查发现，75%的学生并未认真考虑学习计划的内容，这说明学生入学时的想法和实际做法并不一致，目标的制定有很大的盲目性。另外，还有21%的学生根本没有按学习计划安排学习。

随着互联网的发展和智能手机的广泛使用，学生获取英文资料的渠道越来越多，听英语已经成了"举手之劳"或"动动指头"之事。笔者根据10年前（2010年）的调查数据，①结合近期所做的调查，对二者作了简单的对比和分析。结果显示，80%的学生喜欢通过观看英文电影、电视剧、阅读应用软件来提高英语口语，这一比例与10年前差别不大。35%的学生喜欢听、唱英文歌曲（10年前这一比例是50%），显然，这一比例有所下降。课后听课文录音的只有6%左右（10年前这一比例为10%）。大多数学生认为互联网、手机是他们最喜欢使用的学习工具，而10年前较为流行的英语角、阅读英文报刊等活动则逐渐淡出了他们的视野。不管数据如何，相当一部分少数民族大学生在自主学习过程中缺乏计划性、监控性、评估性和策略性。他们的自主学习能力，尤其是选择自主学习策略的能力有待提高。

二 提高西部少数民族大学生英语口语能力的对策

口语教学受到多种因素的制约，教学方法和手段有其特殊性和复杂性。少数民族学生会不同程度地受到本民族和当地民族文化的影响，从而形成自己独有的认知策略。所以，英语教育工作者必须研究、制定符

---

① 刘积源：《西部少数民族大学生英语口语问题与问题探讨》，《长春教育学院学报》2010年第3期，第92页。

合实际需要的教学策略。现针对西部地区民族院校的特点，提出以下策略。

（1）改变旧有教学模式、保证高效的信息输入。克拉申等的研究认为：成年人学习外语，正规的课堂学习益处更多。课堂教学有助于外语能力的形成和提高，我们应重点探讨课堂外语教学的方法与规律。输入是外语口语教学的关键和前提，然而单调、抽象、脱离生活的输入手段使学习者很难产生输入的动力。虽然传统的教学方法有不少弊端，但"以学生为中心"的教学模式很难在具体教学中全面贯彻实施，这与目前大学英语课堂人数较多有一定关系。由于扩招，大学英语教学班大都在50人以上，教学效果不甚理想。由于班大人多，教师不得不放弃许多语言交际活动，如课堂提问、学生发言、小组讨论等。教师往往采取"一言堂"灌注式的教学。桂诗春说过，"不管听说领先，还是读写领先，加强高质量的输入是关键"。① 因此，欲有效提高学生口语能力，西部民族院校应该和普通院校一样，积极投身教学改革，改变旧有教学模式和教学方法，选择适合民族学生的教材，采取适当的教学手段。教师可以通过灵活的教学技巧和方法，克服班大人多、学生程度参差不齐等困难，做到因材施教，具体可以采取口头造句、快速回答、填空式对话、口头描述、专题讨论等措施。在培养学生说英语的教学中，要尽量采取多种活动形式，个别练习和集体练习相结合，经常采取小组活动形式并开展讨论，使每个学生都有较多的机会练习说话。"说不但要与听密切结合，还要与读、写结合。"②

（2）解决第三语干扰问题。民族学生有其特殊的文化背景和生活环境，还有特殊的语言氛围和思维模式。在家里，他们讲本族语；在社会上，他们使用双语（本族语和汉语）；在学校，他们又要学习和运用第三种语言（英语），从而造成了较大的文化跨度，增加了他们英语学习的心理适应度和难度。为了克服民族学生在口语交际中受民族语言负迁移的影响，在实际教学中，教师应在有条件的班级进行全英语授课，

---

① 桂诗春：《桂诗春英语教育自选集》，外语教学与研究出版社2007年版，第21页。
② 张成：《英语教学基本技巧100例》，浙江教育出版社1986年版，第26页。

在基础较差的班级，可采取循序渐进的方式，逐渐使学生适应全英文环境。在学生不懂时，可重复并伴以手势进行说明，但应尽量减少使用汉语的机会。教师应鼓励学生进行创造性的学习，而非机械模仿，国外学者布朗提出了"有限推论"法（limited inference）[①]；威德逊提出了"解决问题"法（problem-solving task）[②]等，这些方法的主要意图都是想让学习者能置身于目标语的学习氛围中，用目标语来表达自己的观点。

（3）利用民族学生在口语方面的优势激发交际兴趣。爱因斯坦曾说过，"兴趣是最好的教师"。少数民族学生，尤其是维吾尔族学生，普遍活泼开朗，喜欢热闹。另外，维吾尔语和英语也有诸多相似点：两者都是表音文字，都有一定数量的字母（32个），很多词汇的发音非常相似，科技词汇和地名的发音尤为如此。根据调查，大部分民考汉学生认为学习英语比学习汉语更难；而对于民考民学生来说，英语要比汉语更简单。藏语与英语也有相似点：两者都是表音文字，单词发字母的组合音，都有时态的变化，有大量的倒装句等。因此，同等教育背景下，藏族学生学习英语更为有利。

一般情况下，少数民族学生既熟悉本族语文化又同时了解一定的汉语文化，这在英语学习过程中便于对语音、句法、篇章语义等进行横向比较和纵向联想，有些少数民族学生表达能力很强，比如维吾尔族、满族、哈尼族、黎族等。李慧等的研究也证实了这一点。她在论文中指出，"少数民族地区的学生听说能力普遍较强，尤其是口语表达能力，然而，学生的阅读水平相比之下却不尽如人意"。[③]

作为大学英语教师，应该注意有效利用各民族语言与英语的相似部分，积极进行语言比较；还应该充分发挥少数民族学生的听说优势，尤其是口语表达能力强的特点，让他们多说多练。另外，教师还可以鼓励

[①] H. Douglas Brown，*Teaching by Principles*，New Jersey：Third Edition. Prentice Hall Regents，1940，p. 29.

[②] H. G. Widdowson，*Teaching Language as Communication*，Oxford University Press，1992，p. 31.

[③] 李慧等：《海南少数民族地区大学英语学习特点研究》，《广西大学梧州分校学报》2005年第4期，第58—59页。

学生学唱英文歌曲、多看英文电影电视、上网浏览英文网站，举办英语晚会、英语口语辩论赛，开展英语俱乐部、英语角、英语沙龙、外语村等活动，为学生营造一个良好的交际环境，以弥补课内口语教学之不足，加深文化背景的吸收，培养语感，激发他们的求知欲。

（4）加强多媒体及英语辅助学习设备。少数民族学生由于长期受到地方英语教师的影响，习惯了中学英语教师的口音、语调，有的学生根本无法开口交流，成了典型的哑巴英语。他们听到标准语音时，往往会根据已知的语音来辨音。若听到的语音和已知的语音相近就能听懂，反之则感到困惑。因此，加强学生标准语音的训练尤为重要。多媒体设施可以将大量的信息以鲜活多样的形式展现在学生面前，与文章有关的有声背景资料、图片、歌曲、电影片段等交替使用，可以牢牢抓住学生的注意力并充分地调动学生的积极性，让学生在轻松愉快中得到英语听力的锻炼和提高。对于课堂教学而言，教师既要高效利用，另一方面也要考虑课时少、学生多的实际。教师应针对少数民族学生的发音特点，制定出高效的授课步骤与策略。首先，要突出训练少数民族语言中不存在的音或困难较大的音。其次，要加强少数民族学生对重音、次重音的意识和训练。这个环节不容忽视，因为有相当一部分学生受本民族语言、语音、语调的影响，对单词或语句的重音、节奏把握不住。模仿教师或模仿录音是改善这种情况的最佳途径。教师应鼓励学生大胆朗读或模仿。最后，听与说是语言信息传递的两个互逆过程，二者相互联系、缺一不可。范德格里夫特（Vandergrift）在深入研究后发现，听力理解能力与二语熟练程度在二语听力理解能力中起着重要的中介作用。[①] 因此，口语练习要与听力训练紧密结合，做到听说互补。

此外，随着互联网时代的到来和智能手机的普及，大学生几乎人手一机。在此情况下，如何高效利用移动终端的第三方应用程序App，就成了新时期学习英语口语的良好手段。近几年开发的学习类应用程序具有高效便捷、个性化交互、空间流动性等优势特点。代表性的应用软件

---

① Larry Vandergrift, "Second Language Listening: Listening Ability or Language Proficiency", *The Modern Language Journal*, No. 90, 2006, pp. 6–18.

有：流利说英语、英语趣配音、空中英语教室等。这些应用程序一方面打破了传统英语口语教学受限的时空模式，另一方面也实现了学习的移动性。国外学者的研究也证明了这一点。伊尔迪兹（Yildiz）通过调查发现，对英语学习者使用应用程序作为第二语言会对词汇习得、心理意识和听力理解技能产生积极影响。在卡斯塔涅达和乔（Castañeda and Cho）进行的一项有33位本科生参加的研究中，大部分同学在使用应用程序后，在动词变位、句子表达等方面均有显著的提高①。显然，这些应用程序具有灵活性、方便性、便携性等特点，能够极大地实现学生个性化学习的要求。因此，教师应该鼓励学习广泛使用，并且结合课堂教学实现课堂内外有机衔接。

（5）增强学生主动性，克服依赖心理。根据笔者在西北民族大学所做的调查，在200名少数民族学生中，有70%的人不知道如何自主练习英语口语；而不知如何监控学习计划和进度的学生数量则更多，达到83%。他们在学习中成了被动的接受者，很少有学生自己检查评估自己的学习计划与方法是否科学。从实际教学情况来看，大部分学生不仅"依赖"思想严重，而且对教师布置的课后对话练习也置之不理。因此，教师应着力帮助学生树立正确的学习动机，明确学习目的，制订学习计划，并提醒学生定期评估自己的学习策略，并及时进行相应调整。此外，记笔记也应该作为一项提升语言能力的手段加以强调。笔者在长期的教学中发现，绝大多数学生都没有词汇记录的习惯。而在那些语言能力较强的同学中，长期坚持收录词汇和句子表达的同学比例明显高于那些成绩平平的同学。敦克尔等的研究也证实，记笔记和复习笔记本身同样重要。不复习笔记的学习者与那些不做笔记的学习者在学习效果上差不多。② 因此，教师应该鼓励学生充分利用手机等设备，坚持词汇收录和定期复习，这是口语学习乃至语言整体能力提升的必要手段。

---

① 转引自 Fernando Rosell-Aguilar, State of the App, *Calico Journal*, No. 34, 2017, pp. 243 – 258.

② P. Dunkel, S. Mishra & D. Berliner, "Effects of Note Taking, Memory, and Language Proficiency on Lecture Learning for Native and Nonnative Speakers of English", *Tesol Quarterly*, No. 23, 1989, pp. 543 – 549.

此外，教师还应关注学生的学习态度，定期预习、复习新旧知识。文秋芳认为，学习方法对学习成绩有着直接的影响。作为外语教师应在方法上给学生加以点拨，从改变学生的不恰当观念入手，把培养学习者自我评价能力作为自始至终的中心任务。此外，还要有意识地结合教学内容，训练学生运用管理策略去监控语言学习策略的技能，这对提高我国英语教学质量将有重要意义。①

（6）从心理上关怀学生，激发学生自信心。英语教育过程是师生双方积极主动、和谐合作的过程。② 民族地区高校大学生外语学习的条件远次于发达地区，同时也缺乏良好的外语学习氛围。他们面临着更多的心理困惑，如焦虑、不安、压力过大、缺乏自信等。这些因素对学生张口说外语都会产生很严重的消极作用。根据笔者对西北民族大学部分学生进行的调查，大部分学生都存在焦虑等心理问题。而巩志华对内蒙古民族大学的研究亦表明，"少数民族学生学习外语时，尤其在开口说英语时更容易产生焦虑。当他们被要求在别人面前说英语时，担心别人听不懂。在语言输出阶段，焦虑的情况非常普遍，这个结果也为那些主动提供有关焦虑方面的课程信息的学生所证明"。③ 如何帮助学生克服不利于外语学习的心理问题，是摆在民族地区高校教师面前的课题之一。笔者认为，对少数民族大学生的教育应该以鼓励为主，激发他们的民族自豪感，发扬民族自尊心和不怕艰难的精神；教师应及时把握民族学生的心理变化和波动，消除心理障碍，鼓励他们大胆表现，不怕犯错误。比亚利斯托克指出，语言学习者学习成功或失败的原因是复杂多样的，教师的教学方法也同样应该是多样的。④ 因此，教师在指导口语课时不应该强调整体划一的效果，要清楚并发挥每个学生的优势，帮助学生树立信心，对基础较差的学生不能揠苗助长。教师也要善于发掘学生细微的进步和闪光点，积极给予鼓励和评价，并从日常的关心和观察

---

① 文秋芳：《文秋芳英语教育自选集》，外语教学与研究出版社2008年版，第12页。
② 章兼中等：《英语教育心理学》，警官教育出版社1998年版，第11页。
③ 巩志华：《蒙古族大学生在英语学习中产生焦虑与自我管理关系的调查研究》，《内蒙古师范大学学报》2007年第3期，第82页。
④ E. Bialystok, "A Theoretical Model of Second Language Learning", *Language Learning*, No. 18, 1978, pp. 69–84.

中，帮助学生调整心态和情绪，使他们能享受到成功的快乐，逐步摆脱自卑，恢复自信。

近年来，西部民族院校英语教学改革取得了可喜的成果。以西北民族大学为例，少数民族学生在各类省级、国家级英语口语演讲大赛中，获奖比例连创新高。近 10 年来，该校已有数十位少数民族同学在各类演讲、辩论、口译大赛中取得优异成绩。当然，在看到成绩的同时，我们也要清醒，西部地区民族院校的大学英语口语教学依然存在不少问题。因此，在新时期，随着互联网的普及和学生学习、成长环境的变化，大学英语教师必须重视少数民族学生口语表达能力的培养与提高，根据少数民族学生自身的优势、不足与特点，充分考虑多方面因素，积极配合大学英语教学改革，充分利用网络和现代化电子设备，引导学生掌握语言交际技巧、掌握自主学习英语的能力，让少数民族学生真正成为学习英语、驾驭英语的主人。

低水平大学生英语写作时态准确性历时研究*

张汉彬　昝羊吉照玛**

西北民族大学外国语学院

摘　要：本文以低水平大学生英语写作时态应用为研究对象，主要考查常见的一般现在时、一般过去时、现在进行时、过去进行时、现在完成时、过去完成时、一般将来时和过去将来时八种时态历时应用的准确性。本文采用语料库研究、定量研究和定性研究相结合的研究方法，重点讨论低水平大学生英语写作时态错误的表现以及低水平大学生英语写作时态准确性的历时变化。研究结果显示，低水平大学生在英语写作中出现的时态错误主要表现为三个方面：第一，整篇文章或一个段落内的时态不一致；第二，时间状语与时态不一致；第三，时态的构成形式错误。低水平大学生对一般现在时掌握得好，而对其他时态掌握的程度比较低。

关键词：英语写作；时态准确性；历时

引　言

英语中对时和体的研究主要是探讨各种时和体的习得顺序，不同类

---

* 项目基金：西北民族大学学科建设经费资助（外语教育研究创新团队项目，项目编号：1110130137）；西北民族大学引进人才科研项目（项目编号：xbmuyjrc 2020005）；2020年中央高校基本科研业务费用项目（创新团队培养项目）（项目编号：31920200032）。

** 张汉彬，西北民族大学外国语学院教授，博士，研究方向为应用语言学。昝羊吉照玛，西北民族大学外国语法学院研究生，研究方向为教学法。

动词的时和体的习得有难易的差别。Andersen① 针对英语时和体的习得提出"情状体假说"（Aspect Hypothesis）。Andersen 把动词按照动作完成（telic）与未完成（atelic）分为达成类（achievement）、完结类（accomplishment）、活动类（activity）和状态类（stative），他认为完成类动词最容易掌握，其次是活动类动词，状态类动词最难掌握。Chiravate② 在"情状体假说"的框架下探讨了过去词法的不太典型的用法。他的研究采用完形填空测试作为启发任务，分析了 5 组不同水平的泰国英语学习者的数据。结果表明，随着二语水平的提高，学习者更准确地使用过去形态。然而，时体标记受词汇体类的影响。学习者首先在动作完成动词上使用简单过去式，最终将其应用扩展到未完成动词。

有的学者认为在学习者二语时和体的习得中动词形态的发展受到"语义—概念模型"（semantic-conceptual prototypes）的限制（Housen, 2000）③，这一说法与"情状体假说"的观点基本一致。Housen 在英语为二语语境中"情状体假说"发展的一项纵向研究中发现，"语义—概念模型"本身受到其他因素的影响，特别是第一语言中标记时间范畴的概念、不同语法类别的词素音位特征（morphophonemic nature）和语法形态学习中处理机制（processing mechanisms）特征。蔡金亭④（2002）检验了"情状体假说"在中国学生英语过渡语中的效果。实验发现，进行体"be + doing"倾向用于活动类动词，完成体"have done"倾向用于达成类动词，一般过去时"-ed"的习得顺序是从完成动词（达成类动词和完结类动词）到未完成动词（活动类动词和状态类动词）。研究还发现，随着学习者英语水平的提高，情状体优先假设的效

---

① Andersen S. W. and Shirai Y. , "The primacy of Aspect in First and Second Language Acquisition: The Pidgin-Creole Connection", in Ritchie W. C. and Bhatia T. K. , eds. , *Handbook of Second Language Acquisition*, San Diego, CA: Academic Press, 1996.

② Chiravate B. , "The Roles of L1 and Lexical Aspect in the Acquisition of Tense-Aspect by Thai Learners of English", *English Language Teaching*, Vol. 11, No. 8, 2018, pp. 111 – 125.

③ Housen A. , "Verb semantics and the acquisition of tense-aspect in L2 English", *Studia Linguistica*, Vol. 54, No. 2, 2000, pp. 249 – 259.

④ 蔡金亭：《英语过度语中的动词屈折变化——对情状体优先假设的检验》，《外语教学与研究》2002 年第 2 期。

果就越明显。

Niskova[①]研究了母语分别为挪威语、德语和俄语的人在学英语时，体系统习得中的跨语言影响，重点讨论了现在完成时态和过去简单时态的习得。挪威语、德语和英语的完成时态和过去简单时态在结构上非常相似。然而，德语现在完成时和英语现在完成时在语义上是不同的。俄语和英语的完成时态和过去简单时态系统完全不同。它没有现在完成时，而是将动词分为完成体和未完成体。因此，完成时态和过去简单时态的特征在所研究的语言中的表达方式不同。

一 研究设计

（一）研究被试

本文被试为西北民族大学外国语学院蒙英双语专业27名学生，其中男生7名，女生20名。由于蒙英双语专业每两年只招收一个班，且人数在30名之内，故而研究对象人数比较少。该班学生的母语都为蒙古语，来自内蒙古、新疆、青海及甘肃肃北地区。汉语为其第二语言，且汉语表达不流利。高中阶段开设英语课，因此，对他们来说，英语既是外语又是第三语言。课堂上使用蒙英双语授课加之课后的汉语交流这样的语言环境对学生英语学习的影响是独特的。所以，本文把这类学生按照低水平大学生来归类。

（二）研究方法

时态包括时和体，主要考查常见的八种时态：一般现在时、一般过去时、现在进行时、过去进行时、现在完成时、过去完成时、一般将来时和过去将来时。时态的准确性通过计算正确的时态形式和所有时态形式的比值来实现。本文采用语料库研究、定量研究和定性研究相结合的研究方法。

---

① Niskova V., *Cross-linguistic Influence in the Acquisition of the English Determiner and Tense-aspect Systems by L1 Norwegian, L1 German and L1 Russian Speakers*, Master's thesis, UiT Norges arktiske universitet, 2021.

(三) 数据收集与处理

本文中,每学年收集学生的习作 10 篇,连续收集四年。每篇作文为不少于 150 词的限时习作,但由于学生的水平存在差异,习作的长度有的只有 100 词左右,但有的达到 200 词左右。这样,平均可以达到 150 词。语料按照学年分成四部分,建成了 WECLPS(Written English Corpus of Low-Proficiency Students)语料库。每学年的作文题目既有简单的,又包括有难度的,作文体裁多样,但以说明文为主,每篇作文都有一定的写作要求,但总体来说从大一到大四作文难度逐渐增加,这也符合学生认知和知识发展的规律。

本文通过 AntConc 检索软件从 WECLPS 语料库中提取数据,然后使用常用的统计软件——社会产品与服务解决方案 SPSS 25 来分析数据。每组数据都要用描述统计来展示一组数据的全貌,揭示一组数据的总体特征,为进一步分析数据奠定基础。本文应用描述统计的类型包括人数、均值、标准差、标准误差、频数、最大值、最小值或相关性。

要探讨学生英语写作能力的历时情况就要对比分析大一阶段、大二阶段、大三阶段和大四阶段的数据。单变量方差分析用来检测某个变量从大一阶段到大四阶段的表现,多变量方差分析用来检测某几个相关的变量从大一阶段到大四阶段的表现。对 SPSS 产出的结果的正确分析即可揭示蒙英双语专业大学生英语写作能力的发展情况。除了使用表格数据来说明学生的各方面写作能力之外,我们还使用发展趋势图来直观地展示从大一阶段到大四阶段学生各方面写作能力发展的情况。

(四) 研究问题

低水平大学生英语写作时态准确性历时的特点如何,本文通过以下两个问题解答。

(1) 低水平大学生英语写作时态错误体现在哪些方面?

(2) 低水平大学生英语写作时态准确性的历时变化如何?

二 低水平大学生英语写作时态错误分析

(一) 时态检索的正则表达式

时态的一致性包括一般现在时、一般过去时、现在进行时、过去进行时、现在完成时、过去完成时、一般将来时和过去将来时的一致性。在编写时态检索的正则表达式(见表1)时,主谓一致错误、谓语不完整等现象都不考虑,只考虑时间。

表1　　　　　　　　时态检索的正则表达式

时态	正则表达式
一般现在时	\S+_VVP\s|\S+_VVZ\s|\S+_VBP\s|\S+_VBZ\s|\S+_VHP\s|\S+_VHZ\s
一般过去时	\S+_VVD\s|\S+_VBD\s|\S+_VHD\s
现在进行时	\S+_VBP\s(\S+_RB\s)*\S+_VVG\s|\S+_VBZ\s(\S+_RB\s)*\S+_VVG\s
过去进行时	\S+_VBD\s(\S+_RB\s)*\S+_VVG\s
现在完成时	\S+_VHP\s(\S+_RB\s)*\S+_VVN\s|\S+_VHP\s(\S+_RB\s)*\S+_VBN\s|\S+_VHP\s(\S+_RB\s)*\S+_VHN\s|\S+_VHZ\s(\S+_RB\s)*\S+_VVN\s|\S+_VHZ\s(\S+_RB\s)*\S+_VBN\s|\S+_VHZ\s(\S+_RB\s)*\S+_VHN\s
过去完成时	\S+_VHD\s(\S+_RB\s)*\S+_VVN\s|\S+_VHD\s(\S+_RB\s)*\S+_VBN\s|\S+_VHD\s(\S+_RB\s)*\S+_VHN\s
一般将来时	will_|shall_|\ll|\swo_|(\S+_VBP\s|\S+_VBZ\s)(\S+_RB\s)*(going|about)\S+w+\s\S+_TO\s\S+_VV\w*\s|(\S+_VBP\s|\S+_VBZ\s)\S+_TO\s\S+_VV\w*\s
过去将来时	Would|(I|we)\S+w+\sshould|\S+_VBD\s(\S+_RB\s)*(going|about)\S+w+\s\S+_TO\s\S+_VV\w*\s|\S+_VBD\s\S+_TO\s\S+_VV\w*\s

一般现在时检索正则表达式编写的依据是：行为动词一般式；行为动词单三；系动词 be 的 am 和 are；系动词 be 的单三形式 is；动词 have 及 has 的形式。

一般过去时检索正则表达式编写的依据是：行为动词过去式；系动词 be 过去式；动词 have 及 has 的过去式形式 had。

现在进行时检索正则表达式编写的依据是："助动词 am/are + 行为动词 doing"的结构；"助动词 is + 行为动词 doing"的结构。

过去进行时检索正则表达式编写的依据是："助动词 be 的过去式 + 行为动词 doing"的结构。

现在完成时检索正则表达式编写的依据是：助动词 have 及 has 与系动词 be 的过去分词、行为动词 do 的过去分词、行为动词 have 及 has 的过去分词所构成的结构，即"have done"；"have been"；"have had"；"has done"；"has been"；"has had"。

过去完成时检索正则表达式编写的依据是：助动词 have 及 has 的过去式形式 had 与系动词 be 的过去分词、行为动词 do 的过去分词、行为动词 have 及 has 的过去分词所构成的结构，即"had done"；"had been"；"had had"。

一般将来时检索正则表达式编写的依据是：will/shall/will 的缩略式 'll 及否定式 wo（n't）；"be going to do"和"be about to do"的形式"am/are/is（not, now）going/about to do"；"be to do"的形式"am/are/is to do"。

过去将来时检索正则表达式编写的依据是：用于各人称的 would 和第一人称的 should；"be going to do"和"be about to do"的形式"was/were（not, now）going/about to do"；"be to do"的形式"was/were to do"。

（二）低水平大学生英语写作时态错误分析

低水平大学生英语写作中各种英语时态的错误通过举例来分析。

（1）I_ PP am_ VBP live_ JJ in_ IN Inner_ NP Mongolia

（2）Inner_ NP Mongolia_ NP have_ VHP many_ JJ hills_ NNS

（3）Once_ RB , _ , I_ PP catch_ VVP cold_ JJ and_ CC I_ PP feel_ VVP very_ RB bad_ JJ ._ SENT When_ WRB she_ PP knews_ VVZ I_ PP catch_ VV cold_ JJ ._ SENT She_ PP help_ VVP me_ PP bought_ VVD some_ DT medicine_ NN and_ CC look_ VV after_ IN me_ PP three _ CD day_ NN ._ SENT One_ CD another_ DT occasion_ NN , _ , I_ PP always_ RB went_ VVD to_ TO nether_ JJ and_ CC I_ PP do_ VVP n't_ RB like_ VV study_ NN ._ SENT

索引行（1）到（3）是一般现在时准确性的情况。索引行（1）和（2）中的谓语部分都有错误，要么行为动词前随意加系动词，要么出现主谓一致错误，但这样的形式不影响时态的正确性，因而按照正确时态一致处理。索引行（3）中出现时态混用的情况。段首的"Once"一词显示本段要讲述发生在过去的事情，所以段中的一般现在时都是错误的表达形式。

（4）then_ RB we_ PP did_ VVD n¡-t_ NN went_ VVD to_ TO the_ DT school_ NN , _ , played_ VVN in_ IN the_ DT field_ NN ._ SENT

（5）We_ PP were_ VBD very_ RB liked_ VVN her_ PP ._ SENT

（6）In_ IN summer_ NN my_ PP $ hometown_ NN sun_ NN rise_ NN very_ RB early_ JJ and_ CC sun_ NN went_ VVD down_ RB very_ RB late_ JJ but_ CC in_ IN winter_ NN sun_ NN rise_ NN very_ RB late_ JJ and_ CC sun_ NN went_ VVD down_ RB very_ RB early_ JJ ._ SENT

索引行（4）到（6）是一般过去时准确性的情况。索引行（4）和（5）中的谓语部分都有错误，要么行为动词前随意加系动词，要么助动词后面仍然使用了过去式，但这样的形式不影响时态的正确性，因而按照正确时态一致处理。索引行（6）中出现时态错误混用的情况。整体时态应该为一般现在时，而学生在句中却使用了一般过去时。

（7）I_ PP am_ VBP drawing_ VVG Mama_ NP told_ VVD me_ PP she_ PP want_ VVP to_ TO go_ VV out

（8）Finally_ RB , _ , the_ DT university_ NN entrance_ NN exam_ NN is_ VBZ coming_ VVG ._ SENT

（9）Since_ IN the_ DT reform_ NN and_ CC opening_ NN ,_ , advertising_ NN is_ VBZ promoting_ VVG economic_ JJ development_ NN

（10）I_ PP am_ VBP learning_ VVG is_ VBZ not_ RB good_ JJ ._ SENT

（11）make_ VV my_ PP$ life_ NN is_ VBZ changing_ VVG interesting_ JJ and_ CC

索引行（7）到（11）是现在进行时准确性的情况。依据语境，索引行（7）和（8）中应当使用过去进行时。索引行（9）中，该生没有掌握 since 与现在完成时搭配的用法。索引行（10）和（11）中形式说明，有些学生还没有掌握英语句式的结构。

（12）When_ WRB we_ PP was_ VBD watching_ VVG TV_ NN ,_ , Internet_ NP ,_ , and_ CC listen_ VV to_ TO the_ DT radio_ NN ,_ , we_ PP all_ RB can_ MD see_ VV that_ IN many_ JJ of_ IN the_ DT ads_ NNS ._ SENT

（13）When_ WRB we_ PP was_ VBD reading_ VVG high_ JJ school_ NN we_ PP were_ VBD entered_ VVN the_ DT different_ JJ class_ NN ._ SENT

索引行（12）和（13）是过去进行时准确性的情况。索引行（12）描述一般的事实，应当使用现在进行时。索引行（13）中过去进行时"was reading"是中式英语，使用"were in"表达即可。

（14）I_ PP has_ VHZ played_ VVN football_ NN for_ IN five_ CD years_ NNS ._ SENT

（15）I_ PP have_ VHP been_ VBN very_ RB hard_ JJ ,_ , also_ RB can_ MD dance_ VV well_ RB ._ SENT

（16）I_ PP have_ VHP studed_ VVN in_ IN one_ CD year_ NN already_ RB ._ SENT

（17）It_ PP have_ VHP been_ VBN built_ VVN three_ CD years_ NNS ago_ RB ._ SENT

（18）One_ CD time_ NN the_ DT school_ NN has_ VHZ organized_ VVN a_ DT literary_ JJ programs_ NNS ,_ ,

（19） I_ PP leave_ VVP home_ NN has_ VHZ been_ VBN for_ IN half_ PDT a_ DT year_ NN ._ SENT 中式英语

（20） After_ RB has_ VHZ entered_ VVN the_ DT university_ NN I_ PP had_ VHD known_ VVN many_ JJ friend_ NN who_ WP comes_ VVZ from_ IN the_ DT different_ JJ place_ NN ._ SENT

（21） Has_ VHZ lived_ VVN in_ IN a_ DT place_ NN can_ MD enhance_ VV the_ DT feelings_ NNS ._ SENT

索引行（14）到（21）是现在完成时准确性的情况。索引行（14）到（16）中的现在完成时，虽然出现了主谓一致错误、动词选择错误和动词拼写错误，但这样的形式不影响时态的准确性，因而按照正确时态一致处理。索引行（17）和（18）有明显的一般过去时的时间状语，不可使用现在完成时。索引行（19）到（21）中的现在完成时的使用，都使句子结构出现了错误。

（22） we_ PP should_ MD collect_ VV information_ NN from_ IN people_ NNS who_ WP had_ VHD done_ VVN the_ DT examination_ NN before_ RB ._ SENT

（23） After_ RB has_ VHZ entered_ VVN the_ DT university_ NN I_ PP had_ VHD known_ VVN many_ JJ friend_ NN who_ WP comes_ VVZ from_ IN the_ DT different_ JJ place_ NN ._ SENT

（24） One_ CD day_ NN I_ PP had_ VHD played_ VVN basketball_ NN with_ IN

（25） Some_ DT copied_ VVN from_ IN small_ JJ pieces_ NNS of_ IN paper_ NN on_ IN which_ WDT they_ PP had_ VHD prepared_ VVN for_ IN the_ DT exam_ NN ._ SENT

索引行（22）到（25）是过去完成时准确性的情况。索引行（22）和（23）表述的是现在的情况，句中的过去完成时应为现在完成时。索引行（24）有明显的一般过去时的时间状语，不可使用过去完成时。语料库 WECLPS 中正确使用过去完成时的句子很少，比如索引行（25）就是一例。

(26) One_ CD day_ NN teacher_ NN talking_ VVG with_ IN me_ PP ._ SENT she_ PP tell_ VVP me_ PP ._ SENT Do_ VV n'_ t_ JJ worry_ NN ._ SENT She_ PP will_ MD help_ VV me_ PP ._ SENT

(27) Sometimes_ RB he_ PP is_ VBZ to_ TO us_ PP very_ RB severe_ JJ ,_ ,_ when_ WRB we_ PP commit_ VVP an_ DT error_ NN and_ CC will_ MD talk_ VV sense_ NN to_ TO us_ PP will_ MD tell_ VV me_ PP again_ RB ._ SENT

(28) If_ IN I_ PP will_ MD be_ VB a_ DT teacher_ NN ,_ ,_ I_ PP will_ MD teaching_ NN many_ JJ student_ NN ._ SENT

(29) the_ DT government_ NN at_ IN various_ JJ levels_ NNS shall_ MD strengthen_ VV the_ DT administration_ NN of_ IN wild_ JJ life_ NN resources_ NNS ._ SENT

(30) My_ PP$ present_ JJ dream_ NN is_ VBZ to_ TO pass_ VV through_ IN the_ DT university_ NN English_ JJ

(31) We_ PP have_ VHP study_ NN purpose_ NN ,_ ,_ we_ PP are_ VBP about_ RB to_ TO pay_ VV the_ DT action_ NN ._ SENT

索引行（26）到（31）是一般将来时准确性的情况。索引行（26）有明显的一般过去时的时间状语，其中的"will"应当为"would"，要使用过去将来时。索引行（27）中，使用一般将来时的部分句子结构错误。索引行（28）说明，学生没有掌握"状语从句中使用一般现在时表将来"的用法。索引行（29）说明，学生没有掌握"'shall'表将来用于第一人称"的用法。索引行（30）和（31）中，学生正确使用"be to"和"be about to"结构表将来。

（三）时态准确性数据统计

语料库 WECLPS 中出现的低水平大学生英语写作中各种时态准确性的数量见表2。

表 2　　　　　　　　　　时态数量统计表

类型	大一		大二		大三		大四		合计	
	错误	总数	错误	总数	错误	总数	错误	总数	错误	总数
一般现在时	3208	3265	2961	3301	3676	3785	3701	3744	13546	14095
一般过去时	197	349	434	615	189	420	74	192	894	1576
现在进行时	36	68	33	66	37	79	114	167	220	380
过去进行时	2	3	8	13	1	4	1	3	12	23
现在完成时	20	29	48	77	41	56	58	71	167	233
过去完成时	0	4	0	4	3	6	0	3	3	17
一般将来时	207	249	160	206	189	243	240	295	796	993
过去将来时	1	1	0	0	0	0	0	0	1	1
总计	3671	3968	3644	4282	4136	4593	4188	4475	15639	17318

表 2 中数据显示，低水平大学生使用最多的时态是一般现在时，一般现在时的总数达到 14095，其中错误的形式总数为 13546。其次为一般过去时（894/1576）和一般将来时（796/993），一般将来时的数量相对少一些。现在进行时（220/380）和现在完成时（167/233）的数量并不多，而过去进行时（12/23）和过去完成时（3/17）的数量更是屈指可数，过去将来时只出现了一次。

按照年级来看，从大一阶段到大四阶段，时态的总和都在 4000 左右，正确形式的时态总和大一阶段和大二阶段都超过 3600，而大三阶段和大四阶段都超过 4100。各种时态使用的总和为 17318，并不意味着语料库 WECLPS 中就有 17318 个分句，因为低水平大学生在英语写作中大量出现了一些没有谓语部分的句子，而这些句子在"时态"中是检索不到的。

三　低水平大学生英语写作时态准确性的历时变化

（一）一般现在时准确性分析

各年级一般现在时的准确性描述统计结果如表 3 所示。大一阶段

(0.983，0.026）一般现在时的准确性均值与大四阶段（0.988，0.011）的均值接近，大三阶段（0.972，0.023）的均值略微低一点。大二阶段（0.892，0.060）一般现在时的准确性的均值最低。四个阶段的均值都在 0.9 左右，总体均值为 0.959，最小值为 0.741，最大值为 1。可见，从各年级一般现在时的准确性描述统计值总体来看，低水平大学生在英语写作中的一般现在时的准确性很高。

表3　　　　　各年级一般现在时准确性描述统计结果

年级	均值	标准差	标准误	最小值	最大值
大一	0.983	0.026	0.005	0.897	1.000
大二	0.892	0.060	0.012	0.741	0.977
大三	0.972	0.023	0.004	0.925	1.000
大四	0.988	0.011	0.002	0.947	1.000

表 4 是一般现在时准确性方差分析的结果。方差分析结果显示，方差总变异为 0.293，其中来自组间的变异为 0.164，而来自组内的变异为 0.128，组间变异与组内变异的均方分别为 0.055 和 0.001，组间变异的均方大于组内变异的均方，四个阶段的方差分析 F 值为 44.464，$p = 0.000$ 小于 0.05，说明四个阶段中有几个阶段之间有显著的差异。

表4　　　　　一般现在时准确性方差分析结果

方差来源	平方和	自由度	均方	F 值	p 值
组间变异	0.164	3	0.055	44.464	0.000
组内变异	0.128	104	0.001		
总变异	0.293	107			

表 5 是各年级一般现在时准确性的多重比较结果。表 5 中数据显示，大二阶段的一般现在时的准确性明显低于大一阶段（$p = 0.000 < 0.05$）、大三阶段（$p = 0.000 < 0.05$）和大四阶段（$p = 0.000 < 0.05$），大三阶段的一般现在时的准确性也明显低于大四阶段（$p = 0.012 < 0.05$）。可见，低水平大学生在一般现在时的准确性方面的发展并非随

着年级的升高而升高。

表5　　　　　　　　一般现在时准确性多重比较结果

	大二		大三		大四	
	均值差	p 值	均值差	p 值	均值差	p 值
大一	0.091*	0.000	0.011	0.466	-0.005	0.940
大二			-0.080*	0.000	-0.096*	0.000
大三					-0.016*	0.012

注：*均值差在0.05的水平上显著。

图1的箱图直观地反映了各年级一般现在时准确性的历时发展趋势。由上端的第三个四分位值和下端的第一个四分位值构成的箱体来看，箱体的长度决定了数据的分散程度，箱体越长数据越分散。可见，大二阶段数据的分散程度最大，大三阶段的次之，大一阶段和大四阶段数据的分散程度最小。箱体中间的粗线为中位数，大一阶段的中位数最大，与箱体上端基本重合，大四阶段的中位数基本与均值重合，而大一阶段、大二阶段和大三阶段的中位数均高于均值。大一阶段第21行和大四阶段第87行的数据是两个极端值，大一阶段数据列第6行和大二阶段第35行有两个离群点。

图1的箱图显示，低水平大学生在一般现在时的准确性上表现很特别，大一阶段的准确性反而高于大二阶段的准确性，我们通过查看学生的作文发现，大二阶段大部分学生在至少四篇作文中举了一些发生在过去的事例，在叙述事例时仍然使用一般现在时，从而出现了不少错误。而其他各阶段学生举了过去的事例的作文很少。可见，低水平大学生习惯使用一般现在时，而在时态转换方面的能力则比较弱。

（二）一般过去时准确性分析

各年级一般过去时的准确性描述统计结果如表6所示。大一阶段（0.526，0.268）一般过去时的准确性均值与大二阶段（0.664，0.189）的均值接近，大三阶段（0.401，0.227）和大四阶段（0.385，0.172）的均值接近，但反而低于大一阶段和大二阶段的均值，并且大

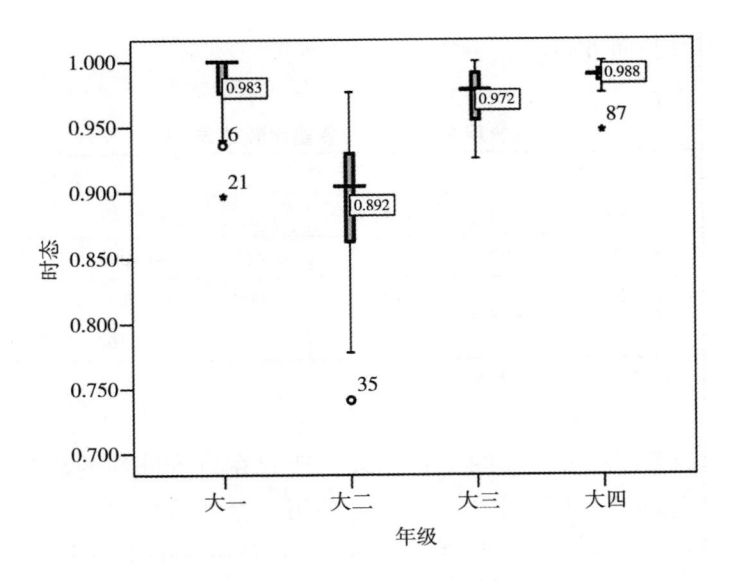

图 1　一般现在时准确性的历时发展趋势

四阶段的均值最低。四个阶段的均值最高不到 0.7，总体均值为 0.494，最小值为 0，最大值为 1。可见，从各年级一般过去时的准确性描述统计值总体来看，低水平大学生在英语写作中的一般过去时的准确性不高，还有很大的提升空间。

表 6　　　　各年级一般过去时准确性描述统计结果

年级	均值	标准差	标准误	最小值	最大值
大一	0.526	0.268	0.052	0.000	1.000
大二	0.664	0.189	0.036	0.222	0.967
大三	0.401	0.227	0.044	0.100	0.824
大四	0.385	0.172	0.033	0.091	0.750

表 7 是一般过去时准确性方差分析的结果。方差分析结果显示，方差总变异为 6.258，其中来自组间的变异为 1.365，而来自组内的变异为 4.894，组间变异与组内变异的均方分别为 0.455 和 0.047，组间变异的均方大于组内变异的均方，四个阶段的方差分析 F 值为 9.666，$p=0.000$ 小于 0.05，说明四个阶段中有几个阶段之间有显著的差异。

表7　　　　　　　　一般过去时准确性方差分析结果

方差来源	平方和	自由度	均方	F 值	p 值
组间变异	1.365	3	0.455	9.666	0.000
组内变异	4.894	104	0.047		
总变异	6.258	107			

表8 是各年级一般过去时准确性的多重比较结果。表8 中数据显示，大二阶段的一般过去时的准确性明显高于大一阶段（$p = 0.021 < 0.05$）、大三阶段（$p = 0.000 < 0.05$）和大四阶段（$p = 0.000 < 0.05$），而大一阶段的一般过去时的准确性也明显高于大三阶段（$p = 0.036 < 0.05$）和大四阶段（$p = 0.019 < 0.05$）。大三阶段和大四阶段（$p = 0.797 > 0.05$）一般过去时的准确性没有显著的差异。可见，低水平大学生在一般过去时的准确性方面的发展也并非随着年级的升高而升高。

表8　　　　　　　　一般过去时准确性多重比较结果

	大二		大三		大四	
	均值差	p 值	均值差	p 值	均值差	p 值
大一	-0.139*	0.021	0.125*	0.036	0.140*	0.019
大二			0.264*	0.000	0.279*	0.000
大三					0.015	0.797

注：* 均值差在 0.05 的水平上显著。

图2 的箱图直观地反映了各年级一般过去时准确性的发展趋势。由上端的第三个四分位值和下端的第一个四分位值构成的箱体来看，箱体的长度决定了数据的分散程度，箱体越长数据越分散。可见，大一阶段数据的分散程度最大，大三阶段的次之，大二阶段和大四阶段数据的分散程度最小。箱体中间的粗线为中位数，大二阶段的中位数最大，大三阶段的中位数与均值基本重合，而大一阶段和大二阶段的中位数略微高于均值，大四阶段的中位数则低于均值。

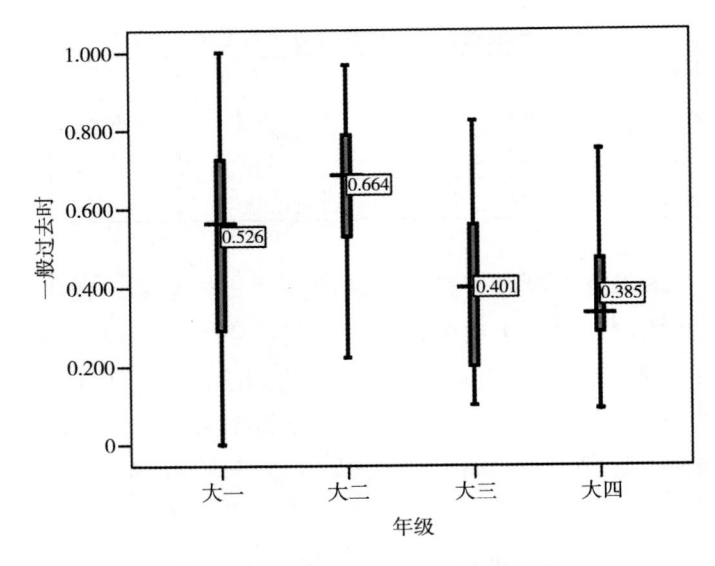

图 2　一般过去时准确性的发展趋势

图 2 的箱图显示，低水平大学生在一般过去时的准确性上表现很特别，大二阶段的准确性反而高于其他三个阶段的准确性，我们通过查看学生的作文发现，大二阶段学生在多篇作文中举了一些发生在过去的事例，对过去式的使用比较多。而其他各阶段的作文主要使用一般现在时，而学生在一般现在时的作文中无意识地使用了动词的过去式形式。比如，"I found…""I told…""I began…""He put…"，等等。可见，低水平大学生过分使用一般过去时，说明他们还没有完全掌握一些动词的一般过去式形式，不能正确区分一些动词的原形和一般过去式形式。

（三）现在进行时准确性分析

各年级现在进行时的准确性描述统计结果如表 9 所示。大一阶段（0.508，0.412）现在进行时的准确性均值与大二阶段（0.529，0.249）的均值接近，大三阶段（0.454，0.413）的均值最低，大四阶段（0.666，0.186）的均值最高。四个阶段的均值最高不到 0.7，总体均值为 0.539，最小值为 0，最大值为 1。可见，从各年级现在进行时的准确性描述统计值总体来看，低水平大学生在英语写作中的现在进行时的准确性不高,还有很大的提升空间。

表9　　　　　各年级现在进行时准确性描述统计结果

年级	均值	标准差	标准误	最小值	最大值
大一	0.508	0.412	0.079	0.000	1.000
大二	0.529	0.249	0.048	0.000	1.000
大三	0.454	0.413	0.080	0.000	1.000
大四	0.666	0.186	0.036	0.333	1.000

表10是现在进行时准确性方差分析的结果。方差分析结果显示,方差总变异为12.023,其中来自组间的变异为0.657,而来自组内的变异为11.366,组间变异与组内变异的均方分别为0.219和0.109,组间变异的均方与组内变异的均方相差不大,四个阶段的方差分析 F 值为2.004,$p=0.118$ 大于0.05,说明四个阶段中任何两个阶段之间没有显著的差异。

表10　　　　　现在进行时准确性方差分析结果

方差来源	平方和	自由度	均方	F 值	p 值
组间变异	0.657	3	0.219	2.004	0.118
组内变异	11.366	104	0.109		
总变异	12.023	107			

表11是各年级现在进行时准确性的多重比较结果。表11中数据显示,任何两个阶段之间的现在进行时的准确性 p 值都大于0.05。可见,低水平大学生在现在进行时的准确性方面的发展没有显著变化,同时也说明低水平大学生对英语现在进行时的掌握程度比较低。

表11　　　　　现在进行时准确性多重比较结果

	大二		大三		大四	
	均值差	p 值	均值差	p 值	均值差	p 值
大一	-0.021	1.000	0.055	0.997	-0.157	0.390

续表

	大二		大三		大四	
	均值差	p 值	均值差	p 值	均值差	p 值
大二			0.075	0.963	−0.137	0.151
大三					−0.212	0.115

图 3 的箱图直观地反映了各年级现在进行时准确性的发展趋势。由上端的第三个四分位值和下端的第一个四分位值构成的箱体来看，箱体的长度决定了数据的分散程度，箱体越长数据越分散。可见，大一阶段、大二阶段和大三阶段数据的分散程度最大（大二阶段有几个离群点和极端值），大四阶段数据的分散程度最小。各阶段的中位数与均值很接近。虽然各个阶段在均值上没有显著的差异，而大四阶段的最高均值和最小的数据分散程度说明，低水平大学生在现在进行时的准确性上有微小的进步。

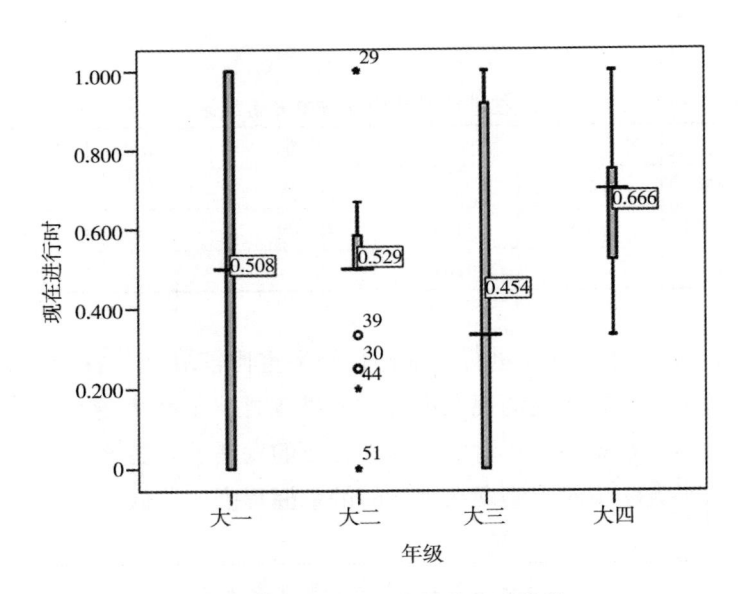

图 3　现在进行时准确性的发展趋势

(四) 过去进行时准确性分析

在 WECLPS 语料库中，低水平大学生使用的过去进行时共发现了 23 处，大一到大四分别有 3 处、13 处、4 处和 3 处，而其中正确的过去进行时形式有 12 处，大一到大四分别有 2 处、8 处、1 处和 1 处，准确率仅有 50% 左右。图 4 是过去进行时数量的面积图，图 4 中正确形式和错误形式的面积大致相等。可见，低水平大学生对英语过去进行时的掌握程度还比较低。

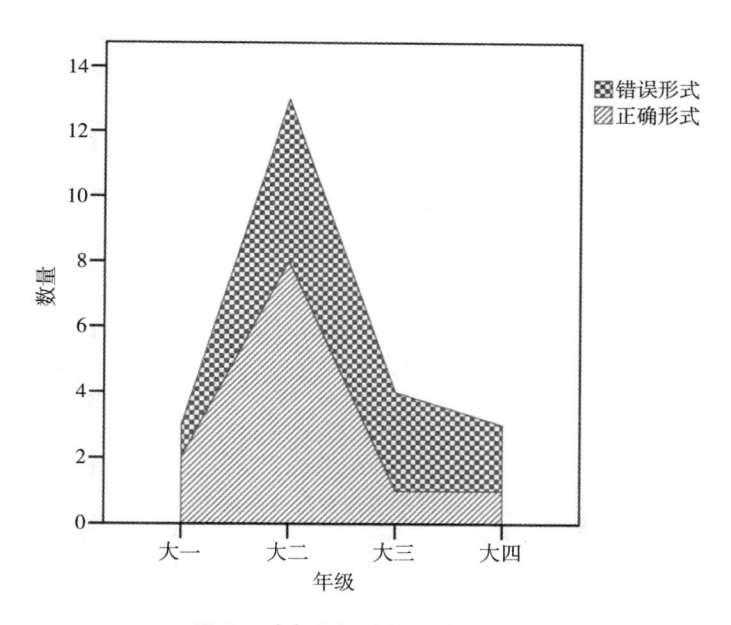

图 4 过去进行时数量的面积图

(五) 现在完成时准确性分析

各年级现在完成时的准确性描述统计结果如表 12 所示。大一阶段 (0.490, 0.482) 现在完成时的准确性均值与大二阶段 (0.531, 0.415) 的均值接近，大三阶段 (0.648, 0.387) 和大四阶段 (0.661, 0.427) 的均值接近。大一阶段到大四阶段的均值呈递增趋势，但四个阶段的均值最高不到 0.7，总体均值为 0.583，最小值为 0，最大值为 1。可见，从各年级现在完成时的准确性描述统计值总体来看，低水平大学生在英语写作中的现在完成时的准确性不高，还有很大的提升空间。

表 12　　　　　　各年级现在完成时准确性描述统计结果

年级	均值	标准差	标准误	最小值	最大值
大一	0.490	0.482	0.093	0.000	1.000
大二	0.531	0.415	0.080	0.000	1.000
大三	0.648	0.387	0.074	0.000	1.000
大四	0.661	0.427	0.082	0.000	1.000

表 13 是现在完成时准确性方差分析的结果。方差分析结果显示，方差总变异为 19.730，其中来自组间的变异为 0.583，而来自组内的变异为 19.147，组间变异与组内变异的均方分别为 0.194 和 0.184，组间变异的均方与组内变异的均方相差不大，四个阶段的方差分析 F 值为 1.055，$p=0.371$ 大于 0.05，说明四个阶段中任何两个阶段之间没有显著的差异。

表 13　　　　　　现在完成时准确性方差分析结果

方差来源	平方和	自由度	均方	F 值	p 值
组间变异	0.583	3	0.194	1.055	0.371
组内变异	19.147	104	0.184		
总变异	19.730	107			

表 14 是各年级现在完成时准确性的多重比较结果。表 14 中数据显示，任何两个阶段之间的现在进行时的准确性 p 值都大于 0.05。可见，低水平大学生在现在完成时的准确性方面的发展没有显著变化，同时也说明低水平大学生对英语现在完成时的掌握程度比较低。

表14　　　　　　　　现在完成时准确性多重比较结果

	大二		大三		大四	
	均值差	p 值	均值差	p 值	均值差	p 值
大一	-0.041	0.725	-0.158	0.179	-0.171	0.147
大二			-0.117	0.320	-0.129	0.270
大三					-0.013	0.914

图5的箱图直观地反映了各年级现在完成时准确性的发展趋势。由上端的第三个四分位值和下端的第一个四分位值构成的箱体来看，箱体的长度决定了数据的分散程度，箱体越长数据越分散。可见，大一阶段到大四阶段数据的分散程度都相当。大一阶段到大四阶段的中位数与均值都呈递增趋势，中位数的递增趋势较明显，而均值的递增趋势不明显。可见，低水平大学生在现在完成时的准确性上有略微的进步但不明显。

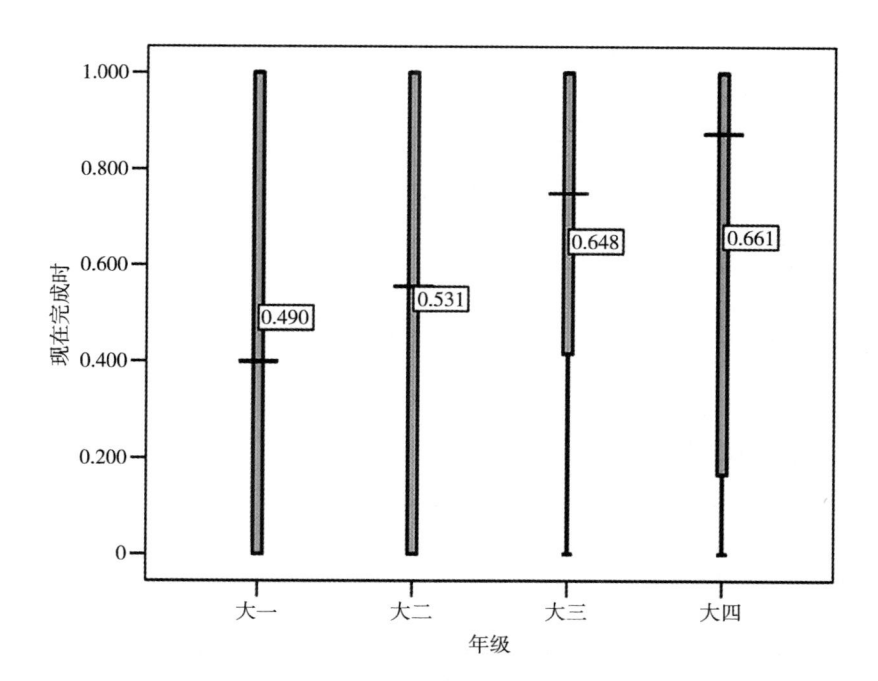

图5　现在完成时准确性的发展趋势

(六) 过去完成时准确性分析

在 WECLPS 语料库中，低水平大学生使用的过去完成时共发现了 17 处，大一到大四分别有 4 处、4 处、6 处和 3 处，而其中正确的过去完成时形式只有 3 处，并且只出现在大三阶段，准确率不到 20%。图 6 是过去完成时数量的面积图，图 6 中错误形式的面积远远大于正确形式的面积。可见，低水平大学生基本没有掌握英语过去完成时的用法。

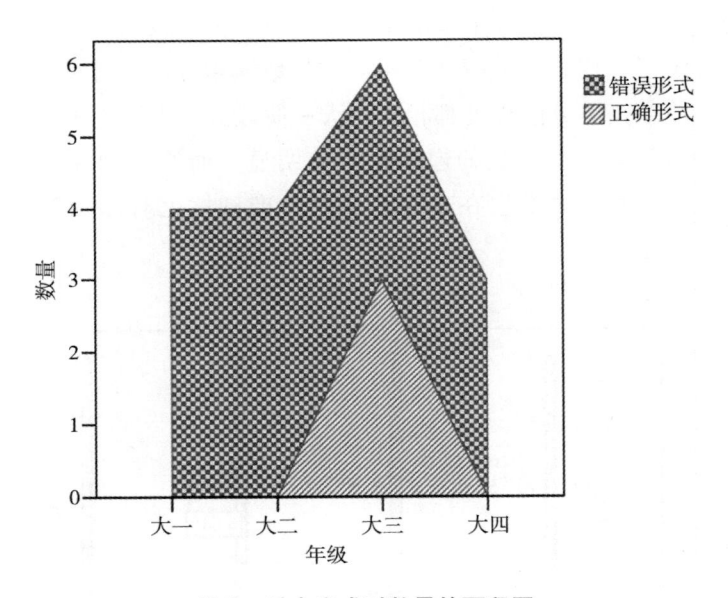

图 6 过去完成时数量的面积图

(七) 一般将来时准确性分析

各年级一般将来时的准确性描述统计结果如表 15 所示。大一阶段 (0.820, 0.203)、大三阶段 (0.805, 0.165) 和大四阶段 (0.817, 0.103) 一般将来时的准确性均值非常接近，都高于 0.8，大二阶段 (0.718, 0.281) 的均值稍低一点，但也高于 0.7，总体均值为 0.790，最小值为 0，最大值为 1。可见，从各年级一般将来时的准确性描述统计值总体来看，低水平大学生在英语写作中的一般将来时的准确性比较高,但还有一定的提升空间。

表15　　　　各年级一般将来时准确性描述统计结果

年级	均值	标准差	标准误	最小值	最大值
大一	0.820	0.203	0.039	0.400	1.000
大二	0.718	0.281	0.054	0.000	1.000
大三	0.805	0.165	0.032	0.400	1.000
大四	0.817	0.103	0.020	0.625	1.000

表16是一般将来时准确性方差分析的结果。方差分析结果显示,方差总变异为4.306,其中来自组间的变异为0.192,而来自组内的变异为4.114,组间变异与组内变异的均方分别为0.064和0.040,组间变异的均方与组内变异的均方相差不大,四个阶段的方差分析F值为1.616,$p=0.190$大于0.05,说明四个阶段中任何两个阶段之间没有显著的差异。

表16　　　　一般将来时准确性方差分析结果

方差来源	平方和	自由度	均方	F值	p值
组间变异	0.192	3	0.064	1.616	0.190
组内变异	4.114	104	0.040		
总变异	4.306	107			

表17是各年级一般将来时准确性的多重比较结果。表17中数据显示,任何两个阶段之间的一般将来时的准确性p值都大于0.05。可见,低水平大学生在一般将来时的准确性方面的发展没有显著的变化。

表17　　　　一般将来时准确性多重比较结果

	大二		大三		大四	
	均值差	p值	均值差	p值	均值差	p值
大一	0.103	0.569	0.015	1.000	0.003	1.000

续表

	大二		大三		大四	
	均值差	p 值	均值差	p 值	均值差	p 值
大一			-0.087	0.676	-0.099	0.448
大三					-0.012	1.000

图7的箱图直观地反映了各年级一般将来时准确性的发展趋势。箱体的长度决定了数据的分散程度，箱体越长数据越分散。可见，大一阶段到大三阶段数据的分散程度都相当，大四阶段数据的分散程度比较小。大一阶段和大二阶段的均值略微低于中位数，大三阶段和大四阶段的中位数与均值基本重合。可见，低水平大学生在一般将来时的准确性上有微小的进步但不明显。

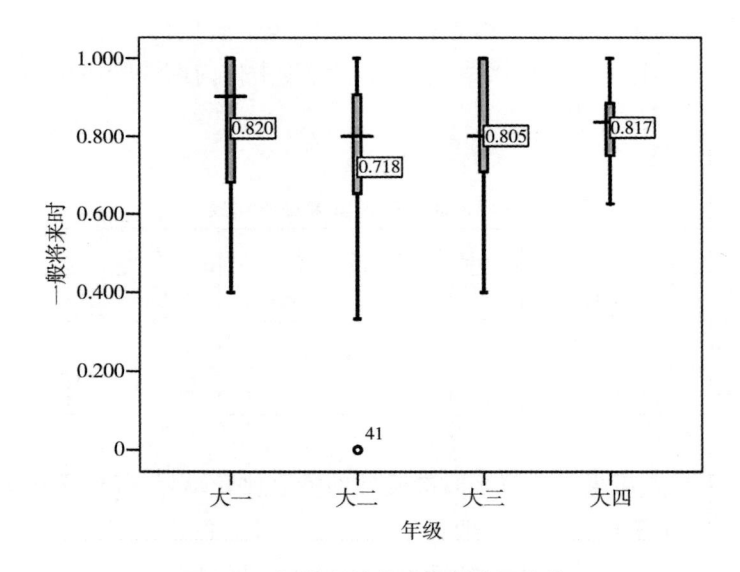

图7 一般将来时准确性的发展趋势

（八）过去将来时准确性分析

在WECLPS语料库中，低水平大学生使用的过去将来时共发现了1处，并且在大一阶段。这一处正确使用过去将来时的语境如下：

it_ PP was_ VBD Sunday_ NP ._ SENT Tom_ NP and_ CC I_ PP were_ VBD going_ VVG to_ TO play_ VV basketball_ NN ._ SENT Suddenly_ RB we_ PP saw_ VVD a_ DT women_ NNS was_ VBD looking_ VVG at_ IN me_ PP from_ IN a_ DT house_ NN near_ IN the_ DT ground_ NN ._ SENT

在整个 WECLPS 语料库中，通过正则表达式共检索到 184 条，除了上例的"were going to"结构之外，其余都是使用"I/we should"的情况，也没有到使用"would"的情况，而这 183 条都是"should"作为情态动词的用法，没有一条是过去将来时的用法。可见，低水平大学生完全没有意识使用过去将来时，也没用掌握过去将来时的用法。

结　语

低水平大学生在英语写作中出现的时态的错误主要表现为三个方面：第一，整篇文章或一个段落内的时态不一致；第二，时间状语与时态不一致；第三，时态的构成形式错误。

一般现在时准确性的发展趋势表现为：虽然大一阶段的准确性高于大二阶段和大三阶段的准确性，但是，一般现在时的准确性从大一阶段到大四阶段都很高，说明低水平大学生对一般现在时掌握得好。一般过去时准确性的发展趋势表现为：低水平大学生在一般过去时的准确性方面的发展并非随着年级的升高而升高，而是一般过去时使用得越多，出现的错误就越多。学生有时过分使用一般过去时，说明他们还没有完全掌握一些动词的一般过去式形式，不能正确区分一些动词的原形和一般过去式形式。现在进行时准确性的发展趋势表现为：低水平大学生从大一阶段到大四阶段现在进行时准确性的发展没有显著变化，准确性也不高，说明低水平大学生对英语现在进行时的掌握程度比较低。过去进行时准确性的发展趋势表现为：在 WECLPS 语料库中，低水平大学生使用的过去进行时共发现了 20 多处，且准确率为 50% 左右。说明低水平大学生对英语过去进行时的掌握程度还比较低。现在完成时准确性的发展趋势表现为：低水平大学生从大一阶段到大四阶段现在完成时准确性的发展没有显著变化，准确性也不高，说明低水平大学生对英语现在完成时的掌握程度也不高。过去完成时准确性的发展趋势表现为：在 WECLPS 语料库中，低水平大学生使用的过去完成时共发现了不到 20 处，且准确率很低，说明低水平大学生基本没有掌握英语过去完成时的用法。一般将来时准确性的发展趋势表现为：虽然低水平大学生从大一阶段到大四阶段一般将来时准确性的发展没有显著变化，但准确性比较高，说明低水平大学生对一般将来时掌握得比较好。过去将来时使用情况：在 WECLPS 语料库中，低水平大学生使用的过去将来时共发现了 1 处，说明低水平大学生完全没有意识使用过去将来时，可见，学生也没用掌握过去将来时的用法。

西北地区大学生语言学习态度与方言保持状况研究*

张 莉**

西北民族大学

摘　要：本文以西北民族大学生为例，调查了西北地区大学生在学习和使用地域方言或民族语言、国家通用语和英语过程中的的语言学习态度和方言保持状况。研究发现西北地区大学生虽然对地域方言或民族语言具有深厚的感情，但是从语言学习态度和语言使用能力与范围来讲，国家通用语处于强势地位。同时，被调查者认为，虽然，英语学习很重要，但是英语学习效果仍然不佳，还需要从教和学两个方面加以提高。

关键词：语言学习态度；方言保持；地域方言与民族语言；国家通用语

引　言

西北地区是我国少数民族主要聚居区域之一，西北地区大学生在学习自己的民族语言或地域方言以及国家通用语外，同时还学习英语。在双语和多语（包括双方言和多方言）的社会环境中，语言态度在很大

---

* 项目基金：西北民族大学外语教育研究创新团队项目（1110130137）阶段性成果；西北民族大学2021年人才引进项目（Z21017/00400）阶段性成果。

** 作者简介：张莉，西北民族大学外国语学院讲师，主要研究兴趣为理论语言学和外语教学。

程度上影响了语言的使用和习得，语言使用所处的不同状态会对语言使用群体的语言态度产生不同的影响。就语言态度的影响因素而言，大致有强势语言和弱势语言之分。相对于西北地区大学生的语言使用来说，我国国家通用语言——普通话毫无疑问是强势语言，而在全球化的环境下，英语语言也是作为强势语言广泛地使用在学术研究、经济贸易、对外交流和大众娱乐中。那么在三语教育（民族语言/地域方言、国家通用语以及英语）环境下的西北地区大学生对于语言态度和方言保持的状况及其相互影响就是值得研究的一个问题了。

语言态度是指在一定的社会情感、目的、动机和行为倾向等因素的影响下，人对某种语言的社会价值、情感价值和实用价值的认知和评价。根据现代社会心理学，人的主观态度可以调节其社会生活中的行为。语言使用实质上就是一种社会行为，因此语言态度也必然会影响语言使用者的语言行为和语言表达。具体而言，它会对人们的语言习得、语言选择、语言使用、语言发展起着重要的调节作用。西北地区大学生作为掌握双语或多语的语言使用者，在社会交往中其语言态度将会影响其语言行为，从而影响本地域民族语言或地域方言的发展及保持。语言态度是语言学习，特别是二语学习的内部影响因素，会对个体成员的心理因素和语言行为产生重要作用。大学生处于中西文化这两种强势文化冲击的前沿，生理和心理正在成长和成熟的过程中，还不稳定，中西文化冲突与碰撞容易造成语言学习态度发生根本性变化，因而影响语言使用和方言保持。

由此可见，语言态度和语言使用之间相互影响，两者之间存在一定的联系，为了更好地了解西北地区大学生方言使用现状及影响因素，对语言态度的调查结果和研究结论也能为建设和谐社会、和谐语言生态提供参考和启示，对西北地区语言教育也有重要意义。

加拿大社会心理学家 Lambert（1974）[①]提出的"社会心理模式"（The Social Psychological Model）解释了有关双语发展和自我认同改变的

[①] Lambert, Wallace E. 1974 Culture and Language as Factors in Learning and Education, Paper presented at 5th Western Washington Symposium on Learning, Bellingham, Washington.

理论。该模式主张二语学习会影响学习者自我认同的改变，产生附加性或削减性双语现象。Schumann（1978）[①]的濡化模式关注了在二语习得的过程中，自认环境对学习者的濡化过程，提出社会与情感两种因素对二语习得起了主要的影响作用。该模式推崇削减性双语类型，强调濡化程度越高，二语习得就能达到越高的水平，而"留守"于母语和母语文化中的学习者，其二语水平也不会高。

国内有不少研究都关注西北地区大学生的语言态度（邬美丽，2005[②]），还有研究关注语言态度与社会身份的相关关系（陈新仁，2009[③]）。国内较早研究大学生方言保持研究的论文是戴妍、高一虹（1996）[④]和高一虹等（1998）[⑤]，前者研究了普通话和上海方言的"变语配对"研究，后者是对京、港、粤大学生使用粤语、英语、普通话和粤语普通话的语言态度研究，认为语言态度的差异与语言使用地区的经济地位、历史文化有显著的相关关系。

随着西北地区教育的发展，越来越多的少数民族学生进入高校接受高等教育。他们对母语和国家通用语的语言态度越来越受到学术界的关注。作者通过知网进行了以大学生语言态度为主题的跨数据库检索。共有140多篇直接相关的期刊论文和95篇博硕论文。大学生群体的语言态度的研究已成为语言态度研究的热点。目前，对西北地区大学生语言态度和语言使用的研究主要集中在他们的母语和国家通用语上，对西北地区大学生英语语言态度和语言能力的研究还不够，尤其是对西北地区大学生对其大学所在地方言的态度和语言选择倾向的研究还很少。西北地区大学生对国家语言政策和语言规划的认知调查，以及提高民族地

---

① Schumann, J. H., The Acculturation Model for Second Language Acquisition. In R. C. Gingras ed., *Second Language Acquisition and Foreign Language Teaching*, Washington, DC：Center for Applied Linguistics, 1978.

② 邬美丽：《语言态度研究述评》，《满语研究》2005年第2期，第121—127页。

③ 陈新仁：《语用学研究的社会心理维度》，《中国外语》2009年第5期，第46—52页。

④ 戴妍、高一虹：《大学生对普通话和上海方言变语的评价》，《新乡师专学报》（社会科学版）1996年第4期，第20—25页。

⑤ 高一虹、苏新春、周雷：《回归前香港、北京、广州的语言态度》，《外语教学与研究》1998年第2期，第23—30页。

区、国家通用语和西北地区大学生英语水平使用民族语言和方言的对策需要进一步深化。

那么，西北地区少数大学生三种语言态度状况如何，在何种情况下倾向于使用哪种语言？在这种语言态度状态下，他们的语言使用和方言保持状况值得调查。本文以西北民族大学学生为例，考察他们对其民族语言或地域方言、国家通用语和英语的语言态度，以及其与方言保持的相关关系，着重解决以下两个核心问题。

一 西北地区大学生语言态度对其方言保持的影响

（一）西北地区大学生语言态度

1. 对民族语言或地域方言的态度

随着社会和经济的发展，在汉民族的文化作为强势文化，国家通用语作为强势语言的情况下，大学生对自己的家乡方言仍然显示出强烈的认同。95.5%的调查者认为方言或本民族语是最能反映民族核心特征特点，最具有天然的亲切感。87.6%的调查显示对方言保持积极态度，认为方言保持最能表达对其家乡的感情，并且很有必要保护家乡方言和民族语言。支持家乡地区的汉族低年级学生、中学生也应该在学校学习一些家乡方言或民族语言的占77.6%，他们认为这样才能更好地融入语言社区群体。希望以后的孩子在学习国家通用语言的同时也应该学习相应的地域方言和民族语言的占48.3%，希望以后的孩子在各阶段发展选择不同母语的占34.8%，仅希望学习国家通用语的占12.4%，只有4.5%的大学生认为后代仅会使用方言或民族语言就可以了。以上数据表明，在西北地区，尽管大学生处在一个多民族多方言的社会环境中，大多数大学生认为民族语言和地域方言是自己和本民族最天然、最深厚的联结。

但大多数大学生同时也认为国家通用语作为中华民族的通用语，其强势地位越来越突出，这说明国家通用语在社会政治经济生活中有其绝对的社会地位和实用价值。维系一个民族的重要手段之一就是强烈的文化认同感，而对本地域和民族语言的态度是这种认同感的重要表现之一。这种语言态度是方言保持的基础,决定了语言群体对于方言掌握和方言使用的程度与范围。

2. 对国家通用语的态度

本文为了了解西北地区大学生对国家通用语社会地位的态度、喜爱程度、学习难度和学习国家通用语的动机也进行了调查,此外还研究了被调查者学习国家通用语的意愿及其强烈程度,以及使用国家通用语的范围和程度。

调查显示,94%的大学生认为学习国家通用语不困难,特别是对国家通用语的语法和语义的掌握不存在难点,其中最困难之处在于语音方面。73.7%的被调查者喜欢学习国家通用语,22.8%的大学生既不反对也不赞成学习国家通用语,只有3.5%的被调查者不喜欢学习国家通用语。认为学国家通用语很重要的大学生占94.1%,他们认为在学习交流中不会使用国家通用语将会是非常大的障碍。41.8%的被调查者希望自己的父母在家庭范围内使用国家通用语,认为这样可以更好地与家庭成员交流。12%的大学生认为如果语言群体成员不会讲国家通用语是一件很自然的现象。97.1%的被调查者希望能够学好国家通用语。有87.5%的被调查者认为本地区社会成员有必要学好国家通用语。14.3%的大学生认为既学民族语言或地域方言又学国家通用语会影响了本民族语言或地域方言的学习,也影响其他课程的学习。通过上面的数据可以看出,西北地区大学生都意识到学习国家通用语言的重要性和必要性。被调查者认为国家通用语既包含对中华民族传统文化的学习,也包括对中国社会飞速发展的社会经济文化的了解。他们认为学习国家通用语可以更好地融入中国社会文化中,是必不可少的学习内容,产生这种现象的原因主要在于西北地区的大学生认为国家通用语是自己家乡发展和个人自我发展的主要工具。与此同时,西北地区大学生又认为学习国家通用语可能会导致地域方言和民族语言传承能力减弱,降低地域方言和民族方言的保持程度,影响语言的纯洁性和生命力。有45%的被调查者认为在家庭中应该使用地域方言或民族语言。从上面的数据可以看出,在方言保持和国家通用语言普及过程中,西北地区大学生拥有一种相对矛盾的心态,他们既希望使用国家通用语言,从而融入社会生活当中,又希望保留对地域方言和民族语言的天然的联系。这说明西北地区大学生作为受高等教育的特殊群体，希望能够融入国家和中华民族的伟大复兴当中，对国家发展与复兴显示出强烈的使命感与责任感，同时认为国家的复兴也包括家乡的复兴和本民族的复兴。

3. 对英语的态度

西北地区大学生总体上认为英语学习非常重要，但是对于英语学习的态度主要是一种工具性的语言态度，94.1%的被调查者认为学好英语的目的是为了通过考试、在未来继续学习、就业、对外交流等工具性目的，只有4.8%的大学生认为学习英语是喜欢学习这门语言。95%的大学生在语言词汇特征学习方面具有困难，认为词汇是学习英语的最大困难之一。88.1%的被调查者会通过课本、网络和老师学习英语，并且认为这是有效的学习英语的方式。大多数被调查者认为影响英语学习的因素主要是教师的水平、教师的教授方法，对学习材料的兴趣和自己的努力程度，而家庭背景对于学习英语的影响并不显著。56%的大学生认为英语学习对他们的国家通用语造成了冲击，他们会在生活中使用一些英语来表达自己的思想情感。75%的被调查者认为英语的学习对方言保持没有造成影响。95%的大学生仅仅接触过标准英语和中国式英语，对于英语其他变体的了解知之甚少。

从调查结果看，在全球化的过程中，英语作为世界通用语的地位仍然很明显，对于国家通用语和地域方言或民族语言的冲击很大，大学生在这种语言态度认知之下付出了大量努力学习英语，但是学习英语的困难仍然很大。

二 研究结果

（一）语言态度的特点

从以上调查当中可以看出，在西北地区地域方言或民族语言、国家通用语和英语三语环境中，大学生的语言态度和方言保持有以下特点。

（1）西北地区大学生对民族语言或地域方言、国家通用语和英语学习持有积极的语言态度。西北地区的大学生作为一群接受高等教育的人，对民族语言或地域方言和国家通用语保持着积极、理性的语言态度。他们不仅认识到保护和继承区域文化的责任和义务，而且能够接受和融入不同的文化中。西北地区的大学生充分认识到了汉语作为国家通用语的重要性。绝大多数大学生对掌握民族语言或地域方言和国家通用语保持积极的态度。他们有强烈的学习双语的愿望，希望通过学习国家通用语更好地融入社会，希望他们的下一代能够在保留自己的民族语言或地域方言的前提下掌握国家通用语，以便更好地满足社会的需要和自身的发展。

（2）对民族语言或地域方言的情感评价高于国家通用语，对国家通用语的认知评价高于民族语言或地域方言。调查结果显示，虽然西北地区大学生对民族语言或地域方言和国家通用语都持积极态度，但对本民族语言的情感认同明显高于对国家通用语。西北地区大学生对民族语言或地域方言有高度的认同感，对国家通用语也有正面的感情，但他们认为民族语言或地域方言的好听程度高于国家通用语，而在社会影响力上国家通用语高于民族语言或地域方言。他们一方面是因为在学校和公共场所交际的需要，另一方面是国家通用语作为强势语言其重要程度大于处于弱势的民族语言或地域方言。在访谈调查中，西北地区大学生能够理性地看待和评价国家通用语，他们认为国家通用语是中华民族共同体的共有财富，是中华民族共同的交往工具，具有极高的社会地位和实用价值，有很强的社会影响力，作为大学生必须要讲好国家通用语。

（3）对英语的情感认同低于民族语言或地域方言和国家通用语，但在认知评价上有差异。调查结果显示，西北地区大学生在悦耳程度、亲切感、实用性三方面对民族语言或地域方言的认知度都最高，国家通用语次之，英语最低；在社会影响力方面，国家通用语的影响力最高，民族语言或地域方言次之，英语最低。就大多数西北地区大学生而言，其国家通用语言能力都强于民族语言或地域方言的语言能力，国家通用语言态度的积极性很高，整体的民族语言或地域方言语言态度偏向正面积极，但是由于学校教育和公共场合广泛地使用国家通用语，因而民族语言或地域方言语言能力的保持还有有待加强。由于西北地区大学生对民族语言或地域方言、国家通用语和英语的情感认同和认知评价有差异，因此在语言学习的意向上也体现出一定的差异。西北地区大学生倾向于选择国家通用语和英语的双语教学，而将民族语言或地域方言作为家庭成员之间交流的主要用语。西北地区大学生语言情感认同和认知评价研究不仅为语言接触研究、双语教育研究提供了一些有益的案例，也为制定语言政策以及双语教育制度提供一定的参考。

（二）语言态度与语言保持的关系

从研究结果中可以看出，语言态度是影响语言保持和变化的深层原因之一，反映了语言的价值取向和语言使用者眼中的内在身份认同。语言态度的形成受多种因素的影响，其构成也十分复杂。语言使用者的年龄、职业、教育水平等社会因素会导致人们对同一种语言持有不同的态度，不同的语言态度会影响人们对该语言或方言的学习和使用。

语言评价可以分为情感价值、实用价值、社会声誉。语言评价等级可以分为"良好""亲切""有用""社会影响"4个指标。其中，"良好"和"亲切"是对语言情感价值的评价，"社会影响"是对语言社会声誉的评价，"有用"是对语言实用价值的评价。从调查结果来看，无论是实用价值还是情感价值，受访者对国家通用语言的评价都比较高，远高于当地民族语言和地域方言。普通话的普及已经进行了60多年，普通话作为国家通用语，其使用人口和功能逐步扩大，社会声誉得到了语言群体的广泛认可。从目前来看，在大学生群体中方言与国家通用语有各自的交际分工，且功能角色仍处在动态变化的过程中，在未来相当长的一段时期内这种交际分工将继续演化变动。

（三）语言认同与语言保持的特点

西北少数民族地区是一个多语言、多文化共存的地区。西北大学的学生在社会化过程中主要受语言或环境的影响。它由家庭居住区和教育环境组成。他们在语言发展的不同阶段都有语言优势和语言辅助。这些语言在感知、能力、情感等方面存在差异，在不同的发展阶段表现出不同的水平，导致他们进入大学时语言使用水平和语言态度认知的差异。进入大学后，随着社会生活的变化和扩大，交流的主题、交流的对象、交流的场合等过去占主导地位的地域方言或民族语言让位于国家通用语。在新的环境中，地域方言或民族语言的交际功能出现下降，而为了满足交际的需要，广泛地使用国家通用语来弥补交际功能的不足，这些变化将直接影响他们对特定语言的态度，并显示出语言使用的动态和选择性。在社会化过程中，语言的选择可能会根据具体的语境而改变。语言的选择不仅能成功地交流，还能被交流者认可。同时，保持国家通用语与民族语言或方言的动态和谐，是建设和谐社会、和谐语言环境的重要任务。使用地域方言或民族语言能够保持地域民族灿烂文化的传承与弘扬，而使用国家通用语能够促进中华民族共同体建设，促进各民族各地方人民相互交流与协作，促进共同繁荣。

语言的使用应因地制宜，在公共场合和官方场合使用一种相对普遍的国家通用语言，在家庭和其他非正式场合使用地域方言或民族语言。语言是一种交流工具，也是文化环境的重要组成部分。文化生态系统不能靠自己的力量来平衡。在调整文化生态系统的过程中，必须根据实际情况进行调整，必须对人类活动进行强有力的干预，使其具有区域性。在语言规划方面，共同民族语言和方言的社会功能应得到协调和补充，从而保持语言的丰富性和促进语言的交融性。

三 研究结论与启示

西北地区大学生属于一个特殊群体，他们处在语言文化激烈碰撞的前沿地区，有一定的文化程度，社会交际互动频繁，人口流动性大。这一群体的特点使他们的语言态度和方言保持表现出分层次、分阶段、动态性的特征。与此同时，他们在社会化过程中不断成长，他们的语言态度标示着这一语言群体语言使用的趋势，对于构建出多元语言环境和和谐社会环境有着重大意义。与此同时，学校教育对于西北地区大学生构建正确的语言态度来说作用重大。正确的教育理念、恰当的教学方法、丰富的教学活动、翔实的内容为学习者提供了构建多语言环境的机会。

教师、语言教育管理者和语言政策制定者应积极协商，探明有助于保持语言发展的条件，提出一套有效的三语或多语教育发展策略。然而，目前关于三语课堂教学的认同研究尚处于起步阶段，且主要集中在英语教学方面，在未来这也是值得继续研究的课题之一。

试论教师视域下的大学英语四级考试教学辅导策略

郭思含

西北民族大学外国语学院，甘肃兰州 730124

摘　要： 大学英语四级考试是现阶段检验我国高校大学英语教学效果、教学成果及教学效率的标准之一，也是衡量我国大学生英语水平的标杆，该考试在一定程度上对大学生在英语听、说、读、写、译等方面提出了较高的要求，对学生的个人发展也将起到积极的促进作用。在大学英语教学中，教师可以着重通过对学生情绪状况的积极干预，帮助学生培养良好的四级备考心理条件；在专业角度，依托对知识点的梳理、对四级考试板块的整合讲解等具体策略帮助学生顺利通过大学英语四级考试。

关键词： 教师视域；大学英语四级考试；教学辅导策略

引　言

2007年印发的《大学英语课程教学要求》指出："大学英语是以外语教学理论为指导，以英语语言知识与应用技能、跨文化交际和学习策略为主要内容，并集多种教学模式和教学手段为一体的教学体系。"①

＊　项目基金：西北民族大学学科建设经费资助，西北民族大学"外语教育研究创新团队"（1110130137）成果。

＊＊　作者简介：郭思含，西北民族大学外国语学院副教授，博士，主要从事英语教学论、课程与教学改革等研究。

①　教育部高等教育司：《大学英语课程教学要求》，高等教育出版社2007年版，第1页。

它还提出了对大学生在英语听力、口语、阅读、书面表达、翻译及词汇量等方面三个层次（一般、较高、更高）的能力要求。① 而在全国范围内持续推进的大学英语四级考试既是对学生在英语听、说、读、写、译及语言运用能力要求的具体体现，也是检验大学英语教学效果和大学生英语水平的标准和有效手段之一，更是现阶段学生后续就业、深造及个人发展的要求之一。

  基于对目前大学英语教学目标、内容的认识，并进一步明确了大学英语四级考试的重要性，笔者作为大学英语教学一线的教师，立足教学实际、结合自身的工作实践，在对大学英语四级考试的大纲、要求、形式、内容等进行了深入的了解后，在教学中开展了针对大学英语四级考试的教学辅导，从对学生进行情绪疏导及专业内容辅导等方面开展教学工作，在一定程度上提升了学生的大学英语四级考试通过率，笔者所带的 2019 级 A3、A4、A5、A6 班，经过大一第一学期的四级考试教学辅导，在 2019 年下半年的大学英语四级考试中，通过率分别为 62.5%、67.27%、58.73% 和 43.64%（2020 年 3 月统计）。后续三个学期，上述几个班的学生陆续通过了大学英语四级考试，也有部分学生通过了大学英语六级考试（后续通过率没有统计）。理想的大学英语四级考试通过率离不开学生在初高中阶段英语学习打下的坚实基础，也离不开学生在大学阶段的不断学习和不懈努力，而笔者也在近几年的大学英语四级考试教学辅导工作中总结出了一些行之有效的策略，下文将从教师角度出发，结合教学实际，从对学生情绪状况的积极干预、专业内容的辅导及教师应注意的事项等方面对大学英语四级考试教学辅导策略进行讨论。

一　大学英语四级考试教学辅导过程中对学生情绪的关注疏导及其他

（一）对学生消极或焦虑情绪的关注和疏导

  在学生刚入校后的大学英语课上，教师在与学生沟通的过程中不可

---

① 教育部高等教育司：《大学英语课程教学要求》，高等教育出版社 2007 年版，第 2—5 页。

避免地会谈论到大学英语四级考试，多数学生对该考试表现出知道但不了解、知其然却不知其所以然、知道其重要性但不知该如何下手、不想动手、不确定与其高中阶段所学英语知识有何关联性等状态，也有部分学生对该考试表现出茫然不知所措的焦虑情绪。此时，教师应对学生表现出的消极或焦虑情绪给予关注并及时进行疏导，而不应任由学生的焦虑情绪扩大化，更不应通过言行让学生对该考试过分紧张或焦虑（例如，教师说："大学期间的英语学习就是要过大学英语四级考试，不然毕业后找工作都会有问题。"或者"大学英语四级是重要的考试，我知道有些学生考了几年都考不过，到大四快毕业了还在考"。这些消极的言语都会加剧学生消极情绪的产生）。教师可以通过摆事实讲道理等方式帮助学生疏导四级备考过程中产生的焦虑情绪。例如，笔者在 2019 级学生的第一堂大学英语四级考试教学辅导课上，通过幻灯片的形式向学生介绍了四级考试的内容、分值占比、时间分配等，展示完毕学生一片哗然，表示通过大学英语四级考试似乎希望渺茫，不少学生即对该考试产生了消极和焦虑的情绪（害怕考、不愿考、抵触考）。

  此时，教师就要在第一时间帮助学生消除消极和焦虑的情绪，笔者在教学中首先向学生分解了大学英语四级考试的内容、分析了考试形式，通过罗列试题内容等方式向学生表明虽然四级考试看似复杂，但其主旨内容与高中阶段的英语语言要求有相似和相通之处，尝试从专业角度缓解学生当下对该考试产生的消极或焦虑情绪。其次向学生强调了大学英语四级考试只是一个形式，不是最终目标也不是学生大学阶段英语学习的唯一目的，通过英语学习成就自身未来的发展才是终极目标，而通过大学英语四级考试只是实现这一目标的中转站，通过明确大学英语学习的意义、目标、方式、方法等帮助学生正确认识大学英语四级考试，在一定程度上帮助学生消除对该考试产生的消极或焦虑情绪。最后，笔者还通过自我表露的方式向学生讲述自己在求学阶段备考专业考试，雅思考试时遇到的困难、问题以及当时克服困难的心路历程，通过笔者自身的经历现身说法，依托学生的同理心和共情能力，帮助他们克服焦虑情绪和消极思想。自我表露是由人本主义心理学家西德尼·朱拉德（Sidney Jourard）提出的概念，它是向他人表露和分享自身种种的过程。朱拉德认为，自我表露"能够帮助人们在某些程度上学习彼此的相似之处，知晓彼此在思想、感觉、希望、对过去回应等方面的不同程度。还可以了解他人的需要并能去帮助他……"① 笔者在长期的教学实践中关注了教师自我表露的研究，有研究显示："教师自我表露是一种有效的教学工具，同时是一种非正式课程，恰当使用会对课堂师生关系的建立和师生之间的交流起到积极的促进作用……"② 也有国外研究表明，教师自我表露对于良好师生关系的构建、学生课堂参与的提高都有积极作用，还能激发学生的学习兴趣。③ 这也与何旭明等学者的研究结果部分相似，他们认为不同内容类型的教师自我表露可以提高学生的学习兴趣。④ 基于对教师自我表露作用的认识，笔者在对2019级学生进行大学英语四级考试教学辅导的过程中也运用了教师自我表露，通过表露个人经历、观点、喜好等内容，激发了学生的学习兴趣，拉近了与学生之间的距离，促进并形成了良好的师生关系，并在此基础上通过表露自己或分享他人成功的备考经历（克服的困难、心路历程、体会与策略等）帮助学生消除消极和焦虑情绪，以高涨的热情和足够的信心迎接大学英语四级考试。

（二）对学生畏难或懈怠情绪的关注和疏导

在逐步帮助学生明确了大学英语四级考试的目的、意义并疏导了学生或消极或焦虑的情绪后，大学英语四级考试的备考将进入一个持续胶着的过程中，学生在几个月甚至一年至两年的持续单词记忆、听记练习、补足语法漏洞、背诵常考词汇、定期完成翻译及写作训练的过程中可能会因为遇到困难和打击产生一定的畏难情绪，也可能因为长期持续

---

① Jourard, S. M., *The Transparent Self* (2nd Edition), New York: Litton Educational Publishing, Inc, 1971, p.5.
② 史清敏、张绍安、罗晓：《教师自我表露教学效果的跨文化比较》，《教师教育研究》2008年第20卷第3期。
③ 孙悦亮、黄慧婷：《国内外教师自我表露研究述评》，《内蒙古师范大学学报》（教育科学版）2011年第24卷第12期。
④ 何旭明、陈向明：《教师的自我表露影响学生学习兴趣的质的研究》，《全球教育展望》2008年第37卷第8期。

的备考过程产生懈怠或懒惰的情绪和状态。这就要求教师特别关注大多数学生的心理和情绪、积极引导和鼓励学生，了解并解决学生的困难；或根据学生的心理状况和情绪变化，适时调整大学英语四级考试教学辅导的内容及课后练习的强度。

在教学辅导的过程中，教师可以根据当前学生备考状态给予精神上的鼓励，不断激励学生迎难而上，正视眼前的困难只是暂时的，不要总是横向地与其他同学进行比较（这位同学阅读的错误率要低于我；那位同学考了一次就通过了，我考了两次还没通过……），而要纵向地将一周前、一月前、上一次考试时的自己与现在的自己比较，审视当下的自己与过去自己的不同，肯定已付出的努力、发现当前的每一点进步，以此帮助学生打消顾虑，克服畏难情绪。

与此同时，教师也应关注到部分学生在大学英语四级考试备考过程中遇到的专业性问题，帮助学生制订相应的备考方案，有针对性地进行训练，以此在有效的时间内帮助学生克服专业上的困难，从而消除畏难情绪。例如，笔者曾有一位学生，一直以高昂的热情备考大学英语四级考试，笔者布置的课后练习也能认真完成，但在听力和长篇阅读的训练中失分严重，遂产生了畏难情绪。在与这位学生进行了多次沟通后，笔者结合该生实际制订了有针对性的训练计划，从更改听力练习难度开始，每个长句反复听记，先听大意，再勾勒句子框架，继而填充核心内容，最后查漏补缺，每天精听五个到七个长句（至少半小时，包括周末和假期），并要求学生标注出句子中不认识的单词进行词性的划分、释义并造句熟读，以此来帮助学生使其对英语语言产生更敏锐的输入性反应。对于该生在阅读部分遇到的困难，笔者也通过具体的实战练习帮助学生在一定程度上解决了问题，从而缓解了该生在备考训练中一度出现的畏难情绪。

教师除了在精神上鼓励和帮助学生克服畏难情绪、针对学生不同的备考状况制定相应的策略外，也可适时组织学生分享和交流备战大学英语四级考试的心得体会。笔者在2020年3—4月上网课期间（疫情影响学生均未返校），请在第一学期已经通过大学英语四级考试的学生分享自己备考和考试过程中的心得体会，不少学生通过网络畅所欲言，就自己备考的方法、考试的策略与本班同学进行了分享，因为是熟悉的同学，又一同参加了上次的大学英语四级考试，学生之间有非常多感同身受的体会，也就相似的问题和遇到的困难发表了自己的看法并提出了解决方案。本班学生之间的四级考试经验交流取得了较好的效果，帮助部分学生消除了备考训练中出现的畏难情绪，使学生对后续的教学训练充满了信心，也对自己在未来大学英语四级考试中的表现充满了期待。

而对于学生在大学英语四级考试教学辅导中出现的懈怠情绪，教师除了依托前期持续建立的良好师生关系不断给学生打气和鼓励外，也应与个别出现明显懈怠情绪的学生进行沟通，有了良好的师生关系为基础，教师与学生进行的沟通也会是积极和有效的。此外，教师还可以通过适当调整学习任务等方式帮助学生克服懈怠情绪，例如，笔者在要求学生进行了一段时间的听记练习后，部分学生出现了不认真对待、马虎应付的状态，笔者即根据当下学生的状态调整了学习任务的内容，并要求学生根据自己的实际情况，因地制宜地制定具体的听记内容，并适时调整练习强度，在规定时间内笔者会检查学生的练习任务，并根据每位学生的完成情况给予书面或口头的反馈和交流（以鼓励与肯定为主），这在一定程度上对学生的持续性练习任务有较好的辅助作用。此外，根据学生在大学英语四级考试教学辅导过程中出现的懈怠情绪，笔者还曾适时调整学生的课后练习内容，将听记任务改为有趣的配音练习或小组调研汇报等活动内容，以此缓解学生对单一任务产生的懈怠情绪，并在一定程度上发挥学生的主观能动性与积极性。

（三）对学生后续英语学习心理需求的关注和指导

教师在进行一个至三个学期的大学英语四级考试教学辅导后，不少学生已经通过了大学英语四级考试，也有部分学生通过了六级考试，此时一些学生对英语学习的需求会降低，会再次出现迷茫和目标不明确等心理状态，教师就要关注学生的英语学习心理需求并进行必要的指导。通过了大学英语四级考试的学生，教师应在肯定学生前期努力和成绩的同时，帮助学生认识大学英语学习的目的、大学英语考试的初衷和意义，帮助学生了解大学英语的学习不仅是为了通过考试，而应旨在学习的过程中养成良好的学习习惯、坚持长期学习英语的理念，以提高个人英语能力为己任，以未来个人发展为目标。通过与学生的沟通，了解学生的思想动态，帮助学生找寻后续英语学习的目标和动力。例如，2019级部分学生在通过大学英语四级考试后，笔者与他们进行了沟通，在鼓励学生继续备考六级的同时，帮助学生正确认识大学英语学习的初衷和最终目标，使其在后续的备考和学习过程中有意识地提高自身的英语语言水平，是为今后个人的发展奠定坚实的基础，是为在将来的竞争中多一份助力，而不仅仅只是为了通过考试，得到一纸证书的现实目的。此外，2019级的一名学生让笔者印象深刻，该生在通过了2020年上半年大学英语六级考试后，笔者与其进行了交流，了解学生后续英语学习的计划，并与学生一起设想了后续的学习安排，鼓励其通过更高水平的考试（如雅思等）提高英语听说水平，并向该生推荐了相关的备考材料。学习之余，该生还申请参加了大学生学习援助中心的英语四级导生工作，为帮助其他学生通过大学英语四级考试出一份力。此外，该生还通过观看英语视频等方式继续英语学习，并在2021年上半年的大学英语六级考试中以586分的成绩又一次通过六级考试。该生告诉笔者，继续参加大学英语考试是为了让自己保持英语学习的良好状态，引用该生的部分原话："……听力还是比较薄弱，平常都有看英语视频，也有这个爱好，也没有很功利性地看。"一个"没有很功利性地看"较好反映出学生在通过大学英语考试后对自己提出的更高要求，这也在一定程度上实现了大学英语教学的目的。通过诸多学生的经历不难发现，教师对学生进行的大学英语四级考试教学辅导（指导）不应仅限于帮助学生通过考试，而应延续至后续以培养学生自觉学习英语的意识、养成持续性语言学习的习惯，通过了解学生后续英语学习的心理需求，将学习英语的初衷、目的及最终对个人发展的积极作用不断渗透至每一次与学生的交流当中，只有这样才能真正实现大学英语教学的终极目标、体现大学英语考试的意义，并为学生个人的持续性发展铺平道路。

诚然，教师对学生进行的大学英语四级考试教学辅导在很大程度上仍要依托对专业知识的讲授、训练和巩固，对专业知识的教学辅导策略更是仁者见仁，不同的专家、学者和一线教师都会有优于笔者的独到见解和实战经验。而对于关注学生在不同备考阶段的情绪及心理状况对大学英语四级考试教学辅导的重要性，笔者在教学实践中确实感触良多，它能在很大程度上影响学生备考的状态、动力、积极性、持久性和目的性，它也能帮助学生以更积极的心态备战考试，克服不同阶段的消极情绪影响，也能为学生后续的英语学习注入足够的动力。因此，本文在这一部分花费了较多篇幅论述，也期待与各位专家、学者及同行商榷。

下文将结合部分笔者的课堂教学实践，从大学英语四级考试专业内容的教学辅导方面尝试性地提出部分策略。

二 专业内容的教学辅导策略

（一）梳理大学英语四级考试要点，制订备考方案

教师在对大学英语四级考试的题型、考试内容、考试时间、考试流程、答题顺序、分值占比等内容进行介绍后，可适当留给学生一些时间去思考、去提问，教师应尽可能在第一时间解答学生的疑惑。教师可将大学英语四级考试的要点、知识点等进行梳理，特别是应对大学英语四级考试常涉及的语法点进行细致的整理，让学生有直观清晰的认识。接下来教师可与学生商讨制订符合实际的备考方案，宏观上可涉及考试目标的确定、学生积极心理状态的建立；微观上可涉及具体的时间安排表（阅读练习的频次、每日单词量、听记练习频率等）、复习时间表（确定某个时间点前完成哪些语法的复习等）、任务表（确定不同时间节点前完成多少篇四级考试真题、熟悉多少常见句型等）、参考资料列表（词汇参考书、语法书、历年四级考试真题等）。

（二）明确学生学习任务，发挥学生主动性

由于课程内容和进度要求，或受课时时长等因素影响（笔者对2019级学生进行的四级考试教学辅导课为每两周一次），大学英语四级考试教学辅导不可能面面俱到。例如，涉及的语法内容相对繁杂，词汇量的要求也较高，这就在很大程度上要求发挥学生的主动性。因此，教师在帮助学生梳理出大学英语四级考试涉及的语法点后，可要求学生在

规定时间内复习知识点和语法点（大多是初高中英语涵盖的），教师则可根据课程内容有针对性地精讲部分重要语法，并适时对学生的自学成果进行阶段性考核，及时查漏补缺。此外，对于大学英语四级考试的词汇要求，教师可根据学生的具体情况将识记单词的任务落实到每天，不仅规定每天记忆单词的量，对于如何有效记忆单词也应涉及（词性、词义、发音、搭配、例句、近反义词、词缀等都应包含）。对于大学英语四级考试教学辅导中要求每日完成的听记练习，教师更应明确规定每日的完成量、完成时长、听记的策略要求（粗听、细听到精听；粗略听记、修改听记到查漏补缺）、书写要求（要有修改痕迹等）。教师应在教学辅导伊始就向学生明确各阶段需要完成的任务，要求学生保质保量完成（在这个过程中，教师也应及时关注学生出现的各种情绪与心理状态，帮助学生及时调整）。教师还应定期检查下达给学生的任务，对于完成良好的学生在全班范围内点评并褒奖，以此激发学生的学习热情。

大学英语四级考试教学辅导过程中，教师要善于鼓励学生发挥主动性，仅有教师对考试内容的讲解、对考试技巧的传授，而缺少学生在课下不断的练习和每日每月的坚持，一切都是空谈。因此，教师应在与学生建立良好师生关系的基础上，宽严并济，以小组考核、适时奖励、将四级训练成果纳入平时成绩等方式，不断鼓励学生在备考过程中发挥主动性，以提高其英语语言水平，也为后续通过大学英语四级考试打下良好的基础。

（三）精讲大学英语四级考试板块

在大学英语四级考试教学辅导中，教师应帮助学生尽快熟悉考试内容，通过对大学英语四级考试写作、听力、阅读、翻译等内容的讲解使学生掌握解题思路、方法技巧，形成对考题的认知，并在后续的备考练习中依据相应的思路与方法进行练习。在教学辅导过程中，笔者根据大学英语四级考试的顺序将其划分为写作、听力、阅读、翻译四个板块进行精讲（由于目前对大学英语四级口语考试没有硬性要求，教师可根据学生实际开展教学辅导，本文暂不涉及），并部分结合教学实践尝试提出一些策略。

1. 写作板块讲解

在写作板块的讲解中，笔者借鉴了曹丕业教授在《最新大学英语四级备考指南：CET-4 兵法》一书中提到的 TS + 2A 写作法，即回答作文题目中的每条提纲（outline）并分段，绝大多数情况下每段有来自 outline 的主题句（Topic Sentence），先写主题句，再通过支持句（Supporting Sentences）论证主题句，每段的支持句从两个方面（Aspects）入手。① 这一方法能为学生提供较为直观清晰的写作思路，学生通过表达观点（就提纲内容展开），再从几个方面对观点进行论证即可完成文章主体内容。在教学辅导过程中，笔者根据自己的理解对该方法进行了概括和微调：该方法可被更具体地归纳为 TS + SS（2A）写作法，主题句可以是对作文提纲（outline）内容的回答或强调，为主题句服务的支持句可从两个或三个方面写（根据题目要求或写作需要），而这几个方面的支持、论证内容要具有代表性或普遍性，不建议使用非典型例证。而近几年，部分四级作文要求针对某个问题或主旨（主题）进行论述，也可部分套用该方法，通过对问题或主旨（主题）内容的评述（引入），提出观点（主题句），再从两个或三个方面对观点进行支持、解释或论证，最后对观点进行总结概括，必要时提出建议或策略等。

对于大学英语四级考试作文的常见类型，笔者都进行了讲解（不仅针对近几年写作考试的常考类型，也涵盖了以往大学英语四级考试常见的写作题型，如提纲式作文，以帮助学生对写作题型有全面的认识和准备，以不变应万变）。笔者就提纲式（解决问题、对立观点议论文）、给定题目议论文、图表作文、图画作文及应用文等分别进行了讲解，在每种类型的讲解中，笔者会为学生提供相应的写作思路做参考。例如，部分给定题目议论文可先依据题目论述相关的问题或主旨、摆明立场、提出观点，并在文章主干部分陈述事实、分析原因、列举实例等，从而形成对观点或主旨内容的论证（一定程度上参考了 TS + 2A 写作法），

---

① 曹丕业：《最新大学英语四级备考指南：CET-4 兵法》，北京大学出版社 2008 年版，第 11 页。

最后再进行总结或延伸：或再次明确观点或表明态度决心，或提出策略建议等；图表作文要透过对数据、图表信息变化趋势、现象特征等的描述，总结规律、分析现象或问题的本质，不仅说明是什么、是怎样，还要在一定程度上阐述为什么和怎么办；图画作文则要考虑如何使用准确简短的英语语言描述画面内容，并挖掘其所蕴含的深层寓意和内涵等……此外，笔者也在课堂中讲解了大学英语四级考试写作部分常用的句型和词汇，通过讲解句型、拆分句子、分析连接词的使用等帮助学生夯实写作基础。除此之外，笔者还结合写作板块讲解的内容，选取历年大学英语四级考试作文，要求学生依照提供的写作思路完成相应类型文章的写作，并挑选出部分学生作文在课堂上讲解（匿名形式），对文章的立意、结构、论述、用词等进行点评，并鼓励学生对文章进行修改。通过对大学英语四级考试写作部分涉及不同类型文章的反复操练，帮助学生对写作思路与方法有深入的认识和理解。当然，在教学辅导过程中，笔者也发现部分学生在练习中采用了不同的写作思路与步骤，也对此进行了鼓励和积极的引导，希望学生能博采众长，选择最适合自己的写作思路与方法。

2. 听力板块讲解

在听力板块的讲解中，主要对大学英语四级考试听力部分包含的新闻、长对话、听力篇章三个部分可能涉及的内容形式和文体类型进行归纳，并对不同内容的出题点进行预测性分析，反复强调每一部分需要注意的信息点，如新闻听力注意时间、地点、人物和事件发生的线索，注意首尾句；长对话中留意人物关系、谈话发生的地点、捕捉人物的语气等；听力篇章则可根据题目选项信息大致勾勒文章内容，预测题目问题，把握题目选项中出现的关键信息或核心词汇。在课堂教学中，教师还可播放近年大学英语四级考试听力内容，通过反复粗听、细听、精听的训练，帮助学生熟悉四级听力题型、提高获取信息的敏锐度、提升语感，更好地预判听力考试的细节、把握考试的节奏。当然，学生英语听力水平的提高绝非一朝一夕，也不可能仅依靠教师的课堂教学辅导，而应培养学生长期的英语听力习惯，笔者要求学生每天进行英语听记练习，选取英语学习应用程序上的相关内容，每天边听、边记、边扩充、边修改至少五个到七个长句，每个长句反复听记三遍以上，每日精听时间不少于半小时。

3. 阅读板块讲解

在阅读板块的讲解中，教师可结合相关材料或资源，依托自身的教学实践经验等向学生讲授相应的解题技巧：对于选词填空题型，可根据文章内容、句子结构或语法快速判断空白处可能出现词的词性，由此缩小选项范围，节约时间；对于长篇阅读（段落匹配）题型，可根据标题和题目快速梳理出文章的大致内容，并通过部分题目中的特殊词在文章段落中进行信息定位，快速匹配段落与题目信息（适用于部分该题型题目），但该题型总体解题思路建议由文到题，即通过快速阅读文章段落，根据段落信息（大意、主旨、细节）、关键词（句）寻找与之信息匹配、内容相关的题目。提升学生的有效阅读速度、准确把握段落信息是该题型的解题关键，教师可通过大量的阅读配合分句阅读训练逐步提高学生的阅读速度与能力；仔细阅读部分与长篇阅读（段落匹配）的不同在于其题目顺序与文章内容顺序基本一致，这就可依据此顺序，在理解问题的基础上，通过问题中出现的人名、地名、数字等在文章中定位，若无此类词汇则尝试在问题中找寻核心词（关键词）并在文中定位，依据问题仔细阅读并判断答案。仔细阅读题型的核心在于把握涉及答案的信息在文章中的位置。在向学生讲授了相应的技巧之后，教师可通过对历年大学英语四级考试阅读部分题目的精讲，在反复的实操练习中帮助学生熟悉和领会部分解题技巧的使用。当然，教师应向学生明确，解题技巧只是手段而不是目的，绝不可依赖解题技巧而忽视语言基本功的训练，所有的技巧一定是以扎实的英语语言能力为基础，不可本末倒置。

4. 翻译板块讲解

在翻译板块的讲解中，教师可对近几年大学英语四级考试翻译部分所涉及的内容范畴进行归纳（中国历史、文化、社会发展等），并展示相关试题，让学生对翻译内容、题型难度与要求有直观的认识。在具体的讲解中，教师可从词汇、固定搭配、句子结构、句型的变化等方面帮助学生构建翻译的基础；在翻译实践练习中向学生讲授相关的翻译方法

（结合历年大学英语四级考试翻译部分内容或有代表性的句子），并适时增加对翻译文字的修改和完善。此外，词汇的积累也是翻译训练不可或缺的部分，教师可关注国内新闻，收集相关的英文词汇并要求学生识记，以扩充词汇量（笔者让学生识记的思政词汇便是有益的补充）。

三　教师需要注意的事项

在大学英语四级考试教学辅导过程中，教师应结合本班学生实际采用不同的策略，同时也有一些需要注意的事项。

教师要意识到良好师生关系的重要性，通过建立和谐互信的师生关系，才能确保教师与学生的沟通积极有效，教师才能更好地引导学生的心理状况，消除其消极情绪、积极备考，并依据学生的学习状况，结合实际制订出适宜的备考方案与计划。

对于多数学生来说，备考大学英语四级考试将会是漫长又艰辛的过程，教师也应对此保持足够的耐心和信心，给予学生足够长久的关注和鼓励，帮助学生保持高昂的斗志，并尽可能顾及每一位在学习上遇到困难的学生，在精神上、情绪上给予正确的引导，在专业知识方面提供积极的帮助与有益的建议。

教师自身也应及时关注大学英语四级考试的动态，针对近期的考试多做题、多研究、多分析、多思考、多总结，从专业角度吃透四级考试的内容，在不断演练的过程中迸发出更多的心得体会，帮助学生准确把握大学英语四级考试的风向标。

大学生教学认知差异问题及"同课异构"应用研究

——以西北民族大学为例

罗 莉 夏库拉·居生艾力[*]

西北民族大学外国语学院，甘肃兰州 730030

摘 要："同课异构"在本质上就是追求课堂教学的个性化、差异化和多样化。致力于打破"一个课本、一个教案、一个试卷"的呆板单一的课堂教学模式，努力使目标设置、切入角度、教学流程、教学策略等生动形象、丰富多彩，通过比较研究，形式多样地深化教育教学规律。因此，"同课异构"体现着一般与个别的统一、共性与个性的统一、内容与形式的统一、规律与现象的统一。随着新课程改革的逐步推进，怎么样才能把课程改革的新理念切合实际地转化为民族高校教师们的日常教学行为，如何才能解决学生对教学认知的差异问题，运用什么样的教研机制来保障教学质量等一系列问题应运而生。一种高效的、动态的教研模式已成为深入推动高校英语课教学改革的一个关键因素。所以，新课程的改革推动着教学的改革，教学的改革同时又召唤着教研的改革。鉴于此，针对于大学生教材认知差异问题的英语课"同课异构"教研活动的尝试就显得尤为重要。

关键词：同课异构；教研活动；高校英语课；民族类院校

---

[*] 作者简介：罗莉，女，西北民族大学副教授。夏库拉·居生艾力，男，西北民族大学本科生。

引 言

当前，新课程改革正全面展开，并向深入发展，新课程的实施终将会促进教研模式的变革。而长期以来形成的自上而下的行政教研模式，已经远不能满足教师自身发展的需要。反观上级部门每年组织的一两次教师业务培训，虽然场面声势浩大，教师们相应也会有一定的收获，但是要想从根本上解决教师们在新课程改革中产生出来的种种困惑却是枉然。①

鉴于此，将教学研究的重心下移到学校，从而建立起与新课程相适应的以校为本的教学研究新模式，是现阶段学校发展和教师专业成长的迫切需求和紧要任务，同时也是优化教学效果、更新教学方式、全面提升学生整体素质的有效途径。

"同课异构"的提出虽然也有几年了，但是同校本教研及教师专业成长联系在一起只是近来的提法，因此还有很多相关问题值得去探讨。② 同课异构是基于帮助教师理解教材、改变教学风格的教学研究活动。陈维刚认为，同课异构是指同一课文的内容，由不同的教师根据自己的实际、自己的理解、自己的经验，采取不同的教学方法和策略，进行不同的教学设计的课堂教学。积极开展同课异构教学研讨活动，对进一步完善教学常规，提高课堂教学的有效性，改进教法和学法，优化课堂结构，培养和树立一批教学基本功过硬、富有教学个性的研究型教师，起到积极的促进作用，从而提高教学效率和教学质量。黄瑞青认为，"同课异构"教研活动就是展现每一位教师的优点、长处，让大家来共同分享，同时老师们通过共同研讨，集思广益，发现自己的不足并加以改进，这样课堂教学就能更为有效，教师就能不断提高业务水平。高翔认为，"同课异构"是一种新型的校本教研活动，开展"同课异

---

① 李国华：《"同课异构"与"集体备课"嫁接的方式与作用》，《青年教师》2019 年第 2 期，第 44—47 页。
② 陈瑞生：《同课异构：一种有效的教育比较研究方式》，《教育实践与研究》2018 年第 1 期，第 8—10 页。

构"活动的目的不是为了比赛,是为了相互交流,就是要进行比较式研讨,在比较中促进教师的个性的积极发展,拓宽听课者的教学思路,创设自觉进行教学研讨的氛围,促进执教者的自我反思。①

综合以上学者的观点,笔者认为,"同课异构"教研活动是基于差异性课堂的考虑,由不同教师依据自身条件不同,根据不同的学情,以同一内容为着手点,在对比中求同存异的一种教研形式。

一 高校英语课"同课异构"教研活动的必要性与可行性

(一)教师的教学个性差异

可以说每个教师的个性差异是"同课异构"教研活动能够实现的首要条件。"同课异构"造就了百花齐放的课堂,呈现出一道创新教学的独特风景。教师的教学设计其实就是教师根据自己对课程的理解,对课程内容的一个再开发的过程。而教师从对课程内容的深度挖掘,到教学策略的选择,从对课堂问题的设计,到课堂氛围的营造,甚至课堂语言的选择,背后都有思想的底蕴,而这种底蕴与教师对教育的认识、专业知识的水平、课堂的管理能力,甚至性格特征等都有着密切的关系。因此,就是教师间的差异才使"同课异构"成为可能②。

(二)学生学习能力的差异

新课程强调"面向学生",促进每一个大学生的发展,含义之一就是强调面向全体的学生,使绝大多数的学生都能够达到要求,获得良好的发展。在高校,学习成绩好、升学有望的学生自然是教师们眼中的"宠儿",成绩差、智力平庸的学生也理所应当受到冷落,这是较为常见的现象。每一个上课学习的过程对于学生来说,都是从他自身的认知起点出发,是课程学习目标不断向前行进的一个过程,一个认知发展的

---

① 钱铁男:《重新认识"同课异构"》,《新课程》(上)2021年第1期,第175—176页。
② 陈维刚:《感受"同课异构"》,《科教文汇》2019年第9期,第124页。

过程。这些学生的差异在民族类高校更为明显，结合英语学科，学生基础有着极大的差异。因此，教师在备课和上课的时候，应关注不同学生已有的差异性经验进行课堂预设。"因材施教"和每个学生的发展成为民族高校教师开展教学的唯一目标①。

（三）教材的丰富性

大多数教师普遍认为，高校英语课程标准实验教科书，在内容的呈现方式上，减退了以往过于注重理论演绎推理的"学院气"，较贴近于学生的生活、思想实际。教科书图文并茂、形式活泼，文字的表述通俗易懂，能够吸引学生，符合高校生的阅读习惯，并且有利于培养学生分析和解决问题的能力。教科书的总体难度适合学生的心智发展水平②。从教科书的可读性与可教性来看，高校英语课程标准实验教科书知识不追求理论体系的完整性，注重突出与学生现实生活的联系，可读性强；教材内容的编排给不同的学校和教师留下了一定的选择空间，教科书有一定的可教性。教师可以在备课和教学过程中，根据具体的需要选择不同的教学内容，获得不同的教学价值③。

二 教学认知差异影响模型构建研究

（一）模型构建

初步构建的高校英语教学中师生教学认知差异影响因素的测量模型是否能够反映真实情况，还需要经过实证的检验。本文运用问卷调查法和 Excel、SPSS 25.0 等定量分析工具，对模型进行检验，根据《"信息化教学设计"教学中师生认知差异分析》《中国和新加坡初中数学教材认知机会的比较研究》结合高校英语教学的实践过程设计出的相关影

---

① 陈晓兰、曾溅：《高职英语教师跨文化认知与教学现状及优化策略》，《司法警官职业教育研究》2021 年第 2 期，第 79—83 页。

② 彭红娟：《新课程下高中英语教师教学信念认知研究思路构建》，《当代家庭教育》2021 年第 16 期，第 171—172 页。

③ 陈晓兰、曾溅、李晓清：《高职英语教师跨文化教学认知与行为研究》，《韶关学院学报》2021 年第 5 期，第 69—73 页。

响因素为教学目标认知、教材内容认知、教学方法认知、媒体使用认知、课程安排、教师期望感知。基于以上基础，结合现有文献和已有的李克特5分制量表，形成对本文高校英语师生教学认知差异影响因素模型中的因变量、自变量、调节变量和控制变量等变量的描述。①

1. 因变量设计

因以自身教学经验及授课过程为视角，以教师视域为测量维度，故因变量为师生教学认知产生的差异。

2. 自变量设计

大学生教学认知差异指标从6个维度衡量（问卷制作见附件），分别是教学目标认知、教材内容认知、教学方法认知、媒体使用认知、课程安排、教师期望感知。根据以上指标见表1。

表1　　　　　　　　大学生教学认知差异变量设定

指标类型	变量
教学目标认知	$X1$
教材内容认知	$X2$
教学方法认知	$X3$
媒体使用认知	$X4$
课程安排	$X5$
教师期望感知	$X6$

本文从多角度研究受试者的不同条件对教学认知差异的影响，因此在选择变量时，考虑到研究假设，先用受试者年级作为解释变量分析其教学认知差异的关系，另外为了更合理更全面地分析教学认知差异问题，加入了受试者性别和受试者学科的影响因素。② 根据上述分析见表2。

---

① 刘善莉：《初中英语教师课堂教学元语言使用的认知与行为研究》，重庆师范大学出版社2018年版。

② 张秀萍：《大学英语情境教学：认知理据、实施原则与设计实践》，《大学教育科学》2017年第6期，第63—68页。

表 2　　　　　　　　　　　控制变量设定

指标类型	变量	指标名称
转发意愿	Y_1	受试者年级
	Y_2	受试者性别
	Y_3	受试者学科

模型设定

根据以上假设和变量的设定可以得出以下回归模型：

$$Y = AX_1 + BX_2 + CX_3 + DX_4 + EX_5 + FX_6 + GY_1 + HY_2 + IY_3 + J$$

(1-1)

(二) 问卷设计与数据收集

1. 问卷设计

本文的调查问卷包含封面信、个人背景信息和主体问卷三个部分。封面信部分，主要是说明本次调查的调查者身份、调查目的、调查内容、填写说明和对结果保密的保证。

个人背景信息部分，意在了解被调查对象的特征，包括性别、年级、学科。

主体问卷部分，主要是通过引导被调查对象的英语教学认知情况，了解被调查者当时对各变量的感知水平。在对变量进行操作化后，采用李克特 5 分制量表的形式来测量，用 5 个分值分别表示对相应问题的同意程度，其中 1 表示非常不同意，5 表示非常同意，根据题目内容进行适当改变。①

2. 样本选取与数据收集

本文采取抽样调查的方式来获取样本，调查对象为西北民族大学在校大学生，样本主要来源于日常授课班级的学生，因为考虑到样本的整体性，故除了大学一、二、三年级加入了重修班级，采用问卷进行数据

---

① 高锋：《乘务英语词汇教学认知策略探析》，《中国民航飞行学院学报》2017 年第 3 期，第 74—76、80 页。

的收集。样本的总体为 211 份,有效样本数为 211 份。问卷的有效率达到了 100%,样本有效性。

在接受调查的 211 人中,124 人是女性,占 58.8%,87 人是男性,占 41.2%。因为课程开设设置,大多数受试者的年级在大学二年级这个区间,共 131 人,占 52.6%。数量最少的是重修班,仅 23 人,占 10.9%。其中,大一及大三的受试者分别是 30 人和 47 人,占 14.2% 和 22.3%。

另外,为了方便样本调研,故在外国语学院的语言学科生的区间的比重最大,占 55.9%,理科生和工科生各占 20.4% 和 17.1%,小部分农科生占 6.6%。具体分布情况见表 3。

表 3　　　　　被试基本情况($N=211$)

背景信息	组成	人数(人)	百分比(%)
性别	女	124	58.8
	男	87	41.2
年级	大学一年级	30	14.2
	大学二年级	111	52.6
	大学三年级	47	22.3
	重修班	23	10.9
学科分类	理科生	43	20.4
	语言学科生	98	55.9
	工科生	36	17.1
	农科生	34	6.6

(三)数据分析与讨论

1. 信度分析

Cronbach 信度系数评价的是量表中各题项得分间的一致性,最长用于态度、意见式问卷(量表)的信度分析。由于其操作简单可行,也成为目前最常用的信度评价方法。其可靠性的高低通过 Cronbach's a 系数来衡量。Cronbach's a 系数越高,表示信度越好。Cronbach's a 系数介于（0，1）之间，一般认为，Cronbach's a 系数大于 0.6，表示可接受的信度；Cronbach's a 系数大于 0.7，表示信度较高；Cronbach's a 系数大于 0.9，则表示具有相当高的信度。

本文选择 Cronbach's a 系数和 CR（Composite Reliability）系数来考察各构念间的整体可信度。CR 系数表示因子（变量）的整体组合信度。一般认为当 CR 系数大于 0.7，Cronbach's a 系数大于 0.7 时表示该因子的指标信度较好。结果如表 4 所示。

表 4　　　　　　　　　问卷信度检验

变量名称	CR 系数	Cronbach's a 系数
教学目标认知	0.946	0.918
教材内容认知	0.921	0.988
教学方法认知	0.941	0.953
媒体使用认知	0.908	0.876
课程安排	0.927	0.824
教师期望感知	0.874	0.826

从表 4 可以看出，本文的 6 个测度变量的 CR 系数均处于 0.7 以上的高信度标准。三个因子 Cronbach's a 系数值更是高达 0.9 以上，三个因子的 Cronbach's a 系数也是十分接近 0.9。可见，本文中的 6 个因子均具有非常高的整体可信度。

2. 效度分析

架构效度是指测量结果体现出来的某种结构与测值之间的对应程度。由于架构效度具有相当严谨的理论架构基础和逻辑验证性，因此，是一种重要的效度检验指标。在进行架构效度检验时，要同时兼顾收敛效度和区别效度。收敛效度要求一个构念内的项目间要具有高度的相关性，而区别效度则要求不同构念里的项目间的相关性要低，以保证要具有高度的区分性。研究中一般采用平均萃取变差（Average Variance Extracted，AVE）值作为其效度检验指标。AVE 是用来衡量因子解释的方差与测量误差解释的方差之间的比率关系的指标。当该测度因子的

AVE 大于 0.5（即 AVE 的平方根大于 0.707）时，该测度因子达到了收敛效度检测标准；当该测度因子的 AVE 的平方根大于它与其余各因子的相关系数时，该测度因子达到了区分效度检测标准。问卷必须同时达到收敛效度和区分效度标准，才能说明通过了效度检验。本文的问卷效度检验结果如表 5 所示。

表 5　　　　　　　　　　问卷效度检验表

	教学目标	教材内容	教学方法	媒体使用	课程安排	期望感知
教学目标	0.882					
教材内容	0.678	0.919				
教学方法	0.727	0.784	0.983			
媒体使用	0.614	0.617	0.579	0.831		
课程安排	0.589	0.548	0.784	0.776	0.767	
期望感知	0.684	0.541	0.587	0.746	0.851	0.715

从表 5 的结果可以看出，对角线上的每一个侧度因子的 AVE 的平方根值均大 0.7，并且均显著大于它与其余各因子的相关系数，说明该问卷具有很高的区分效度和收敛效度，达到了效度检验的标准，可以进行下一步的结构方程拟合。

（四）描述性统计分析

1. 意愿总体水平

从表 6 中可以看出，教师期望感知的均值为 3.8214，说明大学英语授课中学生的教学认知最大的因素为学生对老师期待的感知和对自身未能达到老师要求的不满，说明老师在对待学生主观情绪上与学生自我认知存在着较大的差异。教材内容的均值为 3.5373，为 6 个维度中第二，说明学生对教材的了解程度较低，这与学生学习英语的动机有着极大的关系，部分同学可以使用大学英语教材作为自学英语的课本，但是部分同学只以课本作为课堂用书。得分第三的是教学方法，均值为 3.5290。因为采用李克特量表 5 分制，分数越高代表教学方法认识程度高，所以同学整体上还是可以了解并体会教师授课用意，对教学的方法接受度较高，在课堂中与老师有着很好的配合。得分第四的是教学目标认知，均值为3.4621。值得注意的是，从结果分值上看，教学目标的最低值为2.00分，说明学生群体对教学内容的最低评价也要高于预期，这与我国学生从小学习英语有着极大的关系，长期的英语学习基本使学生可以清楚地知道英语课程的未来应用及使用环境。

表6 问卷得分情况（$N=211$）

	均值	标准差	中位数	平均误差	最小值	最大值	全距
教学目标	3.4621	0.63788	3.5000	0.04391	2.00	5.00	3.00
教材内容	3.5373	0.68722	3.5714	0.04731	1.00	5.00	4.00
教学方法	3.5290	0.60492	3.5385	0.04164	1.00	5.00	4.00
媒体使用	3.2428	0.54984	2.5485	0.01987	1.00	5.00	4.00
课程安排	3.1411	0.59819	2.1447	0.05484	1.00	5.00	4.00
教师期望感知	3.8214	0.32187	3.5471	0.05624	1.00	5.00	4.00

2. 性别差异

表7利用独立样本t检验研究性别对教学目标、教材内容、教学方法影响的差异性。从表7中可以得到，教材内容、教学方法、课程安排的p值小于0.05，有显著性影响；教学目标的p值大于0.05，没有显著性影响。

表7 不同性别总体得分（$N=211$）

	性别（平均值±标准差）		t值	p值
	女（n=124）	男（n=87）		
教学目标	4.08±0.54	3.52±0.55	1.585	0.115
教材内容	2.88±0.32	2.14±0.50	2.306	0.032
教学方法	4.21±0.13	4.40±0.14	2.305	0.022
媒体使用	3.78±0.17	3.21±0.54	7.495	0.548
课程安排	3.31±0.77	3.45±0.24	6.564	0.015
期望感知	4.61±0.52	4.86±0.22	3.585	0.528

教材内容和教学方法、课程安排共3项呈现出显著性（$p<0.05$），

意味着不同性别的样本对于教材内容、教学方法、课程安排有差异性，分析结果如下。

在性别对教材内容影响的显著性方差检验中得到，$t=2.306$，$p=0.032$，这表明教材内容有显著影响。从表中还可以观测到，女性的平均值为2.88，男性的平均值为2.14，女性普遍大于男性。

在性别对教学方法影响的显著性方差检验中得到，$t=2.305$，$p=0.022$，这表明教学方法有显著性影响。从表中还可以观测到，女性的平均值为4.21，男性的平均值为4.40，男性普遍大于女性。

从课程安排来看，男性的认知水平高于女性，其原因可能为男同学的情绪感知明显低于女同学，男生对课程安排的宽容度更高。

总结可知：从性别对教学目标、课程安排、教学方法三种样本的显著性检验的结果分析可知，性别对教材内容和教学方法有显著性影响，对教学目标等没有显著性影响。

3. 年级差异

从表8利用单因素方差分析研究年级对于教学目标、教材内容、教学方法、媒体使用、课程安排、期望感知共6项的差异性可以看出：不同年级样本对于教学目标、教材内容、媒体使用、课程安排都没有显著性影响；在教学方法和期望感知上有显著差异。根据分析，随着年级的增长，在教学认知上有着不同的能力体现，其主要为不同年级段对英语学习的观点有所不同。

表8　　　　不同年级总体得分各测量值比较（$N=211$）

总体得分维度	年级（平均值±标准差）		大学三年级	重修班	F 值	p 值
	大学一年级	大学二年级				
教学目标	3.76±0.52	3.96±0.44	3.86±0.47	3.96±0.62	0.161	0.922
教材内容	2.21±0.21	3.79±0.11	4.41±0.2	4.88±0.36	0.125	1.945
教学方法	3.86±0.24	4.49±0.14	4.72±0.68	4.50±0.63	0.130	0.038
媒体使用	3.78±0.24	4.21±0.55	3.54±0.75	4.17±0.58	0.495	1.421
课程安排	2.96±0.53	3.78±0.84	3.20±0.33	3.98±0.22	0.161	0.922
期望感知	4.18±0.47	4.38±0.60	4.55±0.36	4.81±0.74	0.518	0.031

4. 总体得分在受试者学科的差异

从表9利用单因素方差分析研究学科对于教学目标、教材内容、教学方法、媒体使用、课程安排、期望感知共6项的差异性可以看出：不同学科样本对于教学方法、媒体使用、课程安排全部均表现出显著性（$p > 0.05$），意味着不同学科样本对于教学方法、媒体使用、课程安排表现出一致性，并没有差异性。

表9　　　　　不同学科学生总体得分各测量值比较（$N=211$）

总体得分维度	学科（平均值±标准差）				F 值	p 值
	理科生	语言学科生	工科生	农科生		
教学目标	3.98±0.94	3.89±0.43	4.01±0.43	4.34±0.28	1.022	0.384
教材内容	2.02±0.80	2.34±0.08	2.34±0.08	4.11±0.28	1.170	0.322
教学方法	4.98±0.48	4.00±0.73	4.27±0.73	3.20±0.57	0.862	0.022
媒体使用	3.78±0.27	3.21±0.08	3.68±0.08	3.54±0.12	0.487	0.014
课程安排	3.58±0.46	3.58±0.51	3.84±0.50	3.87±0.26	0.584	0.035
期望感知	4.21±0.31	4.71±0.85	4.84±0.21	4.57±0.34	0.951	0.584

5. 研究变量的相关分析

如表10所示，教学目标对教材内容负相关，对媒体使用显著负相关，对课程安排呈现显著正相关，教材内容对教学方法呈现负相关，对媒体使用呈现显著正相关，教学方法对期望感知呈现显著正相关，媒体使用对课程安排呈现显著负相关，课程安排对教师期望感知呈现显著正相关。

表10　　　　　　　　各维度的相关分析

应对方式	总体得分					
	教学目标	教材内容	教学方法	媒体使用	课程安排	期望感知
教学目标	0.658**					
教材内容	-0.534**	-0.660**				
教学方法	0.718	-0.848**	0.789**			

续表

应对方式	总体得分					
	教学目标	教材内容	教学方法	媒体使用	课程安排	期望感知
媒体使用	-0.171**	0.218**	0.131	-0.708**		
课程安排	0.821**	0.184	0.941	-0.154**	0.780**	
期望感知	-0.281	0.555	0.711**	0.413	0.918**	0.763**

（五）教学认知差异实证研究

对影响学生教学认知的6个因子进行标准化处理，使用因子分析进行信息浓缩研究。首先分析研究数据是否适合进行因子分析，从表11中可以看出：KMO为0.657，大于0.6，满足因子分析的前提要求，意味着数据可用于因子分析研究，以及数据通过Bartlett球形度检验（$p<0.05$），说明研究数据适合进行因子分析。

表11　　　　　　　　KMO 和 Bartlett 的检验

KMO 值		0.657
Bartlett 球形度检验	近似卡方	19181.789
	df	55.000
	p 值	0.000

表12则针对因子提取情况，以及因子提取信息量情况进行分析，从表12可知：因子分析一共提取出4个因子，特征根值均大于1，此4个因子旋转后的方差解释率分别是23.138%、22.643%、11.426%和9.131%，旋转后累积方差解释率为66.339%。

表12　　　　　　　　方差解释率

因子编号	特征根			旋转前方差解释率			旋转后方差解释率		
	特征根	方差解释率（%）	累积（%）	特征根	方差解释率（%）	累积（%）	特征根	方差解释率（%）	累积（%）
1	2.765	25.136	25.136	2.765	25.136	25.136	2.545	23.138	23.138

续表

因子编号	特征根			旋转前方差解释率			旋转后方差解释率		
	特征根	方差解释率(%)	累积(%)	特征根	方差解释率(%)	累积(%)	特征根	方差解释率(%)	累积(%)
2	2.396	21.785	46.920	2.396	21.785	46.920	2.491	22.643	45.781
3	1.136	10.324	57.244	1.136	10.324	57.244	1.257	11.426	57.207
4	1.000	9.094	66.339	1.000	9.094	66.339	1.004	9.131	66.339
5	0.949	8.630	74.969	—	—	—	—	—	—
6	0.886	8.051	83.020	—	—	—	—	—	—

本文数据使用最大方差旋转方法（varimax）进行旋转，以便找出因子和研究项的对应关系。表13展示因子对于研究项的信息提取情况，以及因子和研究项对应关系，从表13可知：针对共同度而言，共涉及X4、X6两项，它们对应的共同度值小于0.4，说明因子和研究项之间的关系非常薄弱，因子不能有效地提取出研究项信息。因而将此两项进行删除，删除之后再次进行分析。

表13　　　　　　　　旋转后因子载荷系数

名称	因子载荷系数				共同度（公因子方差）
	因子1	因子2	因子3	因子4	
X1	0.767	-0.001	0.100	0.033	0.599
X2	0.857	-0.029	0.156	0.003	0.759
X3	0.866	0.198	0.141	0.011	0.808
X4	0.375	-0.162	0.131	0.080	0.117
X5	-0.059	0.123	0.127	-0.057	0.205
X6	0.004	-0.003	0.007	0.996	0.992

使用因子分析的目的在于信息浓缩，得表14。如果使用因子分析法进行权重计算，则需要使用"成分得分系数矩阵"建立因子和研究项之间的关系等式，如下：

$f1 = 0.306X1 + 0.337X2 + 0.336X3 + 0.070X4 - 0.021X5 - 0.139X6$

$f2 = -0.022X1 - 0.036X2 + 0.055X3 - 0.064X4 + 0.014X5 + 0.066X6$

$f3 = -0.020X1 + 0.015X2 + 0.005X3 + 0.505X4 - 0.010X5 + 0.705X6$

$f4 = 0.014X1 - 0.018X2 - 0.007X3 + 0.059X4 + 0.994X5 - 0.066X6$

综合得分是旋转后方差解释率（归一化）与因子得分乘积后累加计算得到。针对当前数据的计算公式为：

$(23.138f1 + 22.643f2 + 11.426f3 + 9.131f4)/66.339$

最终为：$Y = 0.349f1 + 0.341f2 + 0.172f3 + 0.138f4$

表 14 成分得分系数矩阵

名称	成分			
	成分 1	成分 2	成分 3	成分 4
X1	0.306	-0.022	-0.020	0.014
X2	0.337	-0.036	0.015	-0.018
X3	0.336	0.055	0.005	-0.007
X4	0.070	-0.064	0.505	0.059
X5	-0.021	0.014	-0.010	0.994
X6	-0.139	0.066	0.705	-0.066

对模型进行总体样本回归分析，总样本是截面数据，且数据都来源于 2019—2021 年，时间连续，所以没有进行单根检验，所选取的数据模型分为混合模型、随机效应模型，因为数据来源及数据特性，性别、年级、学科等没有办法对数据进行标准化处理且变量类型不同，本次进行总体样本回归是没有办法进行 F 检验和二元回归，只能进行 OLS 逐步回归。对以上模型进行分析并在 IBM SPSS 25.0 上进行 OLS 估计，得到表 15 和表 16。

表15　　　　　　　　　　逐步回归分析结果（$N=211$）

	非标准化系数		标准化系数	t	p	VIF	R^2	调整 R^2	F
	B	标准误	Beta						
常数	0.037	0.031	—	1.171	0.242	—	0.230	0.229	$F(2, 3502) = 522.305$, $p=0.000$
Y1	-0.008	0.000	-0.381	-24.127	0.000**	1.131			
Y2	0.005	0.000	0.189	12.008	0.000**	1.131			

因变量：主成分后 X 模型

$D-W$ 值：1.810

* $p<0.05$，** $p<0.01$

表16　　　　　　　　　逐步回归分析结果—简化格式

	回归系数	95% CI	VIF
常数	0.037 (1.171)	-0.025—0.098	—
Y1	-0.008** (-24.127)	-0.008—-0.007	1.131
Y2	0.005** (12.008)	0.004—0.006	1.131
样本量		211	
R^2		0.230	
调整 R^2		0.229	
F 值		$F(2, 3502) = 522.305$, $p=0.000$	

因变量：教学认知差异

$D-W$ 值：1.810

* $p<0.05$，** $p<0.01$　括号里面为 t 值

将 Y1、Y2、Y3 作为自变量，而将教学认知差异作为因变量进行逐步回归分析，经过模型自动识别，最终余下 Y1、Y2 一共两项在模型中，R^2 值为 0.230，意味着 Y1、Y2 可以解释师生教学认知差异的 23.0% 变化原因。而且模型通过 F 检验（$F=522.305$，$p=0.000<0.05$），说明模型有效。模型公式为：师生教学认知差异 $=0.037-0.008Y1+0.005Y2$。

另外，针对模型的多重共线性进行检验发现，模型中 VIF 值全部均小于 5，意味着不存在着共线性问题；并且 $D-W$ 值在数字 2 附近，因而说明模型不存在自相关性，样本数据之间并没有关联关系，模型较好。最终具体分析可知：

Y1 的回归系数值为 -0.008（$t=-24.127$，$p=0.000<0.01$），意味着 Y1 会对教学认知差异产生显著的负向影响关系。

Y2 的回归系数值为 0.005（$t=12.008$，$p=0.000<0.01$），意味着 Y2 会对教学认知差异产生显著的正向影响关系。

总结分析可知：Y2 会对教学认知差异产生显著的正向影响关系。另外，Y1 会对教学认知差异产生显著的负向影响关系。

通过总体分析可知：大学生性别会对教学认知差异产生显著的正向影响关系。另外，年级会对教学认知差异产生显著的负向影响关系，年级越低产生差异的情况更多，年级越高与教师产生教学共鸣的概率越大。

从上述分析可以发现，女学生产生认知差异较男学生更高，其原因是因为女学生对教学过程的关注度及敏感性明显地高于男学生，受试者条件的相关关系均符合之前的预测。

（六）研究的主要结论

通过研究有以下结论：

（1）教师期望感知的均值为 3.8214，说明学生对教师期望的感知普遍较高，对自身学习过程的不满有着极强的主观性，这是教学认知差异的主要影响因素之一。教材内容的均值为 3.5373，为 6 个维度中第二，说明课程安排的认知水平也比较高，大部分的大学生可以通过自学来补充或者调解英语学习时常，课程安排不会影响英语学习的整体过程。得分第三的是教学方法，均值为 3.5290，说明教学教法得当，师生课程配合度较高，可以顺利完成教学工作。得分第四的是教学目标认知，均值为 3.4621。教学目标的最低值为 2.00 分，说明大学生对英语学习目标的认知最低评价也要高于预期。

（2）在对性别对教学目标、课程安排、教学方法三种样本的显著性检验的结果分析可知,性别对教材内容和教学方法有显著性影响,对教学目标等没有显著性影响。不同年级样本对于教学目标、教材内容、媒体使用、课程安排都没有显著性影响,在教学方法和期望感知上有显著差异。根据分析,随着年级的增长,在语言学习上有着不同的能力体现,其主要为不同年级段对英语学习的观点有所不同。

（3）教学目标对教材内容负相关,对媒体使用显著负相关,对课程安排呈显著正相关,教材内容对教学方法呈负相关,对媒体使用呈显著正相关,教学方法对期望感知呈显著正相关,媒体使用对课程安排呈显著负相关,课程安排对教师期望感知呈显著正相关。

三 高校英语课"同课异构"教研活动的构建

（一）尊重大学生个体差异的原则

作为个体的学生,由于受到家庭、成长环境、自身性格等诸多因素的影响,形成个体差异。因此,学生的个体差异是客观存在的,每个学生都表现出自己的独特性。对于高校学生而言,个体之间的差异就显得更为明显,具有不同的发展潜能。而以往的高校英语课强调统一:统一的教学大纲、统一的教材、统一的教学参考书、统一的试卷。就是在这种长期的统一要求之下,教师的教学失去了灵活性、创新性,只能充当教学计划的被动实施者,学生的学习则被限制在没有自主性和选择性的狭窄空间内,仅仅是充当书本知识的被动接受者。因此,教师要通过教学的各个环节,根据不同学生的特点和需求,设计不同的目标、要求和教学手段,让每个学生都积极参与到课堂教学中来。

（二）以程度适当为宜的原则

开展"同课异构"教研活动应先处理好"异"的程度。通过上述调研可以发现,性别及年级差异会导致产生不同的教学认知差异,集体备课可以帮助教师更好地把握教学目标,加深对课程标准的理解,是集体智慧、同伴互助的体现。但仅单纯地、比葫芦画瓢地根据他人的观点来设计自己的教学注定是不会成功的,也不可能体现出教师自己独特的教学特点，故而教学的效果也是低下的。所以集体的智慧和交流应该主要在对课程标准的把握和课后的交流与探讨中，体现在教学目标的达成上，而不是对细节的设计上。"同课异构"要和严谨的教研态度结合起来，它只是一种教研形式，是通过教师的创新、灵感形成的适合自己学生的教学设计，而不是为求"新"而"异构"。我们在进行"同课异构"的过程中，要始终保持严谨的教研态度，不走极端。适合"异构"的课程，可以展开"异构"的探讨，不适合的章节不要为了"异构"而去"异构"。

（三）高校英语课"同课异构"教研活动的实现方式

"同课异构"可分为："一人同课异构""多人同课异构"。

"一人同课异构"有"一人单轮同课异构""一人多轮同课异构"两种形式。

"一人单轮同课异构"就是由同一位教师根据所教班级学生学科的不同，而有针对性地设计出不同的教学方式在不同的班级中进行教授。这种形式适合于同一位教师所任教的几个班级学生之间差距较大、分属于几个不同的层次。此形式因教学的设计针对性较强，学生对新知识易理解吸收，课堂效果会提高，但是对于教师而言备课量会加大。

"一人多轮同课异构"就是指教师在备好课之后，由教研组内教师进行听课，教师首次试教。在听完课后由组内教师给出合理化意见和建议，教师接下来再根据提议，经反思，修改过教学设计之后，再度教学，如若条件允许的话，甚至还可以再度修改，再次教授。这样通过反复的不断修改、完善，最终使同课的教学设计和教学效果达到最优化。此形式适于在学习程度不太好的班级中进行，并且教授难度较大的教学内容，可使学生牢固掌握所讲内容。可是教授同一教学内容费时较多，教师的备课量增加不少，不宜经常采用。

"多人同课异构"又有"多人单轮同课异构""多人多轮同课异构"两种形式。

"多人单轮同课异构"就是由两位或两位以上教师根据各自所教班级学情、本人对授课内容的理解进行教学的设计、讲授，通常是在同一年级的平行班同层次学生采用不同的教法。课后授课教师进行说课，由听课教师来进行评课，提出意见和建议。采用这种形式的目的是为了展现教师的不同教学风格特色，而且教学设计、课堂教学的优劣较容易显现，可经常开展。

"多人多轮同课异构"就是由两位或两位以上教师自行备好课之后，分别进行第一轮的授课，课后由授课教师说课，听课教师评课，同时提出哪一部分需要改进，授课教师之后进行自我反思，在原教学设计的基础上根据所提建议进行二度设计，接下来在平行班开始进行第二轮的授课、说课、评课，经过如此的反复，最终使教学设计和课堂教学达到最优化。这种形式工作量大，不宜经常开展，可为大型公开课及大学生英语教学竞赛打造精品课。

结　语

高校英语课"同课异构"教研活动的新形式是对传统集体备课教研活动旧模式的批判与扬弃。"同课异构"是解决大学生英语教学认知差异的一个全新的可尝试途径。教研活动是创新高校英语课教学与研究，普遍提高教育教学质量，有效促进教师专业发展，全面践行素质教育的有效途径之一。

就当前研究的现状来看，"同课异构"还是一个有待继续探索、完善的领域，它虽然在高校英语课中已经受到了学校和教师的接受与重视，但是针对于解决学生教学认知差异的"同课异构"教研活动的理论以及实践研究尚还处在刚刚起步的阶段，因此，仍有很多的空白需要填补。

随着"同课异构"教研活动的广泛推行、日渐规范，虽然本次只局限于西北民族大学，但是未来可尝试借助于便捷、强大的网络功能将本教研活动的范围由校内扩大延伸至校际间、区域间。本文的学科定位于高校英语学科，鉴于"同课异构"活动卓有成效的教研效果可将其推广至高校的各个学科，相信会有更为广泛的现实意义。

略谈中阿互译难点问题及其应对策略

马晓明[*]

摘　要：翻译是一项艰难的工作，特别是中文与阿拉伯文之间的互译，这是对译者中文、阿拉伯文两种语言功底，两种语言文化背景知识掌握程度的综合考察，是对其工作态度严谨认真与否的检验。本文认为中阿两种语言互译的难点主要在于：译者个人两种语言功底不够扎实，文化底蕴不够深厚，而导致的理解不到位或表达不够精准；对翻译工作的态度不够严谨认真，缺乏长期实践锻炼的耐心；缺乏必要的翻译技巧与方法。故此，译者需要加强自己中阿两种语言的功底，掌握两种语言在其语言现象、语言文化等方面的异同，并长期坚持翻译实践练习，在具体实践中总结经验和方法。同时，借鉴他人翻译理论与方法，以理论方法指导实践翻译，最终形成自己的一套比较完善的翻译方法和技巧，力求达到翻译的精准到位。

关键词：翻译；难点；语言功底；文化背景

翻译是把一种语言文字的意义用另一种语言文字表达出来。[①] 它不仅是不同语言之间相互转换的一个过程，更是一种文化传播交流的工具，在译出语文化和译入语文化之间起着桥梁和纽带的作用。

因此，翻译过程绝不是简单地将一种文字直接转换成另一种文字，而是一个复杂而又曲折的过程，要求译者具备多方面的知识储备和能力

---

[*] 作者简介：马晓明，西北民族大学外国语学院讲师。
[①] 夏征农、陈至立：《辞海》，上海辞书出版社2010年版，第962页。

素养，需要先完整准确地理解原文意义，然后再用译入语规范地道地将其表达出来。

通过多年的翻译及翻译教学工作，笔者对翻译，尤其是中阿互译的主要难点或存在的问题及其应对策略，略有一些认识和想法，现概述如下。

一　原文理解不够透彻

翻译活动的第一步首先是对原文的理解，理解的到位与否直接影响到翻译的成败，或者至少关系到翻译的精准与否。对原文的理解需要反反复复地去读、去赏析原文，这种阅读和赏析不能只停留在原文的文字表面上。有些翻译没有到位或精准，其主要原因之一在于译者对原文理解不够透彻，只是粗略阅读原文，查查字典，弄懂里面的生词，掌握其大意，就开始着手翻译，准确地说，应该是"编译"。很少去分析原文文字背后的其他含义。当然，字面意义是理解原文的最起码要求，但是，一篇文章往往除了它的字面意义，还隐含着其他方方面面的意义，主要包括心理意义、风格意义、文化意义、修辞意义等。准确理解和分析这些意义的特点之后，译者就得将它尽可能地体现在自己的译文中。简单来说，就是译文要反映原文作者在文章中所表现出来的心理状态，要保留原文表达的风格，原文雅译文雅，原文俗译文俗；原文正式译文正式，原文随意译文随意。原文语言表达中所承载着的文化信息要在译文中再现，保留原文的语言文化特征。当然，还要掌握原文的修辞表达特点，在译文中将这种特点尽可能地体现出来，原文直白译文直白，原文婉转译文婉转，原文形象译文形象，原文夸张译文夸张，原文有韵译文有韵，原文详尽译文详尽，原文简略译文简略……

二　语言功底不够扎实

其实，上面所述的第一个问题，即对原文理解不够透彻的问题，归根到底，其主要原因还是在于译者的语言功底不够扎实。这个语言功底指的是母语和外语两种语言的功底。翻译要求译者至少精通两种语言：母语和外语。翻译不仅考验我们的外语水平，而且也在检验我们的母语功底。如果这两种语言中任何一个的功底不够扎实，就会直接影响翻译的效果，要么原文理解不够到位，要么译文表达不够精准，从而没有完全传递原文所承载的信息。语言功底的浅薄主要体现在词汇量有限，语法修辞不够扎实，文化背景知识欠缺等。因此，对原文语言现象的特点掌握不够，往往有望文生义、曲解作者意图的现象发生。或者在表达的时候措辞造句不太恰当，导致读者没有领会或者被误解。所以，往往会有这种现象：译者基本掌握原文中的所有词汇，但在译文中转换时很难表达成比较通顺的话语，就算勉强表达出来了，也不太合乎译文的逻辑，不太符合译文的表达习惯，很显然就是阿拉伯语式的中文，或中文式的阿拉伯语，很难理解和读懂。这种情况下，有些译者"大胆"地采用意译法，但是意译几乎变成了曲译了。

　　语言功底不够扎实的表现之一就是对多义词、近义词，及对这类词语之间的辨析掌握不够。有些译者虽然背记了很多词汇，但在具体翻译实践过程中把握不住某些词汇的准确意思，或在表达的时候不会恰当选用，从而使已背记的单词仍像生词一般陌生。有些单词稍变一下词型就摸不着头脑了，分不清其意了，又得查阅字典，这样既费时间又费精力，久而久之就失去了翻译的耐心，甚至可能要放弃了。归根结底其主要原因在于语言基本功的欠缺，尤其没有掌握好阿拉伯语词汇的构词规律及其表意特点，没有掌握阿拉伯语词汇中的多义词现象，以及近义词之间在词义和用法上的细微区别。

　　语言功底不够扎实的又一表现就是没有掌握好阿汉两种语言在句子结构上的异同。译者需要精通中阿两种语言的语法规则，尤其是两种语言各自特有的一些语法现象，将这种原语中有而译语中无的语法现象，巧妙而又恰当地转换成译文中有的语法现象。要掌握两种语言表达中不同句子成分的语序特点，译文表达过程中不受原文语序的约束和影响，将原文所要表达的意思用符合译文表达习惯的语序重新进行组织表达。另外，还要注意把握中阿两种语言在句子衔接上的特点。总的来说，阿拉伯语的句子结构多见长句，总是通过各类工具词，将一个个的分句相互衔接起来，组成统一的长句。因此，阿拉伯语注重语言表达在其形式上的统一，"从句迭生，修饰语一环套一环，句子结构较为严紧，句子成分的从属关系、逻辑关系多用起连接作用的关系名词、虚词、介词、条件词等明确地表现出来"①，这种现象被称为"形合"（hypotaxis）；而中文多见短句，句与句之间的衔接多靠句意、标点符号等实现，被称为"意合"（parataxis）。② 类似这些特点，译者必须要把握好，并在翻译过程中，根据译文的表达习惯，要适当"拆分"长句，或"整合"短句。拆分的时候要注意从什么位置拆分，整合的时候也要知道该将哪些句子整合，该用什么样的工具词整合等。

三 翻译实践中的惰性

可以说，翻译实践是提升翻译水平的最好途径。翻译是对语言听、说、读、写等技能掌握程度的综合性考察，当然，它也有自己的一套理论、方法与技巧，但是，更重要的是这是一项实践性极强的活动。因此，翻译水平更多的是靠译者长期坚持不懈的实践翻译锻炼出来的。很多时候，我们觉得自己能够大概理解原文，但具体动笔翻译的时候往往无从下笔，不知如何翻译，困难重重。主要是缺乏平时的翻译实践练习，有"惰性"，没有养成勤于翻译实践练习的好习惯。因此，译者要"勤"，要勤于思考、勤于动口、勤于动笔，多思考如何将一份材料译出来，并养成经常动口或动笔翻译的好习惯。与此同时，虚心认真地研读其他译者所总结出来的翻译理论和方法，并结合自己长期的翻译实践经验，总结出比较适合自己的一套翻译方法和技巧。

四 缺乏语言文化背景知识

前面我们提到，译者对原文的理解不能只停留在表面的语言文字

---

① 刘开古：《阿拉伯语汉语翻译教程》，上海外语教育出版社1991年版，第21页。
② 刘开古：《阿拉伯语汉语翻译教程》，上海外语教育出版社1991年版，第21页。

上，他还需要掌握原文的文化意义等其他方方面面的意义。翻译是不同民族文学文化互输与交流的必由之路，一国文学和文化能否成功地为他国读者所接受、欣赏，翻译的作用举足轻重。然而，恰恰是文学作品中所体现的民族色彩造成了翻译中的种种文化冲突现象，甚至造成了不可译现象。①

在中阿互译过程中，一般译者或学生往往遇到的困难之一，就是对阿拉伯国家的俗语、谚语、固定表达等跟阿拉伯社会文化有着密切联系的一些内容的翻译，很多时候出现翻译不通顺、不到位，甚至被误译的现象。语言作为文化的载体，必然承载着其背后的文化意义。这就需要译者对自己母语与所学外语的社会文化要有较好的掌握，从而能够在翻译过程中灵活处理，巧妙地转换或传递。

翻译是一种跨文化交流。因此，翻译不仅需要坚实的语言基础，而且还需要一定的文化基础，尤其是对所译语言国家的社会文化背景的了解，如果缺乏这方面的了解，所译出的文章会大失"原味儿"，从而大大降低所翻译的作品的水平。两种语言背后的文化差异在很大程度上影响着翻译，只有比较好地了解中阿两种文化的异同，才能在翻译过程中较好地处理两种语言所承载着的文化现象，进而使译文更为忠实和地道。

五 译"字"而非译"意"

翻译的时候，译"字"往往是困扰译者或学生的一个主要问题。在翻译过程中，到底是直译还是要意译？一直是困扰译者的一个问题。无论是语句、段落，还是篇章，很多时候我们会大致弄懂里面的词汇，以及句子结构，理解其所要表达的意思，但是具体要用译入语表达出来时，就不那么容易了，表达总是不够完整、贴切、通顺。理论上，我们一直在讲直译和意译两种最为常见的翻译方法，但是在实际操作过程

---

① 周方珠：《文学翻译中民族色彩的处理》，载吴友富主编《国俗语义研究》（论文集），上海外语教育出版社1998年版，第317页。

中，往往不能恰当地在两者之中做取舍，总觉得直译了译文不够"达"，不符合译文习惯，难以传达原文意思；意译吧，译文则不够"信"，不忠实于原文。其实，这两种翻译方法在翻译过程中并不是对立的，而是相辅相成的，缺一不可，译者要灵活运用，总的一句话：理解过程中多一点"直译"，表达过程中多一点"意译"，让最终的意译建立在直译的基石上。

这也就是翻译过程中"意"与"字"，或"内容"与"形式"的得失与取舍问题。翻译是在一种新的语言基础上把原作的内容和形式重新加以统一的过程，实质上就是内容和形式相互转化或推移的过程。有些内容因素需要提升到形式上来；有些形式因素需要纳入内容中去。①

所以说，译"字"是我们翻译最终达到译"意"目的的一个过程，是我们翻译之前理解这一步必要的一个环节。其实，很多时候译"字"是为了理解，译"意"是为了表达，因此，两者应该是相辅相成的，不应该是对立的。我们在翻译过程中，要通过译"字"理解原文，掌握原语言结构等方面的特点与习惯，要通过译"意"表达译文，掌握译入语言结构等方面的特点与习惯，从而最大限度地达到翻译"信"与"达"的目的。

为了解决上述这些中阿互译过程中常见的困难和问题，我们要在平时的阿拉伯语学习或翻译工作中，认真培养自己自觉翻译的意识和习惯，培养自己对翻译工作严肃认真、一丝不苟的态度，要勤查字典，翻阅相关资料。

鲁迅先生的"字典不离手，冷汗不离背"这句话总结出了他的翻译经验和极为严谨的翻译态度。翻阅字典是翻译过程中最基本也是最重要的步骤，但是，很多译者由于自身的惰性和对翻译不够严谨的态度，往往懒于翻字典，而是根据上下文"猜"词义，尤其在这"手机不离手"的时代，更多译者只依赖方便快捷的手机软件，懒得翻阅那么厚重的纸质字典，从而导致对该词词义理解不够全面，而翻译不够精准，

---

① 黄秀梅：《通过实例探讨译事之得失》，载吴友富主编《国俗语义研究》（论文集），上海外语教育出版社1998年版，第230页。

甚至被误译。

我们通过认真耐心地查阅字典，掌握每一个词的不同词型及其表义特点、使用语境等，然后根据原文语境精准地理解和表达。

为了提升在翻译过程中对阿拉伯语原文的理解能力，以及汉语翻译阿拉伯语时候的阿拉伯语表达水平，我们平时要多读各类阿拉伯语原著，尤其是小说，多看阿拉伯电影，对阿拉伯文化、风俗、社会等要有一定的了解，进而了解和掌握阿拉伯人的思维模式，以及中阿两种语言现象所存在的差异，并善于总结和积累。

然后，在具体翻译过程中，用适当的翻译方法与技巧，巧妙地解决这些差异。本着使翻译尽量达到"信、达、雅"①标准的要求，符合译文表达习惯和语言现象特点的目的，各种翻译方法与技巧要灵活运用，直译兼意译，转换过程中对个别词语做适当的增减，对个别句式做相应的替换等。

在材料的翻译过程中，我们切忌拿上材料就直接开始逐句或逐段地单独翻译，我们应该整体把握全文的语言风格特点，把握其整体语境，并在该语境下准确、透彻地理解每个词句的含义，以及词、句、段之间的衔接关系，进而在译文中准确翻译原文意思，如实传达其思想内容的同时，还要尽可能地反映出其背后的感情色彩、文化内涵等其他意义。每一篇文章之中，都蕴含着超越了其本身意思的情感因素、环境色彩等，在每一位作者精心推敲的背后，从字里行间所传达出的那份情感色彩的意义要远超于文章本身的意思，如若不然，为何每位作家不直接把文章大纲拿出来发表呢？作为一名译者，要将原文的思想传达给译文的读者们，将原文的风格展示给他们，让他们体会原文的色彩和情感，让他们即便是在不同的语言之下也可以体会到跨文化的文章之中的美。做到对原文负责、对译文负责、对广大读者负责。

---

① 我国翻译家严复先生在《天演论·译例言》中指出："译事三难：信、达、雅。求其信已大难矣，顾信矣不达，虽译犹不译也，则达尚焉。""信"：指翻译要忠实于原文，不悖原文思想内容，译文要准确，不偏离，不遗漏，不随意增减；"达"：指翻译要符合译入语表达习惯，不拘泥于原文形式，译文通顺明白，易于理解；"雅"：指翻译要符合原文风格，译文要根据原文风格，选词造句得体，再现原文本身的雅或俗。

我们要不断学习，扎实自己的母语和外语功底，充实自己两种语言背后的文化素养；要勤于练译，牢固树立自觉翻译意识，每看到或听到一句话都有一种想把它转换成另一种语言的意识；要勤于动口或动手去实践，在长期坚持不懈的实践练习中善于总结自己的翻译经验和方法，并进行不断反思，认真思考研究，努力提升自己的翻译水平，做到翻译更精准、更地道，更好地为中阿交流贡献自己的力量，发挥自己的作用。

民族高校英语专业学生的跨文化语用能力与敏感度的相关性研究[*]

华 瑛[**]

西北民族大学外国语学院,甘肃兰州 730030

摘 要：在"跨文化思辨育人"外语教育创新理论背景下,进一步确凿跨文化能力对外语类专业人才培养的基础性和重要性,以及跨文化语用能力和敏感度之于跨文化能力培养的重要作用。本文通过问卷调查法对西北某民族高校英语专业学生的跨文化语用能力和敏感度水平现状做了调查,并就两个维度之间的相关关系进行了分析。研究结果表明：(1) 该民族高校英语专业学生的跨文化语用能力整体水平不容乐观,而跨文化敏感度整体水平较其他普通高校居中等偏高水平。(2) 不同年级受试的跨文化语用能力和敏感度水平均存在显著性差异,且跨文化语用能力的显著性差异水平明显高于跨文化敏感度。跨文化语用能力和敏感度水平与年级之间在 p 值为 0.01 水平上呈显著强相关,显著性均为 0.04。(3) 跨文化语用能力和敏感度整体水平之间不存在相关性,但不同年级受试的跨文化语用能力和敏感度水平之间,在 p 值为 0.05 水平上,只有大三年级的跨文化语用能力和敏感度水平之间呈

---

[*] 项目基金：本文系 2020 年西北民族大学中央高校基本科研项目：民族院校英语专业学生跨文化敏感度及效力研究（项目编号：31920200058）；2021 年度西北民族大学教育教学改革研究项目：新文科背景下以语言、思辨和跨文化能力为核心培养目标的跨文化和 2020 年外语教学改革外语教育研究创新团队（1110130137）的阶段性研究成果。

[**] 作者简介：华瑛,1983 年 4 月生,女,回族,甘肃临夏人,西北民族大学外国语学院讲师,硕士,从事英语教学和跨文化交际研究。

显著相关（r=0.285*，p=0.045）。其中，交际参与度、交际信心和差异认同感3项因子与跨文化敏感度水平之间呈显著强相关。同时，此3项因子也正是影响跨文化语用能力的三大主要因素。

关键词：跨文化思辨育人；跨文化能力；跨文化语用能力；跨文化敏感度；相关性

引　言

在外语教育创新理论——"跨文化思辨育人"背景下[①]，跨文化能力培养的重要性业已在外语学界达成普遍共识，正逐步渗透到外语类专业人才培养的方方面面。学术界也在积极探索就不同专业的外语类人才培养，如何从语言、文学和文化三个层面将跨文化思辨能力的培养融入不同专业课程的设置、教学目标、内容、方法及测评中。而跨文化能力的培养是"跨文化思辨育人"的基础。

跨文化能力指那些应用于所有跨文化情境的基本的交际能力[②]。综观国内外学者构建的跨文化能力模型，跨文化能力的共性构成包括认知、情感和行为三个层面，涉及动机、知识和技能三个范畴。认知对应文化知识，情感对应跨文化敏感度，而行为则表现为跨文化效力。跨文化敏感度指个体有能力理解和欣赏不同的文化，从而促进跨文化交际中行为的适应性和有效性，并由此产生积极的情感[③]。

语用能力作为跨文化交际能力的重要关键组成之一，是指能够运用语言与他人恰当得体地进行交流和沟通的能力，包括表达和理解两个方面[④]。而跨文化语用能力更侧重在跨文化交际语境中对语言恰当得体运用的能力。特别是在英语作为国际通用语的跨文化交际背景下，原有基于英语本族语者的语用规范已不适用于指导当前跨文化交际语境中更多

---

① 孙有中、王卓：《与时俱进，开拓中国外语教育创新发展路径——孙有中教授访谈录》，《山东外语教学》2021年第4期，第3—12页。
② 戴晓东：《跨文化能力研究》，外语教学与研究出版社2017年版，第4—5页。
③ Chen, G. M., Starosta, W. J., "A Review of the Concept of Intercultural Sensitivity", *Human Communication*, Vol. 1, 1997, pp. 1–16.
④ 何自然：《语用学与英语学习》，上海外语教育出版社1997年版，第201—202页。

地发生在本族语者和非本族语者，或非本族语者之间的跨文化交际[①]。因此，鉴于跨文化语用能力和敏感度之于跨文化能力培养的重要性，以及国内外鲜有针对民族高校英语专业学生的跨文化语用能力和敏感度现状的调查，以及两个维度关系的实证研究现状，本文将通过问卷调查法探究其水平现状及两个维度的相关关系。

一 研究问题

本文试图通过定量分析来回答以下问题：

（1）民族高校英语专业学生的跨文化语用能力和跨文化敏感度整体水平如何？

（2）不同年级受试的跨文化语用能力和敏感度水平是否存在差异？

（3）民族高校英语专业学生的跨文化语用能力与敏感度水平之间是否有相关性？如果有则相关性如何？

二 研究对象

本次调查对象均来自西北某民族高校英语专业三个年级的学生，共计169人。问卷的发放是在任课教师的协助下完成的，共发放问卷169份。由于该研究问卷施测时正值大四学生毕业离校，所以未能成功取样该校英语专业大四年级的受试。在施测前向学生讲明了测试目的，并承诺数据保密只作研究之用，填表用时大约20分钟。施测后回收问卷169份，回收率为100%，其中有6份问卷因部分试题数据缺失，最终有效问卷为163份，有效回收率为96.45%。有效受试者的背景信息见表1。

[①] 陈新仁、李明：《英语作为国际通用语背景下的语用失误新解》，《外语与外语教学》2015年第2期，第7—12页。

表1　有效受试者情况及百分率

性别		所在年级			出国经历		英语水平			
男	女	大一	大二	大三	有	无	大学英语四级	大学英语六级	英语专业四级	无任何英语等级证书
17	146	53	60	50	7	156	83	30	20	30
10.4%	89.6%	32.5%	36.8%	30.7%	4.3%	95.7%	50.9%	18.4%	12.3%	18.4%

三　研究工具

（1）跨文化语用能力测试卷选自冉永平①和刘建达 DCT test②。本测试包含两部分：第一部分为 20 个单项选择题，第二部分为 5 个正误判断题。其中测试语用语言能力的题项有 3、4、5、6、7、10、12、16、18、20、21、24；测试社会语言能力的题项有 1、2、8、9、11、13、14、15、17、19、22、23、25。为保证本测试卷的可靠性，本人在该校英语专业学生中随机抽取了一个班（共 25 个学生）做了先导性研究，该测试卷的整体信度（Cronbach's alpha）系数为 0.854，具体见表2。

表2　跨文化语用能力测试卷 PC Test 信度

	Cronbach's alpha	项数	有效项数
语用语言能力	0.893	12	12
社会语言能力	0.837	13	13
PC Test	0.854	25	25

（2）跨文化敏感度量表（Intercultural Sensitivity Scale）采用 Chen 和 Starosta 于 2000 年开发的 ISS③，并对量表做了适当的受试相关信息内容

---

① Chen, G. M., Starosta, W. J., "The Development and Validation of the Intercultural Sensitivity scale", *Human Communication*, 2000 (3), pp. 1–15.
② 冉永平：《语用学：现象与分析》，北京大学出版社 2006 年版，第 230—234 页。
③ 刘建达：《中国学生英语语用能力的测试》，《外语教学与研究》2006 年第 7 期，第 23—31 页。

的修改。该量表是目前世界上少数适用于不同文化背景，且可靠性较高的一个跨文化敏感度测试量表之一①。其中包括交际参与度、差异认同感、交际愉悦感、交际专注度和交际信心5个变量，共24个题项。本问卷为李克特5分量表，要求受试根据自己的真实情况对表述做出同意程度的选择，1代表非常不同意，2代表不同意，3代表不确定，4代表同意，5代表非常同意。笔者在此次研究中也重复验证了该量表的信度，整体信度（Cronbach's alpha）系数为0.782，具体见表3（华瑛，2021）。

表3　　　　　　跨文化敏感度量表 ISS 可靠性统计量

Cronbach's alpha	基于标准化项的 Cronbach's alpha	项数
0.782	0.790	24

四　数据收集与分析

量表数据录入 SPSS 19.0 软件进行数据整理和反向题重新计分，然后运用描述性统计、单因素方差及皮尔逊相关性等分析该校英语专业学生的跨文化语用能力和敏感度整体水平及两个维度之间的相关性。

五　研究结果与讨论

（一）跨文化语用能力和敏感度整体水平分析

1. 受试跨文化语用能力整体水平分析

跨文化语用能力测试卷分为两部分，共25题，每题4分，总分为100分。如表4所示，受试最高得分为92分，最低得分为40分，平均分为69.23分，说明该校英语专业学生的跨文化语用能力整体水平居中偏下，不

---

① Fritz W, Möllenberg A, Chen G M., "Measuring intercultural sensitivity in different cultural context", *Intercultural Communication Studies*, 2000 (2), pp. 165–176.

容乐观，需要提升的空间较大，且受试内部差异性较大（SD =9.981）。

表 4　　　　　　　　　跨文化语用能力描述统计量

	N	极小值	极大值	均值	标准差
Pragmatic Competence	163	40	92	69.23	9.981
有效的 N（列表状态）	163	—	—	—	—

2. 受试跨文化敏感度整体水平分析

跨文化敏感度调查问卷共 24 题，每题 5 分，总分为 120 分。如表 5 所示，受试最高得分为 112.00 分，最低为 63.00 分，平均分为 89.3190 分，表明该校英语专业学生的跨文化敏感度居中等水平，且受试内部差异较大（$SD = 7.87613$）。其中，差异认同感最强（$M = 4.3497$），交际参与度次强（$M = 3.8624$），交际信心最弱（$M = 2.9387$）。不同年级受试的跨文化敏感度水平排序为：差异认同感＞交际参与度＞交际愉悦感＞交际关注度＞交际信心（华瑛，2021）。

表 5　　　　　　　跨文化敏感度及 5 项因子描述统计量

	N	极小值	极大值	均值	标准差
ISS	163	2.63	4.67	3.7216	0.32817
Interaction engagement	163	2.29	5.00	3.8624	0.47351
Respect for cultural difference	163	2.83	5.00	4.3497	0.41788
Interaction confidence	163	1.40	5.00	2.9387	0.53302
Interaction enjoyment	163	1.67	5.00	3.6074	0.63712
Interaction attentiveness	163	1.67	5.00	3.5562	0.49143
ISS total	163	63.00	112.00	89.3190	7.87613
有效的 N（列表状态）	163	—	—	—	—

（二）不同年级受试的跨文化语用能力和敏感度水平比较分析

1. 不同年级受试的跨文化语用能力水平分析

如表 6 所示，该校英语专业三个年级学生的语用能力水平，大三年级最强（$M = 71.12$），大二年级次强（$M = 70.93$），大一年级最弱（$M = 65.51$）。此研究结果符合客观规律，年级越高，跨文化语用能力水平越强。如图1所示，大三和大二年级的语用能力相当，大一年级略低，3个年级的语用能力水平基本持平，呈水平模式。

表6　　　　　　　　不同年级受试语用能力均值比较

年级	均值	N	标准差	极小值	极大值
大一	65.51	53	10.175	40	88
大二	70.93	60	9.135	48	92
大三	71.12	50	9.841	40	88
总计	69.23	163	9.981	40	92

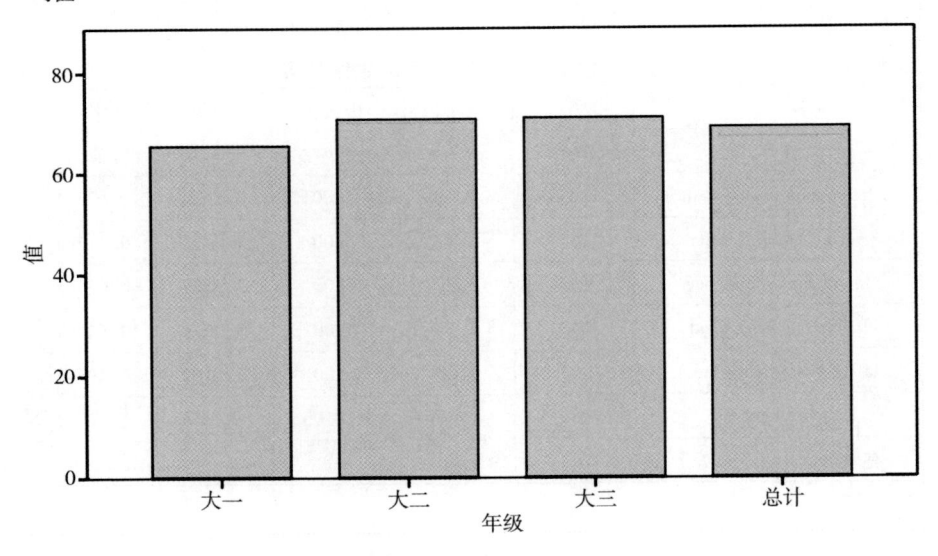

图1　不同年级受试跨文化语用能力均值比较

2. 不同年级受试的跨文化敏感度水平分析

如表 7 所示,该校英语专业三个年级学生的跨文化敏感度水平,大一年级最高($M=91.6981$),大二年级次高($M=88.9333$),大三年级最弱($M=87.2600$),这与笔者的研究预期存在较大差异。其中,大一年级在跨文化敏感度内部 5 项因子中的三个维度居年级之首,分别是交际参与度($M=3.9326$)、差异认同感($M=4.5031$)和交际信心($M=3.0830$)。不同年级受试的跨文化敏感度水平存在显著性差异,且在跨文化敏感度内部的差异认同感和交际信心两个维度存在显著性差异(华瑛,2021[①])。

表 7　　不同年级受试的跨文化敏感度及 5 项因子描述统计

年级		Interaction engagement	Respect for cultural difference	Interaction confidence	Interaction enjoyment	Interaction attentiveness	ISS Total
大一	均值	3.9326	4.5031	3.0830	3.6415	3.6038	91.6981
	N	53	53	53	53	53	53
	标准差	0.36914	0.37051	0.47464	0.61272	0.43391	6.62044
大二	均值	3.8381	4.2917	2.9067	3.6500	3.6111	88.9333
	N	60	60	60	60	60	60
	标准差	0.49450	0.43788	0.54675	0.69006	0.49543	8.15292
大三	均值	3.8171	4.2567	2.8240	3.5200	3.4400	87.2600
	N	50	50	50	50	50	50
	标准差	0.54229	0.40295	0.55053	0.59917	0.53214	8.24079
总计	均值	3.8624	4.3497	2.9387	3.6074	3.5562	89.3190
	N	163	163	163	163	163	163
	标准差	0.47351	0.41788	0.53302	0.63712	0.49143	7.87613

---

① 华瑛:《民族院校英语专业学生跨文化敏感度调查及策略研究》,《中国教育技术装备》2020 年第 20 期,第 20—27 页。

3. 不同年级受试的跨文化语用能力和敏感度水平比较分析

如表 8 所示，大一年级跨文化敏感度均值（$M=91.6981$），而语用能力均值（$M=65.51$）；大二年级跨文化敏感度均值（$M=88.9333$），而语用能力均值（$M=70.93$）；大三年级跨文化敏感度均值（$M=87.2600$），而语用能力均值（$M=71.12$）。如图 2 所示，不同年级受试的跨文化敏感度水平排序为：大一＞大二＞大三；而不同年级受试的语用能力水平排序为：大三＞大二＞大一。这一意外且有趣的研究发现与笔者的研究预期存在较大差异。因为按照惯性思维，这样的能力发展趋势是不符合客观规律的，需要进一步通过访谈探究深层原因。

表 8　不同年级受试的跨文化语用能力和敏感度均值比较

年级		ISS	Pragmatic Competence
大一	均值	91.6981	65.51
	N	53	53
	标准差	6.62044	10.175
大二	均值	88.9333	70.93
	N	60	60
	标准差	8.15292	9.135
大三	均值	87.2600	71.12
	N	50	50
	标准差	8.24079	9.841
总计	均值	89.3190	69.23
	N	163	163
	标准差	7.87613	9.981

通过单因素方差（One-Way ANOVA）分析组与组之间的 F 值及三个年级之间的跨文化语用能力和敏感度水平是否存在显著性差异，以进一步求证以上研究结果的有效性。因为，只有在显著性小于 0.05 的情况下，才能证明不同年级之间存在显著性差异。如表 9 所示，不同年级受试的跨文化语用能力及敏感度水平均存在显著性差

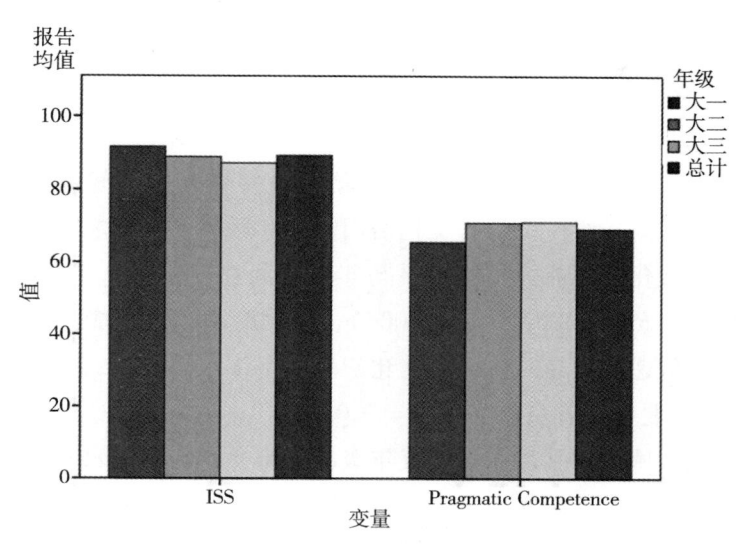

图2 不同年级受试的跨文化敏感度及语用能力均值比较

异,且跨文化语用能力的显著性差异水平明显高于跨文化敏感度。其中,跨文化语用能力 F 值为 5.774,显著水平为 0.004。跨文化敏感度 F 值为 4.373,显著水平为 0.014。单因素方差分析的结果再次佐证了受试内部的跨文化语用能力和敏感度水平差异性较大的分析结果的有效性。

表9 单因素方差分析

		平方和	df	均方	F	显著性
ISS	组间	520.888	2	260.444	4.373	0.014
	组内	9528.523	160	59.553	—	—
	总数	10049.411	162	—	—	—
Pragmatic Competence	组间	1086.343	2	543.171	5.774	0.004
	组内	15052.259	160	94.077	—	—
	总数	16138.601	162	—	—	—

(三) 跨文化语用能力和敏感度的相关性分析

1. 跨文化语用能力和敏感度整体水平之间的相关性分析

如表10所示,跨文化语用能力和敏感度整体水平之间呈非显著相关。然而,不同年级受试的跨文化语用能力和敏感度水平之间存在显著相关性。跨文化语用能力整体水平与年级之间在 p 值为 0.01 水平上呈显著正相关($R=0.226^{**}$,$p=0.004$),说明跨文化语用能力水平随年级级别的高低递增或递减。而跨文化敏感度整体水平与年级之间在 p 值为 0.01 水平上呈显著负相关($R=-0.225^{**}$,$p=0.004$)。说明年级越高跨文化敏感度水平越低。相反年级越低跨文化敏感度水平越高。且二者与年级之间在 p 值为 0.01 水平上显著性均为 0.004,呈显著强相关。因此,有必要进一步探究不同年级受试的跨文化语用能力和敏感度水平之间的相关性。

表10　跨文化敏感度和语用能力与年级之间的相关性

		ISS	Pragmatic Competence	年级
ISS	Pearson 相关性	1	0.098	-0.225^{**}
	显著性(双侧)	—	0.215	0.004
	N	163	163	163
Pragmatic Competence	Pearson 相关性	0.098	1	0.226^{**}
	显著性(双侧)	0.215	—	0.004
	N	163	163	163
年级	Pearson 相关性	-0.225^{**}	0.226^{**}	1
	显著性(双侧)	0.004	0.004	—
	N	163	163	163

注:** 在 0.01 水平(双侧)上显著相关。

2. 不同年级受试的跨文化语用能力和敏感度水平之间的相关性分析

如表11所示,在 p 值为 0.05 水平上,只有大三年级的跨文化语用能力和敏感度水平之间呈显著相关（$R=0.285^*$，$p=0.045$），而大一和大二年级的跨文化语用能力和敏感度水平之间呈非显著相关。因此，有必要进一步探究大三年级的跨文化语用能力和敏感度水平之间，以及跨文化敏感度内部多维度之间的相关关系。如表12所示，通过对大三年级的跨文化敏感度内部多维度相关性分析得出，交际参与度、交际信心和差异认同感3项因子与跨文化敏感度水平之间呈显著强相关关系（$R=0.834^{**}$，$R=0.693^{**}$，$R=0.604^{**}$），而交际关注度和交际愉悦感2个维度与跨文化敏感度水平之间呈显著次强相关关系（$R=0.529^{**}$，$R=0.479^{**}$）。研究结果表明，尽管大三年级的跨文化语用能力与跨文敏感度内部各维度之间呈非显著相关，但是跨文化敏感度内部各分项因子之间与跨文化敏感度呈显著强相关性，它们呈显著强相关性。其中，交际参与度、交际信心和差异认同感恰恰是影响大三年级跨文化语用能力的三大主要因素。

表11　不同年级受试的跨文化语用能力与敏感度之间的相关性

年级			ISS	Pragmatic Competence
大一	ISS	Pearson 相关性	1	0.014
		显著性（双侧）	—	0.922
		N	53	53
	Pragmatic Competence	Pearson 相关性	0.014	1
		显著性（双侧）	0.922	—
		N	53	53
大二	ISS	Pearson 相关性	1	0.175
		显著性（双侧）	—	0.182
		N	60	60
	Pragmatic Competence	Pearson 相关性	0.175	1
		显著性（双侧）	0.182	—
		N	60	60

续表

年级			ISS	Pragmatic Competence
大三	ISS	Pearson 相关性	1	0.285*
		显著性（双侧）	—	0.045
		N	50	50
	Pragmatic Competence	Pearson 相关性	0.285*	1
		显著性（双侧）	0.045	—
		N	50	50

注：* 在 0.05 水平（双侧）上显著相关。

表12　大三年级的跨文化语用能力和跨文化敏感度及内部多维度之间的相关性

		PC	Interaction engagement	Respect for cultural difference	Interaction confidence	Interaction enjoyment	Interaction attentiveness	ISS
PC	Pearson 相关性	1	0.190	0.257	0.212	0.185	0.055	0.285*
	显著性（双侧）		0.186	0.071	0.140	0.198	0.706	0.045
	N	50	50	50	50	50	50	50
Interaction engagement	Pearson 相关性	0.190	1	0.390**	0.421**	0.104	0.493**	0.834**
	显著性（双侧）	0.186	—	0.005	0.002	0.471	0.000	0.000
	N	50	50	50	50	50	50	50
Respect for cultural difference	Pearson 相关性	0.257	0.390**	1	0.088	0.450**	0.018	0.604**
	显著性（双侧）	0.071	0.005	—	0.542	0.001	0.903	0.000
	N	50	50	50	50	50	50	50

续表

		PC	Interaction engagement	Respect for cultural difference	Interaction confidence	Interaction enjoyment	Interaction attentiveness	ISS
Interaction confidence	Pearson 相关性	0.212	0.421**	0.088	1	0.304*	0.377**	0.693**
	显著性（双侧）	0.140	0.002	0.542	—	0.032	0.007	0.000
	N	50	50	50	50	50	50	50
Interaction enjoyment	Pearson 相关性	0.185	0.104	0.450**	0.304*	1	-0.106	0.479**
	显著性（双侧）	0.198	0.471	0.001	0.032	—	0.462	0.000
	N	50	50	50	50	50	50	50
Interaction attentiveness	Pearson 相关性	0.055	0.493**	0.018	0.377**	-0.106	1	0.529**
	显著性（双侧）	0.706	0.000	0.903	0.007	0.462	—	0.000
	N	50	50	50	50	50	50	50
ISS	Pearson 相关性	0.285*	0.834**	0.604**	0.693**	0.479**	0.529**	1
	显著性（双侧）	0.045	0.000	0.000	0.000	0.000	0.000	—
	N	50	50	50	50	50	50	50

注：* 在 0.05 水平（双侧）上显著相关。** 在 0.01 水平（双侧）上显著相关。

结　语

（1）该民族高校英语专业学生的跨文化语用能力整体水平不容乐观，需要提升的空间较大。而跨文化敏感度整体水平较其他普通高校居中等水平，且两者在受试内部均存在较大差异。（2）该民族高校英语专业不同年级受试的跨文化语用能力整体水平，大三年级最强（$M=71.12$），大二年级次强（$M=70.93$），大一年级最弱（$M=65.51$）。不同年级受试的语用能力水平排序为：大三＞大二＞大一；而跨文化敏感度整体水平，大一年级最高（$M=91.6981$），大二年级次高（$M=88.9333$），大三年级最弱（$M=87.2600$），不同年级受试的跨文化敏感度水平排序为：大一＞大二＞大三。单因素方差分析的结果表明，不同年级受试的跨文化语用能力和敏感度水平均存在显著性差异，且跨文化语用能力的显著性差异水平明显高于跨文化敏感度。（3）跨文化语用能力和敏感度整体水平之间不存在相关性，但跨文化语用能力和敏感度水平与年级之间在 p 值为 0.01 水平上呈显著强相关关系，显著性均为 0.004。其中，跨文化语用能力水平随年级级别的高低递增或递减。而跨文化敏感度整体水平与年级之间呈显著负相关。说明年级越高跨文化敏感度水平越低，相反年级越低跨文化敏感度水平越高。（4）不同年级受试的跨文化语用能力和敏感度水平之间的相关性分析结果表明，在 p 值为 0.05 水平上，只有大三年级的跨文化语用能力和敏感度水平之间呈显著相关（$R=0.285^*$，$p=0.045$）。进一步探究大三年级的跨文化语用能力和敏感度水平之间，以及跨文化敏感度内部多维度之间的相关性分析的结果表明，交际参与度、交际信心和差异认同感 3 项因子与跨文化敏感度水平之间呈显著强相关关系。尽管跨文化语用能力与跨文化敏感度内部各维度之间呈非显著相关，但跨文化敏感度内部各分项因子呈显著强相关性的前三强维度，即交际参与度、交际信心和差异认同感恰恰是影响大三年级跨文化语用能力的三大主要因素。因此，就教学启示而言，可以通过对该校英语专业大三年级学生的交际参与度、交际信心和差异认同感三个维度的培养来帮助其提高跨文化敏感度，并进一步提升跨文化语用能力水平。

西部高校阿拉伯语专业人才培养模式优化策略研究[*]

——以西北民族大学为例

庄逸清　杨　洁　云存平[**]

西北民族大学外国语学院，甘肃兰州 730030

摘　要：作为丝路文明的见证者与参与者，阿拉伯国家与中国关系历史悠久且深厚，"一带一路"倡议的提出不仅令双方合作更加紧密，对阿拉伯语人才的需求也呈上升态势。西部开设阿拉伯语专业的高校如何发挥地理优势，培养出符合新时代办学要求、适应一定市场需求的复合型外语人才便是文章立题点。本文以西北民族大学为调查对象，结合国家及地方文件指导，以实地调研、线上问卷等形式收集在校阿拉伯语本科生的发展愿望，并在追踪毕业生学业或工作情况的基础上，对当前西北民族大学阿拉伯语系本科生培养现状进行分析，旨在为西部高校阿拉伯语系本科生培养模式的优化提供参考建议。

关键词：西部高校；西北民族大学；阿拉伯语教学；复合型人才培养模式

---

[*] 项目基金：本文系 2021 年西北民族大学重点示范教学团队项目"阿拉伯语专业教育教学质量提高研究团队"（2021XJSFTD-04）的阶段性成果，受西北民族大学学科建设经费项目"外语教育研究创新团队"（1110130137）的资助。

[**] 作者简介：庄逸清，甘肃省兰州市人，西北民族大学四年级本科生，研究方向为阿拉伯语言文学；杨洁，宁夏回族自治区石嘴山市人，西北民族大学四年级本科生，研究方向为阿拉伯语言文学。导师简介：云存平，甘肃积石山人，博士，副教授，主要从事阿拉伯语言文学及伊斯兰文化研究。

一　引言

　　"人才培养模式是一个包括培养目标、专业设置、课程体系、教学方法与技术手段、教学管理与评价等与人才培养过程有关的众多方面互为关联的统一体。"① 而外语人才培养，特别是成长中的小语种人才培养模式除涉及以上内容外，还需要对课程设置及培养目标、外语人才综合素质等方面进行探讨。

　　2021 年通过的《中共中央关于党的百年奋斗重大成就和历史经验的决议》中，国家在强调中华文化重要性的同时，也对高校培养大量具备较好综合素质的外语人才提出要求——"加快国际传播能力建设，向世界讲好中国故事、中国共产党故事，传播好中国声音，促进人类文明交流互鉴，国家文化软实力、中华文化影响力明显提升"，等等。

　　那么，如何引导外语学生与当前社会发展及国家战略要求接轨？周烈教授提出"社会适应性"这一概念："外语院校人才培养模式的社会适应性是指外语人才培养面对社会、科技、个人的发展要求的反应能力，即外语院校能否精准把握和回应世界的广泛要求，根据社会经济发展变化和人才成长规律适时主动调整、改造自身的应对能力，以提升人才培养模式与经济社会之间的融合度。"② 据此，我们引出复合型人才培养的概念：即"外语与其他相关学科——如外交、经贸、法律、新闻等——结合的复合型人才"③。

　　甘肃省不仅位于"丝绸之路经济带"中的黄金段，其省会兰州市更是"一带一路"重要节点城市。如何理解"复合型外语人才培养"的概念，并抓住机遇，培养符合国家要求、适应当前社会经济发展与市

---

①　庄智象：《中国外语教育发展战略论坛》，上海外语教育出版社 2009 年版。
②　周烈：《经济全球化背景下外语院校人才培养模式的社会适应性》，《中国外语》2011 年第 2 期（第 8 卷），第 13 页。
③　张婧姝：《依托内容培养复合型外语人才——以 D 大学阿拉伯语人才培养模式改革为例》，《辽宁师范大学学报》（社会科学版）2018 年（第 5 卷），第 105 页。

场需求、具备竞争力的阿拉伯语复合型人才，则是地处兰州的西北民族大学需要思考的问题。

二　西北民族大学阿拉伯语人才培养的历史与现状

（一）历史回顾

"新中国成立后，中国在经济、政治、文化、教育方面发生了巨大的变化，我国的阿拉伯语教育开始从私立的教经学院进入国立高等院校，阿拉伯语教育取得重大进步，但是，当时的阿拉伯语教育水平仅相当于现在的中专或高中水平"①，故提升阿拉伯语教育质量提上日程。自马坚先生与北京大学创建阿拉伯语专业后，外交学院、上海外国语学院、解放军洛阳外国语学院等高校相继开设阿拉伯语专业；大批留学生归国也为该领域教育提供新鲜血液与能量。此时，国内阿拉伯语高等教育格局初步形成。

1978年，中国实行改革开放，阿拉伯语教育也在专业建设、课程设置等领域取得发展。进入20世纪90年代，全国范围内开设阿拉伯语专业的院校逐步增加，许多优秀的青年教师登上讲台，阿拉伯语教材更新迭代，高校论坛及科研活动丰富，阿拉伯语教育的发展更加活跃。

西北民族大学于"1997年（当时名为西北民族学院）设立阿拉伯语专科，是西北地区最早开设阿拉伯语专业的高校。2000年增设成人自学考试，2003年增设阿拉伯语语言文学专业本科，2011年招收课程与教学论（阿拉伯语方向）硕士研究生"。② 2019年，该校阿拉伯语专业荣获甘肃省一流专业；2021年，入选国家级一流专业。

目前，本校阿拉伯语专业共有教师22人（含2名外教），其中高级职称6人，拥有博士学位4人（另有5人正于各高校攻读博士学位）；拥有硕士研究生学位7人（2人硕士在读）。专业教师中有1人担任

---

①　陈荷娟：《我国阿拉伯语教育发展历程探析》，《统计与管理》2015年第1期，第136页。

②　王文斌、徐浩：《2016中国外语年度报告》，外语教育与研究出版社2017年版，第64页。

2018—2022年度教育部普通高校本科外语类专业教学指导委员阿拉伯语分委员会委员、2021—2025年度甘肃省高校外国语言文学类本科专业教学指导委员、专业认知与教材建设委员会委员。

　　截至2020年底，已经为社会培养了1200余名合格的专业毕业生。其中，近200名本科生前往国内外高校深造（含硕士和博士），70余名毕业生在高校阿拉伯语专业进行教育教学工作，部分毕业生于外交、国安、新闻、海外中资企业、对外贸易、地方经济建设和社会发展等领域供职，更有校友在沙特阿拉伯、阿联酋、伊拉克、墨西哥、巴西等国创办企业或公司。

　　自国内高校开始开设阿拉伯语专业以来，各高校采取了不同的阿拉伯语人才培养模式，主要如下。

　　1. 传统人才培养模式

　　以语言学、文学、翻译为主要授课内容的阿拉伯语技能型人才培养。由于办学条件、师资力量、生源水平等不同因素，一些高校遵循传统外语人才培养模式。

　　2. 复合型人才培养模式

　　以"外语+"的形式（双学位或外语+专业方向课程），培养熟悉某一领域或方向的复合型外语人才，使其具备一定程度竞争力。

　　3. 国际化战略人才培养模式

　　语言技能课程+对象国国情和区域研究课程。在课程设置中"突出中国文化、国际关系与国际政治、国际经贸和国际法的学习"。

　　西北民族大学阿拉伯语专业自开设以来，在传统阿拉伯语专业人才培养模式的基础上，对其他不同培养模式进行了探索与借鉴，初步形成了"阿语+"的复合型人才培养模式。于本科阶段划分语言文化和翻译两个方向，夯实语言基础，强化学生的实践运用能力，以期培养出具有中国情怀、全球视野和跨文化能力的人才。

（二）现状分析

　　1. 专业人才培养模式及存在的问题

　　西北民族大学阿拉伯语专业课程除围绕听、说、读、写、译五个方面开展外，还将阿拉伯文化与社会主题穿插在阿拉伯语技能学习之中，帮助学生理解相关语言知识。其中包括阿拉伯书法、阿拉伯文化概况、阿拉伯语修辞、阿拉伯语报刊选读、阿拉伯文学史、阿拉伯国家概况等课程。此外，设置经贸翻译、经贸写作、科技阿拉伯语等课程，用以扎实、提升专业学生语言基本功，为理论课程提供实践窗口。同时，教师为缓解专业学生面对四级考试的紧张情绪，专门增设阿拉伯语四级辅导课程，分享个人总结的经验，与同学一起分析题目，帮助学生建立学习自信。

阿拉伯语专业教师根据大纲及学科发展目标考虑，现采用复合型人才培养模式。选择科技、经贸两个切入点，引导学生建立起"复合型外语人才"意识。在教学方法的选择中，教师以阅读量、语法实践、词汇使用、语言敏感度为维度进行考量，故而确定以阿拉伯文为主、汉语解释为辅的方法。

教师希望通过该方法，帮助学生培养使用阿拉伯语行文或表达的能力，但学生在面对纯阿拉伯文的课程内容时习惯使用翻译的习得策略。此种策略对语言学习有相应帮助作用，但与教学目标的预设水平及强度相比则有一定差距，且中文的频繁运用会使学生愈加抗拒阿拉伯文的表述思维，这种过程虽锻炼了中阿文本互译的能力，但实际上对多题材阿拉伯文本中隐含的多样表述风格挖掘不够深入，即学生将所学基础语言知识进行"阿拉伯式"输出的自觉性尚未建立，故而形成思维与语言、文字割裂的状态。

西北民族大学阿拉伯语专业不断探索着适合本校的复合型人才培养模式，从学生卷面、课堂反馈进行思考，找寻培养模式存在的优化空间，以教学经验、师生交流为完善模式的基础。笔者采用线上问卷调查的方式，希望能够归纳一些学生的建议，为专业优化人才培养模式提供可行性建议。

2. 西北民族大学阿拉伯语本科生、毕业生调查情况

（1）《阿拉伯语专业本科生学习情况》调查表。

笔者于2022年2月13日至2020年3月1日以西北民族大学阿拉伯语专业全体在校生为对象开展调查。

本次网上问卷一共收到《西北民族大学阿拉伯语专业学生学习情况

调查表》138 份，其中大一学生 37 份，大二学生 32 份，大三学生 35 份，大四学生 34 份，约占我系总人数的 66%。

经调查，专业本科生认为阿拉伯语技能学习难度分布如表 1 所示。

表1　　　　本科生认为阿拉伯语技能学习难度　　　　单位:%

年级	听力	口语	阅读	写作	翻译
大一	78.38	62.16	59.46	70.27	56.76
大二	93.75	75	59.38	81.25	78.13
大三	80	60	28.57	45.71	54.29
大四	79.41	52.94	17.65	44.12	41.18

阿拉伯语技能学习遇到的困难如图 1 所示。

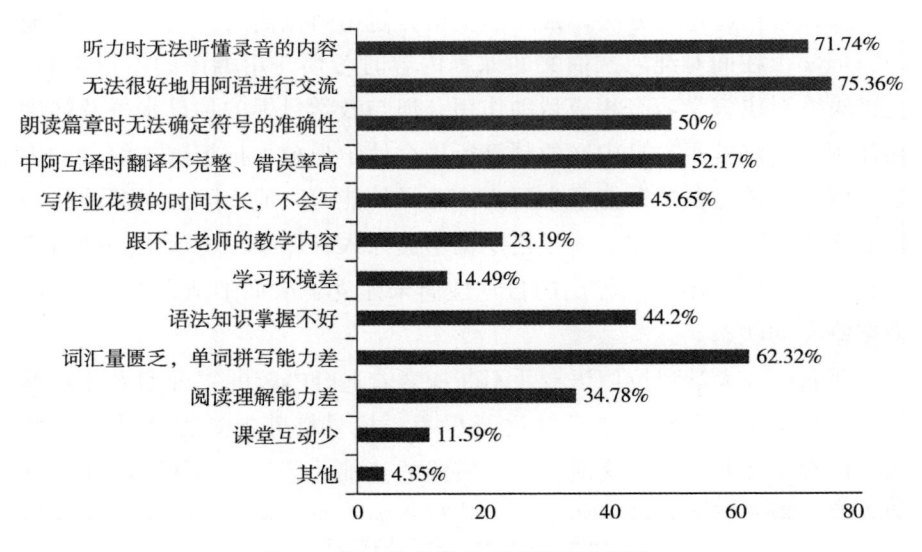

困难	比例
听力时无法听懂录音的内容	71.74%
无法很好地用阿语进行交流	75.36%
朗读篇章时无法确定符号的准确性	50%
中阿互译时翻译不完整、错误率高	52.17%
写作业花费的时间太长，不会写	45.65%
跟不上老师的教学内容	23.19%
学习环境差	14.49%
语法知识掌握不好	44.2%
词汇量匮乏，单词拼写能力差	62.32%
阅读理解能力差	34.78%
课堂互动少	11.59%
其他	4.35%

图1　阿拉伯语技能学习遇到的困难

经调查，本校阿拉伯语专业本科生在语言技能的听力、口语部分普遍遇到学习困难，虽由年级的升高有所缓解但其比重依旧明显。阿拉伯语教学方案对专业学生的笔头及阅读能力有相当帮助的作用，但是听说能力板块还有提升空间。

(2)《阿拉伯语专业本科生对复合型人才培养的认知》调查表。

2021年12月21—30日，笔者以本系2019—2021级本科生为对象开展线上问卷调查，获得74条有效填写信息，2019级占17.57%，2020级占45.95%，2021级占36.49%。

其中"希望开展与阿拉伯语进行结合的专业"一题（填空题形式，至少填写一种）结果为：新闻类出现频次为29，法律类出现频次为17，经济类出现频次为12，其他出现频次为12。"希望以何种形式开展外语培养"一题（填空题形式，至少填写一种）结果为：校企联合培养出现频次为13，高校或院系联合培养出现频次为33，翻转课堂出现频次为7，主题讨论出现频次为10，其他出现频次为7。

此外，我们还以本系2019—2021级本科生"平时喜欢关注的内容""获取关注内容的方式"为题进行调查，结果分析分别如图2和图3所示。

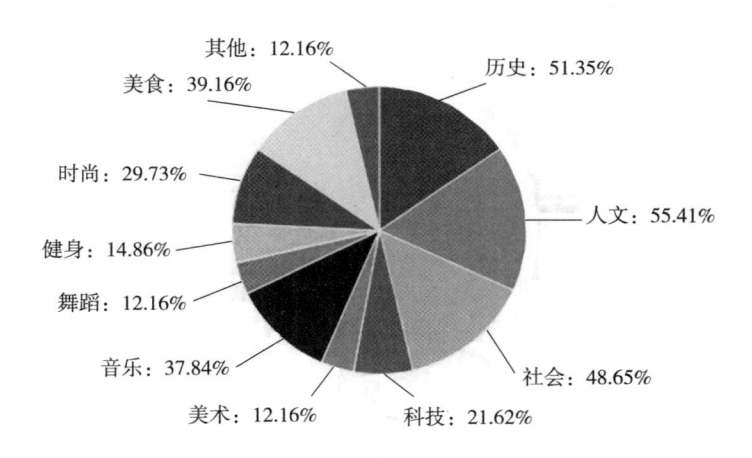

图2 平时喜欢关注的内容

针对外语人才的培养，在进行课程开展、学分计算、课程开展形式等讨论时，上述数据可成为有效的参考资料。

(3) 西北民族大学阿拉伯语毕业生采访情况。

联系西北民族大学已就业的阿拉伯语专业毕业生进行采访，共获得25条数据。

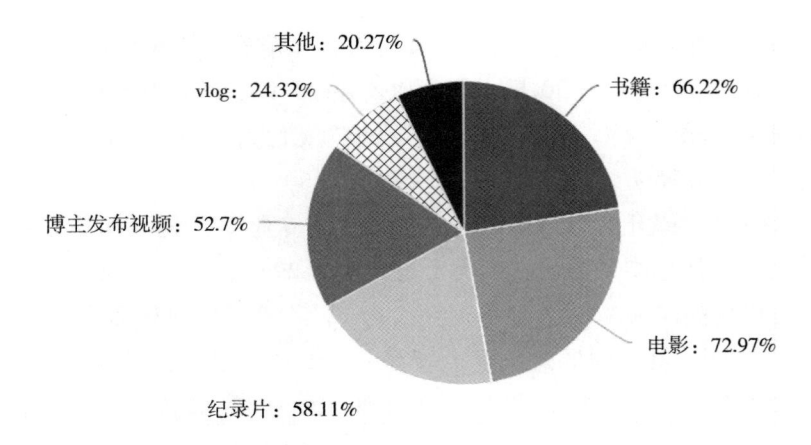

其他：20.27%
vlog：24.32%
博主发布视频：52.7%
纪录片：58.11%
电影：72.97%
书籍：66.22%

图 3　获取关注内容的方式

针对阿拉伯语专业开设复合型人才培养课程的反馈集中于以下几方面：①复合型课程开设较多，但存在学生难平衡语言与课程学习时间的情况，学习效率较难保证；②由于师资有限，许多复合型课程由单一阿拉伯语语言文学背景的老师教授，教学思路较固定；③与对象国国情有关课程较少，且学生缺少主动将语言文字与文化联系的思维。

三　西北民族大学阿拉伯语专业人才培养模式优化策略

西北民族大学地处西部地区，学习资源及实践平台不及沿海或经济发达城市丰富，学生习惯在教师主导的传统课堂中被动接收知识，故常出现思维固化的情况（将教科书作为专业知识的唯一来源），不适应主动寻找相关语料进行巩固、拓展学习的模式，而这会产生学生知识储备较为单一，且输出能力较弱，主观能动性较低的结果。面对用人单位对外语学生综合素质更加精准的要求，以及对目标国文化、市场环境、政策等知识储备的考察，如何"破圈"，突破内外双重考验，成长为一名具备竞争力的外语人才便是需要解决的问题。

但自 2016 年起，甘肃省每年都会举办一次丝绸之路（敦煌）国际文化博览会，该博览会以"推动文化交流、共谋合作发展"为宗旨，为中华文化"走出去"、丝绸之路经济带建设提供重要支撑。丝绸之路务实论坛、丝绸之路国际旅游节等活动于甘肃举办,给予当地企业与阿拉伯国家合作的契机,促进双方经贸频繁往来的同时,也增加了对阿拉伯语人才的需求。追踪双方合作领域,分析对阿拉伯语人才能力的需求,则能为本校阿拉伯语人才培养模式提供新思路。

而"一带一路"倡议的提出,更丰富了其模式探索的框架。"随着'一带一路'倡议的纵深推进,西北地区的经济空间将迅速打开,成为走向对外开放的前沿,形成与中亚、西亚、欧洲以及东南亚等地区经贸、文化和旅游核心枢纽,兰州更具有重要的核心和枢纽的支撑点地位。"[①]

结合专业学生对培养方案的制订建议,校企联合培养的方式或许可纳入考虑范畴。一方面锻炼专业学生的知识应用能力,提升个人综合素养,积累实践经验;另一方面在实践中逐步明确今后发展方向。

语言作为了解他人及其生活背景的工具,对树立第一印象有着重要作用。阿拉伯语专业人才除应具备扎实的语言技能外,还应在对外交流、文化传播等方面储备知识,培养个人国际视野。教师在其中起着至关重要的引导作用,在铺垫语言基础知识过程中渗透"阿拉伯语+"的教育模式。在此期间,本校院系间或高校间联合培养的方案可进行初步尝试,帮助学生培养逻辑思维能力、自学能力和知识融合能力,提高外语学生的快速适应能力,最后将教学模式由教师主导转向学生自主思考并创新的状态。

综上所述,本校可根据国家及所在地政策,以办学理念和目标出发,分析自身优势及市场需求,结合学生兴趣及建议,制定具有本校特色、符合国家期望的复合型外语人才。故建议如下。

(一) 师资队伍建设

目前,本校阿拉伯语教师多为阿拉伯语言学、文学背景,若想开设国别与区域研究、跨文化研究等课程则有一定限制。为拓展阿拉伯语复合型人才培养课程内容,优化课程结构,则可以积极引进具有相应教育背景的教师。在专业四级考试后尝试让学生选择不同研究方向,编写相

---

① 宋馥李:《支点"一带一路"兰州新区向西筹谋》,《新闻调查》2016年8月,第44页。

应培养计划，提升学生专业复合型。

（二）关注本校特色，打造人才亮点

若以阿拉伯语为基础进行学科交叉培养，则可以通过搭建校内资源共享平台的方式促进阿拉伯语专业学生与其他专业学生、教师的交流，通过线上直播、录播课程及线下讲座的形式就某一专题进行互动；或开展阿拉伯语专业教师与其他专业教师的联动，以不同视角向学生讲解某一相关领域知识，引导学生建立起联系事物、多角度思考的能力。实现学科交叉基础上的差异化、多元化培养。

若以阿拉伯语为基础进行复合人才培养，则可通过问卷调查的形式收集本专业学生对开展"外语+另一专业"的想法及建议，再参考本专业毕业生的视角，对阿拉伯语专业与校内其他专业（例如新闻传播、法律、金融等）联合培养的可行性进行考察。可以试卷测试为维度，选拔适合参与复合型外语人才培养计划的阿拉伯语专业学生，（在获得学生及其监护人许可的基础上）进行复合型培养方案的阶段性测试与评估，不断调整、完善培养方案，以期取得预计成果。

学校可考虑同兰州开设阿拉伯语专业的高校甚至西部相关高校进行校间联合培养。搭建"阿拉伯语复合型人才培养"学术交流平台，不仅能够就复合型外语人才培养交流经验，而且能够开阔学生视野，活跃创新思维，以新时代人才强国战略为核心，培养高素质人才。

（三）以国家外语教育理念为支柱

"随着社会发展，传统外语学科体系的多样化、专业化和跨学科性相对供应不足，不能完全适应中华文化'走出去'战略和'一带一路'倡议对跨专业领域外语人才的根本需求，更无法充分应对人工智能带来的深层挑战……根据新时代社会需求的变化，外语学科专业能力的核心素养也发生了相应的嬗变。"[①]

[①] 姜志彬：《新文科背景下我国外语人才培养的战略定位》，《社会科学报》2019年4月，第1页。

习近平总书记指出"参与全球治理需要一大批熟悉党和国家方针政策、了解我国国情、具有全球视野、熟练运用外语、通晓国际规则、精通国际谈判的专业人才"的精神，为外语专业培养方案注入新活力。阿拉伯语专业可以官方发布的阿拉伯语版中文政治文献为语料进行学习，从该类文件使用的行文框架、句式结构、词汇表达等角度分析，总结其行文风格，锻炼学生的分析能力、对待文字的严谨性。根据学生理解程度，融入相应国际规则的阿拉伯文译本材料进行深入学习，拓宽学生眼界，鼓励学生课余时间搜索相关内容，自主学习并于课堂讨论交流，再由教师进行点评补充。

（四）企业需求为依托

企业对人才的需求与评价，也是高校制订人才培养方案时的一个参考资料。以上文中提到的甘肃省举办"丝绸之路国际旅游节"为例，该活动通过整合资源，推动旅游及相关产业发展、提升中国各省旅游在国内外的知名度和影响力、促进合作伙伴关系的缔结等。外语作为中外交流时的沟通桥梁，需要相应人才承担所需任务，确保合作洽谈的顺利有效进行。

本校阿拉伯语专业可以此为例，收集已进入相关工作岗位毕业生的意见，讨论设计有关课程与阿拉伯语教学相结合；或以线上会议的形式开展"学长学姐经验分享"活动，为阿拉伯语专业本科生开阔就业思路。若能够与本地相关企业单位进行合作，允许具备一定素质的本科生进行实践，则能够帮助学生落实理论，积累经验，思考未来发展方向。

（五）丰富课程结构，提高学习质量

立足社会发展需求和人才培养目标，优化专业课、选修课、公共课结构比例，提高课程内容联结度、系统性。推进辅修课专业制度改革："原则上，辅修专业学生的遴选不晚于第二学年起始时间。辅修专业应参照同专业的人才培养要求，确定辅修课程体系、学分标准和学士学位授予标准。要结合学校定位和辅修专业特点，推进人才培养模式综合改革，形成特色化人才培养方案。要建立健全与主辅修制度相适应的人才

培养与资源配置、管理制度联动机制。"①

利用当前丰富的网络教育资源，探索智能教育与传统教育的结合方法。在高年级教学中，将课堂由"教师主导"向"学生主动"的形式倾斜。在阿拉伯语与另一专业的复合型培养模式中，教师对二者的引导与过渡作用至关重要。

（六）重视中华文化、阿拉伯文化类课程的设计

结合习近平总书记提出的新时代人才强国战略，复合型外语人才应具备的不仅是扎实的外语能力和专业知识，还应具备一定中华文化、阿拉伯文化知识储备，有能力为"走出去、引进来"战略服务。

可考虑开设纯阿拉伯语教学的阿拉伯文化课程，由相关专业外教与中国阿拉伯语教师共同制定教学大纲与讲义，为学生营造沉浸式学习文化的课堂。

（七）完善学分制与评价制度

"学分制是以学分作为衡量学生学习质量和数量，为学生提供更多选择余地的教学制度。"② 重视阿拉伯语人才的思政教育、文化素质教育和国际视野拓展教育的开展；也可丰富辅修课程内容，在扩大学生自主权、选择权的同时，保障学生达到规定学分要求。完善学分标准体系，可考虑将校间联合培养、网络学习平台等的课程纳入学分记录系统，对未达要求的学生给予预警。

确立合理的评价制度对学生主观能动性的调动有积极作用，课程开展前明确其评分标准及要求，提高学生课堂参与度，适当鼓励学生课业任务成果，有助于培养其自信心，进而推动其主动探索知识，进行创新。

---

① 《教育部关于深化本科教育教学改革全面提高人才培养质量的意见》，《中华人民共和国教育部公报》2019年，第27页。
② 《教育部关于深化本科教育教学改革全面提高人才培养质量的意见》，《中华人民共和国教育部公报》2019年，第28页。

结　语

　　"西部大开发"战略向全国人民展示西部各方面发展、各省市特色，同时给予西部地方介绍自己、开展交流与合作的机会。"一带一路"倡议的相继提出又从不同的角度向本国、外国展示中华文化及历史，给予沿线国家相互了解、共同合作发展、携手共建命运共同体的平台，外语人才在跨文化交流与合作中的重要性不言而喻。阿拉伯语作为外语家庭中处于发展阶段的孩子，如何在西部的土地上成长，则是相关高校需要研究的课题。在外贸、旅游等活动频繁开展的前提下，西部各高校应抓住机会，制订符合社会发展、市场需求、新时代人才强国战略的培养方案，通过将理论贯彻落实的方式帮助复合型阿拉伯语人才走向社会。

　　从成长中学会有效地积累个人能力，在教师的引导下提升个人综合素质。思考与创新是推动自我前进，也是推动社会前进的力量，而回顾与温习则能为前进中的车轮提供必要的维修与保养。

第三部分 外语教育服务国家战略研究

新文科背景下英语专业学生笔译能力的培养

张 荣[**]

西北民族大学外国语学院 甘肃兰州 730030

摘 要：新文科建设要求做到文科教育的创新发展，做到专业的交叉融合和新技术赋能文科教育。本文就新文科背景下英语专业笔译能力的培养问题进行了探讨，提出随着翻译实践和信息技术的发展，传统的笔译能力已经不能满足社会发展的需求，新文科背景下的笔译能力应该包括两个部分，一是传统的基本笔译能力，二是与翻译相关的信息技术能力，并对两种笔译能力的培养途径和培养内容做了进一步的探讨。不难看出，在当今信息时代翻译需求量越来越大的背景下，与翻译相关的信息技术能力可以大大提高翻译效率，基本翻译能力可以保证翻译质量，两种能力结合是目前高校翻译课程中笔译能力培养的方向。

关键词：新文科；英语专业；笔译能力；培养途径

---

[*] 基金项目：本文为教育部首批新文科研究与改革实践项目"西部高校外语专业人才培养模式创新改革研究"（项目编号2021110087）；2020—2022年甘肃省高等院校外语教学研究重大项目"新文科背景下英语专业翻译教学研究"（GSSKB20 - 01）；西北民族大学本科教学建设项目"英语专业打造'金课'，淘汰'水课'研究与实践"（2019XJJG - 25）和外语教育研究创新团队（1110130137）阶段性成果。

[**] 作者简介：张荣，西北民族大学外国语学院副教授，主要从事翻译理论与实践的教学与研究。

引　言

2018年，教育部提出了包括"新文科"在内的"四新"建设。2019年3月，教育部高教司司长吴岩在第四届全国高等学校外语教育改革与发展高端论坛上，提出了从"新文科"的视角来探讨新时代高等外语教育改革发展。2020年11月3日，《新文科建设宣言》在山东大学（威海）发布。之后，国内高校纷纷采取举措，展开了新文科建设的研讨和探索，并取得了一定的成果。就翻译领域而言，有的学者从新文科背景下探讨翻译学理论问题[1]，有的学者探讨学科与专业建设问题[2]，也有的学者探讨翻译教学模式问题[3]，不一而足。这些研究从不同的角度对新文科背景下翻译学科的发展起到了推动作用。然而，新文科建设最终要落地到具体的专业课程，通过课堂教学的方式来体现其效果。就笔译教学而言，根据教育部2020年发布的"英语类专业教学指南"中的教学计划要求，英汉/汉英笔译为专业核心课程，其目标是"培养学生运用翻译理论和方法进行英汉/汉英笔译的能力"[4]，即提高学生的笔译能力。显然，随着翻译实践和翻译技术的发展，尤其是大数据、云计算和人工智能的广泛应运，与传统的笔译教学相比，新文科背景之下英语专业笔译能力的提高应该赋予新的内涵。

一　新文科背景下英语专业学生的翻译能力

当前，国内英语专业无一例外都开设有笔译课程。那么，笔译课应

---

[1] 王宁：《新文科视域下的翻译研究》，《外国语》2021年第2期；汪东萍、吴嘉雯：《新时代新文科背景下翻译学的战略任务与实施路径》，《高校探索》2020年第10期。

[2] 潘利锋、刘宁：《"新文科建设"背景下的翻译专业学科建设的探讨与思考》，《湖南科技学院学报》2020年第6期；余健明、董斌斌：《新文科视域下高校翻译专业建设路径》，《西北工农业大学学报》（社会科学版）2021年第1期。

[3] 常滔：《翻译专业笔译教学模式改革研究》，《湖北开放职业学院学报》2021年第1期。

[4] 教育部高等学校外国语言文学类专业教学指导委员会英语专业教学指导分委员会：《普通高等学校本科外国语言文学类专业教学指南》，外语教学与研究出版社2020年版，第40页。

该培养学生哪方面的能力呢？国内外学者就笔译能力给出了各自的界定。例如，莱比锡大学的 Albrecht Neubert 教授①将翻译能力分为五个部分，包括语言能力（Language Competence）、文本分析能力（Textual Competence）、专业知识能力（Subject Competence）、文化能力（Cultural Competence）和语言转换能力（Transfer Competence）。在中国，传统的笔译课程主要强调培养学生基于双语语言能力和基本翻译技巧的双语转换能力。例如，陈宏薇和李亚丹提出学生要有深厚的语言功底（包括"语法意识"问题、"惯用法意识"问题和"连贯意识"问题），广博的文化知识和译德的修养等②。孙致礼认为译者要打下扎实的英语基础和汉语基础，要求广阔的知识面，要掌握合理的翻译策略，要养成认真负责、谦虚谨慎的学风等③。毋庸置疑，以上提及的各种能力都是翻译能力的重要组成部分，对培养合格的翻译人才具有一定的实践意义。但是，随着翻译实践的发展，尤其是新文科背景之下，仅仅具备以上能力显然已经跟不上时代的要求。换言之，新文科背景下的笔译能力培养应该符合新文科建设的要求。

就目前掌握的文献来看，"新文科"（New Liberal Arts）一词最早由美国纽约联合学院的罗伯特·巴尔默（Robert T. Balmer）于 2006 年提出，他提出了将技术融入高等教育的新文科范式④。2017 年，美国希拉姆学院（Hiram College）对 29 个专业进行重组，将新技术融入哲学、文学、语言等课程当中，实现了文科专业的创新融合。可以看出，美国的新文科模式主要是文科专业与新技术的高度融合。在中国，教育部吴岩司长对新文科的概念做了界定。他认为，新文科的"新"，不是"新旧"的"新"，而是文科的创新发展，他指出，"创新是高等教育的生

---

① Albrecht Neubert, "Competence in Language, in Languages, and in Christina Schäffner and Beverly Adab, eds. Translation", *in Developing Translation Competence*, Amsterdam and Philadelphia: John Benjamins Publishing Company, 1995, p. 6.
② 陈宏薇、李亚丹：《汉英翻译教程》，上海外语教育出版社 2018 年版，第 8—14 页。
③ 孙致礼：《简明英汉翻译教程》，上海外语教育出版社 2018 年版，第 10—11 页。
④ Balmer R T. "Converging Technologies in Higher Education: Paradigm for the 'New' Liberal Arts?", *Annals of the New York Academy of Sciences*, 2006, 1093 (Progress in Convergence: Technologies for Human Wellbeing), pp. 74 – 83.

命线。新时代新形势需要高等文科教育创新发展，即要推进新文科建设"。因此，在新文科背景下，对现有的笔译教学模式进行创新发展，英语专业学生笔译能力必须要和新技术结合起来，做到翻译实践和新技术的高度融合。

在霍姆斯·图里的①"翻译学结构图"中，笔译能力的培养属于"应用翻译学"的分支。随着应用译学的发展，翻译实践对象和方式发生了很大的变化。传统的翻译实践中，文学翻译占一定的比例，但是，进入信息时代，随着人类交往的日益密切，各种信息更是以爆炸式的速度在全球传播，非文学翻译占了很大的比例。根据 IDC 的调查统计，进入 21 世纪短短的二十年之间，人们接触到的信息量增长了 6450 倍②。有些部委和机构发布的翻译项目的翻译量动辄数百万字，有的甚至上千万字。如果按照传统的人工笔译方式，显然已经不能满足人们对不同语言信息交流的需求。在这样的背景之下，不仅需要具备基本翻译能力的译者，而且还需要懂得翻译技术，能够利用计算机辅助翻译软件，熟悉机器翻译译后编辑的译者。换言之，在笔译教学中，除了培养学生语言能力、文本分析能力、专业知识能力、文化能力和语言转换能力等这些基本的能力之外，与翻译相关的信息技术能力的培养就显得格外重要。因此，在新文科背景下，对学生笔译能力的要求应该包括两个部分，一是传统的基本笔译能力；二是与翻译相关的信息技术能力。

教育部新文科建设工作组组长樊丽明教授强调，"新文科建设的重点在于新专业或新方向、新模式、新课程、新理论的探索与实践"③。因此，在新文科背景下的笔译能力培养，应该按照新文科建设的要求，做到笔译教学的创新发展，探索笔译教学的新方向、新模式、新课程和新理论。就笔译能力而言，应该根据笔译实践的新发展，对学生提出新的要求。一方面，坚持传统的基本笔译能力要求，另一方面，加大与翻

---

① Jeremg Munday. Introduing Trandation Studies. Theorg and Apidications. London and New York：Routledge. 2016，p. 17.

② https://yuedu.163.com/book_reader/130f36d7ae584385bd1f258c46df4017_4/7df48a8b110842538740eb4e7ace5679_4.

③ 樊丽明：《"新文科"：时代需求与建设重点》，《中国大学教学》2020 年第 5 期。

译相关的信息技术能力的培养。

二 新文科背景下英语专业学生笔译能力的培养

新文科背景下，对英语专业学生笔译能力的培养，应该借鉴国外文科专业与新技术高度融合的经验与国内教育部提出的文科创新发展的要求，从课程建设、教学内容、教学方法、教学手段等方面着手，来培养有国际视野、翻译水平高、懂技术、能胜任社会需要的笔译工作的翻译人才。根据目前的教学现状，笔译能力的培养，建议分为两个部分，一是基本翻译能力的培养；二是翻译相关的信息技术能力的培养。从课程建设方面，应该加强课程群的建设。笔译能力的培养不能只靠笔译课一门课程来完成，而是建设相关的课程群，加强相关课程之间的协调与互动，不同的课程侧重不同能力的培养。例如，除了开设笔译课程之外，还应该开设翻译理论、翻译技术等课程。在教学内容上，除了词汇、句子和篇章的翻译联系和基本翻译方法与技巧之外，应该和翻译公司等单位合作，让学生承担一些项目翻译。在教学方法和教学手段上，要做到专业与信息技术的融合，教学模式应该从传统的教室面对面的授课方式转变为线上线下相结合的模式，并注重现代教育技术手段的应用，让学生不仅从笔头上得到锻炼，而且能够熟练应用计算机辅助翻译软件，提高他们利用现代翻译技术承担翻译项目的能力。具体来说，应该从基本笔译能力和翻译相关的信息技术能力两个方面来培养学生的翻译能力。

（一）新文科背景下基本笔译能力的培养

如上所述，基本笔译能力包括语言能力、文本分析能力、专业知识能力、文化能力和语言转换能力等。这部分是笔译能力培养的重中之重，也是笔译课程主要解决的问题。但是，在新文科背景之下，在培养学生笔译能力的过程中，要充分体现新文科的特征。具体来说，可以从以下四个方面着手，来培养学生的基本笔译能力。

首先，在教学内容上，要体现时代特征，体现各学科专业的交叉融合，来选取教学内容。传统笔译教学文学翻译内容较多，为了培养新时代所需要的翻译人才，拓宽学生的视野，就必须将内容扩展到包括政治、经济、文化、社会发展、教育等各个领域，尤其对于汉译英的选材，要以"讲好中国故事"为出发点，将中国优秀传统文化、中国改革开放以来所取得的重要成就、中国的社会发展等作为主要内容。除了课堂教学使用的教材之外，应该给学生推荐诸如人民网、新华网、央视网、中国日报网等中英文双语网站，让学生了解最新的国内国际大事即英汉表达方法。同时，提供党的十九大报告、政府工作报告等文件官方的英汉对照版，供学生研读和练习。

其次，在教学方法和手段上，要做到与时俱进。由于信息技术的发展，人与人之间的交流已经打破了传统的面对面方式，诸如QQ、微信等即时通信工具使得人与人之间的交流更为便捷。新冠疫情暴发后，出于线上教学的需要，腾讯课堂、钉钉课堂、雨课堂、智慧树等各种在线教学平台应运而生。这给当前的学校教育带来了极大的便利。作为一门对技能要求较高的课程，只凭课堂教学远远达不到提高笔译能力的任务，所以应该采取线上线下相结合的模式，课堂教学以理论和范例讲解为主，线上以练习和互动为主，作为课堂教学的有益补充。例如，可以组建笔译QQ群或钉钉群等，让学生在群里提交作业或者提问，任课教师可以组织学生线上讨论或答疑。

再次，在笔译实践训练上，除了平时作业之外，可以举办笔译工作坊或者与翻译公司合作，给学生提供更多的实践机会。语言能力、文本分析能力、语言转换能力等笔译能力除了具备基本的知识之外，还得通过大量的实践来提高。换言之，只有通过量的积累，才能取得"翻译能力"质的飞跃。只凭课后作业，显然在量上是远远不够的。所以，可以采取翻译工作坊的方式，给学生布置一定量的翻译任务，或者承接一定量的翻译项目，由任课教师进行指导来完成。如果条件允许，可以和有一定资质的翻译公司联系，通过实习实训的方式，来参加他们定制的笔译实践训练营或翻译项目，来让学生的笔译能力得到全面提升。

最后，发挥课程群的作用，做好相关课程之间的协调。翻译能力是外语学习中听、说、读、写、译五项技能之一。这些能力的提高应该和相关的课程关联起来，笔译亦是如此。这就需要做好课程群的建设，做到统筹安排。在课程安排时，应该考虑好哪些是先修课程，哪些是后修课程，并让课程群的教师加强互动和研讨，已达到提高笔译能力的目的。例如，笔译能力的提高，除了笔译课程之外，综合英语、语法、语言学、跨文化交际、翻译导论、翻译技术等课程的修读也是很重要的，这些课程从不同的角度有利于学生笔译能力的提高。

（二）新文科背景下与翻译相关的信息技术能力的培养

新文科建设为文科类专业的发展提出了新的要求，要求在原有的学科专业基础上，做到创新发展，做到新技术赋能文科教育，做到专业的交叉融合。所以新文科背景下笔译能力的培养亦是如此，要求在基本翻译能力的基础上，让现代信息技术赋能翻译实践。换言之，当今的笔译不再是以前借助于笔头来进行的翻译，而是译者在掌握了基本翻译能力的基础上，能够熟练使用计算机和计算机辅助翻译技术来完成承担的翻译任务。因此，新文科背景下笔译能力的培养，除了基本翻译能力之外，还应该包括与翻译相关的信息技术能力，也可以叫作翻译技术能力。按照王华树的观点，"翻译技术能力是信息化时代语言服务行业对职业译者提出的新要求，是对传统翻译能力概念的重要拓展"[①]。与翻译相关的信息技术能力应该从以下几个方面来进行培养。

首先，重视搜索能力的培养。搜索能力又称"搜商"，按照王华树老师的解释，"搜商（search quotient），即搜索商数，指借助工具获取有用信息的能力。……某种意义上讲，搜索代表一种比掌握具体知识更有价值的能力。译者充分利用网络搜索及桌面搜索工具，成为保证译文质量和翻译效率的重要因素"[②]。一直以来，都要求译者要有像百科全书一样广博的知识，但在当今信息爆炸的时代，信息量在以几何数字增长，很显然一个译者的知识量是极为有限的，在这种情况下，如何快速获取信息的能力对于译者来说就显得至关重要。要具备较高的搜

---

① 王华树：《翻译技术教程》（上册），商务印书馆、上海外语音像出版社2017年版，第35页。
② 王华树：《简明翻译技术教程》，世界图书出版公司2019年版，第10页。

索能力，要求学生了解常用的搜索资源，懂得基本的搜索技巧和方法，了解不同网络资源所使用的检索指令，懂得常见的搜索语法，等等。搜商可以通过训练来提高，这就要求任课教师设计合理的练习内容加以训练。

其次，文本处理能力的培养。传统的翻译文本主要是纸质的，今天的译者面对的是各种类型的文本，除了纸质版的之外，有照片格式的，有 PDF 格式的，有 Word 格式的，等等。相较于传统的用笔头书写的方式，今天的笔译基本上都是借助计算机，以电子文本作为介质的。尤其是借助于计算机辅助翻译工具时，必须将原语文本转换成所需要的文本格式才能够进行，所以，今天的译者应该掌握基本的文本处理能力，包括对常用的诸如 Word、Excel 等文档的编辑能力，利用 OCR 等工具对文本格式的转换能力等。换言之，作为懂信息技术的译者，应该掌握翻译之前对文档格式的转换能力，在翻译过程中和翻译之后，懂得文档的编辑能力。

再次，计算机辅助翻译工具应用能力的培养。自从 20 世纪 80 年代初德国的 Trados GmbH 和瑞士的 STAR Group 两家最早的计算机辅助翻译公司成立以来，经过近 40 年的发展，计算机辅助翻译软件在翻译领域里起到了越来越重要的作用，计算机辅助翻译软件的使用能力已经成为翻译专业或翻译方向学生必备的技能之一。市场上开发出来的计算机辅助翻译工具也越来越多，如 Déjà Vu、memoQ、SDL Trados、Transmate、YiCAT 等。这些计算机辅助翻译工具不同于机器翻译，本质上还是以译者为主导，通过计算机辅助翻译软件对原语进行句段切分，然后借助于术语库、翻译记忆库、质量评估工具来提高翻译效率。相较于人工翻译，术语库可以保证全文术语翻译的一致性，而且还能做到同一领域翻译材料术语库的共享，提高翻译质量；翻译记忆库的使用可以帮助译者翻译结构类似的内容，大大提高翻译效率；质量评估工具可以根据设定的标准对译文给出评估报告，发现诸如格式、漏译等翻译质量问题，帮助译者进行修改，从而提高翻译质量。目前常见的计算机辅助翻译工具，其功能大同小异，所以对于学习笔译的学生来说，应该熟悉这些工具的基本操作，掌握术语管理技术和记忆库技术，以及质量评估工具的应用。

最后,译后编辑能力的培养。在计算机辅助翻译工具广泛使用的同时,机器翻译近些年也得到了长足的发展,有些客户在面临大量的翻译任务时,会在机器翻译的基础上,让译后编辑人员来完成译文的修订工作,所以,"译者的工作模式从纯粹的手工翻译逐渐转变为译后编辑模式"①。正如崔启亮教授所言,"随着翻译市场需求的快速增加,翻译交付时间的缩短,翻译技术的不断进步,机器翻译的译后编辑将在语言服务实践中发挥越来越大的作用。……将机器翻译、人工译后编辑、翻译项目管理相结合将是未来翻译发展的趋势"②。随着信息技术,尤其是人工智能的发展,计算机翻译的质量越来越高,译者将无须把大量精力放在烦琐的具有重复性的文字转换当中,而是在机器翻译的基础上,进行译后编辑,完成译文的修订工作。因此,培养学生熟悉译后编辑工具,掌握译后编辑的方法和流程等能力也成为新文科背景下的笔译能力之一。不难看出,在译后编辑的过程中,需要译者具备传统的基本翻译能力,只有具备较高的基本翻译能力,才能保证翻译的质量。

结　语

从以上的探讨可以发现,在新文科背景下应该做到传统文科教育的创新发展,做到文科教育与新技术的高度融合,用新技术赋能文科教育。在当今信息时代翻译需求量越来越大的背景下,传统的基本笔译能力已经不能满足翻译量上的需求,利用计算机辅助翻译工具,或者掌握与翻译相关的信息技术能力,将其作为基本翻译能力有益的补充,可以大大提高翻译效率,同时,基本翻译能力可以保证翻译质量,二者相辅相成,将两种能力有机结合是目前高校翻译课程中笔译能力培养的方向。

---

① 王华树:《翻译技术教程》(上册),商务印书馆、上海外语音像出版社 2017 年版,第 22 页。

② 崔启亮:《论机器翻译的译后编辑》,《中国翻译》2014 年第 6 期。

"一带一路"背景下翻译技术与高校阿拉伯语翻译人才培养初探

马 兰[**]

西北民族大学外国语学院 甘肃兰州 730030

摘 要：随着"一带一路"倡议深入推进，中国与沿线阿拉伯国家的交往合作日益增多，其中阿拉伯语作为沟通交流桥梁的翻译作用日渐凸显。在当今信息化"互联网+"时代，人工智能技术带来了翻译技术的飞速发展，其应用也愈加广泛。计算机人工智能翻译技术，作为一种有效的翻译手段已成为高校阿拉伯语翻译人才培养中的必备要素。然而，翻译技术教学在高校翻译教学中并未得到足够重视，已影响阿拉伯语翻译人才培养的质量。因此，高校要顺应技术发展，需要对阿拉伯语翻译人才培养模式进行必要的改革和调整，为国家战略和市场需求培养阿拉伯语复合型翻译人才。

关键词："一带一路"倡议；翻译技术；阿拉伯语；翻译人才培养

全球经济一体化大环境下，"一带一路"倡议进一步加强了各国间政策沟通、贸易合作、民心相通的务实合作的宏伟目标，实现这一目标离不开各个领域人才的支持。阿拉伯国家作为"一带一路"沿线的主

---

[*] 2022年度西北民族大学教育教学改革研究一般项目"'一带一路'背景下翻译技术与高校阿拉伯语翻译人才培养"（2022XJJG-75）阶段性成果；"新时代高校翻译教学中铸牢中华民族共同体意识教育途径实践研究"（2022XJJG-76）阶段性成果。

[**] 马兰，西北民族大学外国语学院副教授，博士研究生，研究生导师，主要研究方向为阿拉伯语语言与文化，外语教育与教学。

要国家,已成为中国的主要合作伙伴。因此,阿拉伯语不可或缺地成为中国人民与阿拉伯人民之间交流沟通的一门重要语言。在这种背景下,为国家战略和市场需求培养阿拉伯语复合型翻译人才势在必行,而这一领域人才的支持离不开各个高校的培养。

在今天"互联网+"时代,人工智能技术在教育领域中的发展和应用风起云涌,也深刻地改变和影响着我们的语言世界,并且以其创新性和实践性促进了我国教育行业的发展。其中翻译也以数字化为特征的计算机翻译技术成为更加便捷的翻译工具,为外语翻译教学和翻译服务提供了强大的便利,而且具体到高等院校的阿拉伯语翻译教学及其相关活动。然而,传统的高校阿拉伯语翻译人才培养模式未能跟上人工智能翻译技术的发展步伐,也无法满足"一带一路"倡议的翻译人才需求。因此,应用型阿拉伯语翻译人才培养必须做出相应的改革与调整,以适应翻译行业的发展变化,人工智能技术下飞速发展的翻译技术将成为高校翻译教学中的重要环节,这就是为什么越来越多研究翻译教学的学者纷纷呼吁在翻译教学课程体系中纳入翻译技术课程,因为"翻译技术作为一门面向国际传播的、跨学科、综合性信息技术,应该让更多的高校师生掌握。这既符合新时代高校建设新文科、培养复合型国际化人才的需要,也符合高等外语教育主动服务国家战略的需要"[①]。

一 阿拉伯语翻译技术的发展与现状

人工智能时代技术的迅速发展,随着各种翻译技术应运而生,极大地促进了翻译行业的发展,从最初的纯人工翻译,到机器翻译,到现今的计算机辅助翻译,人类的翻译活动继语言学转向、文化转向之后,已进入了"技术转向"新的阶段,它成为当代翻译方式的重大改变。"翻译学的技术转向是指随着信息技术、计算语言学、术语学等学科发展,翻译实践发生了从纯人工翻译到人工翻译与信息技术相结合的变化,从

---

① 王华树:《翻译技术简明教程》,世界图书出版公司2019年版,第8页。

而引发翻译理论研究的变革"。①

2016年9月,谷歌公司发布了基于神经机器翻译的全新谷歌翻译平台,震惊了翻译界,同时也开启了阿拉伯语翻译技术的篇章。自此,阿拉伯语与汉语互译翻译技术不断发展与创新,它应用于人工翻译、机器翻译、机辅翻译中的技术手段,包含文字处理软件、语料库分析工具、术语管理系统等工具。在目前,阿拉伯语大概有三类翻译软件,第一种是机器翻译,又称计算机翻译;第二种是词典;第三种是计算机辅助翻译。

机器翻译是"利用计算机把一种自然源语转换成另一种自然目标语言的过程,或是指利用计算机将一种语言符号转换成另一种语言符号"②。目前阿汉互译的翻译软件有十多种,它在一些特定领域可以取代人工翻译。但是,由于阿拉伯语和汉语的语言属性及结构的差异性很大,在语言转换时,其译文准确性和可读性也较差,有时语句结构混乱有明显的机器翻译痕迹,人工必须进行检查校正,所以机器翻译可应用于重复性较高的文本且对翻译内容的精度要求不高的文本。词典,就是对简单的词语及短句通过词典进行查询的翻译方法,这种翻译方法已经跟不上智能化翻译技术发展的步伐。至于计算机辅助翻译,即"计算机辅助翻译(CAT)是一种技术,即在人工翻译过程时使用计算机技术,以人为主导,在电子化、信息化的计算机功能帮助下实现翻译目标"③。因此,计算机辅助翻译是在人的参与下完成整个翻译过程。翻译者利用互联网的强大作用将计算机和人的语言理解能力及知识结合,使翻译这一过程时间缩短、高效,译文质量提升、优质,相比于前面两种依赖于计算机的自动翻译,计算机辅助翻译为翻译者节省了时间,减轻了工作压力,减少了大量重复性工作,提高了语言翻译效率。

---

① 王华树、李世界:《人工智能时代翻译技术转向研究》,《外语教学》2021年第9期。
② 陈冬纯:《提高21世纪大学生的专业英语水平——对专业英语教学改革的几点思考》,《外语界》2001年第2期。
③ 李名亚:《计算机辅助翻译软件在翻译实践中的可操作性研究》,《科技风》2020年第11期。

阿汉互译翻译技术相比于英汉翻译技术尚不成熟,尤其是计算机辅助翻译,因阿拉伯语与汉语语言属性的不同及语法和词义的不对等因素,计算机所提供的词汇、短语、惯用语等语料不是很精准,包含文字处理软件、语料库分析工具、术语管理系统等工具技术手段也需要进一步发展与完善。同时这也给阿拉伯语软件工作者创造了挑战与机遇、探索与开拓并存的空间,在人工智能翻译方面根据阿拉伯语的语言属性和特点不断开发完善技术,提升翻译软件的实效性。

二 常用阿拉伯语翻译工具

随着翻译行业的迅速发展和翻译需求的不断增长,各种翻译技术应运而生,其中阿汉互译翻译工具与软件也不断被开发出来,为阿拉伯语工作者提供了强大便利的同时,也加速了语言服务行业全球化的步伐。下面对常用的阿拉伯语翻译工具进行简要介绍。

1. 智慧宫翻译

智慧宫翻译是面向全球推出的专业免费的中文和阿拉伯文语言在线互译服务平台,支持多客户端,具备中文、阿拉伯文、英文三种语言界面。智慧宫翻译 App 是一款集翻译、词典、海量例句于一身的移动应用工具。它完整收录多部权威词典数据,有完整的词语翻译、解释、词性、短语、例句等功能,囊括了单词、短语与例句超过 60 万条并时时更新。智慧宫翻译除了提供即时免费的中文、阿拉伯语在线互译服务,通过数据资源库比对、自然语言学习技术,使翻译结果更人性化的平台功能外,还支持中文普通话、阿拉伯语标准语及英语的语音识别,通过语音识别就能翻译成目标语言,达到同声翻译的效果。此外,还有语音朗读、每日双语资讯等特色功能。

2. 歌木斯字典

歌木斯字典软件是国内第一款汉阿互译软件,它致力于阿拉伯语语言、文化服务及产品研发,旗下有歌木斯阿语词典、阿拉伯语输入法、阿语打字软件、歌木斯经典作品四大产品,横跨 PC、MAC、iOS、Android 四大主流平台。歌木斯阿语词典为汉语、阿拉伯语、英语三语互译词典软件，网民只需登录相关网站或者服务器，便可免费获取翻译结果。歌木斯以其收录的专业知识的语料库和实用功能广受阿语爱好者、学生和公司白领的喜爱。

3. 阿拉伯语翻译官

App store 是一款备受欢迎的阿拉伯语翻译器，内置阿拉伯本土语言和丰富的语料库，免费提供中文和阿拉伯文语言文本在线翻译服务，具有手机拍照翻译、图文提取翻译的拍照翻译的功能，支持阿拉伯语语音即时识别与翻译的语音翻译，这些特色功能为旅行者提供了便利。阿拉伯语翻译官还有一个翻译收藏功能，可将生字词、难记词、专业词汇都收藏起来，随时翻看，还精选各类常用词汇、句子、口语，以便让阿拉伯语学习者快速掌握这门语言及其基础知识。

4. 麦阿尼阿汉词典

这是西安新月软件公司于 2017 年研发的一款阿拉伯语翻译软件，内容全面专业、资料丰富、解释准确，是一款为数不多的专业级阿拉伯语词典应用。软件现收录阿拉伯语词 30 多万条，除了最基础的单词解释之外，还包括单词发音、单词近义词/反义词、词语时态、词语复数、词语现在式、派生联想、例句解释等。相比之下，麦阿尼阿汉词典收录的阿拉伯语语料更加丰富，其中包括生活、科学、医学等多个学科的专业词汇，同时吸收了阿拉伯语方言词汇和网络流行词汇。因此，这款软件被广泛使用。

5. 谷歌翻译

谷歌翻译是国际领先的在线翻译平台，支持阿拉伯语、汉语等 100 多种语言之间的互译，可即时翻译字词、短语和网页内容。谷歌翻译器是一款小巧、绿色，而且操作简单，不用为了翻译而打开庞大的浏览器到谷歌翻译页面去进行操作，只需复制或录入等简单操作即可得到翻译结果，它还可以翻译文件和保存翻译结果，自动监视剪贴板复制即时翻译，自动缓存翻译记录方便查询。谷歌翻译还有屏幕手写和语音输入的翻译功能。碰到翻译难度更高的阿拉伯语词汇与句子，谷歌翻译会根据阿拉伯语文本自动按照音节音译。

6. 网易有道

网易有道是中国领先的智能学习公司，是网易旗下利用大数据技术提供移动互联网应用的子公司。自 2006 年成立后打造了一系列市场高份额，且深受用户喜欢的、口碑型大众学习工具产品，例如有道词典、有道精品课、网易云课堂、有道云笔记、中国大学 MOOC、惠惠网、有道推广等一系列产品。有道翻译王 2.0pro 和有道翻译蛋是网易有道的两款翻译软件，其中有道翻译王 2.0pro 内置了有道神经网络翻译技术，支持包括阿拉伯语在内的 43 种语言互译，还支持部分方言和细分语种。有道翻译蛋净重 65 克，相当于一颗鸡蛋的重量，内置有道神经网络翻译，目前支持包括阿拉伯语在内的 27 种语言的翻译。网页有道是最好的阿拉伯语在线翻译平台之一。

7. 百度翻译

百度翻译 App 是一款集翻译、词典、海量例句于一身的移动应用，独创实物翻译、涂抹翻译、语音翻译、文言文翻译等功能。百度翻译依托互联网数据资源和自然语言处理技术优势，提供即时免费的高质量中文、英语、阿拉伯语、文言文等 27 个语种翻译服务，覆盖 4 万多个翻译方向。百度翻译是国内市场份额第一的翻译类产品，能够随时随地、便捷地满足用户的翻译需求，是最具竞争力的阿拉伯语翻译器、阿拉伯语语音翻译工具之一。

8. 出国翻译官

出国翻译官 App 深度结合谷歌、微软、科大讯飞等各顶尖实验室的翻译技术，帮助用户在跨语言交流的时候达到最快最准的沟通效果。软件现具备实时双向语音互译功能、文本翻译功能、真人实时视频翻译功能，以及拍照翻译、文本翻译等功能。在真人实时在线翻译领域，出国翻译官具备极强的优势，支持包括阿拉伯语在内的 100 多种语言互译，准确性高达 90% 以上。出国翻译官 App 是值得使用的阿拉伯语翻译软件之一。

9. 火狐翻译扩展 FoxLingo 2.7.8

FoxLingo 是 Firefox 下的一个翻译用的插件，支持包括阿拉伯语、简体中文、繁体中文、英语等超过 3000 种语言的互译，以及 31 种语言在线查询工具，翻译功能相当强大。这款软件有不足之处，就是不兼容金山词霸和有道词典这两款权威的翻译软件，无法在网页中画词取义，但在 Firefox 强大的插件支持可以弥补该不足，这款不错的网页翻译插件，提供网页文字的翻译、词典查询、语法纠正、自动翻译、文字发音以及语言学习功能。自动翻译功能能够自动识别正在浏览网站的域名，当你点击自动翻译，它便会将网页翻译成事先在 FoxLingo 中设置的默认语言。Firefox 还提供百科全书、文本到语音等超过 90 种语言资源的服务，以及超过 100 个链接的各种语言学习网站。Firefox 没有任何限制，全面提供服务。

10. 必应翻译

这是微软推出的一款免费在线翻译工具，支持包括阿拉伯语在内的 40 多种语言互译，支持阿拉伯语文字与语音翻译，既可以翻译文本也可以翻译网页，文本翻译时，必应翻译会自动检测并得出结果，如果没有足够的信息来检测正确的语言，需要用户手动选择。若要翻译网页，可输入网页地址或将 URL 复制粘贴到左侧的框中，必应翻译会在新窗口或选项卡中打开已翻译的网页。

三 在教学中应用翻译技术对阿拉伯语人才培养的重要性

随着全球语言服务业蓬勃发展和翻译技术的应用越来越智能化，高校翻译教学协同翻译技术共同发展的重要性日益增加，将翻译与技术相关课程纳入专业核心课程是翻译专业发展的必然趋势，有些高校的英语专业已将翻译技术课程纳入翻译教学课程体系中。据统计，"一带一路"覆盖的中亚、东南亚、南亚、西亚和东非五个地区的官方语言数量超过 40 种，而中国高校外语翻译涉及的语种只有 20 多种，而且小语种人数普遍偏少。① 可见阿拉伯语作为"一带一路"沿线地区使用最广

---

① 王艺静：《"一带一路"背景下国际化外语人才培养研究》，《高教学刊》2016 年第 9 期。

泛的小语种，其人才的市场需求具有很大的空间，尤其翻译服务者必须是能够熟练掌握翻译技术的高素质的应用型翻译人才，才能适应信息时代的发展趋势。但是，目前很多高校阿拉伯语翻译人才培养模式并不能满足当今市场的需求，因为传统的教学模式只停留在如何掌握必要的翻译理论与技巧，并进行一定的翻译实践与技能训练上。在翻译技术对翻译行业所带来的冲击与变革的今天，原有的人才培养模式对翻译技术和翻译管理方面的培养相对滞后。如果没有认识到在翻译人才培养中翻译的技术性和应用性的重要性，势必导致培养的学生缺乏翻译技术知识与能力的优势，就业时难以适应市场需求。因此，翻译人才的培养模式也需与市场对接，同时对现代翻译人才培养提出了更高要求。对于翻译技术，高校阿拉伯语专业必须采取及时的调整与应对之策，调整教学模式，将翻译技术深度融入行业的现实与未来发展趋势，并且需要结合阿拉伯语一流专业和强势学科等特点，加快促进翻译技术的教学改革与创新。

四　翻译技术下高校阿拉伯语人才培养模式优化途径探讨

中国的"一带一路"倡议不断深入的同时，"互联网+"时代对翻译人才培养提出了新要求。高校作为培养人才的重要基地，在主动衔接国家政策与战略需求的同时，要及时掌握互联网技术和大数据技术迅猛发展的前沿知识与信息，调整传统的阿拉伯语教学模式，利用信息技术的优势，创新教学理念，优化人才培养途径，为满足行业市场需求而培养高质量复合型翻译人才。

1. 重塑阿拉伯语翻译教学与翻译技术相结合的教学模式

随着人工智能时代翻译技术的飞速发展，翻译已从纸笔为媒的文字转换发展为数字化文本的复合信息迁移，以教师为主导地位，学生只能被动地接受和练习传统的翻译教学模式已经逐渐被时代的潮流摒弃。翻译技术教学已成为翻译课程教学中必开设的一门课程，也是高校老师对翻译技术进行课程讲解的一门课程。但目前高校阿拉伯语专业的翻译课程尚未开设翻译技术课程，没有有效地使阿拉伯语翻译课堂教学与翻译软件应用完美结合，让翻译软件发挥出最大的价值以提高翻译教学的效果。因此，整合阿拉伯语翻译教学与翻译技术相结合的教学模式势在必行。

翻译技术的一步步完善与其应用越来越智能化，给阿拉伯语翻译教学注入了创新性元素，继而让翻译教学模式变得新颖而别具一格。优化高校阿拉伯语翻译与技术教学，需要教学工作者不断摸寻探索，使翻译课堂教学与翻译软件应用完美结合。其一，要借助智能化翻译技术的支持，设计出新颖的课堂教学模式，让学生成为教学环节的中心，激发他们行为和情感方面对翻译技术的兴趣、丰富他们的认知以掌握更多的翻译技能，发现翻译技术与实际翻译课堂之间的完美契合点，实现翻译技术支持下的高效率学习的目的。其二，高校阿拉伯语翻译专业须全面化、系统化地向学生教授计算机翻译技术，重视翻译技术课程教育，让学生掌握翻译学科的同时，还有驾驭综合性信息技术的能力。社会实践证明，阿拉伯语专业学生中熟练掌握 CAT 技术的学生在职场上更具竞争力。因此，将现代化翻译技术纳入翻译专业学生的教学课程体系已至关重要。

2. 提升翻译与翻译技术型师资力量

在阿拉伯语翻译教学中有效使用现代翻译技术以提高翻译课程的实用效果，已成为阿拉伯语教育教学工作者面对的挑战和探索，信息技术的飞速发展对翻译教学也提出了越来越高的要求，专业老师不仅要精通汉语与阿拉伯语，还要掌握相关专业知识和文化，在此基础上要熟知翻译技术和翻译管理。事实上，相应的阿拉伯语专业教师的专业水平相当扎实，但精通掌握计算机翻译技术及熟练操作翻译软件的能力比较滞后。致使"相关师资短缺的原因之一，是因为既有翻译实践和理论基本功同时又熟悉计算机操作的教师较少"[①]。因此，对专业教师而言，具备"翻译涉及的是从形式到内容、从语音到语义、从达意到传情、

---

① 徐彬：《CAT 与翻译研究和教学》，《上海翻译》2006 年第 4 期。

从语言到文化的多层次、多方位语际转换"[①] 的能力的同时，要在翻译教学中将人工翻译与技术翻译结合起来，以合理、高效地应用并不能一蹴而就。

如何促进高校阿拉伯语翻译技术的师资队伍建设，首先，需要学校教学行政管理部门的高度重视与系统协调。根据"互联网＋"的教学模式，将阿拉伯语专业与计算机专业结合起来，调整更新原有的教学管理体系，引入翻译技术类课程并使之不断完善，其中翻译技术核心类课程及翻译技术巩固类课程对阿拉伯语专业教师而言是全新的跨学科专业知识，因此，学校必须增强技术师资培训，提升教师技术翻译能力。培训的方式可由线上线下交替进行，翻译技术类课程可以通过线上培训，实践类课程在线下培训，再结合业内专家在线上或线下举办技术专题讲座与培训，使教师了解各种翻译技术，熟练操作行业内常用的各种翻译软件。其次，在教师队伍中发掘具有技术优势和潜能的教师，形成教师梯队结构，对他们进行有侧重点的培训，打造符合"双师型"要求的师资队伍，既有扎实的专业知识，又有动手操作和实践的能力。虽然这势必会增加教师在教学任务和科研任务之外的其他工作难度和强度，但在无法阻挡的翻译技术已成为翻译人才培养的新鲜血液时，专业教师熟练掌握和操作翻译技术已刻不容缓。

3. 更新翻译实践模式

创造足够的人机结合的翻译实训机会是阿拉伯语人才培养中的一个重要环节。其前提是学校应加大翻译技术辅助软件及设备的投资，构建线上翻译语料库平台，增设口译、笔译的教与学模块等，使其资源的特征和优势能更好地为翻译实练服务。如何让师生真正有效地利用翻译技术与设备资源提高自身的实际操练与专业能力，首先在教学中适当巧妙地利用人工智能技术和翻译技术，了解翻译项目的真实流程，熟悉常用的翻译技术，掌握不同翻译软件的利弊，以便在翻译实践中提升翻译技能与水平。其次加强与翻译公司、翻译机构及涉外公司之间的校企合作，让师生在翻译实战中提高阿拉伯语翻译实践能力，同时对翻译技术

[①] 刘宓庆：《当代翻译理论》，中国对外翻译出版社2019年版。

及"互联网+"时代新业态的市场需求在应用型阿拉伯语人才素质中的重要性有全新的认识。校企合作的形式主要要承接大型笔译项目，在"一带一路"沿线，中国与阿拉伯国家交往频繁，经贸、法律、文化等方面有大量的文本需要互译，这给从事中阿互译的工作者提供了项目实习实践的空间与机会，利用所具备的语言实验室应用功能及翻译技术优势，不仅帮助学生更加直观、更加细化地学习相应的翻译技术，在实练中提高技能，而且翻译研究成果反哺语言服务产业，实现校企良性互动。在校企合作中还加入毕业生的实习项目，学生在走向工作岗位之前体验整个翻译流程，通过增加其实战经验与项目管理意识，培养其阿拉伯语综合性语言能力以应对市场需求。

结　语

翻译技术以其优势在翻译教学中融入创新性元素，帮助译者高效、便捷地提升翻译效率。然而，翻译技术是一把双刃剑，也存在其弊端与局限性，尤其是阿拉伯语翻译软件，它在术语管理系统、文字处理系统、语料库分析工具等方面与英语翻译软件相比还有一定的差距，因而使其译文的准确性和可读性较差，导致不能保证译文的质量。因此，翻译技术对翻译教学的影响有利也有弊，当规范翻译技术的合理使用，防止在翻译教学中对翻译技术的滥用。另外，由于中国与阿拉伯国家在文化、习俗、传统及表达方式等方面的差异，人工翻译在处理成语、典故、俚语等具有浓郁文化色彩的表达方式时，能合理、灵活地转换和转化文中的词汇、句式都有一定的难度，会造成所译语言让人无法理解，甚至产生误解，更何况机器翻译，毕竟机器与翻译软件是程序化的，不具备人的思维和翻译技巧，所以机器翻译过程中缺乏人工翻译的灵活性和合理性。因此要合理、科学地结合好人机关系，译者的人工干预和修正在翻译活动中不可或缺，以便两者可以很好地互补。

《教学指南》明确将翻译技术课程的教学目的规定为"培养学生运用各种翻译技术和工具的能力，提高学生的翻译技术素养"。因此，高校翻译技术教学的重要性不言而喻，阿拉伯翻译与技术相关课程纳入专业核心课程也迫在眉睫。如何在阿拉伯语翻译教学及阿拉伯语翻译人才培养中有效使用现代翻译技术以提高翻译课程的实用效果，已成为阿拉伯语教育教学工作者面对的挑战与探索，也是要持续关注和探讨的一个话题。

新文科背景下英美文学教学的守正与创新*

水彩琴**

西北民族大学外国语学院,甘肃兰州 730030

摘　要：坚守根本方能安身立命，改革创新才可持续发展、拥有未来。英美文学课程要立足高校、取得长远发展，必须积极响应新文科建设战略，在继承中求发展、坚守中求突破，守正创新、立破并举，走多元、创新、融合发展的道路。一方面，英美文学课程必须遵循人文学科的内在发展规律，坚守其学科正统（人文之道），以传授英美文学知识、赏析英美文学经典为内容，坚持内涵式发展，帮助学生开阔英美文学视野、培养文学审美能力、树立文化自觉意识，发挥课程基石作用，服务英语专业建设。另一方面，英美文学教学必须结合当下国情实际与信息技术发展优势，积极开拓创新，推进课程思政建设与多元化教学模式改革。教学理念上，以课程思政为契机，从中国视角解读英美文学，以德育人、以文化人，践行英语专业核心课程的育人使命；教学方法上，以慕课等网络平台为依托，进行线上线下混合式教学模式改革，多元化培养学生自主学习能力、创新思维能力以及学术探究能力，适应新时代复合型人才培养需求。

关键词：新文科；英美文学教学；守正；创新

中图分类号：G642　　　　**文献标识码**：A

---

　　* **基金项目**：西北民族大学学科建设经费资助项目：外语教育研究创新团队（1110130137）；甘肃省普通高等学校英语教学改革项目：新文科背景下英美文学课程的思政探索与实践（Y202103）；西北民族大学教育教学改革研究项目：基于课程思政理念的英美文学教学模式研究（2021XJYBJG－81）；西北民族大学课程思政示范课程：英国文学史（2021KCSZKC－46）。

　　** **作者简介**：水彩琴，西北民族大学外国语学院教授，主要从事英美文学教学与研究。

引 言

"世界处于百年未有之大变局",这是习近平总书记在 2018 年 6 月召开的中央外事工作会议上做出的重要论断。"人工智能、大数据、量子信息、生物技术等新一轮科技革命和产业变革正在积聚力量,催生大量新产业、新业态、新模式,给全球发展和人类生产生活带来翻天覆地的变化。"① 变,是我们这个时代的主旋律,高校教育必须顺时而动、应势而为。2018 年 8 月,中共中央提出"高等教育要努力发展新工科、新医科、新农科、新文科"(即"四新"建设),为我国现阶段高校教育改革指明了方向,也把新文科建设提到了前所未有的高度。2019 年 6 月,吴岩在高等学校专业设置与教学指导委员会第一次全体会议上强调,"我们一定要让新文科这个翅膀硬起来,中国高等教育飞得才能平衡、飞得高"。② 而"新文科这个翅膀"能否"硬起来"取决于隶属文科门类的所有专业的共同发展,外国语言文学专业理应"识变、应变、求变"③,做新文科建设的先行者、探索者、引领者。

自 2019 年 4 月"六卓越一拔尖"计划 2.0 启动大会正式开启国家"四新"建设工程以来,"新文科"便成为高校文科门类所有专业教学改革和课程建设的核心议题,各级各类线上线下教育教学研讨会如火如荼,从事和热爱高校文科教学研究的教师学者们纷纷撰文探讨"新文科"建设带给不同学科专业的机遇和挑战,给高校文科教学研究与改革带来了空前的热度。可查资料显示,自 2018 年 12 月《南方周刊》刊登王伟的《传承闽南审美文化,推动新时代美育发展——新文科背景下"本硕一体"闽南文化人才培养》一文到 2021 年 12 月的 3 年时间里,探讨"新文科"背景下高校教育教学改革的学术文献多达 1064

---

① 习近平:《顺应时代潮流 实现共同发展》,《人民日报》2018 年 7 月 26 日第 2 版。
② 吴岩:《在高等学校专业设置与教学指导委员会第一次全体会议上的讲话》,2019 年 6 月 20 日,https://jdx.cdtu.edu.cn/info/2042/3358.htm,2021 年 11 月 10 日。
③ 吴岩:《识变 应变 求变——新使命 大格局 新文科 大外语》,2019 年 3 月 27 日,http://jsfzzx.snsy.edu.cn/info/1056/1183.htm,2021 年 11 月 19 日。

条，包括各类学术期刊、辑刊论文 1002 篇、报纸文章 44 篇、会议论文 18 篇。议题从人才培养、专业定位、学科融合、价值引领等指导理念讨论到各类专业的课程体系重构、思政建设以及具体课程的教学模式、实践路径、问题策略等教学实践探索，涵盖了艺术、哲学、经济、文学、管理等不同专业的各类课程，体现了文科专业的与时俱进、开拓创新。然而，在聚焦于"新文科"建设的数以千计的学术论文中，以"英美文学"课程为内容的成果文献仅有 5 篇期刊论文，议题虽然涉及课程建设、思政融合、教学模式改革等不同角度的探索，但寥若晨星的文献暴露出外语类专业教师（至少是从事英美文学教学的老师）一定程度上的"后知后觉"。

教育的根本任务是人才培养，外国语言文学专业积极响应新文科建设战略，必须立足人才培养根本、图存求变。优秀的人才既要有扎实的专业知识也要有大胆的开拓精神和良好的道德品质。《普通高等学校本科专业类教学质量国家标准》（以下简称《国标》）从知识要求、能力要求、素质要求等方面制定了外语类专业的人才培养规格，在"掌握外国语言知识、外国文学知识、区域与国别知识"等专业知识、提高"外语运用能力、文学赏析能力、跨文化交流能力"等专业素养的传统要求基础上，增加了"熟悉中国语言文化知识""形成跨学科知识结构"，培养"思辨能力""研究能力、创新能力"，树立"正确的世界观、人生观和价值观"，形成"良好的道德品质"以及"中国情怀和国际视野"等改革要求，[①] 体现了专业坚守与开拓创新两手抓的指导理念，为外语类专业建设举旗定向。"英美文学"课程作为《国标》规定的英语专业核心课程，必须认真贯彻落实《国标》提出的人才培养目标，不仅要坚守英美文学知识传授之根本，发挥课程基石作用，服务英语专业建设，而且要顺应时代发展需求，遵循新文科教育理念，"准确识变、科学应变、主动求变"，走多元、创新、融合发展的道路，做到守正与创新并举，培养时代需要、国家期待的外语专业人才。

---

① 教育部高等学校教学指导委员会：《普通高等学校本科专业类教学质量国家标准（上）》，高等教育出版社 2018 年版，第 92—93 页。

一 新文科的内涵及特性

2017 年美国希拉姆学院首次提出"新文科"(new liberal arts)理念，创造性地对学校传统文科专业进行重组，并融入新技术学习手段，开创跨学科文科教育和人才培养新模式。2018 年 8 月，全国教育大会召开前夕，中共中央提出"四新"建设战略，正式提出我国的"新文科"概念。2019 年 5 月，教育部、科技部等 13 个部门联合启动"六卓越一拔尖"计划 2.0，要求"把促进学科交叉作为高校拔尖创新人才培养的重要途径，建设跨学科课程体系、组建跨学科教学团队"，[1] 全面推进"四新"建设，实现高等教育内涵式发展，拉开了我国高校"新文科"建设的序幕。自此，"新文科"便成为我国学术界、教育界的高频词汇和热门话题。

"新文科"之"新"源于当下文科建设所处的全新语境（即新技术、新需求、新国情），表现为学科交叉、知识集群与中国特色。首先，新技术的发展促进了专业重组和学科交叉。人工智能、区块链、虚拟技术等新兴技术的出现，不仅使"人文社会科学与科技强国战略相匹配，与理学、工学新兴领域进行交叉融合"以及文科内部的专业重组成为可能，[2] 也对新时代文科人才的培养提出了跨学科要求，跨学科人才需要多学科乃至交叉学科背景，专业重组、学科交叉因此成为时代进步与文科建设的必然。其次，对文科人才的新需求呼唤"知识生产的新模式"，[3] 即由"创新网络"和"知识集群"组成的多层次、多节点、多模式的知识生产体系，[4] 不仅强调知识的扩散、交流、渗透与创

---

[1] 教育部等：《教育部等六部门关于实施基础学科拔尖学生培养计划 2.0 的意见》，《中华人民共和国教育部》2018 年 9 月 17 日，http：//www.moe.gov.cn/srcsite/A08/s7056/201810/t20181017_351895.html，2021 年 11 月 25 日。

[2] 胡明宇：《苏州大学"理解广告"教学的创新实践》，《中国广告》2019 年第 12 期。

[3] 黄启兵、田晓明：《"新文科"的来源、特性及建设路径》，《苏州大学学报》（教育科学版）2020 年第 2 期。

[4] Elias G. Carayannis and David F. J. Campbell, *Mode 3 Knowledge Production in Quadruple Helix Innovation Systems：21st—Century Democracy，Innovation，and Entrepreneurship for Development*, New York：Springer，2012, p.3.

新,强调面向未来培养人才,更强调"以知识创新组织、知识服务系统、知识交流平台为主要构成主体的""知识集群",① 强调通过协调与有机整合人力和智力资本模糊学科边界、实现学科交叉。最后,新国情要求文科发展体现中国特色、发声世界舞台。日益增强的综合国力和不断提升的国际影响决定了我国的文科建设不再是人云亦云、亦步亦趋,而要以原创性、民族性、时代性为宗旨,反映中华民族的"思维能力、精神品格、文明素质",体现新时代中国的"综合国力和国际竞争力",② 从而打破西方文化霸权,发出中国声音,树立"道路自信、理论自信、制度自信、文化自信"。③

一言以蔽之,我国的"新文科"除了包含国际学术体系中"新文科"概念的学科交叉、知识集群等共性特征外,更强调密切联系国情,立足世界舞台,发出中国声音。与西方(美国西拉姆学院)提出的"新文科"不同,我国的"新文科"建设是一项国家战略,是一项由政府主导的自上而下的国家工程,渗透着"一带一路""人类命运共同体"以及"人民至上生命至上"等一系列彰显中华民族精神、闪烁人性光芒的国家主张。然而,这并不意味着对传统文科的否定,而是强调继承中求发展、坚守中求突破,实现守正与创新的辩证统一。

二 新文科视域下英美文学教学的守正

英美文学课程属于人文学科范畴,必须遵循人文学科的内在发展规律,不仅要以传授英美文学知识、赏析英美文学经典为内容,也要帮助学生开阔英美文学视野、培养文学审美能力、树立文化自觉意识;不仅要完成专业系统的课程教学任务,更要坚守人文学科亘古不变的人文之

---

① 胡汉辉、曹路宝、黄晓:《知识集群与我国制造型集群的转型升级》,《江海学刊》2011年第5期。
② 习近平:《在哲学社会科学工作座谈会上的讲话》,2016年5月17日,https://www.scio.gou.cn/31773/31774/31783/Document/1478145/1478145.htm,2021年11月27日。
③ 习近平:《坚持、完善和发展中国特色社会主义国家制度与法律制度》,《求是》2019年第23期。

道。时代变迁、社会发展、科技进步把外语类专业推向了新文科建设的风口浪尖,英美文学教学必须与时俱进。然而,改革创新并不意味着连根拔起、全盘否定,而要守正创新、立破并举。只有"不忘本来才能开辟未来,善于继承才能更好创新。"① 人文之道就是人文学科需要牢记的"本来",是英美文学教学改革必须坚守的学科正统。

(一) 以文学史为主线,构建英美文学知识体系

英美文学是英美国家历史文化的积淀,是西方文明不可或缺的组成部分。作为《国标》和《普通高等学校本科外国语言文学类专业教学指南》(2020年)规定的英语专业核心课程,英美文学课程要呈现给学生的既是一部英美文学发展史也是一部英美文明史和思想史。不仅涵盖不同时期不同作家的创作理念、写作风格以及文学成就,而且涉及不同文学运动/流派的发生背景、历史沿革以及思想主张。庞杂的知识内容决定了英美文学教学必须以相应史料为基础,以发展时间为线索,为学生构建一个系统清晰的英美文学知识体系,为进一步解读/赏析英美文学经典奠定基础。

英美文学(尤其是英国文学)先后经历了中世纪、文艺复兴、启蒙运动、浪漫主义、现实主义、现代主义等西方文化的重要发展阶段,见证了西方人文思想的形成与发展,丰富了浩如烟海的西方文学宝库,代表了西方文化的主要成就和贡献。在上千年的文学长河中,涌现出了无数的思想家和文学巨匠,他们以敏锐的观察、天才的智慧、辛勤的耕耘为英美(乃至世界)文坛创造了一部部经典作品,不仅记录着英美国家的历史进步与现实发展,也蕴含着丰富的思想和深刻的人生哲理。以文学思潮/运动为导向,以代表作家及其文学成就为内容,历时梳理英美文学发展历程,将其划分为若干时期(英国文学包括盎格鲁—撒克逊、中世纪、文艺复兴、革命和复辟、启蒙运动、浪漫主义、现实主义、现代主义和后现代主义九个时期,美国文学包括殖民时期、革命时

---

① 习近平:《把培育和弘扬社会主义核心价值观作为凝魂聚气强基固本的基础工程》,《人民日报》2014年2月26日第1版。

期、浪漫主义时期、现实主义时期、自然主义时期、现代主义和后现代主义时期七个阶段），并以小说、散文、戏剧、诗歌等文学类别为单位，归类总结每一时期的文学成就和贡献，形成清晰可辨却又纵横交织的英美文学网状知识体系。既凸显英美文学不同时期的主流思想、创作理念及其风格特征，也概括英美文学发展的全貌、突出成就及其在世界文坛的地位与影响，从而做到坚守英美文学课程作为人文学科的学术正统，为"新文科"语境下的改革发展奠定专业基础。

（二）以文本为依托，提升文学审美素养

从教学内容上来说，英美文学课程包括文学史梳理和文本阐释两个基本方面。如果文学发展史是文学躯体的经络血脉，文学作品则是运行其中的气血，只有气血充盈，文学才能焕发生机、永葆青春。故而，英美文学教学必须在厘清文学史脉络的同时，加强文本解读，把对文学史知识的理解与文本赏析紧密结合，帮助学生深化人文知识，提升文学审美素养。

文学是人学，不仅文学创作的主体是人，而且文学创作本身也必须"以人为对象，以人为中心，以人为目的"[①]。人处于特定的历史环境与文化语境、体现特定的社会现实和文化思想。不同的人生阅历决定了创作主体（作家）不同的创作理念与艺术风格，不同的历史语境造就了创作客体（文学作品）不同的人物主题、思想价值以及创作技巧。因此，文本是文学学习（研究）的根本，英美文学教学只有立足具体文本，才能真正做到坚守人文之道、提升审美修为。

文学文本的阐释，既包括从文本本身出发，挖掘语言、形式、文体等内在特质，也包括从文本外部因素（即与作者生平和创作背景等相关联的文化、政治、历史等问题）出发，解读作品反映的社会现实、精神生活以及伦理道德观等历史文化特征。值得指出的是，这种内外研究之分只是文学研究的两个不同视点，二者紧密联系、相辅相成，并非

---

① 钱谷融：《论"文学是人学"》，载《艺术·人·真诚——钱谷融论文自选集》，华东师范大学出版社1994年版。

截然分开、完全对立。因此，英美文学教学立足具体文本，不仅要加强文本语言层面的细读，帮助学生提高语言阅读技能，而且要聚焦特定的社会历史环境，挖掘文本所蕴含的历史文化元素，做到语言学习与文化研究的有机结合，谨防只限于语言层面的、完全脱离社会历史的形式主义研究。

文学文本是特定时代的产物，即便是其内部特质也不可避免地会被打上时代的烙印。一定意义上讲，解读文本就是研究文本产生的社会环境与文化语境。以英国现实主义文学的开山之作《鲁滨孙漂流记》为例，小说平实简洁的散文文体和真实可信的第一人称叙事等文本特征表明英国启蒙运动时期文学不再囿于传统文学以神话、来世以及骑士传奇为内容的精神体系，开始聚焦世俗世界并理性地观察审视普通人的现实生活，而主人公勇于进取、追求财富的冒险精神则很好地契合了以工业化、财富掠夺以及殖民扩张等为特征的18世纪的英国社会现实。教学中，不仅要引导学生学习体会小说的语言特征和叙事风格，而且要结合社会历史环境，挖掘小说潜在的现实主题，丰富人文知识，开阔文学视野。作为19世纪美国浪漫主义文学的经典作品，《红字》也是英美文学教学中需要重点解读的文本之一。其中的象征主义、心理描写、哥特式风格等构成了美国浪漫主义小说的典型特征，也成就了《红字》作为美国心理分析小说开创篇的地位。17世纪美国清教社会道德的虚伪、宗教的欺骗以及典法的残酷等构成了小说特有的历史文化语境，不仅揭露了清教统治的罪恶、清教思想的伪善以及清教社会的冷漠无情，动摇了美国正统的道德观、价值观，巧妙地影射了霍桑时代的美国社会现实，"而且还触及了有争议和激进的女性主义思想"，实现了"对当时基督教价值判断的颠覆和挑战"。[1] 教学中若引导学生正确理解把握小说的清教文化语境，就会"从《红字》中读出比'宗教压抑下的变态心理、思想矛盾'更丰富的内容"，[2] 而非仅仅"一个严肃而敏感的婚

---

[1] 王家和：《〈红字〉的叙事距离》，《云南大学学报》（社会科学版）2013年第3期。
[2] 苏欲晓：《罪与救赎：霍桑〈红字〉的基督教伦理解读》，《外国文学研究》2007年第4期。

外情话题",① 从而在文本细读中培养学生问题意识,激发批判性思维,提高审美情趣。

(三) 以平等/尊重为前提,树立文化自觉意识

文化是民族的,每个民族都拥有独特的文化精粹,凝聚着本民族的思想和智慧,体现着本民族的历史和性格以及评判是非曲直的价值标准,对维护民族团结、稳定社会秩序具有举足轻重的作用。文化又是世界的,各民族文化造就了世界文化的繁荣与多姿多彩,推动了人类社会的进步和发展,不同民族文化的彼此尊重、和谐共存,是人类生存和发展的精神基础。英美文学是西方文化的民族记忆,见证着英美(西方)社会的历史发展和精神追求,彰显着英美(西方)人特殊的民族身份和价值观,以其独有的价值和魅力成为人类文化研究不可或缺的资源。英美文学教学应该引导学生研习英美文学知识、洞悉西方文化精髓、准确把握文本的文学意境和审美意蕴,本着平等、尊重的原则学习借鉴、取长补短。同时,要让学生清醒地认识到英美文学潜在的种族主义思想与资本主义核心价值观,谨防盲目认同、丧失自我。换言之,英美文学教学既要以开放、包容的态度尊重源文学的民族性和独特性,也要以自信、不卑不亢的姿态抵制西方文化霸权,树立学生的文化自觉意识。

文化是一个民族(国家)的灵魂,文化自觉是国兴民强的根本。异质文化中树立文化自觉意识并不意味着否定、排他,而是要以理解、领悟异质文化为推手深刻认识本民族文化的地位作用、正确把握本民族文化的发展规律、主动担当发展本民族文化的历史责任,从而在"多元文化的世界里确立自己的位置,经过自主的适应,和其他文化一起,取长补短,共同建立一个有共同认可的基本秩序和一套各种文化能和平共处,各有所长,联手发展的共处守则"②。英美文学课程要培养学生的文化自觉意识,就是要在理解英美作家民族情感、文化差异的前提下,通过中西文化(文学)比较,理性看待英美文学的地位与艺术价

---

① 王家和:《〈红字〉的叙事距离》,《云南大学学报》(社会科学版) 2013 年第 3 期。
② 费孝通:《反思对话文化自觉》,《北京大学学报》(哲学社会科学版) 1997 年第 3 期。

值，客观分析英美（西方）文化的狭隘、排他与自负，充分肯定中华文化的豁达、包容与谦逊，秉持平等与尊重，摒弃偏见与傲慢，有效促进英美文学教学的问题意识，引导学生质疑求真、相互借鉴、求同存异。做到既要尊重英美文学的审美传统和文化气质，肯定其对世界文学多元化发展作出的贡献，也要树立文化自信，坚定中华文化立场，警惕英美作家借助文学作品宣扬"普世价值"、鼓吹西方文化霸权。

兼收并蓄、博采众长是中华文化源远流长、博大精深的根源。英美文学教学帮助学生增强自身文化认同，尊重中西文化差异，吸收、借鉴英美文学（文化）的合理成分，用中华文化特有的包容姿态推动中西文化交流对话、和谐共生，为世界文学的多样化发展增辉添彩，是在更广博的意义上坚守了英美文学课程的人文之道。

三　新文科视域下英美文学教学的创新

坚守根本方能安身立命，改革创新才可持续发展、拥有未来。反观人类发展史，创新始终是人类文明的推动力。在全面推进新文科建设的今天，英美文学教学要立足高校、取得长远发展，不仅要坚守其学科正统（人文之道），更要结合当下国情实际，在教育理念和教学方法上开拓创新。一方面，立足国家发展战略，贯彻立德树人理念，开展以课程思政为目标的课堂教学改革，挖掘和梳理英美文学课程所蕴含的思想政治教育元素和思想政治教育功能，实现思想政治教育与专业知识传授的有机统一，切实践行英语专业核心课程的育人使命。另一方面，充分发挥信息技术优势，合理利用数字资源，推进以慕课为依托的线上线下混合式教学模式改革，激发学生学习兴趣，强化主体参与意识，多元化培养学生自主学习能力、创新思维能力以及学术探究能力，适应新时代复合型人才培养需求。

（一）以课程思政为契机，从中国视角解读英美文学

立德树人是高校一切工作的中心环节，也是检验其工作成效的根本标准。人无德不立，国无德不兴。"对大学生思想言行和成长影响最大

的第一因素是专业课教师，加强课程思政，专业思政十分重要"，"高校要明确所有课程的育人要素和责任，推动每一位专业课老师制定开展'课程思政'教学设计，做到课程门门有思政，教师人人讲育人"①。开展以课程思政为目标的专业教学改革，挖掘和梳理各门专业课程所蕴含的思想政治教育元素和思想政治教育功能，实现思想政治教育与专业知识教育的有机统一，是国家赋予高校所有专业课程的历史使命。教育部印发的《完善中华优秀传统文化教育指导纲要》（2014年）明确指出，加强中华优秀传统文化教育是培育和践行社会主义核心价值观、落实立德树人根本任务的重要基础。因此，高校全面推进课程思政建设必须立足于弘扬中国传统文化、树立学生的文化自信。文化自信不仅关系到中华文化（文明）的传承弘扬，更关系到中华民族的发展复兴。

  作为一门文化审美艺术，文学的特殊性在于以感性形式把握世界、以主观态度表现人生（记录现实）。特定的文化背景决定了英美文学呈现给学生的不单是一部英美文学发展史，同时也是一部英美（西方）文明史和思想史。在一定意义上讲，英美文学课程是一门以西方意识形态和价值观为内核的课程。传统教学"以西释西"（即从西方文化视角解读源文学）的做法，很容易导致学生对英美（西方）文化乃至价值观的盲目认同，甚至产生与社会主义核心价值观相冲突的认识，丧失中国文化自信，形成错误的价值观。因此，英美文学课程响应时代号召、加强课程思政建设，必须坚定中国文化立场，"以中释西"，以中国文化发声世界舞台来瓦解西方文化霸权，培养学生的文化自信。

  英美文学教学强调"以中释西"，既不意味着用中国的文学评价标准来甄别英美文学作品的艺术审美与文学价值，也不意味着牵强附会地套用中国传统文化思想和社会主义核心价值观，对英美文学所反映的历史现实与人生哲理给予否定或扭曲，而是要求引导学生以旁观者（中国人）的身份，冷静分析、客观审视英美文学承载的文化思想和价值观，正确对待英美文学作家宣扬的"西方文明"以及"人权平等"。同

---

① 陈宝生：《坚持以本为本　推进四个回归　建设中国特色、世界水平的一流本科教育——在新时代全国高等学校本科教育工作会议上的讲话》，2018年6月26日，http://jwc.swufe.edu.cn/info/1071/4242.htm，2021年12月6日。

时辅以中西文化比较,帮助学生认清西方文化基于二元对立思维的个人主义、种族主义(白人至上)、霸权主义等思想所蕴含的对立、差异甚至水火不容、你死我活,感悟中国文化基于多元和合思维的以和为贵的包容精神,领会其天人合一的宇宙观、和而不同的社会观以及人心和善的道德观中蕴含的和合共生理念,体会坚持人民主体地位的中国特色社会主义道路的优越性,进而坚定"道路自信、理论自信、制度自信、文化自信",践行社会主义核心价值观。

英美文学课程贯彻思政教育,有效推进课程思政改革,关键在于选取合适恰当的思政载体(即有思政教育价值的文学作品),找准行之有效的思政切入点,切忌牵强附会、生搬硬套。英国 18 世纪经典小说《鲁滨逊漂流记》既赞美和讴歌了以主人公为代表的资产阶级商人坚韧、顽强、勇敢、无畏的拼搏精神,又充斥着作者鲜明的欧洲中心主义思想。教师如果引导学生以中国读者的客观公正视角审视笛福代表的殖民者身份和欧洲立场,分析其极尽贬损之能事为英国(欧洲)的殖民和征服行为寻找道义借口与理论铺垫的写作动机,正确看待笛福笔下英国人(欧洲人)的高贵与文明以及土著人(非欧洲人)的低贱与野蛮,就能有效避免掉入小说设置的价值观陷阱。而美国文学"迷惘的一代"的杰出代表《了不起的盖茨比》则是一部引发学生思考中国梦、中国梦与美国梦之间的根本差异的理想文本。教师若能从民族复兴的角度,引导学生重新审视映射于主人公个人梦想中的美国梦存在的根本问题,并切实明白,个人梦想永远不能凌驾于国家/民族梦想之上,每个炎黄子孙个人梦想的实现必须以中华民族伟大复兴的中国梦为基础,而"实现中国梦必须走中国道路"、弘扬中国精神、凝聚中国力量,[①] 就能于作品解读中唤醒学生的爱国热情与强国使命。提到英美文学,就不能不说说莎士比亚最负盛名的剧作《哈姆雷特》。作为世界文坛的瑰宝,《哈姆雷特》闪烁着人文主义的光辉,人文主义主题便可以作为该部作品的思政切入点。引导学生用儒家思想

---

① 中央党校中国特色社会主义理论体系研究中心:《实现中国梦必须走中国特色社会主义道路》,《人民日报》2013 年 10 月 31 日第 7 版。

审视哈姆雷特及其人文主义理想,不仅可以阐释出"中国"的哈姆雷特,丰富哈姆雷特研究,为主人公的忧郁性格与延宕行为找到新解,也有助于深刻领悟儒家思想,尤其是其"德道"思想(即博爱、厚生、公平、正义、诚实、守信、革故、鼎新、文明、和谐、民主、法治等,这是中华传统文化的思想精髓,也是社会主义核心价值观的基石),弘扬中国优秀的传统文化,增进中西文化交流,树立学生的文化自信。这种迂回、灵活的浸润式教学,看似无痕,实则可以触及学生心灵,产生润物无声、水滴石穿的育人功能。

以课程思政为契机,从中国视角解读英美文学,究其本质,属于新文科语境下的跨文化(跨学科)教学,不仅符合学科交叉、知识集群与中国特色等新文科建设要求,而且有利于培养学生正确的学习观、文化观和价值观,成为促进不同民族不同文化交流互鉴、构建人类命运共同体的生力军。

(二) 以慕课为依托,构建多元化教学模式

如果课程思政促成了英美文学教学内容的跨文化(跨学科)性(即中西文化的交流互鉴),那么网络等现代信息技术的飞速发展则使英美文学教学模式的多元化发展成为必然。作为"印刷术发明以来教育最大的革新",慕课以其大规模、自主性、互动性带来了教学资源的开放式、多元化交流融通,引发了"以学生为中心的教学重构"。① 尤其是2019年12月新冠疫情暴发以来,基于MOOC平台的线上线下混合式教学模式的探索与构建更成为各类课程无法规避的现实,英美文学教学必须与时俱进、顺势而为。

慕课作为"互联网+教育"的产物,不仅丰富了教学资源,而且延展了教学时空,成为英美文学教学与新技术融合的前提与基础。"用慕课,要求教师进行创新型教学设计,注重学生创新能力培养。"② 换言之,以慕课为依托,构建英美文学多元化教学模式,既要强调教学方

---

① 吴岩:《一流本科 一流专业 一流人才》,《中国大学教学》2017年第11期。
② 吴岩:《一流本科 一流专业 一流人才》,《中国大学教学》2017年第11期。

式方法的创新（即线上与线下教学的有机结合），也要注重学生探究式学习能力的培养，或者，前者根本就是服务于后者。

探究式学习在英美文学课程中表现为对文学文本的深度解读与多维批评，不仅需要大量时间的投入，更要求有文学理论与批评知识的一定储备以及较强的学习积极性与主观能动性。采用线上线下混合式教学，把文学史和文学理论知识的学习安排在课前线上借助 MOOC 平台进行，而关于具体文学作品的分析解读则采用线下课堂师生以及生生交流讨论的方式，鼓励学生畅所欲言、大胆质疑、形成正确合理的观点。这样，不仅可以有效化解英美文学课程庞杂的教学内容与有限的教学时间之间的矛盾，也能够通过加强文本解读实践（尤其是个性化但又不乏合理性的解读），激发学生的学习兴趣，培养学生的自主学习习惯与创新思维能力。

基于慕课的英美文学混合式教学，遵循"主导—主体"教学原则，采用"线上—线下—线上"三步走的基本教学流程，以有效利用和优化整合线上资源为前提，旨在唤醒学生的主动参与意识，激发其学习积极性和主体能动性，培养自主学习能力、逻辑思辨能力以及探索创新能力。其中，学生课前的自学准备（即第一个线上环节）直接决定着整个过程的教学效果。学生带着教师指定的具体学习任务，登录 MOOC 平台自学相关内容，总结知识要点，提出疑点问题，并在讨论区与老师或同学交流讨论后，参阅其他网络资源，整理形成研讨提纲及难点报告，而后进入线下交流环节，才会保证课堂教学的效率与质量。因此，要求学生既要有较高的学习主动性与自觉性，也要有较强的主观能动性与自主创新意识。否则，若只被动地观看相关慕课视频并简单地罗列几个关键词了事，接下来围绕具体文本展开的课堂交流讨论环节注定会如一潭死水，激不起半点智慧的浪花。当然，课堂交流讨论无疑是整个教学过程的重心。除了学生课前的自学准备外，这一环节的成败还取决于教师主导作用的发挥。教师首先要凭借教学经验和学生的问题反馈，及时捕捉到需要进一步介绍阐释的重难点知识并进行课堂讲解，并在此基础上组织课堂交流讨论围绕文本有序展开，通过小组交流、代表汇报、师生点评及提问等方式，鼓励学生积极参与、主动发言、各抒己见。学生愿意开口说话是线下环节有效推进的关键，也是激发学生积极思考的有效手段。因此，强调学生主体并不意味着教师的不作为或少作为，而是要求教师有大作为，凭借自己的才能和智慧精心设计每一节课，最大限度地激发学生的学习热情，争取每位学生的主动参与，让整个课堂"活"起来。另外，要保证教学内容的前沿性以及文本解读的严谨与完整，课后的总结完善、作业反馈和拓展学习必不可少。要求学生课后浏览中国知网等学术平台，了解相关文本的最新研究动态，并结合课堂讨论撰写相关评论文章，提交在线作业以便教师及时批阅反馈。这样，整个教学活动以教师的精心设计、有序组织、耐心引导为前提，表现为学生的积极参与、主动探索、大胆质疑、创新思辨，既发挥了教师的主导作用又保证了学生的主体地位，有利于学生的自主学习和个性化发展，符合新时代复合型人才的培养需求。

  理论上，基于慕课的英美文学混合式教学模式符合布鲁姆认知领域教育目标分类说，即根据从简单到复杂、从具体到抽象的认知规律，把教育目标分为知识/识记（Knowledge）、理解/领会（Comprehension）、运用/应用（Application）、分析（Analysis）、综合（Synthesis）、评价（Evaluation）六个层级。具体来说，课前预习/自学环节通过慕课视频观看、指定文本阅读以及相关问题思考等途径，理解掌握文学史及文学理论知识，了解文本批评思路，属于"识记""领会"层面；课堂交流环节通过围绕重点文本讨论，以问题为导向、以思辨能力培养为目标，深化对文学知识及相关理论的理解，强调理论知识与文本解读实践的有机结合，属于"应用""分析"层面；课后总结与拓展学习环节是对所学知识的"综合"梳理与"评价"反馈，重在培养学生的高阶思维能力。

  基于慕课的英美文学混合式教学得益于信息技术的发展，取决于教学理念的转变，通过线上线下教育（教学）的深度融合，实现了教学模式的革命性变化，不仅呼应了新技术促生的新文科建设，也遵循了人类认知的基本规律，符合新时代英美文学教学的创新发展。

结　语

"新文科"呼唤外语学科回归其人文属性，要求文科建设体现中国特色。英美文学课程立足人文之道，坚持内涵式发展，既彰显了其课程本色，也符合"新文科"建设理念。英美文学教学结合当下国情实际与信息技术发展优势，推进课程思政改革与多元化教学模式创新，不仅做到了以德育人、以文化人，践行了英语专业核心课程的育人使命，也做到了应势而谋、因势而动、顺势而为，体现了新时代复合型人才培养需求，符合国家发展战略需求。

守正为基，创新为要。坚守人文之道，走质量提升为核心的内涵式发展道路，是英美文学课程立足高校的根本。作为英语专业核心课程，英美文学首先要承担起传授英美文学知识、解读英美文学经典、培养学生文学鉴赏能力、提高学生人文素养的教学任务。然而，守正并不意味着墨守成规、故步自封。教育理念和教学方法的开拓创新是英美文学课程取得长远发展的保障。一方面，课程思政促成了英美文学教学理念的转变。以中国视角审视英美文学，培养学生科学理性的思辨能力、客观公允的处事态度，引导学生形成正确的人生观、价值观，树立中国文化自信，发出中国声音，既符合英美文学课程的人文属性，也体现了其独特的思政育人功能。另一方面，慕课等网络资源带来了英美文学教学方法的改革。教无定法，贵在得法。"'90后''00后'是互联网的'原住民'，他们对互联网有一种天然的亲切感，慕课很容易为他们所接受。"① 通过融合教育教学新技术，构建线上线下混合式教学模式，多元化培养学生的自主学习能力、创新思维能力与学术探究能力，不仅迎合了当代大学生对网络特殊的情感依赖和强烈的认知归属，而且做到了网络资源的合理利用和优化整合，体现了英美文学教学模式的创新发展、与时俱进。

---

① 吴岩：《一流本科 一流专业 一流人才》，《中国大学教学》2017年第11期。

全球化背景下标准阿拉伯语危机现象与应对措施研究*

马菊香**

西北民族大学外国语学院

摘 要：在全球化背景下，随着语言国际化、多样化、同化等现象的逐步深入和扩大，标准阿拉伯语受历史、政治、文化、经济、科技等因素的制约，不仅面临来自方言和外语的强烈冲击，也面临生存和发展的挑战。同时，语言危机也带来了阿拉伯民族认同危机和不同政治体质改革危机。对此，研究人士从语言身份论、语言人权、语言资本论、语言软实力等角度分析标准阿拉伯语的现状，倡导站在国际高度，用动态的眼光审视、制定、实施一系列针对保护、振兴标准阿拉伯语的举措。提出了在政治上为标准阿拉伯语的振兴、普及提供政策和平台扶持，在教育上，制定、提高、普及标准阿拉伯语的教学大纲、教学模式等倡议。

关键词：全球化；标准阿拉伯语；挑战；危机

---

* 基金项目：本文为西北民族大学2020年校级教改项目"基于'互联网+'模式的阿拉伯语语法课程线上线下'双轨融通'课堂教学改革研究"（2022XJJG－77），西北民族大学2021年校级线下一流课程"阿拉伯语语法1"（YLKC－110）及西北民族大学2020年职教教改项目"'一带一路'背景下阿拉伯语本科阶段翻译类课程教学研究"阶段性成果（2020YBJG－60）。

** 作者简介：马菊香，西北民族大学外国语学院阿拉伯语专业讲师，主要研究方向为阿拉伯语语言文学。

引　言

全球化（Globalization）是一个标准术语，囊括了经济、社会、文化、政治等各领域，是20世纪以来世界范围内最重大的社会进程之一。语言是建构社会的重要工具，是全球化的核心话题。文化全球化是一把"双刃剑，"一方面，它有利于先进思想、先进技术、先进文化艺术的迅速推广，促进文化的多样性发展，给世界各民族提供学习、吸收和借鉴人类优秀文化并加速构建本民族文化的机会。另一方面，在漫长、复杂的文化全球化过程中，不同民族、国家文化之间不可避免地出现摩擦、排斥，尤其是在以美国为首的西方霸权主义文化盛行的情况下，文化交流就会出现不平等、不公正，弱势文化呈现降低自身的文化标准，依赖强势文化的现象，甚至出现了文化认同等问题。

标准阿拉伯语（以下简称标准阿语）在全球语言体系中享有很高的地位，它是全球4.3亿阿拉伯人的母语，全球10亿多穆斯林的宗教用语，全球普及面及使用率第三的语言，22个国家官方语言，也是联合国六种工作语言之一。随着伊斯兰教创立而盛行一直沿用至今的标准阿语，具有正确的发音、严谨的语言结构，是阿拉伯人的书面语言、媒体语言。

标准阿语遭受全球化冲击的根源是第一次世界大战的爆发，西方国家用武力、文化等多种形式殖民阿拉伯地区，其中语言是其施行殖民的重要举措。首先，西方列强倡导用外语来替代标准阿语，使其成为殖民地区的第二用语。在阿拉伯南部地区和海湾地区用英语来替代标准阿语。北部地区用法语来代替标准阿语，比如摩洛哥、阿尔及利亚等国。其次，用方言替代标准阿语，鼓励在北非地区使用埃及方言、马格里布方言等地方方言和土语。沙姆地区使用黎凡特方言或其他多个方言。最后，还提议像土耳其、菲律宾那样用拉丁字母书写阿拉伯语，更改标准阿语的书写方式。

研究标准阿语所面临的危机及其应对措施有诸多原因。首先，标准阿语是自15个世纪以来阿拉伯文化的载体，阿拉伯文化的标记，阿拉伯宗教功修的语言，保护语言就是保护文化，维系文化认同。其次，标准阿语有其社会职能，是海内、海外联通的媒介，保护好标准阿语才能增进与那些讲阿拉伯语民族之间的交流、交往，提高凝聚力。再次，标准阿语有其语法规则、语言标准，便于外国人学习，如果标准阿语被破坏就会造成语言学习的困难，无法在已有的阿拉伯语语言学基础上进行学习。最后，阿拉伯文学是阿拉伯人的智慧结晶、是人类的文化宝藏，只有掌握标准阿语，才能了解、学习、吸收、利用这些伟大的人文遗产。

二 标准阿语经历的危机

自古以来，标准阿语一直在面对内外强弱不一的各种挑战和危机，曾遭受四次历史性危机。第一次危机是在阿巴斯帝国末期（1258—1516年），从伊斯兰初期到阿巴斯帝国时期标准阿语持续发展流行，阿巴斯帝国末期由于蒙古人、鞑靼人的入侵，政权落到了非阿拉伯人手中，标准阿语遭受了前所未有的轻视，阿拉伯语的发展停滞不前。虽然这一时期出现了一些微不足道的文学作品，但标准阿语从其语音、语法、文学成果方面没有根本性的发展。同时，这一时期各地方言大肆流行，成为通用语言。第二次危机是在奥斯曼帝国时期（1516—1798年），"土耳其统治者出于政治上的需要，在阿拉伯国家竭力推行愚民政策，不支持学术活动，并强令国家机关、法庭和学校必须使用土耳其语，企图人为地消灭阿拉伯语"①。这一时期，"在大马士革和阿勒颇等大城市，几乎找不到一家阿拉伯语的书店。阿拉伯文的出版物少得可怜"②。第三次危机是西方殖民者带来的危机（1798—1945年），在新的殖民（英国、法国、意大利）时期，阿拉伯语的情况要比之前更为糟糕。"法国殖民主义者甚至一度把阿拉伯语定为禁语，禁止在阿尔及利亚使用，而英国殖民主义在占领埃及期间，为了使英国文化处于比法

---

① 刘开古：《阿拉伯语发展史》，上海外语教育出版社1995年版，第92页。
② 刘开古：《阿拉伯语发展史》，上海外语教育出版社1995年版，第93页。

国和其他欧洲文化更优越的地位,则规定英语为埃及的科学与教学语言。"① 这一时期因埃及的近代革命,大量的外语作品被译为标准阿语,丰富了阿拉伯文学内容,推动了新文学体裁的出现。然而,标准阿语的使用率及普及率持续降低,其发展受到了阻碍。第四次危机随着20世纪70年代语言全球化而出现。这一时期,标准阿语面临着前所未有的危机,一方面,语言是一种身份的认同,阿拉伯语依附于阿拉伯民族,体现并反映阿拉伯民族和国家的生活环境、价值观念、思维方式和生活习惯。标准阿语影响力的减弱意味着阿拉伯民族文化认同的弱化及语言危机的凸显。另一方面,语言是一种重要资本、一种软实力。② 相较于英语、法语、西班牙语等其他语言对语言软实力的塑造,标准阿语在全球过程没有形成语言软实力系统,也未能充分发挥语言对阿拉伯民族、国家的价值和作用。标准阿语的弱化,使其没能对提高阿拉伯地区经济效益,或对增强其国际竞争力带来任何益处,导致标准阿语面临语言资本危机。

三 标准阿语面临的时代挑战

全球化以各种方式影响着阿拉伯文化、文明,身份的认同,是当前阿拉伯世界所面临的最危险的挑战。作为阿拉伯文化载体的标准阿语不仅受到了全球化的冲击,也面临着来自阿拉伯世界内部及外部世界的双重挑战。在阿拉伯世界内部,很多阿拉伯人依然将阿拉伯国家出现的战乱、落后归咎于标准阿语,认为标准阿语的僵化、复杂限制了阿拉伯人民的发展,出现了移出标准阿语,用地方方言代替标准阿语,或是通过简化标准阿语的方式将方言与标准阿语融合使用,或是直接用外语替代标准阿语的呼声。阿拉伯世界外部,则通过媒体、语言、教育、经济等方式给标准阿语的发展带来了更大的挑战。

(1) 对标准阿语纯洁性、规范性的挑战。任何一种成熟的语言,

---

① 刘开古:《阿拉伯语发展史》,上海外语教育出版社1995年版,第93页。
② 王烈琴:《全球化背景下的语言观及其对国家语言教育政策的影响》,《外语教学》2013年9月。

都具有一定的规范性、稳定性和纯洁性。这是一种语言得以延续的基础。现代人之所以还能够读懂2000多年前的著作，主要原因在于语言的规范、稳定和纯洁。语言文字的纯洁性在一定程度上象征着该民族身份的纯洁性。然而，在当前的全球化浪潮中，语言的纯洁性、规范性却面临着被玷污的危险。一部分阿拉伯人认为标准阿语的书写复杂、语法烦琐，无法与时俱进，要求通过简化书写、或用拉丁字母替代标准阿语字母的方式改革标准阿语的书写，使其更加便于学习、掌握。另一部分人认为方言的使用率更高，不受语法规则的限制，所以要求把标准阿语换成方言。还有一部分人认为文学要接地气、要与老百姓的实际生活有关联，所以他们倡导不拘泥语言形式的文学作品的创作，现代文学作品可以用方言及非阿拉伯语的其他语言形式创作。而且，阿拉伯语中大量外来词汇的出现及外来词汇的阿语化也影响了阿拉伯语纯真性。诚然，如果任意地去"改造"标准语，将会给语言本身以及使用语言的人类带来很大的麻烦。这将极大地破坏阿语的纯洁性、规范性及稳定性。

（2）标准阿语母语地位的挑战。标准阿语母语地位的下降是标准阿语危机的显著标志。首先，从阿拉伯人对母语的思想观念及学习态度到标准阿语在科技、文化传承中的应用可以看出，阿拉伯语的母语地位已下降到了一个非常严重的地步。其中标准阿语地位下降最明显的地方就是教育。现在，阿拉伯国家大多数高校直接将外语作为理工科课程的教学语言，在科威特、卡塔尔、阿曼和黎巴嫩四国立法允许将英语或法语作为大学中的授课语言，其他如沙特阿拉伯、巴林、阿联酋、叙利亚和约旦等国法律允许大学理事会自行决定使用何种语言。其次，很多阿拉伯国家职业资格证考试、技术职称晋升的评定标准中多使用英语，由此造成了标准阿语不能用于社会、学校、家庭，使标准阿语的社会地位逐渐下降，危害凸显。最后，标准阿语行文中英文字母的植入及文化自卑思想和媚外思想的潜入，使阿拉伯民族逐渐对自己的语言失去了尊重和敬畏，标准阿语变成可随意变化、改造的语言，其母语地位岌岌可危。

（3）网络空间对标准语的挑战。在信息技术带动经济发展的时代，统计不同语言的网络信息，英语信息占据着互联网信息资源的60%以上，主导着互联网世界，法语信息占5%，而标准阿语信息尚不足1%，很多阿语网站缺乏数据和科学性，得不到阿拉伯网民的信任，使标准阿语被边缘化、逐渐丧失其生命力。而且绝大多数的阿拉伯网民偏爱在脸书、油管等社交软件进行方言直播，给方言的流行提供了便利，淡化了对标准阿语的重视，减少了其使用率。

（4）学术和教育领域标准语面临的挑战。首先，阿拉伯国家教育系统中的语言政策，阿拉伯各国政府普遍在国民教育体系中规划了精通一门外语、会多门外语的大外语教育政策，以期适应客观存在的多语生活，营造良好的社会语言环境，但各国外语教育政策的实施手段和教授语种及程度不尽相同。出现了重视外语、淡漠母语的问题。[1] 其次，阿拉伯国家的教育分为公立教育和私立教育，两种教育体系的教学目标、教学大纲及教学质量均不同。公立教育以提升阿拉伯文化认同为目的，倾向于传统文化教育，但是由于教育资金的缺乏，其教学硬件、软件都较为落后，教学质量相对较差。相比之下，私立教育的目的为精英教育，其教学语言一般为英语，教学多倾向与现代化教育、国际教育，而且私立教育机构资金雄厚、设备齐全。这两种教育方式导致阿拉伯教育两极化、不平等发展。同时使阿拉伯人对自己的母语——标准阿语产生自卑感，认为标准阿语缺乏新鲜的时代感和动力。再次，虽然像苏丹、利比亚、叙利亚的国家提倡单一语言——标准阿语作为教学媒介语言的政策，但是绝大部分阿拉伯国家因为缺乏理工科类课程的专业师资、教学经验及教材等教学必备元素，所以在理工科课程教学中推行直接用英语或法语作为理工科类课程教学媒介语的外语教育政策。这就意味着，理工科类的教材、大纲、教育成果均为外语，普通民众很难取益于这些教育，导致工科类教育与阿拉伯社会实际需求的脱节及外语文化对阿拉伯文化的同化。最后，学术语言及学术术语的非阿拉伯语化现象。目前在英语盛行的情况下，阿拉伯学者往往都用英语或其他语种发表学术文章，国际权威的学术期刊很少出现阿拉伯语学术文章，而且学者们的学

---

[1] 廖静：《阿拉伯国家外语教育政策：成效与问题》，《语言战略研究》2021年第5期总第35期。

术演讲或会议语言也都选用非阿拉伯语。此外，科学术语、行业术语一般为英语或法语的音译，而非是阿拉伯语化的词语，因此出现了术语不统一、不标准、不规范的情况，加大了语言发展的难度。

（5）英语的挑战。语言全球化就是推广英语，使其成为最普及、最具影响力的语言的同时成为教育、社交的霸权语言。英语的全球化一方面它便于世界各国人民交流和沟通，另一方面它对其他语言的存在构成了严重的威胁，尤其是在一定程度上对人们的民族身份构成了挑战，英语通过其权威性、通用性、引领性和操控性的优势，慢性侵蚀阿拉伯语。西方媒体一方面给标准阿语打上落后、赶不上时代及知识大爆炸的标签，认定标准阿语是游牧语言，不是科技语言；另一方面大肆宣扬标准阿语语法、词法、符号凌乱繁杂。这使很多人给阿拉伯语赋予了一种束之高阁的神圣语言的形象，而非是日常用语的色彩。这种观念随着时间的积累，慢慢会导致这门语言失去活力，退出个体的日常生活。

（6）方言的挑战。阿拉伯世界幅员辽阔、部落繁杂，形成了不同地域通用的方言。自古以来标准阿语一直是阿拉伯世界的书面用语和媒体语言，方言只是阿拉伯人的日常交际语言。但是随着全球化的推进，出现了方言地位提升，可能会替代标准阿语的现象。如今在阿拉伯世界内部，方言除了起日常交际的作用外，还成为了各类电视节目、电影、社交媒体及歌曲等娱乐领域使用的语言，甚至出现了用方言创作文学作品的现象。在阿拉伯世界外部，西方国家极力提倡使用方言，一些美国大学用沙姆、埃及、马格里布、伊拉克等方言代替标准阿语的授课。也有部分学者打着阿拉伯人拥有语言选择自由和权利的主张，诱导阿拉伯人推广、普及方言。①

虽然以上挑战的出现有社会、政治、经济、历史及地理等各方面的复杂因素。但是，当前全球化的发展扩大、加速、加深了这些挑战对标准阿语的危害。由于阿拉伯国家长期被殖民，外语盛行，国情差异和利

---

① ［约旦］阿卜杜·赛拉目·艾哈迈德：《文化全球化及其对阿拉伯语的影响》，《约旦阿拉伯语学院学报》2001年。

益诉求的不同，加之近几年阿拉伯地区的持续战乱，尤其是阿拉伯之春后埃及等主张推广标准阿语的国家停滞不前，造成标准阿语保护和传播的统一策略的匮乏。此外，互联网信息大爆炸、文化泛滥的时代，阿拉伯人出现了文化认同、文化自信，盲目推崇外语及外来文化，排斥本民族语言及文化的现象。更为迫切的是阿拉伯国家没有为了迎合时代发展的需求及时出台、调整其语言、文化保护策略。[①]

四 应对举措

标准阿语是阿拉伯民族的象征，身份标签，阿拉伯文化的内涵特征。维护阿拉伯文化、阿拉伯语言并不意味着封闭、僵化，而是需要在开放、发展的大环境下，保持文化自信的同时吸收他者的文化。全球化背景下，振兴标准阿语的发展一方面需要阿拉伯国家从宏观上出台统一的规划，提高阿拉伯国家应对挑战的水平；另一方面每个阿拉伯国家要根据自身的情况指定保护标准阿语的具体措施，其中包括阿拉伯国家劳动市场、教育机构、管理阶层、媒体用语的标准阿语化，弥补各领域中标准阿语在科学知识、技术工业中的巨大缺口，补齐现代化发展各领域中应具备的阿语资料。

1. 增强标准语作为母语的忧患意识和捍卫意识

要走出语言困境，必须唤起民族的忧患意识，让老百姓了解到标准阿语的危机即文化的危机，文化的危机与整个民族的存亡攸关。首先，阿拉伯地区教育体系应当设置母语（阿拉伯语）文化价值培养教育及标准阿语的日常使用。其次，对各种外语文化、文艺作品的出现，要精选细挑，增强阿拉伯语的母语主体性。最后，阿拉伯国家对外语教育政策要有全面的理解，不能单纯认为外语是一门工具，而忽略了其产生的文化价值。保护标准阿语就要树立对自身语言、文化的自觉尊重和爱惜，摒弃对异域文化与新兴文化的盲目崇拜。

---

① ［埃及］阿卜杜·贾瓦德·马哈茂德：《地方语言与英语束缚下的阿拉伯世界语言现状》，《阿联酋战略观点》2015 年第 5 期。

2. 提高标准阿语的规范化建设

标准阿语的发展史证明标准阿语并非是一门所谓的僵化语言，而是一个从读音符号、语法规则及文学应用方面不断发展、丰富，且富有活力的语言。在全球化背景下，标准阿语要秉持与时俱进、发展创新的特点。对不断进入标准阿语的外来语，制定统一的阿拉伯化的规范，丰富阿拉伯语词库同时保持阿拉伯语的规范化、纯洁性。

3. 加强标准阿语的信息化建设

信息是一种战略资源，对于以信息接受为主的非英语国家和发展中国家来说，全球网络的互联有可能造成对本国语言文化的冲击，本国的信息资源得不到很好的保护，信息自主权就会受到危害。发展自己的信息产业是保护民族语言文化的根本。在参与全球信息共享的同时，阿拉伯国家要积极建立自己的文献数据库，向国外推介反映本民族语言文化的数据库。提高阿拉伯语在互联网上的活跃度。众所周知，互联网上的阿拉伯语资料只占全球网站内容的1%，这足以证明，很多网站亟须补充可靠的阿语资料，建立阿语电子图书馆等。标准阿语面对信息化的挑战能力明显不强，而标准阿语要走向世界，就必须加强标准阿语的信息化建设。

4. 加强学科领域标准阿语的推广

阿拉伯国家高校的各类学科，尤其是理工科应提供标准阿语教材和教科书，要与不同国家的研究机构、科学出版社和高校保持常态化联系。科研机构应配备高端技术设备，掌握世界前沿的科技发明并将其转换成标准阿语。提高翻译水平，培养有世界格局的翻译人才。支持阿拉伯图书馆储备最新的各类专业的阿拉伯语书籍。加大对阿拉伯语翻译人员、学习阿拉伯语的外国人、技术人员的语言培训。支持与现代工业技术有关的语言方面的研讨、研究。阿拉伯各高校之间建立学术、技术、科学研究方面的联系。

5. 完善标准阿语的推广及输出

语言的国际化是国家软实力的一个重要标志，更是保护本民族语言的绝佳手段。早在1999年11月，联合国教科文组织就提出倡议，语言是保护和发展人类有形和无形遗产的最有力的工具，各种母语传播运动，不仅有助于语言多样性和多语种的教育，而且能够提高对全世界各种语言和文化的认识，促进世界人民的团结。为适应未来教育、文化发展和人才战略的实施以及推动阿拉伯国家在世界上的和平发展，阿拉伯国家应抓住全球化带来的契机，以语言为载体向全世界推广阿拉伯文化，增进阿拉伯国家与世界各民族的相互理解，建立文明多元化的世界。①

结　语

在全球化发展过程中，习近平总书记提出"人类命运共同体"的全球价值观，倡导各国共同发展。作为全球4.4亿人母语的标准阿语，在语言全球化时代，身陷方言和外语的冲击及文化、民族身份认同危机之中。推动标准阿语的发展将会有利促进全球文化、语言平等、多样发展，实现全球各国共同发展、共同繁荣的伟大目标。标准阿语的发展、推广一方面需要各阿拉伯国家在政治上提供有效的语言政策，恢复民众对该语言的自信与信心；另一方面需要改善包括社会、政治、经济及法律环境在内的总体语言环境，在教育领域确定标准阿语的中心地位。同时，通过在国际学术活动中使用标准阿语，创办有影响力的阿拉伯语杂志，设立学术语言智库等方式，鼓励、推广文化、艺术、媒体等各领域使用标准阿语。

---

① 唐雪梅、马吉德：《"一带一路"沿线海湾阿拉伯国家语言现状与语言政策》，《西安外国语大学学报》2018年第4期。

用英语讲好中国故事

——英语专业学生跨文化能力现状研究[*]

赵 靓[**]

西北民族大学 甘肃兰州 730000

摘 要：本文考察英语专业学生的跨文化交际能力现状及大学四年中的变化，指出英语交际能力的发展主要受制于三个方面：对中国文化理解浅显，英语叙事能力不足，跨文化能力薄弱。并提出"中国文化素养—英语讲述能力—跨文化策略训练"的教学构思和理论框架。

关键词：英语讲述；中国故事；跨文化交际

中图分类号：H319　　**文献标识码**：A

引 言

习近平总书记指出，讲好中国故事，传播好中国声音，展示真实、立体、全面的中国，是加强我国国际传播能力建设的重要任务。[①] 本文

---

[*] 基金项目：2020—2022 年甘肃省高等院校外语教学研究项目重点项目"甘肃省高校学生用英语讲好中国故事的能力培养研究"（项目编号 GSSKB20－04）；甘肃省哲学社会科学规划一般项目"'一带一路'背景下甘肃特有少数民族的语言文化与旅游产业政策研究"（项目编号 20YB019）；2020 年度甘肃省人文科学项目："甘肃文化走出去的挑战与策略研究——以敦煌文化为例"（20ZZ05）；西北民族大学外语教育研究创新团队项目（1110130737）。

[**] 作者简介：赵靓，西北民族大学外国语学院副教授，北京大学博士，伯尔尼大学博士后，主要研究方向为社会语言学、语言经济学。电话：18993199431；Email：12064068@qq.com。

① 《习近平谈治国理政》第 4 卷，外文出版社 2022 年版，第 316 页。

聚焦民族高校英语专业学生用英语讲述中国故事的能力，探究跨文化交际能力在大学四年中的现状及变化，分析制约该能力进步的要素，在此基础上提出改进的教学模式和理论框架。

一 研究现状

1. 国外研究现状

自美国社会语言学家 Hymes1972 年提出交际能力（communicative competence）的概念以来，跨文化能力研究逐步成为一个独立的研究领域。美国语言学家 Ruben（1976）① 总结出影响跨文化有效性的七个因素，包括尊重的表示、互动姿态、知识定位、移情、自我定位的角色行为、互动管理、对暧昧的容忍等，但是他忽略了文化本身对跨文化能力因素分布的影响。美国交际学家 Collier（1986）② 指出，交际者应该尊重他人的性别和身份需要，避免社会歧视，指出成功的交际不仅要有效还要得体。20 世纪 80 年代之后，学者们确立了以西方价值观念及其行为方式为准绳的文化取向的研究路径，着手构建跨文化能力理论。在理论构建中，越来越多的学者开始使用能力概念，而有效性和得体性则成为了能力的关键层面，同时行为层面依然是跨文化能力研究的重点。其中，Byram（1997）③ 提出欧盟模式，认为跨文化能力培养应该以外语教育为中心，涵盖知识、技能、态度、意识四个维度的能力，而跨文化交际能力在此基础上还要包括一定的语言能力、篇章能力与社会语言能力，这种区分强调跨文化交际的过程，但忽视了跨文化能力中的文化因素。随后，Rathje（2007）④ 提出，跨文化能力是交际者克服文化差异、

---

① Ruben, D. B., "Assessing Communication Competence for Intercultural Adaption", *Group & Organization Studies* 1, 1976, pp. 334 – 354.

② Collier, M. J., Culture and Gender: Effects on Assertive Behavior and Communication Competence, *Communication Yearbook* 9, 1986, pp. 576 – 592.

③ Byram M., *Teaching and Assessing Intercultural Communicative Competence*, Clevedon: Multilingual Matters, 1997.

④ Rathje, S., Intercultural Competence: The Status and Future of a Controversial Concept, *Language and intercultural communication*, 2007, 7 (4), pp. 254 – 266.

消除陌生感和无措感，恢复常规状态并建立跨文化联系的能力。这些观点虽然关注的侧重点不同，但均未脱离西方视角。

　　Arasaratnam 和 Doerfel（2005）[①] 跳出传统窠臼，从多元文化的视角出发，认为构成跨文化能力包括移情、动机、倾听、跨文化经验和全球视野五个方面的技能，其中动机和经验是关键要素。为了实现平等的跨文化互动，K. Sorrells（2013）[②] 围绕社会正义问题解析跨文化能力的内涵，提出人们应该具备探索、构思、立场、对话、反思、行动六个方面的能力。Chen（2005）[③] 则关注到了交际时的环境问题，推出以全球化语境为背景的全球交际能力模型，其包含四个层面：第一个层面是全球思维，即以全球化为定位，尊重文化多样性的心态；第二个层面是敞开自我，即文化敏感性的发展；第三个层面是绘制文化地图，即对世界文化的认知；第四个层面是加入互动，即跨文化技巧的掌握。Hunter 等研究者（2006）[④] 进一步提出了包含内在、中间和外围三个要素的全球能力，拓展了跨文化能力的内涵，回应了全球语境中交际模式的变化。与此同时，Byram（2014）[⑤] 引入了跨文化公民的概念，重新诠释跨文化能力，认为一个胜任的跨文化公民应该具备态度与情感、行为、知识与技巧、行动四个方面的能力，强调通过民主协商达成一致来解决文化差异的问题。尽管不同学者对各构成要素及其内涵的理解不尽相同，但他们基本认同跨文化能力包括动机、知识和技能三个范畴，而近年来的研究反映了对跨文化能力全球化语境的关注，体现了跨文化能力新的发

---

　　① Arasaratnam L. A. & Doerfel M. L.，"Intercultural Communication Competence：Identifying Key Components from Multicultural Perspectives"，*International Journal of Intercultural Relations*，2005，29（2），pp. 137 – 163.

　　② Sorrells，K.，"Intercultural Communication：Globalization and Social Justice"，*Thousand Oaks*，California：SAGE，2013.

　　③ Chen Guoming.，"International Communication Competence"，*Shanghai International Communication Synposium*，2005.

　　④ Hunter B. et al.，"What does it Mean to be Globally Competent?" *Journal of Studies in International Education*，2006，10（3），pp. 267 – 285.

　　⑤ Byram M.，*Conceptualizing Intercultural（Communicative）Competence and Intercultural Citizenship*. In Jackson J（ed.）The Routledge Handbook of Language and Intercultural Communication. New York：Routledge，2014，pp. 85 – 97.

展趋势。

2. 国内研究现状

国内的跨文化能力研究始于20世纪80年代，研究的主要内容包括跨文化能力理论和跨文化能力培养。在跨文化能力内涵及构成要素方面，国内学者从不同角度进行了阐述和研究，虽然学者们对跨文化能力的内涵尚未形成统一看法，但对跨文化能力的构成要素基本形成一致的认同，即知识、技能、态度和意识维度不可或缺。代表性的观点如高一虹[1]提出的跨越和超越两个阶梯的能力观，即跨文化能力的发展是从基本的文化知识、交际技能和移情，达到文化差异意识、灵活性与开放性以及生产性自我认同。以及跨文化能力就是恰当运用知识、技能、意识和态度等完成跨文化交流与互动的综合能力[2]。

基于此共识，国内学者参考国外前沿研究成果，结合本国国情构建跨文化能力培养模型。孙有中[3]从构成要素的角度，提出了外语专业大学生应该具备的六个方面的能力。跨文化能力是一个复杂的概念，要素的罗列难以全面概括跨文化的能力维度。高永晨[4]针对大学生群体，提出"知行合一"模型。能力必须在语境中定义，上述模型皆没有给予交际的语境因素以足够的重视。许力生孙淑女[5]建构了以全球化语境为背景的递进—交互培养模型，包含知识习得、动机培养、技能训练、交流互动、交际结果五个要素。随着研究的不断深入，学者们逐渐意识到跨文化交流不是异域文化的单向输入，而是必须包括本土文化的输出，只有这样才能实现真正的跨文化双向交流。王静、赵雪琴[6]指出，英语教学中跨文化能力培养的研究范式应突破西方视角的局限，寻求"我"

---

[1] 高一虹：《跨文化交际能力的培养："跨越"与"超越"》，《外语与外语教学》2002年第10期，第27—31页。

[2] 吴卫平：《跨文化能力综合评价：理论与实践》，中国社会科学出版社2005年版。

[3] 孙有中：《外语教育与跨文化能力培养》，《中国外语》2016年第1期，第17—22页。

[4] 高永晨：《中国大学生跨文化交际能力测评体系的理论框架构建》，《外语界》2014年第4期，第80—88页。

[5] 许力生、孙淑女：《跨文化能力递进—交互培养模式建构》，《浙江大学学报》（人文社会科学版）2013年第4期，第113—121页。

[6] 王静、赵雪琴：《"新时代"背景下的大学生跨文化能力培养——研究范式与内容之反思》，《南京理工大学学报》（社会科学版）2018年第3期，第84—88页。

之视角与他者视角的不断融合,"在他者镜像中去获悉和确认自我文化的核心价值"。在此背景下,张红玲、姚春雨①立足中国语境,分析了中国学生跨文化能力发展的现实需求,提出了包含四个视角(交际行为、人际关系、文化冲突、身份认同)、三个层面(认知理解、情感态度、行为技能)、两个语境(工作语境、生活语境)和一个平台(外语教育)的跨文化能力发展"四三二一"理论框架,建构了中国学生跨文化能力发展一体化 IMCSICD 模型,该模型考虑到了跨文化能力培养的阶段性、延续性和终身性,为中小学和大学跨文化教学衔接提供了指导模型。彭仁忠②等提出跨文化外语教学理论模型和实践模型,前者包括平台层(外语类课程)、形式层(体验式、思辨式、互动式学习)和能力层(跨文化能力);后者涵盖教学目标、教学原则、教学策略、教学环节、教学活动、教学评估六个层面,构建了适用于各类外语课程、结合宏观层面与微观层面的跨文化外语教学框架。在当前"讲好中国故事"的新时代语境下,学者们关注"构建讲好中国故事的跨文化传播范式"研究,从外语教学视角出发,强调文化因素对树立本土文化认同的重要性③。

二 研究设计

1. 理论框架

交际能力由三个部分组成：语言能力（linguistic competence）、语用能力（pragmatic competence）和策略能力（strategic competence）；跨文化能力也由三个部分组成,即对文化的敏感性（sensitivity）、对文化差异的宽容性（tolerance）和处理文化差异的灵活性（flexibility）。培养学生处理文化差异的能力,仅仅了解目的语文化是远远不够的,还要对母

---

① 张红玲、姚春雨：《建构中国学生跨文化能力发展一体化模型》,《外语界》2020 年第 4 期,第 35—44、53 页。

② 彭仁忠、付容容、吴卫平：《新时代背景下跨文化外语教学理论模型和实践模型研究》,《外语界》2020 年第 4 期,第 45—53 页。

③ 潘轶君、李鑫：《"讲好中国故事"视角下英语演讲课程培养跨文化能力的教学路径研究》,《华北理工大学学报》(社会科学版) 2021 年第 3 期,第 102—108 页。

语文化有深刻的了解和掌握。

Gumperz 和 Tannen 等开创的"互动社会语言学"关注微观交际情境中的"情境化暗示"或"语境化提示"（contextualization cues），强调"互动空间"能够产生多种解释结果，重点阐释语言对社会身份的构筑作用，认为人的性别、民族和阶级都不是固定不变的，而是从语言交际中产生的，呈现了早期的语言与认同建构观。Le Page 和 Tabouret-Keller（1985）[①] 更进一步，认为语言行为就是认同行为。说话者创造多样的语言行为，与群体语言特征接近抑或相异，动机在于与群体认同或划清界限。语言行为是最为本质的社会实践，人们通过语言实践在对待自我和群体的关系中形成对自己的理解和对周围世界的理解。

2. 研究设计

本文运用互动社会语言学理论的框架，针对西部某民族高校英语专业一年级至四年级的本科生为研究对象，调查他们用英文讲述中国故事的能力现状与所面对的困难与挑战，分析目前高校学生中国文化英语表达的障碍因素。数据收集分为问卷调查和半结构性访谈，重点讨论英语专业大学生在跨文化交际中所进行的中国文化输出能力。在此基础上，进一步阐释语言教学和文化教学密不可分的关系，提出"中国文化素养—英语讲述能力—跨文化策略训练"的教学构思和理论框架。

研究首先就学生对"中国故事"的理解和英文讲述能力进行调查，参与学生被要求用英文讲述一个中国故事。在经过所有研究对象的同意后，这一部分进行了视频录制。每段视频时长约为 3 分钟。结束录制的同学紧接着参加了以视频内容为主题的访谈，每人 5 分钟左右。四个年级共有 63 名学生参与，一年级至四年级分别为 16 人、17 人、16 人、14 人（见表1）。

---

① R. B. Le Page & A. Tabouret-Keller, *Acts of Identity. Creole-based Approaches to Language and Ethnicity*, Cambridge: Cambridge University Press, 1985.

三　研究结果及分析

从视频中可以看出，绝大多数同学都表现出程度不一的紧张情绪，能够在规定的 3 分钟内用英文完整讲述一个中国故事的同学屈指可数。常见的情形是语句断续、选词犹疑，甚至沉默。不可否认的是，录制视频这种形式给同学们增加很多额外的紧张感，但是这种紧张感是研究者有意模拟他们在非母语交际中的感受，以确保他们不会因为摄像机后面的同学或老师是熟人而对研究产生不严肃、随便应付的态度。

表 1　　　　　　　　　　访谈对象基本数据统计表　　　　　　　　单位：人

年级	性别	人数	合计
一年级	男	7	16
	女	9	
二年级	男	6	17
	女	11	
三年级	男	6	16
	女	10	
四年级	男	5	14
	女	9	

1. 对中国文化了解不足："中国故事"讲什么？

面对什么是"中国故事"的问题，八成以上的被访者将中国故事概括性地总结为中国文化，其中大部分学生又将其定义为"传统文化""民族文化""历史故事""日常习俗""生活习惯"等概念。有个别同学提到"当前中国的发展""科技发展"等词语。很多同学表示自己对传统文化的了解"比较少""不是很深入"，基本停留在中小学及大学的课本知识、课堂教学和日常随机获取的碎片式内容。

通过分析来看，同学们对"中国故事"的了解存在两个明显的问题。第一，简单认为中国故事就是中国文化，而中国文化就是中国传统文化。例如，"对中国传统文化的了解程度中等，大部分都是一些基础性的知识，并且基本来自课堂书本的学习了解""对中国传统文化的了解比较浅显"。

第二，对中国文化的了解比较肤浅，不深刻，也没有做到与时俱进。例如，"对中国文化的了解程度还不太深，只是从电视新闻媒体、一些书上了解到一些东西""对中国传统文化的了解不够深入，需要进行专业的学习才行。"

可见，学生对讲好中国故事的理解较为浅显，对中国文化的认知存在深度和广度的欠缺。

2. 英语表达能力欠佳："中国故事"用英文怎么讲？

在"英语讲述能力"这一主题下，研究参与者首先被要求尝试用英语讲述"夸父逐日""愚公移山""亡羊补牢"等成语故事。这一部分几乎没有同学完整地完成讲述，因为对"传统文化故事的了解不足""有一些专业术语的积累比较少""好多词不太会说"。有 3 名同学认为讲述效果取决于自己对某方面的了解程度，只有 2 名学生表示自己能够讲好传统文化故事，但是"需要提前准备一下"。

在被要求用英语讲述某一个自己印象深刻的文化现象或跨文化交际经历时，同学们感到"有时候想不起来合适的词""不知道怎么翻译那个词"，或者"单词储备不足"。词语选择和词汇量被学生看作是交际过程中的最大障碍。另一个被认为阻碍有效交流的因素是口语能力，"如果用英语讲述可能不太行，因为自己口语不太行，方言对英语口语影响比较大，n、l 分不清楚，很难纠正"。

绝大多数学生英语交流仅限于课堂交际，英文讲述能力整体不尽如人意，除了缺乏对传统文化故事的深入理解，也缺乏相关词汇的积累、讲述能力的训练。尤其是在术语翻译和词汇量上，学生均表现出不同程度的困难，而在英语交际的语境中，大部分学生因为词汇匮乏而难以做出及时反应，或者说，因为词汇量不足而难以正确、清晰地传达个人观点。

"如果让我讲述中国传统文化故事可能讲得不是太好，因为自己对这方面不是很了解，平时自己对这方面也不是很关注，如果突然问我，要表达好这个故事就会有点难，只能讲点皮毛。因为现在英语水平不是很高，尤其是自己的口语表达，用英文讲述的话就会更难。"

总体而言，学生的英语讲述能力还停留在语言的基本表达上，不善于利用交际策略和生活工具解决英语讲述过程中出现的实际问题。

3. 跨文化交际能力欠缺：我该怎样讲"中国故事"？

绝大多数学生提到他们的英语交流仅限于课堂交际，缺乏英语语境的现象较为突出。有个别学生表示自己在实际交流中很难对本族语者做出及时反应，同时在交流过程中，担心自己的表述是否合乎本族语表达习惯。仅有3名学生明确表示其英语水平不会影响他们的日常交际。此外，有5名学生对自己的口语能力、自信心和语言思维表达等方面表示担忧，仅有1名学生表示可以利用现代科技解决语言表述难题。

在用英语交流的跨文化语境下，有近三分之一的学生表示，交流会受限于自己的口语能力，因此缺乏足够的动机与外国人交流。其余三分之二的学生则表现出强烈的交流欲望，但是在交流中，他们会因为语言表达中的一些不确定性因素而感到紧张。

"如果遇到外国人，我不渴望和他们交流，和外国人交谈的紧张程度取决于口语水平，就我现在的水平而言还是会比较紧张，因为在交谈中可能会出现一些障碍，对方理解不了我的意思。"

在和外国人交谈中，学生选择的话题较为多样，话题热度由高到低依次是视情况而定、日常话题、自己感兴趣的话题、对方对中国的印象等话题。而在这样的交谈中，有12名学生会主动讲述社会现状、风俗礼仪、饮食旅游、传统经典等中国文化，3名学生表示只有出现了话题点才会进行讲述。

综上所述，在跨文化语境下，学生具有较强的探索动机和传播中国文化的强烈愿望，但是在交流中缺乏语言自信，交际中的跨文化意识也比较薄弱，整理跨文化交际能力不足。

4. 跨文化能力的自我评价随着年级增长而增强

综合所有访谈学生的调查结果，我们发现大一到大四的学生对自身英语水平的评价具有一定的差异，对跨文化交际能力的整体评价与年级呈正相关（见图1）。

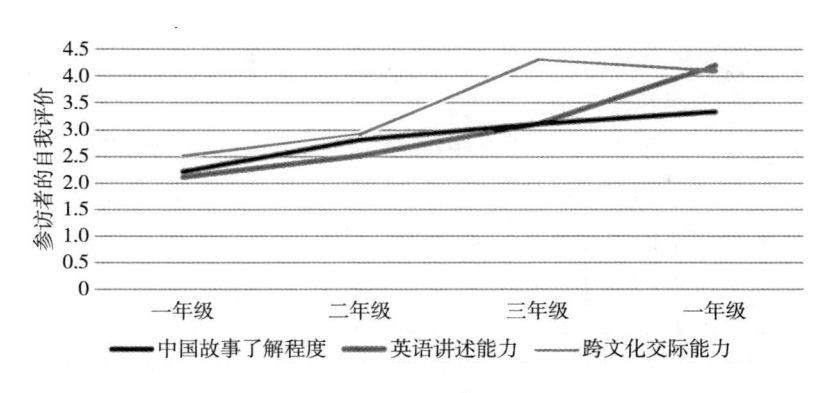

图1 参访者的跨文化交际自我评价分析

在对中国故事的了解这一项中，一年级和二年级学生的自我评价差异不大，三年级和四年级的打分则有明显增长，学生提到三年级开设的《中国文化概论》课对他们在表达中国文化的词汇和内容方面很有帮助。

而英语讲述能力在大学四年里只有缓慢地提高，三分之二以上的学生对自己的口语、词汇、正确表达显现出不自信的态度。

跨文化交际能力这一项二年级和三年级学生的自我评价呈现突出提升。学生们认为在大学二年级第二学期和三年级第一学期分别开设的《跨文化交际》与《语言与文化》这两门课程对自己的跨文化交际意识和能力有显著帮助。而四年级学生认为，四年级课程明显减少，自己对英语学习和跨文化交际的信心也随之减少了。

综合来看，对中国文化和中国故事的了解不够深刻、系统以及英语讲述能力的不自信造成学生跨文化策略的欠缺，从而导致了综合的跨文化能力薄弱。

结　语

从调查结果来看，英语专业学生英语讲述中国故事的能力主要受制于三个方面：对中国故事的理解模糊，英语叙事能力不足，跨文化交际策略欠缺。针对这三个主要问题，本文提出"中国文化素养—英语讲述能力—跨文化策略训练"的教学构思和理论框架。

1. 注重外语语言基础教学中的中国文化素养积累

讲述中国故事的前提是对中国故事具有全面、深刻的理解和感悟。在外语语言的基础教学课程中，从教材内容到教师授课，都需注重培养学生的中国文化素养，以中华优秀传统文化的学习为基础，延伸了解和学习中国故事所包含的多方面内容，培养学生的文化自信心与自豪感，提升道德品质与人文素养。作为中国故事的讲述人，当代大学生自身也是中国故事的一部分，也是这个时代的亲历者和见证人，只有深厚的文化素养和坚定的文化自信，才能讲出中国故事、讲好中国故事。

2. 加强英语讲述能力的训练

从语言能力的角度来说，对语音语调、词汇语法、写作演讲等必修内容的教学必须与时俱进，教材、教学法以及教师本人在聚焦大纲的同时，要加强语言与文化的关系教学。语用能力和策略能力要求语言学习者在目的语语境中能够自如地运用语言能力进行交际。英语讲述能力成为亟须提升的一项学习内容。词汇积累、应变能力和现场表现力都需要在课程教学中得到重视，尤其是在语音、演讲和辩论等实践课程中，教师应当尽可能多地设计学生英文讲述的任务并及时反馈，形成良性循环，以期达到更佳的教学效果（见图2）。

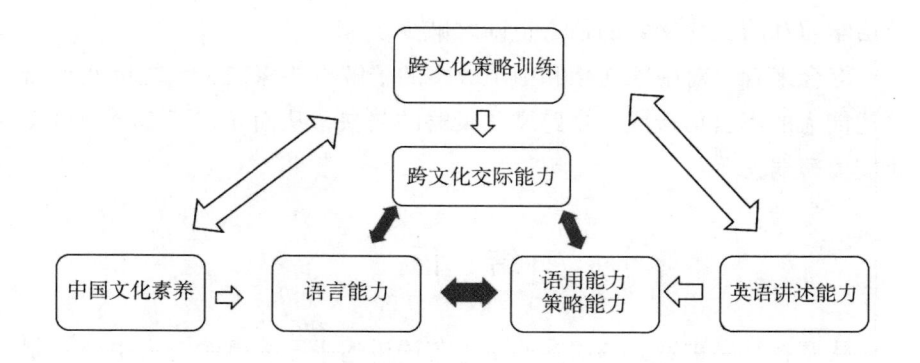

图2 民族高校学生跨文化交际能力培养模型

3. 加强跨文化策略的教学与应用

除了提升中国文化素养，加强英语讲述能力的训练之外，跨文化交际能力的提高还需要学习跨文化理论及策略。如研究所示，学生在学习《跨文化交际》和《语言与文化》等课程之后，对自己的跨文化能力评价有显著提高。这说明理论学习的重要性。另外，跨文化能力的训练不仅要扎根于课堂教学，还要走出教室，鼓励学生进行跨文化交际这一课题的科研与实践。指导并支持学生进行相关课题的研究，从自己身边的跨文化现象着手，从个人文化、宿舍文化、班级文化、院系文化到地域文化、国别文化，去发现、调查、分析、探究不同文化间的异同，以及如何在不同的文化之间，利用求助对方或他人、转换话题、规避争论、观望等待等基本技巧进行沟通与交际。跨文化交际能力的培养需要具有更多的实践性和精细化，课堂内外结合，理论实践结合，教学科研结合，才有可能得到更加有效的训练效果。

通过对英语专业学生用英语讲述中国故事能力的调查，我们发现英语语言能力和文化因素成为跨文化交际的重要制约因素。除了将跨文化意识贯穿于基础语言教学之外，以跨文化交际为目的的外语教学在很大程度上应该是目的语文化和本族语文化兼容并举。对两种文化进行对比研究是消除语用失误和文化失误的重要途径。带着跨文化意识去进行对比性的语言学习，不断地在实践中训练跨文化能力，是用英语讲述中国故事的关键要素。基于此，本文提出"中国文化素养—英语讲述能力—跨文化策略训练"的教学构思和理论框架，希望对英语专业以及其他外国语言专业的学生在外语讲述中国故事能力的教育教学中有所帮助。

第四部分　外语教育教学改革研究

"新文科"背景下甘肃高校外语专业教学改革与人才培养路径探析*

关桂云　张玉泉**

西北民族大学　甘肃兰州

摘　要：甘肃高校因为地处中国西北，肩负着为中国尤其是中国西部人才培养的重要使命，而甘肃高校外语专业，作为传统文科专业，在"新文科"背景下就面临着极大的挑战，亟待改革。通过调查问卷及访谈的形式针对"新文科"背景下的甘肃高校的外语专业教学改革及人才培养的问题进行调查研究，根据对研究结果的分析，从而为甘肃高校外语专业教学改革及人才培养提出建议及意见。

关键词：新文科；甘肃高校外语专业；教学改革；人才培养

一　介绍

"新文科"这一概念最早是在2018年8月提出来的，中共中央要求"高等教育要努力发展新工科、新医科、新农科、新文科"[①]。2019年4月29日，教育部、中央政法委、科技部等13个部门在天津联合召开

---

* 基金项目：该论文是甘肃省高等教育教学成果培育项目（项目号：2022GSJXCGPY-07），西北民族大学中央高校项目（项目号：31920220125）以及西北民族大学外语教学研究创新团队项目（项目号：1110130137）的阶段性成果。

** 作者简介：关桂云，西北民族大学外国语学院教授，主要研究方向为英美文学及英语教学。张玉泉，西北民族大学外国语学院硕士研究生，主要研究方向为英语教学论。

① 黄启兵、田晓明：《"新文科"的来源、特性及建设路径》，《苏州大学学报》（教育科学版）2020年第2期，第75—83页。

"六卓越一拔尖"计划2.0启动大会,会议明确提出"发展新工科、新医科、新农科、新文科,打赢全面振兴本科教育攻坚战"①。2020年11月3日,新文科建设工作会议在山东大学(威海)召开。会议提出推进新文科建设要遵循守正创新、价值引领、分类推进"三个基本原则",要把握专业优化、课程提质、模式创新"三大重要抓手",要抓好中国政法实务大讲堂、中国新闻传播大讲堂、中国经济大讲堂、中国艺术大讲堂"四大关键突破",培养适应新时代要求的应用型复合型文科人才。随之发布的《新文科建设宣言》为推进新文科建设做出了全面部署②。

甘肃省高校积极响应国家号召于2020年11月14日召开了甘肃省新文科建设研讨会,并发布了"甘肃省高校新文科建设'十项行动'"——甘肃省高校新文科建设的"施工图"。

外语专业作为文科的传统专业,在新文科的背景下,无论是教学理念、教学方法还是教学方向都亟须改革,随之而来的外语专业复合型人才培养的路径也需要进行探索。甘肃高校肩负着为中国发展主要是西部发展的人才培养的重大使命,而甘肃高校外语专业,作为传统文科专业,在"新文科"背景下就面临着极大的挑战,亟待改革,因此对此进行实证研究非常必要。

二 调查结果

使用问卷星,设计调查问卷并进行网络发放,计时1天完成,共有113位教师参与本调查问卷,其中男教师19人,占16.81%,女教师94人,占83.19%。参与者均为甘肃省高校外语专业教师,涉及英语、俄语、阿拉伯语、日语、法语、德语六个方向的专业教师。

---

① 中华人民共和国教育部:《"六卓越一拔尖"计划2.0启动大会召开》,2019年4月29日,http://www.moe.gov.cn/jyb_xwfb/gzdt_gzdt/moe_1485/201904/t20190429_380009.html。

② 中华人民共和国教育部:《新文科建设工作会在山东大学召开》,2020年11月3日,http://www.moe.gov.cn/jyb_xwfb/gzdt_gzdt/s5987/202011/t20201103_498067.html。

在参与调查问卷的教师中,教龄分布如图 1 所示。参与调查问卷的 16 年以上教龄的教师占 49.56%,15 年及以下教龄的占 50.44%。说明此次参加调查问卷的教师较平衡,但是相对来说新入职的教师较少。

对于新文科的了解情况如图 2 所示,只有 7.08% 的教师对于新文科进行了全面的了解,有 45.13% 的教师对于新文科了解某些方面,有 34.51% 的教师对于新文科仅了解一点,而对新文科不太清楚的教师占 13.27%。总的来说,甘肃高校外语专业部分教师对于新文科还不是十分了解,对于新文科的内涵和外延还不是很清楚,这就暴露出甘肃高校外语专业教师的职业敏感度并不高的问题,需要通过学习对此进行更深的了解,需要进行理念的转变,从而为"新文科"做好准备。

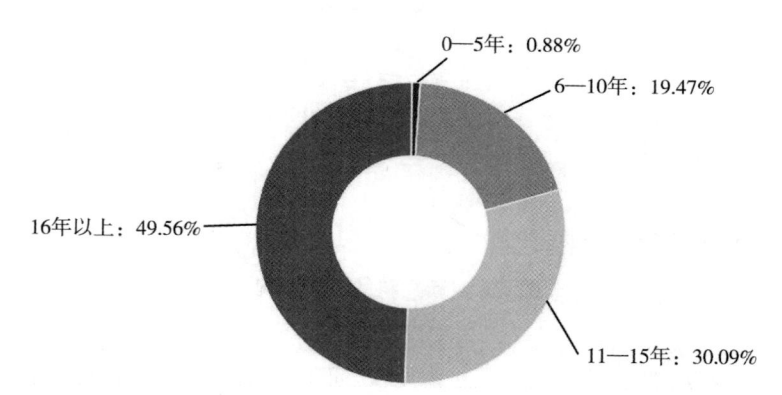

图 1 参与调查问卷教师教龄情况

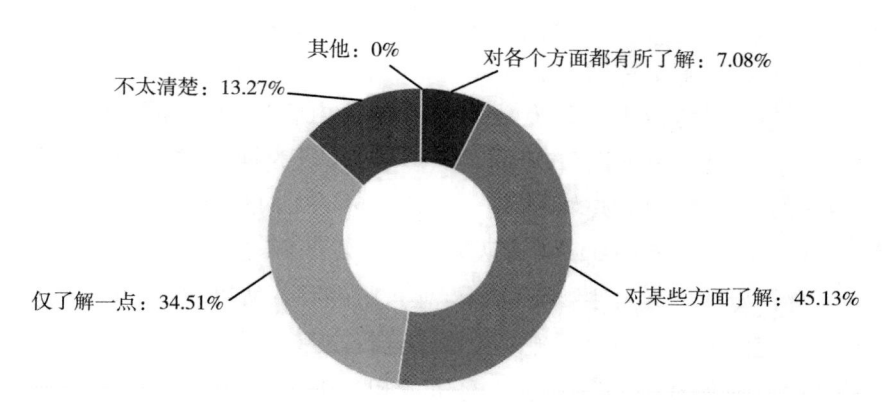

图 2 对新文科的了解情况

对于新文科的准备工作情况调查结果如图 3 所示，有 60.18% 的教师对新文科有一点准备，但是并不充分，还有 15.04% 的教师对新文科是完全没准备的。所以甘肃高校应该对新文科进行更多的宣传，让更多的老师对此进行了解并做好相应的准备，以便更好地进行外语教学改革。

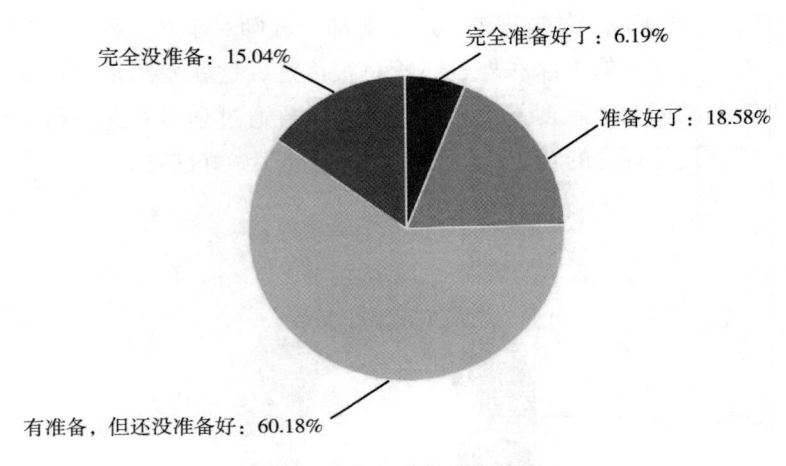

图 3　对新文科的准备情况

新文科是否对外语专业有影响方面的调查结果如图 4 所示，有 49.56% 的教师认为新文科对于外语专业的影响较大，有 21.24% 的教师认为新文科对于外语专业的影响很大，其余不到 30% 的教师认为新文科对于外语专业的影响一般或者有点影响。

针对新文科背景下外语专业需要改革的内容进行调查，其结果如图 5 所示，从图 5 中可以看出有 84.07% 的人认为课程内容需要改革，74.34% 的人认为上课方式需要进行改革，68.14% 的人认为实践活动需要进行改革，还有 69.03% 的人认为教材需要进行改革。诚然在新文科之前，外语专业的教材主要是围绕专业进行编写，所以教材的内容上需要做出相应的调整，而上课方式也需要进行改革。因为新文科要求培养文科学生的创新意识和创新能力，所以相应的实践活动也需要进行改革，主要以培养创新型人才为指导方向。

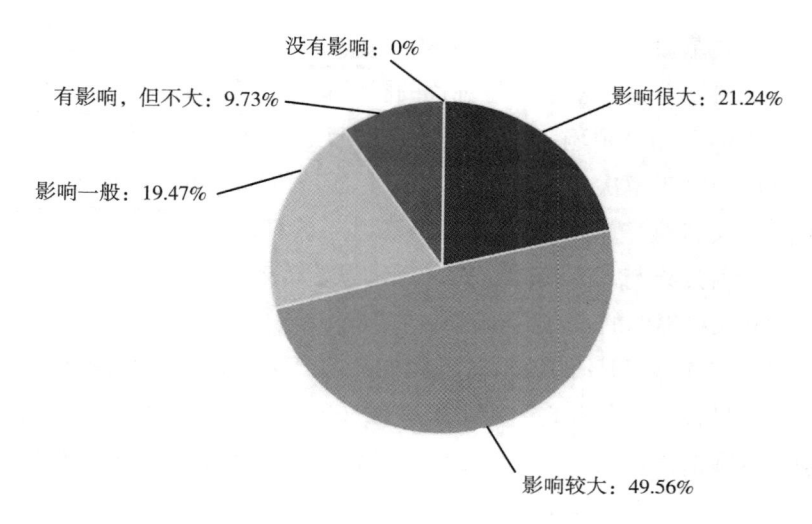

图 4 新文科对外语专业的影响情况

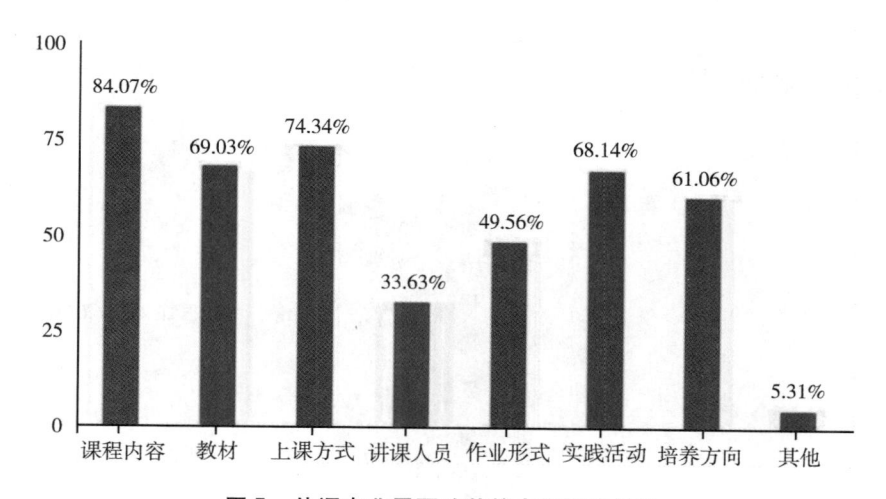

图 5 外语专业需要改革的内容调查结果

爱因斯坦曾经说过,"仅用专业知识教育人是不够的,通过专业知识教育,他可以成为有用的工具,但不能成为和谐发展的人"。吴岩,"新文科要应新时代哲学社会科学发展的新要求,推进哲学社会科学与新一轮科技革命和产业变革交叉融合"①。所以，新文科实际上就是将传统的文科专业进行重组，将现代的科学信息、教育技术融入文学、哲学、语言学等文科领域，实现学科内部与学科间融合以及中外智慧融合，共同致力于解决当前人类面临的生态、和平、环境、资源等问题。因此，新文科是"人类命运共同体意识"的结晶，是"新形势下对传统文科学科建设与人才培养模式进行反思的结果"②。

而新文科提倡的是文科与理科、工科、医学、农学等学科的交叉融合。根据调查76.11%的教师对于文加文的交叉感兴趣（见图6），占所有交叉学科融合的大多数，而对于理加文、农加文、医加文、工加文感兴趣的老师都比较低。这主要是因为外语专业教师知识领域相对来说较窄、现代信息技术掌握不够，而且主要集中在文科领域，未能打破学科壁垒，缺乏理科、工科、医学、农学等学科的专业知识和研究方法，所以研究相对来说较单一。新文科之后，外语专业的教师实际上有着语言的优势，在阅读相关文献方面会更容易，但是因为技术上的匮乏，在进行交叉学科研究的时候，可能会有一定的挑战，但是相信一定会有更大的惊喜。

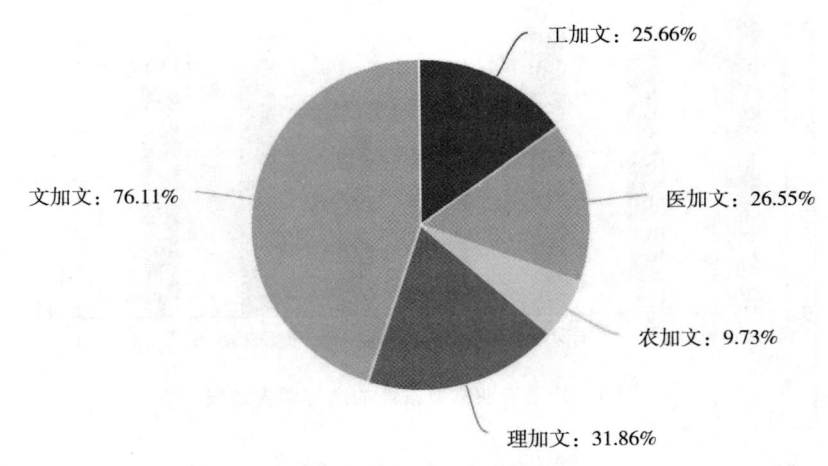

图6 感兴趣的交叉学科调查结果

① 吴岩：《新使命 大格局 新文科 大外语》，《外语教育研究前沿》2019年第2期。
② 宁琦：《社会需求与新文科建设的核心任务》，《上海交通大学学报》（哲学社会科学版）2020年第2期，第13—17页。

将教龄与感兴趣的交叉学科进行交叉分析，发现教龄长的教师（教龄 16 年及以上的老师）除了文加文外，相对来说对理加文、医加文也更为感兴趣，对于农加文感兴趣的各个教龄段的老师相对来说都比较少（见图 7）。

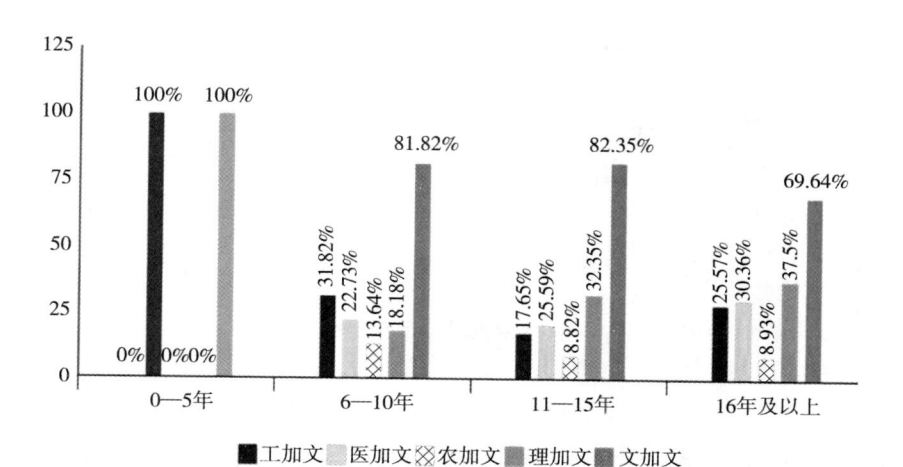

图 7　教龄与感兴趣交叉学科的交叉分析

将语言与就业情况进行交叉分析得出结果，德语专业的学生就业好，其次是阿拉伯语专业的学生，而法语、英语、俄语专业的学生就业水平都是一般甚至不太好（见图 8）。而影响就业的诸多因素中学生本身素质占 67.26%，学校地理位置和学生外语水平占 61.06%，机遇占 39.82%，其他占 11.5%，由此可见大多数教师认为提高学生本身素质也就是人才培养是提高就业的关键。

新文科的提出，外语专业教学面临着巨大的改革，而外语教师作为外语教学的生力军也倍感压力。根据调查（见图 9），首先有 76.11% 的教师认为现在迫切需要提高的就是自己的科研能力，其次就是口语听力能力，占 53.98%，最后是自己的交际能力，占 53.10%。而就教学中存在的主要问题进行调查的结果显示（见图 10），目前外语专业教学的最大问题是出自学生身上，因为甘肃高校除了兰州大学外语学院的生源较好之外，其他院校由于地理位置等因素的限制，生源并不是很好，

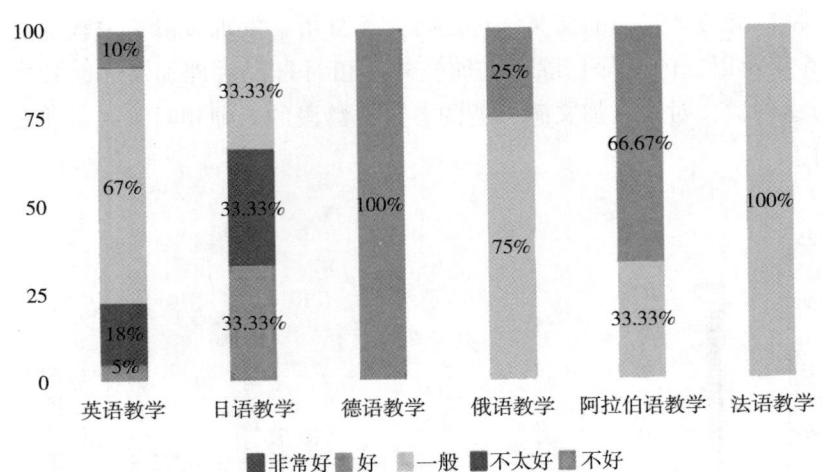

图 8　外语专业的学生就业情况调查

所以根据调查甘肃高校外语专业的最大问题是学生的程度参差不齐，占 67.26%，其次是学生的态度，占 56.64%，最后是学生的基础差，占 46.90%，而就业率差、教师缺少热情、教材陈旧等也是问题。

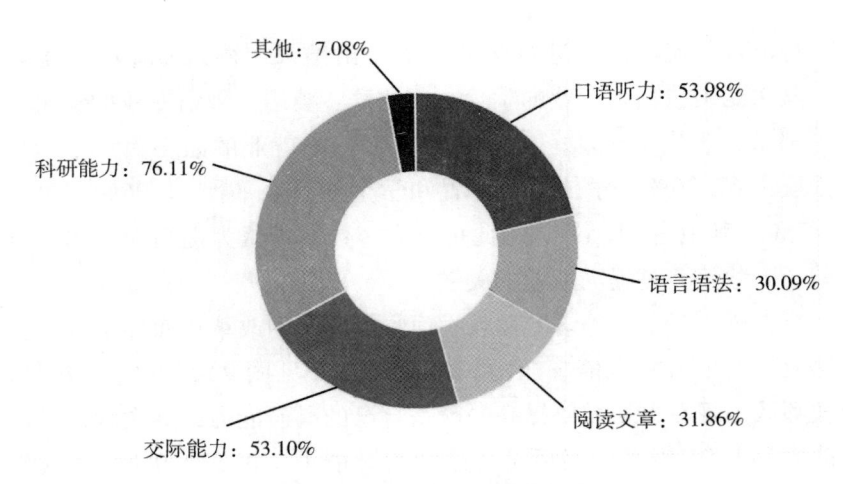

图 9　教师需要在哪些方面提高

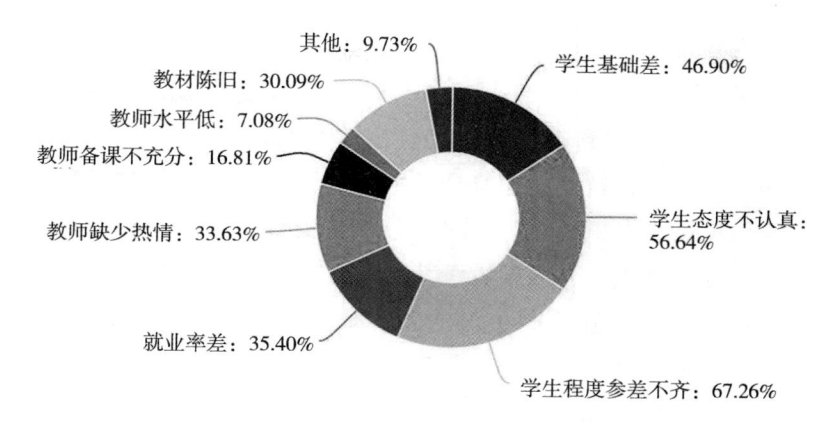

其他：9.73%
教材陈旧：30.09%
教师水平低：7.08%
教师备课不充分：16.81%
教师缺少热情：33.63%
就业率差：35.40%
学生基础差：46.90%
学生态度不认真：56.64%
学生程度参差不齐：67.26%

图 10　现在教学中存在的主要问题

三　甘肃高校外语专业教学改革意见

"新文科"对于外语专业教学有很大的影响，而为适应"新文科"的要求，外语专业教学改革也势在必行，调查问卷及访谈中给出以下甘肃高校外语专业教学改革意见。

1. 跨学科教育

"新文科"总的来说就是要求跨学科教育以及课程思政的融入，新文科建设既涵盖了人文社会科学领域内多个学科的交叉融合，也鼓励文理交叉、文医交叉、文工交叉等新兴领域的研究，而外语作为典型的文科，在"新文科"背景下也必须进行改革。跨学科教育对于甘肃高校外语专业教学来说是一个巨大的挑战也是一个巨大的机遇。甘肃由于地处西部，相对来说甘肃高校外语专业的学生知识面较窄，尤其是理工科知识很匮乏。"新文科"背景下外语教学要求的跨学科教育可以从多学科、多视角对外语专业学生进行培养，提高外语与所跨学科的融合度，构建分阶段、多层次的人才培养体系，组建交叉课程群，应用新科技变革传统教学与学习方式，加强跨学科教育平台和师资队伍的建设，建立外语跨学科教育制度保障机制，开设更多的选修课供学生选修，鼓励双学位学习等。

2. "互联网+"外语教学

近年来，随着互联网在生活中的普及，越来越多的地方离不开互联网。"互联网+"的到来已经改变教育教学现状，为更好引导教育学生成长成才，让教育教学更加符合学生发展需求，必须积极将互联网与教育教学深度融合①。因为互联网有着学习资源丰富、互动平台方便、资料查阅迅捷等优点，外语相较于其他学科对于互动的要求更高，所以外语教学中采用的"互联网+"的教学模式也屡见不鲜。现在的大学生是网络时代的原住民，他们对于各种学科的知识的敏感度也很高，而甘肃高校由于地处西部，互联网成为学生们获得信息的主要来源，所以通过"互联网+"外语教学可以满足"新文科"对于外语教学的要求，甘肃各高校应该充分利用互联网，帮助学生取其精华去其糟粕，让学生课上课下吸取各学科知识。

四 人才培养的意见

新文科建设的核心任务之一就是创新型卓越人才培养，它要求所培养出来的人才能够有创新的知识体系，能够适应社会各种各样的需求，这正是新文科的创新性、主动性、发展性、融通性和卓越性的五大特点的完美体现。这就要求人才培养模式需要从传统模式向复合型、创新型人才培养模式转变。

多年来，外语专业的学生主要是关注语言技能的培养，有知识面狭窄、语言技能不扎实等弊端，与"新文科"的复合创新型人才相去甚远，所以如何满足"新文科"的人才培养要求也就成为了外语专业教学改革的重中之重。

教师发展是完成"新文科"人才培养目标的根本。外语专业教师作为人才的主要培养者，学生前行的引路人，要适应"新文科"对于人才培养的要求需要从自身做出很大的改变，需要先提升自己，将自己

---

① 刘淑慧：《"互联网+课程思政"模式建构的理论研究》，《中国高等教育》2017年第Z3期，第15—17页。

先转变成跨学科人才。当然，这并不是单个教师可以做到的，它需要外语专业教师队伍的整体优化和升级。这就需要外语专业教师能够积极转变教学理念，抓住能力提升的机会，接受交叉学科的培训，加强跨学科教学的交融，促进跨学科融合发展，打通学科的界限，打破学科的壁垒，搞好国内外院校的合作与交流，努力拓宽自己的知识领域，做到先将自己强大再来迎接新文科的教学改革。如图11所示，如果有与其他学科一起合作的机会，86.73%的外语专业教师都是愿意或者非常愿意进行合作的。

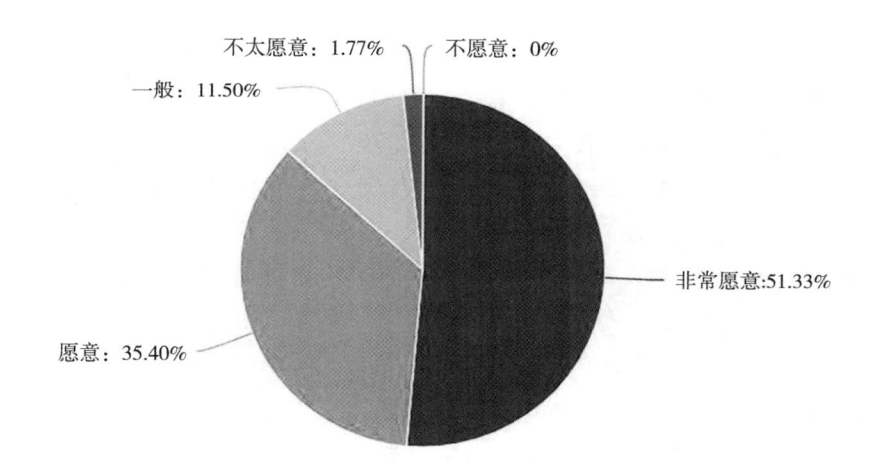

图11　外语专业教师愿意与其他学科合作情况调查

新文科不仅是教师教学的问题，更多是培养方向层面的问题。根据调查结果，很多教师认为甘肃高校外语专业要实现"新文科"中提出的复合型人才培养的目标就应该以外语专业为核心，以拓宽口径为支柱，加强跨学科学院间的交流与合作，鼓励外语专业的学生进行跨学科课程的选修，增强大类培养，鼓励学生进行跨学科社会实践，充分利用现代信息技术提高学生的实践能力。

培养模式需要进行及时的转变。如开展外语专业学生"双学位""主辅修""微专业"等人才培养模式，将培养外语+外语，外语+法律，外语+文秘，外语+财会等"外语+"型"一专多能""一精多会"的复合型、融合型、全能型创新人才设定为培养目标，通过学院间合作、学校间合作、加强社会实践等培养方式提升学生各方面素质以及实践能力。

同时甘肃各大高校需要立足新时代，通过建立新文科通识教育课程、专业基础平台课程、多学科交叉融合的专业课程以及完善实践教育体系来培养出满足时代需求的外语专业大学生。

结　语

新文科建设是国家高等教育发展战略的核心之一，也是时代发展对人才培养的必然要求。总的来说，"新文科"背景下的甘肃高校外语专业教学改革迫在眉睫。甘肃高校应该做好"新文科"准备，让外语专业教师对"新文科"做全面了解，更新理念，建构理论体系，加强理论与实践相结合。在"新文科"建设日渐深入之际，外语教育应该顺势而变，如果不识变、不应变、不求变，就有可能被时代所抛弃。

外语专业教师应该以新文科建设作为契机，努力加强自身专业修养，提升专业水平，同时不断拓宽知识领域，突破学科壁垒，在教学活动中为学生做好模范带头作用，真正地为学生做指路明灯。外语专业的学生也应该切实关注自己的前途命运，积极发展，提高实践能力，争取多方面发展，真正发展成为适应时代需求的复合型、融合型人才。

思政教育融入"中阿翻译理论与实践"课的实践路径[*]

马海成[**]

摘　要：高校是为党育人、为国育才的主阵地。在以习近平总书记为核心党中央的决策部署之下，新时代新文科建设的主要内容之一，便是思政教育进课堂，融入专业知识学习。中阿翻译理论与实践课程是阿拉伯语教育专业必修课，该课程教学设计中融入思政教育实践的主要路径是：理论层面，结合翻译学相关命题，通过适当的路径与方法融入思政教育；实践层面，中阿翻译实践练习以"铸牢中华民族共同体意识、增强四个意识、坚定四个自信、践行两个维护、讲好中国故事"为原则，选择符合新时代中国特色社会主义价值理念的内容、服务国家战略的内容以及国家领导讲话等。

关键词：习近平；思政教育；翻译理论；翻译实践

提高思想政治理论教育，使思政教育进课堂，融入专业知识学习是以习近平总书记为核心的党中央关于新时代中国教育走向的重大决策与部署。习近平总书记在全国高校思想政治工作会议上指出："要用好课堂教学这个主渠道，思想政治理论课要坚持在改进中加强，提升思想政

---

[*] 基金项目：西北民族大学外语教育研究创新团队项目（1110130137）、西北民族大学重点示范教学团队项目"阿拉伯语专业教育教学质量提高研究团队"（2021XJSFTD-04）阶段性成果。

[**] 马海成，西北民族大学外国语学院阿拉伯语副教授，主要研究方向为阿拉伯语语言与文化。

治教育亲和力和针对性，满足学生成长发展需求和期待，其他各门课都要守好一段渠、种好责任田，使各类课程与思想政治理论课同向同行，形成协同效应。"① 在习近平总书记对我国当下高等教育提出的要求及其教育思想的指导下，中共教育部党组 2017 年 12 月印发的《高校思想政治工作质量提升工程实施纲要》指出：要大力推动以"课程思政"为目标的课堂教学改革，将专业课程蕴含的思想政治教育元素和所承载的思想政治教育功能融入课堂教学各环节。

作为阿拉伯语本科专业必修课程，中阿翻译理论与实践课程在过去的教学中主要以知识目标为要，侧重的是翻译学相关理论的学习，对中阿翻译技巧与方法的学习，以及在翻译理论指导下进行的中阿互译实践与练习。为了践行习近平总书记的指示，谨遵教育部要求"课程思政"为目标的课堂教学改革，在中阿翻译理论与实践课程中融入思政内容，实现思政教育融入中阿翻译理论与实践课程是摆在每一位高校阿拉伯语教育教学工作者——尤其是中阿翻译理论与实践课程教师面前的重要任务。

一　课程思政的内涵

课程思政是新时代中国特色社会主义教育纲领指导下产生的课堂教学改革的必然结果。习近平总书记强调"要坚持把立德树人作为中心环节，把思想政治工作贯穿教育教学全过程，实现全程育人、全方位育人。"② 中共中央、国务院颁发的《关于进一步加强和改进大学生思想政治教育的意见》明确指出："坚持教书与育人相结合。学校教育要坚持育人为本、德育为先，把人才培养作为根本任务，把思想政治教育摆在首要位置。"《高校思想政治工作质量提升工程实施纲要》也进一步指出："充分发挥课程、科研、实践、文化、网络、心理、管理、服务、资助、组织、等方面工作的育人功能，挖掘育人要素，完善育人机

---

① 《习近平谈治国理政》第二卷，外文出版社 2017 年版，第 378 页。
② 《习近平谈治国理政》第二卷，外文出版社 2017 年版，第 376 页。

制，优化评价激励，强化实施保障，切实构建'十大'育人体系。"

所谓的课程思政，就是"思想政治教育摆在首要位置"，"立德树人""育人文本，德育为先"。换言之，就是思政课程教师以及各学科专业教师在教学教育全过程中把坚持正确的政治方向，坚持正确的思想价值引领，以及培养高尚的道德情操融入课程设置、教学设计、教学实施等每一个环节、每一个方面之中，通过隐形的方式与显形的思想政治课一道"同向同行，形成协同效应"。从而构成以正确的政治方向、思想价值与优秀的道德素质为核心的系统工程。

因此，课程思政内涵丰富、目的深远，且实施手段与方法不拘一格。它要求课程——即教学科目与思政教育二者结为一体。为了实现这一目标，教师必须依据以习近平为核心的中共中央的领导部署与设定的总目标——思政教育、立德树人、德育为先，对所有课程的课程目标、课程大纲、教学设计、教材（教学）内容、教学手段、教学评价等方方面面进行认真研究，仔细规划，将新时代育人观贯穿于教育教学的每一个环节和层面，不仅要培养学生扎实的专业能力，更要重视培养学生坚定的思想政治立场，优秀的思想价值和高尚的道德情操。为了实现这样的教育目的，教师必然面临的一个棘手问题，是如何在教育教学全过程中融入思政教育内容，如何厘清课程目标与思政目标之间的关系。既要把思政内容融入课程实施的过程，又避免将"课程思政"讲成思政课程。因此，教师精准把握"思政课程"与"课程思政"之间的关系显得尤为关键。

作为新时代的教师，首先要明确的是，"课程思政"与"思政课程"的基本目的、核心内涵都是为党育人、为国育才。育人过程中传授专业知识与引领思想价值、培养道德情操是相互渗透的，既不完全将二者断然分开，也不能把育人只是简单地理解为思想教育或是品德教育。

因此，所谓"课程思政"，即在课程育人过程中兼重专业知识与思想教育、价值引领，前者是后者的方向与目标，而后者则是前者的重要载体。在课程育人中突出思想教育，是对课堂教学实践中存在的重专业知识，轻思想、道德情操教育的反思。《关于进一步加强和改进大学生思想政治教育的意见》强调："高等学校各门课程都具有育人功能，所有教师都负有育人职责。"

而"思政课程"，指的就是高校的思想政治理论课程。该课程是对学生进行系统思想政治教育的课程，是大学生政治思想教育的主渠道。因此，"课程思政"与"思政课程"之间的关系，正如上海师范大学马克思主义学院石书臣教授所述[①]，其主要从以下几个方面得以体现。

首先，"课程思政"与"思政课程"有共同的目标。"培养合格的社会主义建设者和接班人"是新时代中国教育的总方向、总目标，也是从幼儿园到研究生教育阶段所有课程设置的共同目标。基于此，"课程思政"与"思政课程"的目标是统一的、共同的。

其次，"课程思政"与"思政课程"的方向和功能一致，都坚持社会主义办学方向和发挥育人功能。这就是习近平总书记指出的："使各类课程与思想政治理论课程同向同行，形成协同效应。"[②]

最后，内容和要求上的契合性。"思政课程"与"课程思政"在本质上都是发挥思想政治教育功能，思政课程与其他课程中的思政教育元素，都是思政教育内容的重要组成部分，二者具有内在的契合性与互补性。

尽管"课程思政"与思政课程的本质与方向，以及育人功能是一致的，但是二者又有不同侧重。所以要"准确把握不同性质课程特点，既牢牢把握思政理论课的核心地位，又要充分发挥其他所有课程的育人价值"[③]。否则，就会把"课程思政"上成思政课程，影响了专业知识的学习，同时使思政课程失去思想政治理论教育主渠道作用。因此，须从三个方面来辨明"课程思政"与思政课程的不同侧重。一是"课程思政"与思政课程的思政内容不同。前者"思政"侧重思想价值引领，后者"思政"则进行系统的思想政治理论教育；二是"课程思政"与

---

① 石书臣：《正确把握"课程思政"与思政课程的关系》，《学科与课程建设》，2018年第11期，第57—61页。

② 《习近平在全国高校思想政治工作会议上强调：把思想政治工作贯穿教育教学全过程 开创我国高等教育事业发展新局面》，《人民日报》2016年12月9日。

③ 邓晖、颜维琦：《从"思政课程"到"课程思政"——上海探索构建全员、全课程的大思政教育体系》，《光明日报》2016年12月12日。

思政课程的地位不同。前者要求把思想政治工作贯穿教育教学全过程，后者则是对学生进行思政教育的"主渠道"；三是"课程思政"与思政课程特点和思想政治教育优势不同。前者包括必修课和选修课，其思政教育学功能是隐形的；后者是学生必修课，具有鲜明的意识形态，是思政教育的显形课程。

综上所达，"课程思政"的基本内涵，就是在以习近平为核心的党中央决策部署的教育教学总目标的指导、引领下，在所有专业课程专业教育教学的全过程中引领学生坚持正确的政治方向，坚持正确的思想价值引领与培养学生高尚的道德情操培养。

二 中阿翻译理论与实践课程概述

20 世纪 50 年代，由于语言学，特别是结构语言学的兴起，"翻译"研究走出"术"的领地，向着"学"的目标发展，学者们将"翻译"作为研究对象，从不同层面就翻译的本质、翻译活动的科学规律等相关课题进行了全面的研究，取得的巨大的成就，形成了翻译学。翻译学的产生，让人们从理论层面对翻译的价值和意义产生了新的认知，提高了译者的地位，也为译者的翻译活动树立了目标，提供了规范和评判翻译质量的依据。除此之外，翻译学的产生也为外语教育教学体系的完善与外语教育教学质量的提高提供了大量的理论知识与实践指导。传统上，国内外语教育的知识目标是培养学生"读、写、听、说、译"五大技能，其中"译"是外语学习最重要的一项技能，可以说整个外语教育教学对学生"读、写、听、说"能力的培养都以提高其翻译能力为最终目的。因此，中阿翻译理论与实践课程的设置是阿拉伯语教育中不可或缺的一门重要的专业必修课。顾名思义，中阿翻译理论与实践课程就是由翻译学相关理论（包括翻译学重要内容——翻译策略延伸出来的翻译方法与翻译技巧）与中阿翻译练习实践构成。前者旨在教育学生认知翻译学相关理论和中阿翻译方法与技巧，以指导和规范其翻译行为，而后者的目的是在翻译理论的指导下，进行实践活动，将翻译理论应用在翻译行为之中。因此，中阿翻译理论与实践课程的总体目标之一是培养学生依据翻译理论进行翻译实践，并通过结合已有的翻译学成果与自身翻译经验的思考与总结，就翻译学理论提出新的观念。最终，形成翻译理论指导翻译实践，在翻译实践中提高理论、创新理论的良性循环，为我国翻译学与中阿翻译理论的发展增砖添瓦。

长期以来，在高校教育中，思政教育与专业教学"两张皮"。体现在：教育理念上，不能正确认识知识传授与价值引领之间的关系……① 为避免思政教育与专业教育"两张皮"现象，根据党和国家教育部部署与要求，为"培养合格的社会主义接班人"发挥更大的育人功能，中阿翻译理论与实践课程必须从教学理念与实践中融入思政内容。换言之，在翻译理论与实践课程教育目标中必须加入思政目标。因此，本课程思政教育目标的重点是，在提高学生专业知识水平与加强其翻译能力的同时，（1）如何融入思政的内容；（2）如何让翻译理论与实践教育教学服务于国家战略，发挥更大的思想价值引领、道德培养的功能。而本课程思政教学的难点则是：（1）在翻译理论学习中，如何恰当地融入思政内容。既要融入思政内容，又避免把翻译课程讲成思政课程。（2）在翻译实践和练习中（尤其是阿翻汉的实践与练习中），筛选与课程思政目标相符合的内容。

三　思政教育融入中阿翻译理论与实践课的路径

依据前文所述"课程思政"的内涵，以及"课程思政"与思政课程的关系，笔者以为，思政内容融入任何专业课程，其中包括融入外语教育翻译理论与实践课程的过程中应该秉持的原则有两个：首先是既不过分，将专业课讲成思政课，也要避免不及，将专业课知识与思政内容完全割裂。而是始终将坚持正确的思想政治方向、树立正确的思想价值观念与培养高尚的道德情操作为育人的目标与灯塔，始终引领专业知识的发展与建设。其次是将思政内容融入专业课程应该如绵绵春雨、润物

---

① 高德毅、宗爱东：《从思政课到课程思政：从战略高度构建高校思想政治教育课程体系》，《中国高等教育》2017年第1期，第43页。

无声，让学生在接受专业知识的过程中不知不觉地受到思想引领和道德熏陶。在这一原则的指导下，思政内容融入中阿翻译与理论课程的基本实践路径与方法如下。

（一）思政教育融入翻译理论学习的路径

中外翻译理论所学内容包括翻译学相关命题与具体的翻译方法与技巧。中阿翻译的方法与技巧，主要有增词法、减词法、断句法、褒贬法、形象法、转换法、长句法、引申法、专名法、反说法、抽象译法、具体译法、肯定译法、否定译法等。这些方法与技巧的理论知识基本上体现在具体的翻译实践与练习之中，所以，在其中融入思政教育的方式主要是依据特定原则选择翻译实践与练习内容。我们将在下文予以讨论。因此，翻译理论融入思政教育主要体现在与翻译学相关命题的学习之中。翻译学研究的基本命题非常明确，以姜倩、何刚强为翻译专业本科生主编的系列教材《翻译概论》为参考，翻译学主要涉及的命题有两个：一是翻译是什么，其内容具体包括翻译的本质、翻译的原则、翻译与文化、译者的素质、翻译的创意、翻译的目的、翻译的分类、机器翻译；二是翻译做什么，其具体内容包括理解与翻译、直译与意义、翻译的等值与近似、翻译的归化与异化、形合与意合、翻译与风格、翻译的得与失等。

我们可以将思政内容融入以上翻译理论每一个命题的学习过程之中，可以根据其所涉及内容设定一个或多个思政教育目标。恰如其分地融入思政教育使中阿翻译理论与实践学习有了明确的教育教学方向。这是对新时代国家教育政策的践行，也是教育本身不可分割的重要组成部分。但就相关思政目标及其导入方法的选择应灵活多样，不拘一格。笔者根据自己翻译理论教学经验和思考，为每一个翻译学命题设定了相应的思政目标及其导入方式，分别是：1. 翻译的本质，其思政目标是树立"文化自信"，导入路径是中国古人对翻译的界定："译即易，换以言语是相解也。" 2. 翻译的原则，其思政目标是"诚实守信"，导入路径是翻译的基本原则"忠实原文"或"信"。3. 翻译与文化，其思政目标是"讲好中国故事"，导入路径是文明与文化交流的意义，文明发展过程中文化的输入与输出。4. 译者的素质，其思政目标是"人类命运共同体"与"家国情怀"，导入路径为翻译使人类智慧汇集、碰撞、交流、交融，推动着人类文明的发展，因此，作为世界文明交流媒介与桥梁的译者首先必须具备高尚的"人道情怀"；其次，译者还应具有家国情怀的政治立场。因为一个不热爱养育了自己的故土和祖国者，很难让他去爱全人类、爱全世界。5. 翻译的创意，其思政目标是"建立中国话语权"，导入路径是，人是唯一具有思考、归纳、总结和创新能力的存在，译者应该在翻译活动中，积极培养理论创新能力，为世界贡献中国智慧、中国方案。6. 翻译的目的，其思政目标是做"合格的社会主义建设者和接班人"，导入路径是人的所有行为都具有目的性，而作为新时代的高校学子，必须有着清晰的学习方向和追求目标。7. 直译与意义/归化与异化，其思政目标是，"维护文明与文化多样性，反对西方'文化霸权思想'和'文化中心主义'"，其导入路径是讲解、分析"归化与异化"翻译策略的产生背景与西方意识形态因素。

（二）思政教育融入翻译实践的路径

中阿翻译实践练习是提高学生阿拉伯语语言翻译能力，培养其跨文化交际水平的最基本手段。翻译实践练习内容主要包括中阿短语、句子、短文与篇章的翻译练习。笔者以为，可以思将政教育融入各语言层次的中阿翻译实践的教学之中。

首先，翻译实践练习内容的选择范围不应该只受限于教材与特定参考书，而必须将其扩大到互联网资源与国家正规出版的各种资料。这样做的目的与意义，一方面是为了拓宽学生的知识面，使其不但能接触到大量具有时效性、前沿性的信息，而且还能增强其分析、辨识各种信息的能力，并提高其对各种语言材料进行翻译的水平；另一方面更是为筛选融入中阿翻译实践课程的思政素材提供更丰富的资源，拓宽更多的渠道。在从各种资源中筛选、提取翻译练习内容时，我们应该秉持和坚守的原则是：以"铸牢中华民族共同体意识、增强四个意识、坚定四个自信、践行两个维护、讲好中国故事"等为基本指导思想。

其次，中阿翻译实践练习内容的选择，应该以服务国家战略，服务国家经济建设为原则。譬如选择与"一带一路"倡议相关的国内外新闻、报道、讨论、研究等。同样，在翻译这一类文本时，恰当地介入学生们家国情怀的培养，以及增强其道路自信、理论自信、制度自信与文化自信。

最后，翻译实践练习内容选择国家领导人的讲话，尤其是共关涉到人类命运共同体、世界文明多样性的讲话，关涉到就世界共同关心的话题中国立场、态度、话语权的讲话等。从而培养学生跨文化交际能力，承担在世界舞台输入与输出文明、文化，推动人类事业发展、进步的神圣使命，并掌握如何讲好中国故事，建立中国话语权的方式与方法。如同样在学习"译者的素质"时，教学翻译的实践内容可以将专业理论知识、实践练习内容与课堂思政教育有机地结合起来，借助互联网资料，从阿拉伯世界知名媒体中选择符合中国利益的内容作为翻译实践素材。让学生认识到中国在阿拉伯世界的正面形象，以及中国在世界上的地位与影响，从而培养其对中国特色社会主义的道路自信、理论自信、制度自信与文化自信。

结　语

新时代中国特色社会主义高校是培养合格的社会主义建设者接班人的主阵地，不仅承担传授各种专业知识的责任与义务，而且还负有政治思想建设、思想价值引导与道德情操培养的神圣使命。外语教育作为我国人文社会科学教育的重要组成部分，理应在其各课程设置与教学设计的全过程中融入思政元素，明确思政目标，创新思政融入方法与路径，使思政成为引领专业课程教育功能的航向。作为阿拉伯语专业教育必修课，中阿翻译理论与实践课程的设置以及教学设计，在继承以往强调知识目标的基础上，应该谨遵新时代新文科教育教学要求，重视创新精神，不断积极探索，结合该课程教育教学内容，发掘其中的思政元素，并努力寻找思政融入其中的路径与方法，为培养出有思想有道德有知识的专业人才作出更大的贡献。

混合式教学模式在大学阿拉伯语教学中的实践探索*

——以西北民族大学 SPOC 泛雅平台为例

买 通**

西北民族大学外国语学院 甘肃兰州 730030

摘 要：混合式教学模式顺应了大学外语教学小群体、个性化的诉求。本文以西北民族大学开设的《基础阿拉伯语2》课程为例，尝试构建基于 SPOC 泛雅平台的校本阿拉伯语混合式教学设计，并探索分析该教学设计在基础阿拉伯语教学中的应用效果，以期促进大学基础阿拉伯语课程的质量提升。

关键词：混合式教学；SPOC；大学阿拉伯语教学；教学实验

引 言

2019年2月，中共中央、国务院印发的《中国教育现代化2035》将加快信息化时代教育变革作为十大战略任务之一。2021年3月，在第五届全国高等学校外语教育改革与发展高端论坛中，教育部高等教育司吴岩提出"外语教育要重视技术，重视变革，要推出一批线下、线上、线上线下混合、虚拟仿真、社会实践'金课'"。信息技术与教育

---

* 基金项目：本文系2021年西北民族大学校级教育教学改革研究项目《混合式教学模式在基础阿拉伯语课程中的应用研究》（2021XJYBJG – 83）的阶段性成果。

** 作者简介：买通，西北民族大学外国语学院讲师，主要研究方向为阿拉伯语课程与教学、阿拉伯语言与文学。

的"深度融合"成为高校外语教育发展的必然趋势。混合式教学模式融合两种教学模式的优点,顺应了大学"建设智能化校园,统筹建设一体化智能化教学、管理与服务平台"①的外语教学信息化改革诉求,体现出"技术赋能、以生为本"的教育理念,有助于学生的自主学习能力的培养和大学外语教学质量的提升。

一 混合式教学的内涵与特点

混合式学习（Blending Learning）由 Elaine Voci 和 Kevin Young 于 2001 年提出,受建构主义、情境认知、教学传播等理论的影响,他们主张将学习时间、学习方式、学习环境、学习资源等要素有效混合,最大限度地优化学习效果。② 英国学者 Singh 和 Reed（2001）认为,混合式教学应包括自主学习和小组合作学习的混合、结构化课程和非结构化课程的混合、面授课程和在线学习的混合、深度学习和个性化学习的混合、工作和学习的混合五个维度,以体现不同学习方式、课程和场景的混合。③ 国内学者黎加厚（2014）指出,混合式教学是一种融合性学习,实施该模式的重点在于教学模式、教学资源和教学策略的最佳优化组合。可以说,混合式教学模式不是课堂面授与在线学习的简单叠加,也不是两种及以上教学模式的任意搭配,而是"教"与"学"的多维度交叉与各种教学策略的最优化应用,是一种利用信息技术整合教学资源、融合线上、线下课堂的双机制教学模式。具体来说,混合式教学具有以下优势。

（1）"线上学习"与"线下学习"的有机融合。在线教学虽有效弥补了传统课堂理论课时有限、教学时间不灵活、无法反复学习的缺陷,但也暴露出诸如师生情感支撑缺失,课堂反馈不足,学生在无教师监督

---

① 《中共中央办公厅、国务院办公厅印发〈中国教育现代化 2035〉的通知》,http://www.gov.cn/zhengce/2019-02/23/content_5367987.htm,2019 年 10 月 23 日。
② Elaine Voci, Kevin Young, "Blended Learning Working in a Leadership Development Programme", Industrial and Commercial Training, Vol. 33, No. 5, 2001, p.157.
③ 吕晓敏:《基于 MOOC 的混合式教学模式在大学英语教学中的实践探索》,《外语电化教学》2021 年第 1 期。

环境制约下自制力差、学习实践性与操作性欠佳、课程质量难以保证等诸多问题。混合式教学既发挥了在线课堂不受时空限制和资源共享的优势，又保证了师生在课堂上的交流互动，从而提升了学习的积极性和创造性。

（2）学生的学习主体性加强。学生通过在线平台进行个性化自主学习，碎片化时间得到充分利用，大大提升了学习参与度。学习模式的翻转为传统课堂"减负"，留给教师更多的时间来引导学生分组讨论并进行针对性指导，实现教学上的充分互动，有助于提高学习效果和教学质量。

（3）"教"与"学"双向优化。在线教学平台可以实时记录每位学生的学习行为并作统计分析。教师根据统计数据调整教学进度，改善教学策略；学生可以随时掌握自己的学习进度，从而优化学习行为，改善学习策略。

二　基于泛雅SPOC平台的混合式教学设计

（一）平台保障和资源支持

泛雅平台是超星公司开发的新型网络教学平台。它在课程设计与建设、教学活动组织与实施、在线学习行为统计与管理、教学反馈与评价等方面优势突出。该平台提供丰富的课程设计模板和超新资源库、慕课、精品课等教学资源，方便教师选用。同时，它的内容编辑功能强大，教师在制作微课时可在视频节点中插入字幕、图片、随机测试题，完善后的课程可以实时映射给其他教师，实现课程资源共享[1]，它同样实现了学生学习行为的多方位数据统计分析和监管。教师一方面通过平台选项设置视频时间点播放和防拖拽，保证在线学习的有效性；另一方面实时掌握微课视频点击率、反刍比、访问次数、讨论反馈、作业提交次数等数据。超星泛雅平台将计算机端和手机端资源的有机整合，其移

---

[1] 尹合栋：《"后MOOC"时期基于泛雅SPOC平台的混合教学模式探索》，《现代教育技术》第25卷第11期。

动端应用"学习通"支持听课、主题讨论、随机测试等在线学习活动,为学生碎片化学习提供支撑。

线上课程资源建设是实施线上线下混合式教学的重难点,它并非学习资源的简单堆积,而是具有结构性和系统性的课程设计。借助泛雅平台重新整合优质 MOOC 资源,既能提高学习资源的利用率、保证课程资源的质量,又能减轻教师的线上备课负担,从而腾出更多时间完善课堂教学。2017 年成立的中国高校外语慕课联盟推出大量外语类精品课程,该平台实现跨区域优质外语教育资源共享的同时,也为高校开展外语课程混合式教学提供了资源支持。结合校本实际与本课程的教学目标,在泛雅 SPOC 平台对 UMOOC 课程《基础阿拉伯语 2》进行校本改造,如调整课程结构和评价方式、重新设计在线测试与讨论区的问题等,以满足学生个性化、多层次的学习需求。微课程制作增加了教师前期备课的工作量,但经过教学实践持续的调整与补充,会大大提升教学效率。

(二)混合式基础阿拉伯语教学设计框架

本设计将阿拉伯语专业必修课程《基础阿拉伯语 2》的教学划分为线上自主学习、线下课堂研学和课后线上拓展三个阶段,体现学教并重的理念。对教师来说,教学准备阶段包括学情分析、教学目标"共建"和学习资源的优化。学习目标"共建"是指教师在明确教学目标的前提下指导学生建立适合自己的学习目标,即学生经过实践活动可以达到的实际目标。课程资源优化应满足不同学生的学习需求,教师借助泛雅 SPOC 平台对 UMOOC 上的阿拉伯语课程《基础阿拉伯语 2》进行编辑,补充线上题库,完善主题讨论与互动反馈。课程资源整合的重点在于将课程内容切分为高关联性的知识单元,知识单元是指围绕一个核心内容板块分解出的若干相对集中的知识点。在教学组织与实施阶段,教师采取任务教学法、案例分析法等适合的教学方法组织教学,开展形式多样的学习活动,以完成知识点的内化与应用。课后,教师在 SPOC 平台发布作业要求与探讨主题,学生利用平台反馈学习"顿悟",完成自主评价。以学生为视角,该设计将学生的学习活动同样划分为以下三个阶段。

第一阶段为课前线上自主学习。教师在泛雅平台发布教学资源、学习指南、学习任务单等框架性知识导学材料。学生自主完成微课程学习，记录课程难点，在与同伴的协商讨论中加深对知识的理解，合作完成小组作业。

第二阶段为课堂应用与内化。课中的知识内化即整合学生在自学过程中积累的"碎片化"知识。学生以小组为单位在课堂上完成教师设计的教学活动和任务，如语言输出训练、情景对话、主题讨论等，并向教师反馈学习中的疑难点，通过师生的互动协作完成知识模块的系统构建。

第三阶段为课后线上拓展提升。课后学习弹性较大，学生可以利用充裕的时间完成教师布置的模块化拓展任务，也可以登录泛雅平台及时反馈未完全掌握的知识点。在该教学设计中，小组任务完成度、学生观看视频反刍比，主题讨论留言等数据都将被列入学生评价的考核当中。教师根据 SPOC 平台收集的反馈数据，判断学生对新知识的掌握程度，指导学习任务，并针对性地设计下一单元的教学。图 1 是该模型的流程设计图。

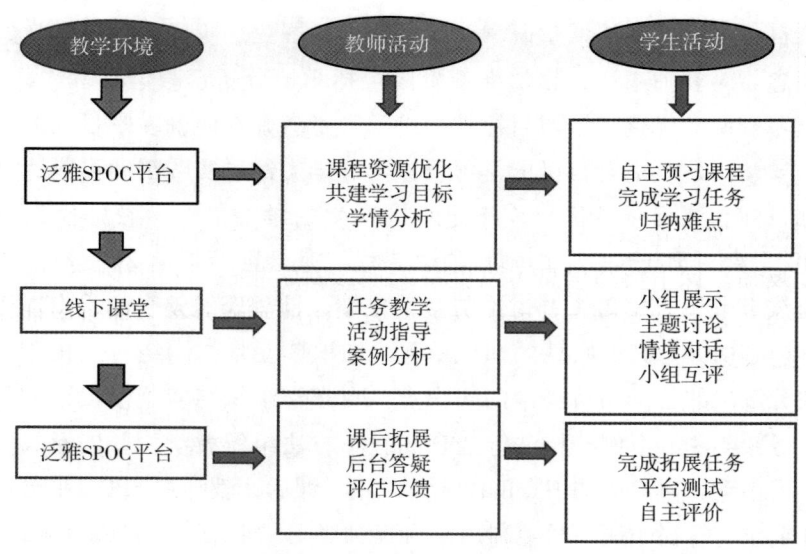

图 1 《基础阿拉伯语 2》混合式教学的实施流程设计框架

三　教学实验和效果分析

（一）研究设计

本文以西北民族大学外国语学院阿拉伯语专业 2019 级的两个教学班为研究对象。其中实验班人数为 21 人，男生 6 人，女生 15 人；控制班人数为 21 人，男生 7 人，女生 14 人，共计 42 名学生。研究实施周期为 18 周，笔者对实验班实施混合式教学，不定期展开课下访谈与问卷调查；而控制班则沿用传统的教学讲授模式，但在研究期间不获得任何反馈。本文通过问卷调查、水平测试和课下访谈三种方式考察混合式教学的影响。具体实施过程如下。

（1）阿拉伯语学习能力调查问卷。本次教学实验共发放问卷 90 份，其中有效问卷为 84 份，问卷回收率为 93%。问卷采用李克特 5 分制量表（"非常同意" 5 分、"同意" 4 分、"不一定" 3 分、"不同意" 2 分、"非常不同意" 1 分），内容包括学习动机、学习策略、自主学习与反思和学习评价四方面，汇总试卷后进行数据分析。

（2）《基础阿拉伯语 2》前、后测试卷。笔者在 2019—2020 学年第二学期的学期初、学期末分别对实验班与控制班实施前、后测，考查学生对知识点的理解、掌握与应用，测试内容选自专业习题库。根据测试要求，学生需在 90 分钟内完成，成绩汇总后使用统计学软件 SPSS 进行分析。

（3）课下访谈。访谈的主要目的在于收集学生对混合式教学的满意度反馈。课下反馈信息可以更系统地诊断学生的学习问题。[1] 本学期教学实验前，笔者随机选取 4 名学生作为访谈跟踪对象。通过定期访谈收集这 4 名同学对混合式教学的反馈信息，记录他们在学习障碍、情感、态度等方面的变化，研究周期结束后，笔者将这些反馈做整理汇总。

---

[1] 王捷：《大学英语自主学习的形成性评价研究》，《华东理工大学学报》（社会科学版）2016 年第 2 期。

(二) 数据结果分析

1. 调查问卷分析

笔者在学期初发放的问卷调查结果显示：两个班的学生在学习动机上的差异并不明显，实验班中有强烈学习动机的学生比例略低于控制班（分别为 27.5% 和 30.8%），非常不喜欢的学生比例同样低于控制班（分别为 12.5% 和 14.3%）。在阿拉伯语学习策略使用方面，实验班与控制班会充分使用多种学习策略（认知策略、记忆策略、元认知策略、情感策略、社交策略、弥补策略）的学生占比都较低（分别为 12.8% 和 14.3%），两个班大部分学生（分别为 52.5% 和 55%）会使用多种学习策略中的某一种或两种，记忆策略是使用频率最高的学习策略。在自主学习与反思能力部分和学习评价部分，两个班大体维持在同一水平，只有 14.3% 的实验班学生会有意识地制订学习计划、评估学习中的不足，63.5% 的学生较少甚至从未进行过学习反思与自我评价。

混合式教学实践结束后的问卷结果表明：实验班学生在前面提到的四个方面均有明显的改观。其中 75.5% 的学生表示混合式教学提升了学习阿拉伯语的兴趣，较之前的 27.5% 提升了 45%；经过一学期的混合式教学实践，67.4% 的学生逐步学会应用多种学习策略。认知、记忆、社交策略是应用最为广泛的三种学习策略；73.5% 的学生认识到反思的必要性，43.7% 的学生会完成周期性自我评价，自主归纳复习难点与错题。而对比控制班的前后问卷数据，除了认知和弥补策略综合使用频率有小幅提升，其他指标基本维持在同一水平。

2. 学生访谈分析

教学实践结束后，笔者将访谈的反馈信息汇总整理如下。（1）学习障碍在不同成绩水平的学生中体现出一定的差异：中低成绩水平学生反映最多的是由于基础薄弱、缺乏督促带来的自信心缺失；较高成绩水平学生的心理障碍集中体现在紧张情绪的影响。（2）经过一个学期的混合式教学实践，中低成绩水平的学生得到教师更多的关注。在课堂持续的良性反馈与课下针对性辅导的影响下，他们逐步树立了自信心，缓解了自卑、消极的情绪。较好成绩水平的学生经过周期性的训练强化，培养了良好的学习习惯与反思能力。(3) 访谈对象均表示混合式教学课堂中学生的参与度提升,学生之间产生更多的协作和交流。(4) 大部分访谈对象对混合式教学持肯定态度。但也有人指出,用手机和计算机进行在线学习很便捷,但是在碎片化时间学习知识点效果不理想,同时线上的知识分享无法替代身体语言表达出的态度和看法。

3. 阅读前后测数据分析

笔者利用社会统计学软件 SPSS 19.0 对实验班与控制班《基础阿拉伯语2》课程成绩进行了全面分析,包括两班前、后测成绩的独立样本 t 检验和实验班前、后测的成绩的配对样本 t 检验,数据统计如表1—表3所示。

表1 实验班与控制班《基础阿拉伯语2》前测成绩独立样本 t 检验

	均值	样本量	标准差	平均标准误差	差异显著性
实验班	71.25	21	11.879	2.5783	$t = -0.465$
控制班	73.24	21	13.1787	3.1427	$p > 0.05$

表2 实验班与控制班《基础阿拉伯语2》后测成绩独立样本 t 检验

	均值	样本量	标准差	平均标准误差	差异显著性
实验班	83.75	21	7.9581	1.8018	$t = 3.526$
控制班	77.39	21	14.1452	2.97621	$p = 0.02 < 0.05$

表3 实验班《基础阿拉伯语2》前、后测成绩配对样本 t 检验

	均值	样本量	标准差	平均标准误差	差异显著性
实验班前测	71.25	21	11.879	2.5783	$t = -6.845$
实验班后测	83.75	21	7.9581	1.8018	$p < 0.05$ $p = 0.000 < 0.05$

从表1中可以看到,控制班的前测成绩平均值略高于实验班,但实验班的平均标准误差值低于控制班,说明分数较为集中,独立样本 t 检验结果表明,t 值为 -0.465,p 值大于 0.05 说明两个班的成绩差异并不大;表2中,实验班的后测成绩平均值为83.75分,高于控制班的

77.39 分，同时实验班的平均标准误差值依然低于控制班，说明实验班成绩普遍提高且分数较为集中。独立样本 t 检验结果表明，t 值为 3.526，双尾 t 检验概率为 0.02，小于 0.05 显示差异具有显著意义；表 3 中，实验班"前测"的均值为 71.25 分，标准差为 11.879，后测的均值为 83.75 分，标准差为 7.9581。后测成绩比前测成绩有显著提高，同时因为后测标准差更小，说明分数较前测集中。配对样本 t 检验结果表明，t 值为 -6.845，p 值为 0.000，小于 0.05 显示差异具有显著意义，说明混合式教学的实施与课程成绩之间呈正相关。

结　语

经过为期 18 周的混合式教学实践，实验班学生的自主学习能力增强，他们能更好地规划、监控和评估自己的学习过程；在课堂中，师生之间的互动反馈、生生之间交流更为顺畅。中低成绩水平学生得到老师较多的良性反馈，自信心逐步树立起来，从而激发出有益于学习的情感来不断促进学习；教学质量进一步提升，教师通过有效反馈了解学生的掌握水平，从而在教学目标与实际达成目标之间进行有效调节，促进教学质量的提高。多元的评价体系促进了师生之间的有效沟通，使教师摆脱唱独角戏的困境。丰富的教学活动有助于学生外语学习兴趣的提升和协作能力的培养。混合式教学模式使学生在课前、课上、课后都被调动起来，促进了知识的吸收、转化与应用。

虽然混合式教学模式对阿拉伯语教学产生了积极而广泛的影响，但是在具体的实施操作过程中仍然暴露不少问题，主要包括以下几个方面。第一，新模式对教师的信息化能力提出了较高要求，教师通常缺乏平台操作的专门指导，导致 SPOC 平台课程的交互设计较简单、测试功能过于单一；第二，学习过程中的有效监管不足，学习时间的延长对学生自主性和自律能力提出了更高要求。部分学生存在"刷数据"的投机行为，教师通过平台获得的反馈数据无法反映学生的真实学习状况；第三，学生的在线学习与课堂教学缺乏有效衔接，教师往往将课堂教学作为重点，忽视了自主学习过程的个性化诉求，导致线下学习与课堂教学脱节；第四，相比传统课堂，教师前期制作的视频、文本、讨论区交流增加了学生的任务量，较多学习内容会导致语言能力较弱、学习动机不足的学生产生挫折感，影响学习进度。针对于以上问题，需要从以下三个方面加强。

第一，不断优化课程设计，实现线上、线下有效衔接。教师应及时反思混合式教学中面临的"教学落差"，分析学生自主学习与课堂学习的适应困境，总结归纳课堂、课下教学"两张皮"的原因。从课程设计切入，将课前活动与课堂单元内容有机衔接，整合课前学习任务与课后作业，提升教学效率。

第二，拓展教学弹性，促进良性反馈。混合式教学实施以学生自主完成学习任务为前提，课前任务的安排应突出弹性，为学优生、学困生等不同学力的群体提供更多选择。如果部分学生对某单元知识点普遍接受困难，教师在课堂上可以给予更多的良性反馈，适当放缓授课节奏，在课下提供个性化指导与关注，帮助学生树立信心。

第三，实现有效监督，保证学习质量。学情的评估如同一面镜子，能够反映出学生在掌握应用知识的过程中暴露出的诸多短板。学生没有将外界的信息内化为自己的知识，抑或对知识点的记忆不牢靠，通常是缺乏长期有效的监督所致。教师可以通过课堂问答、课后作业、阶段性测验、课下访谈等多种方式督促学生掌握单元任务。同时定期检查学生的学习档案与自评材料，并将此列入平时成绩的考核当中。另外，混合式教学需要实施多元化的评估方案，评价主体应多元化。师生评价应该建立公平、统一的标准；学生互评中的评分标准应当在教师的指导下完成，要求清晰、客观、易操作。学生完成评分的同时需要陈述具体的理由并给出针对性的建议；学生在自主确立学习目标时不能脱离实际，应参考教师面向全体学生制定的教学目标。以周、月为单位评估目标任务的实际完成度，然后做阶段性调整。

大学外语混合式教学旨在实现线上自主学习和课堂学习的结合、教师主导性和学生主体性的统一、文化价值观和语言听说技能的融合以及教师评价与学生反馈的互补。它的应用符合我国外语教学改革的发展趋势，有利于教育理念及模式的转变，对于当前教学改革无疑将具有重大的指导意义。值得注意的是,从本课程教学实验暴露出的问题可以看出,线上课程设计的开发与优化设计、线上线下教学内容的衔接、教学评价体系的丰富与完善,将成为大学外语混合式教学实施中的重要环节,对于大学阿拉伯语基础教学质量的提升具有推动作用。

基于需求分析理论的大学英语课程"EGP + ESP"模式教学设计探究

赵 冰*

西北民族大学外国语学院

摘 要：本文基于需求分析理论，主要探索西北民族大学医学部大学英语课程教学改革设计研究，应用 EGP 与 ESP 相结合的模式，设计医学部大学英语课程教学，旨在培养医学专业大学生的英语应用能力，培养社会需求的大学生。

关键词：大学英语；需求分析；课程设计

一 研究背景

需求分析在大学英语教学中的目的是使语言课程与不同水平以及不同目标群体学生的需求相适应成为可能。要设计出基于本校科学的、系统的和个性化的大学英语教学大纲和实施方案，首先要了解学生、教师以及社会等各方面对大学英语教学的需求。

西北民族大学现行的大学英语教学普遍采用的是 EGP（English for General Purpose，通用英语）教学法，其核心内容是以英语语言知识为基础，培养学生的读写、语法、句法、阅读，以及翻译能力。目前在 EGP 主导的教学法下，外国语学院针对不同类型的学生，采取了分级分

---

* 作者简介：赵冰，西北民族大学外国语学院，教授，研究方向为课程去教学论（英语）专业。

类教学模式,共有五级六类。目前所采用的教材主要有:《全新版大学进阶英语》《体验英语》《零起点大学英语》《大学实用英语(民族类)》等高等教育出版社、上海外语教育出版社、高等外语教育及研究出版社以及复旦大学出版社的自编教材。这些教材均属于以英语语言知识为基础,培养学生的读写、语法、句法、阅读,以及翻译能力的EGP范畴。在EGP教学法的训练下,学生能够能阅读一些文学作品,进行简单的交流,应付普通语言水平测试。我国从小学到高中的英语教学都属于EGP教学范畴,也就是说EGP教学模式贯穿了我国整个基础教育过程。

目前我校大多数学院均为本院学生提供ESP的选修课程。其中医学部也在第7学期为学生安排医学英语或口腔医学英语选修课程。本校的ESP课程主要作为大学英语的后续课程而开设,从学期安排上看,医学部专门用途英语课程开设在第七学期及以后。本科生入校的前4个学期主要进行大学英语学习。这种割裂的EGP与ESP教学对于学生来说反而成为负担。首先,两种英语学习前后时间差过久,学生英语学习记忆产生断层。其次,医学专业课业压力相较其他专业大,无论是大学英语还是专业英语的学习,都应当尽可能的高效化,减轻学生的学习压力。分割的课程设置,无疑给学生多增加一份课业负担。最后,刚进入大学阶段是学生高中英语基础最坚实的时候,在此基础上追加更深的专业英语学习会达到事半功倍的学习效果,极大地提高英语学习的积极性,并广阔地拓展专业知识。在多年的大学英语教学中教师发现医学部本科生的大学英语教学效果明显高于其他专业学生,学生普遍对于现行的EGP大学英语教学模式兴趣索然。如果改革教学课程,针对医学部本科生实施结合医学专业英语的大学英语教学则会产生更好的教学效果。

二 理论研究

外语研究者从不同的视角对需求的定义和分类不尽相同。Brindley[1]

---

[1] Brindley, G., "The Role of Needs Analysis in Adult ESL Program Design". In Johnson, R. K. (eds.), *The Second Language Curriculum*. Cambridge: CUP, 1989.

认为需求包括客观需求和主观需求，学习者的外语水平、学习中遇到的困难以及打算从事的职业是属于客观需求，而学习者语言学习的认知和情感需求如自信、态度和期望等为主观需求。束定芳[1]认为需求分析可分为社会需求和个人需求，社会需求主要指社会和用人单位对有关人员外语能力的需求，个人需求指学生目前的实际水平机器希望达到的水平之间的差距。

需求分析（Need Analysis，NA）指通过内省、访谈、观察和问卷等手段研究需求的技术和方法。在外语教学领域，需求分析是语言课程设计和实施不可或缺的启动步骤，它有四大重要作用：一是为外语教育政策和设置外语课程提供依据；二是为外语课程的内容、设计和实施提供依据；三是为外语教学目的和教学方法的确定提供依据；四是为现有外语课程的检查和评估提供参考[2]。

教育部2007年颁布实施的《大学英语课程教学要求》提出：大学英语教学目标是培养学生的英语综合应用能力，特别是听说能力，使他们在今后的各种社会交往中能用英语有效地进行口头和书面信息交流，同时增强自主学习能力，提高综合文化素养，以适应我国社会发展和国际交流的需要。那么在大学英语课程更加注重综合应用能力的前提下，增强大学英语教学的专业性就显得格外重要。《大学英语课程教学要求》指出："鉴于全国高等学校的教学资源，学生入学水平以及所面临的社会需求等不尽相同，各高等学校应参照《课程要求》根据本校的实际情况，制定科学的、系统的、个性化的大学英语教学大纲，来指导本校的大学英语教学[3]。"

同时全球化趋势深入发展，医学领域国际间的交流日趋频繁，医务人员获得以英语为工作语言的国际化医疗岗位的机会与日俱增，特别是2020年新冠疫情蔓延全球的紧迫时刻，我国的医务工作人员要走出国门，援助海外国家，实现人类命运共同体的互助精神，医学领域迫切需要大批既掌握丰富的医学专业知识，又具备较强的以英语为工具获取专

---

[1] 束定芳：《外语教学改革：问题与对策》，上海外语教育出版社2004年版。
[2] 束定芳：《外语教学改革：问题与对策》，上海外语教育出版社2004年版。
[3] 教育部高等教育司：《大学英语课程教学要求》，上海外语教育出版社2007年版。

业信息、进行学术交流、国际互助、从事科学研究等能力的复合型专业人才。对医学专业的大学生来说，大学英语教学的发展则应该顺应时代的要求，侧重到英语应用能力的培养。因此，针对医学专业的大学英语教学就不能仅仅依靠以英语语言知识为基础的 EGP 教学法，而是需要 EGP 与 ESP 相结合的大学英语教学新模式。ESP 即专门用途英语（English for Specific Purpose），是英语教学和研究的一大主流。ESP 是根据学习者的特定目的和特定需要而开设的英语课程，其目的就是培养学生在一定工作环境中运用英语开展工作的交际能力，包括新闻英语、法律英语、医学英语、旅游英语、商务英语、金融英语等。

三 EGP 与 ESP 相结合的教学模式的特点

EGP 与 ESP 相结合的教学模式能满足学生多方面需求。EGP 教学可以满足学生的社会领域的日常交流需求，同时兼顾国家对于大学英语课程的要求；ESP 教学则满足学生在职业领域的专业学习需求。

EGP 与 ESP 相结合的教学模式能减轻学生学习负担。医学类专业的学习非常庞杂，学生学习压力大。现行的 EGP 与 ESP 割裂的教学安排使学生产生了不必要的学习负担。EGP 与 ESP 的结合，最直观的好处便是为学生减免了一门课程，使学生在最短的学时内获得更多的语言知识。

大量 ESP 精品教材，为课题的实施提供了前提和保障。高等教育出版社：《基础医学英语》，高宝坤、谢崇国等编写[1]；《临床医学英语》，董丽明、刘振清等编[2]；《医学英语教程》，李宵翔等编写[3]。外语教育与研究出版社：《医学主题英语——阅读探索及语言应用》，梁正溜编写[4]；《学术英语医学》，孙庆祥等编写[5]。上海外语教育出版社：《医

---

[1] 高宝坤、谢崇国等：《基础医学英语》，高等教育出版社 2019 年版。
[2] 董丽明、刘振清等：《临床医学英语》，高等教育出版社 2018 年版。
[3] 李宵翔等：《医学英语教程》，高等教育出版社 2019 年版。
[4] 梁正溜：《医学主题英语——阅读探索及语言应用》，外语教育与研究出版社 2017 年版。
[5] 孙庆祥等：《学术英语医学》，外语教育与研究出版社 2018 年版。

学英语教程》《中医英语教程》，丁年青等编写①②；《牛津人体生物学英语》等③。

四　EGP+ESP 教学模式设计

（一）内容设计

（1）对现行的医学部本科生大学英语课程计划进行改革。在外国语学院针对医学部的大学英语课程中，选取 3 个教改班级，将其教学计划由原先 4 学期的大学英语教学改为"1+3"的教学模式，即大学第一学期采用 EGP 教学，与全校同类大学英语采用相同的教材。在二、三、四学期采用 ESP 教学，针对班级学生专业构成选择相应专业英语教材。

（2）对医学部本科生大学英语教学团队进行改革。结合已进行多年针对医学部学生大学英语教学的教师与医学部原有专业英语教师开展共同备课与教学培训活动，逐步建立一支针对西北民族大学医学部本科生的大学英语教学团队。

（3）对 ESP 教学下的大学英语课程考核形式进行改革。这主要是针对 ESP 教学阶段的考核形式进行改革。因 ESP 具有极强的专业性与应用型，考核形式不能只局限于卷面考核。在建立专有的医学英语卷面题库的基础上，还应设计出实践类考核形式，例如英文手术操作模拟、英文问诊模拟等，并且实践考核的比重应当大于书面考核。

（二）目标设计

（1）通过对文献研究的梳理，基于对 ESP 的认识，主要分析教师应如何将 ESP 教学模式运用于民族院校大学英语教学过程中。教师应怎样结合学生的背景、民族、专业及英语学习需求等，立足教学实际，与学生共同选择适合医学生的主题内容，通过形式多样的学习素材、影

---

① 丁年青等：《中医英语教程》，上海外语教育出版社 2019 年版。
② 丁年青等：《医学英语教程》，上海外语教育出版社 2018 年版。
③ 丁年青等：《牛津人体生物学英语》，上海外语教育出版社 2017 年版。

视资源、文字图书等资源，依托真实的学习生活场景对学生进行有效的语言输入。

（2）结合当前教学实际，探究教师具体应如何在大学英语中运用 ESP 教学模式，其实施的步骤和需要注意的问题是什么（考虑民族院校学生的民族特点、专业特点、学习需求特点等）。

（3）"EGP + ESP" 教学模式对民族院校医学部大学英语课程的作用和影响，以及教师应具备的专业素养等。

（三）拟解决的问题

（1）应如何结合民族院校大学生的特点，以 EGP 教学为基础，结合医学部学生的不同背景及英语语言学习需求选择适宜的 ESP 教学主题、内容和形式。

（2）教师应如何在民族院校医学部大学英语课程中运用 ESP 教学模式？课程的内容及实施的步骤分别是什么？教学过程中应注意的问题有哪些？教师应如何最大限度地发挥 ESP 教学模式的优势？

（3）"EGP + ESP" 教学模式对民族院校医学部大学英语课程会产生什么作用？对学生的英语水平及专业知识的提高有什么影响？教师应如何基于对 "EGP + ESP" 教学模式的认识提高个人专业素养？

（4）基于对 "EGP + ESP" 教学模式的认识，尝试考虑能否在民族院校其他专业的大学英语课程教学中穿插 "EGP + ESP" 教学模式。

（四）实施方案

本次教学改革计划针对医学部新入学的大学一年级学生展开。参考大学英语教学分班的标准，学生将根据高考入学英语成绩被分为 A 类、B 类两个级别的教学班。整体实施 "EGP + ESP" 的教学模式。教改班级任课教师由项目组成员及有医学兴趣爱好的年轻教师担任，并在开课前对任课教师进行医学基础知识的培训。

"EGP + ESP" 教学模式分阶段进行。第一阶段进行 EGP 通识英语教学，这个阶段通过 1 个学期来完成，主要强化英语基础语言及语法体系，扩大英语词汇量；第二阶段根据医学部学生的专业，选用合适的精品教材开设 ESP 专业英语课程，用 3 个学期来完成该阶段的学习。

在新生级首先实施 EGP 与 ESP 相结合的大学医学英语教改实验课程，在两年的教学实践中不断积累教改实验经验，突出特色大学英语教学，培养更加具有专业精神，能够走向国际的大学毕业生。

大一年级进入第一阶段，属于衔接、过度阶段，这个阶段虽然仍以 EGP 为主，强化英语语言的基础语法及词汇量的扩大等教学任务，突出侧重点的教学任务。我国基础教育阶段的英语教学是在以"应试"为目标的基础上进行的 EGP 教学，英语这门课程没有把它作为工具去教学生如何掌握和使用，而是作为知识来传授。相反大学第一阶段 EGP 教学应该有针对性地对学生的薄弱环节进行强化，例如听和说等输出性技能。

第二学期开始至第四学期进入第二阶段的 ESP 教学，是依据医学专业的学科特点开设的专业性很强的医学英语课程，主要涉及医学专业的专用术语和表达方式，其目的是能有效地让学生今后能在医学领域中熟练地使用专业术语撰写学术论文、进行学术交流以及国际互助工作。

五　EGP 与 ESP 相结合的教学模式的可行性分析

在当今经济全球化、知识经济化、国际交流的步伐不断加快的高科技时代，我国面临外来的竞争越来越激烈，迫切需要培养一批既具有专业技能又有英语交流能力的高素质人才，特别是 2020 年新冠疫情蔓延全球，国际义务工作者必须互通共进，交流防控疫情经验，共同抵御病毒、研发抗病毒试剂、疫苗，完成人类命运共同体的互助精神。为顺应时代要求，高校必须加强对专业英语教学的重视。教育部《大学英语课程教学要求》[①] 就大学阶段的英语教学要求分为三个层次，即一般要求、较高要求和更高要求。一般要求主要强调通用英语，是最基本的目标要求，较高和更高要求这两个层次明确提出：学生能用英语撰写所学专业的简短报告和论文，能就一般或专业话题较为流利、准确地进行对

---

①　教育部高等教育司：《大学英语课程教学要求》，上海外语教育出版社 2007 年版。

话或讨论；能用简练的语言概括内容较长、语言稍难的文本或讲话；能在国际会议和专业交流中宣读论文并参加讨论。显然这两个阶段主要是强调专业英语。

ESP 和 EGP 的语言规则是相同的，它们都没有跳脱出英语教学大纲的要求，只是在使用过程中，ESP 存有其特殊性。基于以上的分析，本文认为我校现阶段针对医学部本科生的大学英语教学完全可以把通用英语和专业英语合理地结合起来，采用"EGP + ESP"的教学模式，分阶段进行教学，这种教学模式可以将基础教育阶段的教学内容、教学手段和大学的教学内容、手段很好地衔接起来，让学生在知识和学习方法上顺利地过渡，尽快地适应大学的教学。同时也能最大限度地促进医学部学生的高效学习，减少学生的额外学习压力。最后还能够增强学生的大学英语学习积极性。

道尔顿计划在大学英语教学中的可行性研究

祁天秀[*]

西北民族大学外语学院

摘　要：本文讨论了道尔顿计划在大学英语教学中的可行性。主要从大学英语教学目前存在的问题、新形势下对大学英语教学的要求及学生方面的需求等方面论述了道尔顿计划是大学英语教学改革可资借鉴的选择和出路。

关键词：道尔顿计划；大学英语教学；可行性

一　什么是道尔顿计划？

道尔顿计划（The Dalton Plan）是美国教育家海伦·帕克赫斯特于20世纪20年代提出的一种教学组织形式，它不是一种教学方法，而是对传统的课堂教学进行了改组或重建。其主要内容是教师把教学的内容以作业合同的形式布置给学生，学生按照适合自己的速度和方式完成，教师用进度记录表跟踪学生的进度并辅之以指导。其提出并实践的背景是当时正值美国大批进步教育家对当时学校教育的种种弊端进行批评并提出各种改良措施之际，如著名教育家杜威提出的"儿童中心论"，强调教育跟生活的联系。但是当时如杜威这样的教育家提出的改革措施主要是改革教学内容和教学方法，而帕克赫斯特的与众不同之处在于她保留了传统的教学科目，改革的只是传统的教学组织形式，也就是班级课

---

[*] 作者简介：祁天秀，女，西北民族大学外语学院讲师，主要研究方向为大学英语教学。

堂教学。她认为班级课堂教学忽视了学生之间的各种差异性,用同一种教学方式去教整整一个班的学生,既不能让优等生得到长足的发展,又不能给予差等生适当的照顾。在她看来,班级授课制的弊端还在于固定的上下课时间束缚了学生学习上的自由,因为当学生正对某项学习内容沉浸其中时由于下课铃声的响起而被迫中断而去学另外一种科目。此外,她认为用同一种标准去衡量整整一个班的学生的学习效果既不明智也不公平,对于不同的学生应该有不同的要求和标准,这样每一个学生才能得到最大限度的发展。

道尔顿计划(The Dalton Plan)全名为"道尔顿实验室计划"(The Dalton Laboratory Plan),之所以叫实验室计划是因为帕克赫斯特将它与传统的学校课堂教学区别开来,因为她认为当时的"学校"一词代表着死板与束缚,而把学校看成"实验室",则蕴含着这样一种寓意:在这个教学环境中,每一个学生要完成自己的作业任务时会尝试用不同的方法以达到最佳效果;每个学生都是一位做实验的人,这个实验测试的是他/她对自己学习的责任心、自制力、灵活安排时间的能力、与老师和同学合作的能力、为解决学习上的问题索取资源的能力等,总之,道尔顿计划让学生对自己的学习承担起责任来,充分调动学生学习上的能动性和责任感。由于这个计划首先在美国马萨诸塞州的道尔顿地区的一所学校进行,所以以"道尔顿"命名,简称为道尔顿计划或道尔顿制。

二 道尔顿计划在当今教育教学中的应用与研究

虽然道尔顿计划的提出时间离现在整整 100 年了,但它对当今教学的启示仍然意义重大。目前全世界道尔顿学校有 200 多所,而且国际上很多学校借鉴道尔顿制的理念进行的教学改革都取得了瞩目的成就[①]。在美国,道尔顿学校是名校的象征之一,近 20 年著名机构对各学校的

---

① 陈金芳:《道尔顿制对我国当前中小学教改的契合与启迪》,《湖南第一师范学院学报》2018 年 4 月第 18 卷第 2 期。

排名数据显示,道尔顿学校一直是名列前茅,如 2018 年 Niche 发布的数据显示,道尔顿学校在 8000 所学校中的排名为第五①。100 年前当道尔顿制在美国生根发芽之后,很多国家包括中国都跟着进行了实践与尝试。如今道尔顿制学校遍布全世界,在这方面最突出的是荷兰,道尔顿制已经成为荷兰教育体制中的一个重要的组成部分,因为它确保了学生独立性和社会经验的发展,而它的特殊优点还在于让学生获得了一种采取不同方法和资源来获取信息、去解决学业当中的问题的这样一种能力②。

近年来,对道尔顿计划的研究掀起了又一轮的热潮。在国内,田爱丽结合当前"互联网+时代"教育所具有的优势,提出了当前中国课堂教学改革的可行思路,即整合班级授课制与道尔顿制的优势,推进混合式教学③。张静认为道尔顿制带给高校课堂教学的启示体现在培养学生的自由研究精神,明确学习任务,落实学习效果,加强合作学习等方面④。陈金芳提出道尔顿制与我国新时代的教改方向和教改内容高度契合,对我国当前中小学教改实践具有较大启迪和借鉴意义⑤。正如美国道尔顿学校的校长理查德·布卢姆索在他的"道尔顿计划在 21 世纪中的角色"的报告中所总结的,"明天的学校将与 1920 年的学校截然不同,希望我能够建议,一些 20 世纪初创造的基础理念和原则仍然可以作为 21 世纪初学校的指导⑥"。

---

① Vorobiova, L., "American Experience of the Dalton Plan in the Dutch Schooling", *Comparative Professional Pedagogy*, 2019, 9 (2), pp. 74 – 79.
② Vorobiova, L., "American Experience of the Dalton Plan in the Dutch Schooling", *Comparative Professional Pedagogy*, 2019, 9 (2), pp. 74 – 79.
③ 田爱丽:《"互联网+时代"基于美国道尔顿制的课堂教学改革探究》,《现代教育技术》2017 年 26 月 30 日。
④ 张静:《道尔顿计划的自由与合作对高校课堂教学的启示》,《文学教育》2018 年,第 146—147 页。
⑤ 陈金芳:《道尔顿制对我国当前中小学教改的契合与启迪》,《湖南第一师范学院学报》2018 年 4 月第 18 卷第 2 期。
⑥ Parkhurst, H.:《道尔顿教育计划》,陈金芳、赵钰琳译,北京大学出版社 2018 年版。

三 道尔顿计划在大学英语教学中的可行性

（一）道尔顿计划是大学英语教学改革的出路之一

当前大学英语教学存在一些问题，学生花在学习英语上的时间与他们的学习成效不成比例。大部分学生花在学习英语上的时间占他们所有的学习时间的1/4，有的甚至达到3/4以上[①]。尽管花的时间如此之多，但是效果不尽如人意，造成这种现象的一部分原因是现有大学英语课程对学生的无差异化要求和以教师为中心的传统教学模式[②]。而当前对大学英语课程的改革主要以改革教学内容和教学方法为主，从教学组织形式方面入手的实践很少。道尔顿计划的教学组织形式对当前的大学英语课程改革有一定的借鉴意义，因为它强调的是学生之间的差异性和学生对自己学习的主体性。在道尔顿计划的原则指导下，大学英语课程学习内容以作业合同的形式布置给学生，教师应该基于任务量的多少提供三种以上作业合同供学生选择，学生可以按照他/她自己的实际情况选择适合自己的作业种类，作业合同的签订以一月一次为宜。合同签订后，学生可以以适合自己的速度自己选择在什么地方用什么方式完成自己的作业，不必受制于传统的课堂教学的课程表。教师的作用在于跟踪学生学习的进度与问题并提供个性化的辅导，培养学习策略意识，提供各种学习资源等。

大学生心智更加成熟，更适合在学习中培养自主性和独立精神，尤其是像语言等文科学科的学习中，更是如此。目前从小学到中学再到大学，英语课程的授课模式基本上都是班级课堂教学制，对不同层次的学生不加区分。根据Brown[③]，在语言教学中，对不同年龄群体的学习者应该有不同的教学方法。因为语言学习者的自主性和独立性随着年龄的

---

① 王登峰：《中国语言生活状况报告新闻发布会文字实录》，2006，http://www.edu.cn/yu_ wen_ dong_ tai_ 480/20070816/t20070816_ 249382. s。

② 夏艳：《大学英语教学"费时低效"的成因与对策》，《教育现代化》2018年。

③ Brown, H. D., "Principles of Language Learning and Teaching (5th edition)", *Perason Education*, 2000.

增加而增加，所以应该给予语言学习者在学习语言上一定的自由①。把道尔顿计划应用在大学英语课程中，就是把学习的主动权交给了学生，学生由此练就的自主学习能力还能延伸到对其他科目的学习当中，从而提高整体能力，为未来打下一个更坚实的基础。对于教师来说，通过跟踪学生的进度，学生的真正问题能被发现，从而做到对症解决，提高教学效果。就像道尔顿计划的创始人帕克赫斯特说的一样，道尔顿计划里面的教师能充分体会到"教"的快乐，学生能充分体验到"学"的愉悦②。

（二）《大学英语教学指南》中的要求与道尔顿计划契合

2020年新颁布的《大学英语教学指南》在基于教学目标的课程设置部分提出了"促进学生自主学习能力的发展和个性化学习策略的形成"，强调大学英语教学要兼具人文性和工具性的特征③。其工具性主要体现在大学英语学习要服务于学生本专业的学习，即学生要学会用英语获取本专业的知识，丰富自己的专业知识，提高自己的专业水平。道尔顿制刚好是这样一种理念：它是在个性化教学的大前提下注重的是学科之间的联系。在道尔顿制中，作业布置是一个核心环节，这个计划能否成功实施很大程度上取决于教师编排作业的技能。作业一般分为三类：最少，中等，最大。其最少的作业量包括一门课程的基础知识的必要内容，这三种作业分别对应不同程度的学生。除了个性化的任务布置之外，道尔顿制强调的是各学科之间的联系，反对把各个学科的孤立。因此在布置作业时，各科教师之间相互协作，相互联系，如在历史课上或科学课上布置了一个特别有趣的题目，英文教师可以在其中找到一些东西作为写作、辩论或口头表达的好材料④。

把道尔顿计划应用于大学英语教学，需要教师去发掘大学英语课程与自己所教学生专业的结合点。以笔者所教的2020级医学专业的学生为例，

---

① Benson, P., & Voller, P., *Autonomy and independence in language learning*. New York, NY: Routledge, 2014.
② Parkhurst, H.：《道尔顿教育计划》，陈金芳、赵钰琳译，北京大学出版社2018年版。
③ 《大学英语教学指南》，2020年版。
④ Parkhurst, H.：《道尔顿教育计划》，陈金芳、赵钰琳译，北京大学出版社2018年版。

在笔者的指导与要求之前，很多同学英语水平不错但从来没有读过有关自己专业的英文文献，经笔者强调解释英语对他们自己专业的重要性，并且建议阅读有关自己兴趣点的英文文献并且尝试着在学期末提交一篇医学类的科普类小文章之后，很多同学慢慢开始阅读英语文献。虽然一开始对有些同学来说并不那么顺利，但是随着时间的推移，越来越多的同学感受到了自己的进步和英语学习尤其是英语阅读的愉悦。正如一位同学反馈的那样，"我现在英语阅读方面跟以前不一样的是我没有被迫完成作业的感觉，如果英语的阅读（量）更多，反而会有一种舒畅感，越来越想做（阅读）……"

（三）学生的需求与呼唤

以笔者所在的大学为例，虽然根据学生在英语方面的水平差异组织分级教学，但是各级之间的差异更多地体现在教材和学习任务的量上，很少涉及教学组织形式上。而对于那些英语水平较好的 A 级或 B 级的学生，则是完全可以在教师的指导之下进行自主学习的。笔者曾对大学英语阅读教学方面基于道尔顿计划的自主学习的可行性这个问题对自己两个 A 级班的学生进行了调查，结果显示：84% 的学生愿意尝试这种全新的自主学习的安排，81.6% 的学生认为老师在英语阅读方面起辅助作用，74% 的学生认为自己在英语阅读方面坚持得不好，77% 的学生认为自己在阅读方面缺乏计划和自制力。具体结果见图 1 至图 4。

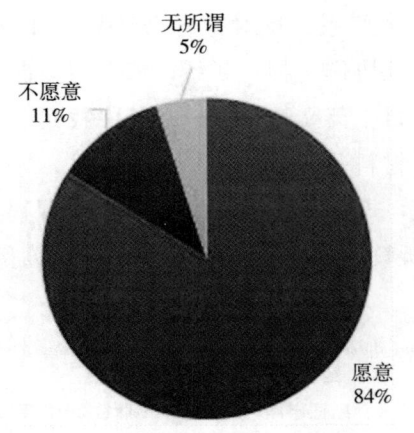

图 1　是否愿意尝试自主学习计划 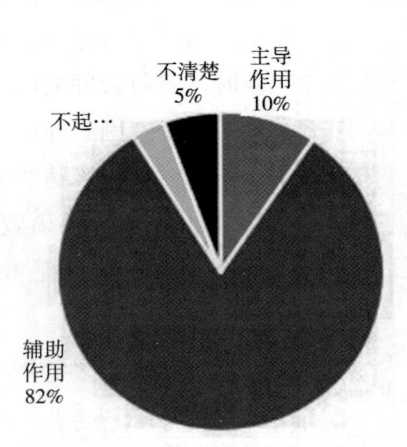　　图 2　英语阅读中老师所起的作用

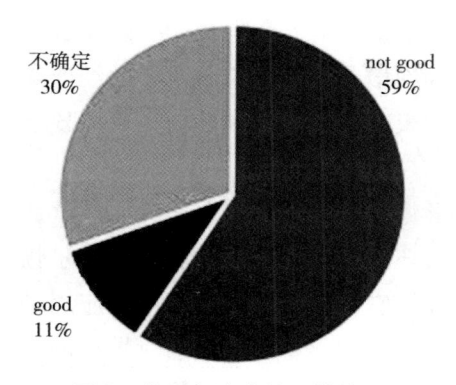

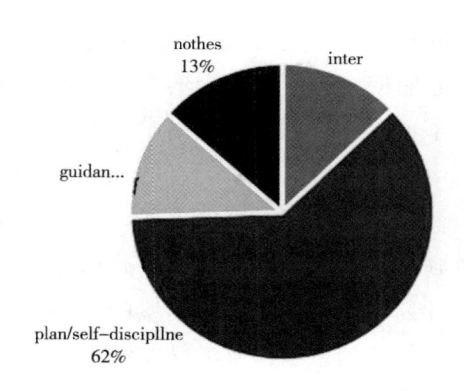

图3　英语阅读中的坚持情况　　　　图4　英语阅读方面缺乏的是

大部分同学在英语阅读方面坚持得不好究其原因是缺乏计划或自主学习的能力，这一点在之后的开放性问题"如何才能更好地坚持英语阅读"的回答中得到进一步的证实，很多同学都谈到了"计划"的重要性，如"同教师进行计划制订与督促""有计划进行""别人督促""设置计划和时间""制订每日小计划，坚持完成""制订计划，一日一篇，或一周几篇，……带着某种目标做阅读任务""根据自己的作息习惯制订合理的计划，……""规划固定时间，固定的量，让每天学习英语成为一种习惯""可以制订一个小计划和同学互相监督或者用一些打卡的软件来监督自己"；等等。

从以上论述可以看出，学生在大学英语学习中更需要的是教师的指导、辅助与督促。这个结果与近年来研究者们的研究结果相吻合，在学习过程中，起决定作用的是学习者自己，教师只是一个帮助者、协调者，或者类似于"顾问"的这样一个角色[1]。学生在语言学习中的自主性需要发掘与培养，而传统的课堂教学在这方面做到的很少[2]。道尔顿计划的宗旨就是培养学生基于对自己学习的责任心之上的学习自主能力，从老师同学生签订作业合同之际，到教师跟踪学生的进步，及至教

---

[1] Morrison, B. R., & Navarro, D., "Shifting roles: From Language Teachers to Learning Advisors", *System*, 2012, 40 (3), pp. 349-359.

[2] Han, Y., "Successfully Flipping the ESL Classroom for Learner Autonomy", *Nys Tesol Journal*, 2015, 2 (1), pp. 98-109.

师对每个学生的个性化的辅导与帮助，都是在培养学生责任心以及责任心驱使之下的学习上的自主与独立精神的培养与磨炼。研究者已经证实了道尔顿计划可以提高学习者学习上的表现，而道尔顿计划在英语教学中的应用提高了学习者的学习效果①。

他山之石，可以攻玉。在当前新形势的要求下，在大学英语教学遇到诸多问题且现有的很多改革方案成效还不是很明显的情况下，道尔顿计划也许是一个可资借鉴的思路和选择。它在大学英语教学中的应用是对传统的班级课堂教学组织形式的一种补充和丰富，同时它所秉持的教学理念相信会对广大的大学英语教师带来一定的启迪，就像译者陈金芳博士在《道尔顿教育计划》一书的序言中所说的那样：

> 当您阅读《道尔顿教育计划》一书的时候，一定不会觉得它是遥远的和空洞的，它所诉说的思想和事件就在您的身边，无论您是校长、教师或是家长，您一定会从中受到诸多启迪甚至恍然大悟。

---

① 17 Babuščáková, D., "The Dalton Plan in ELT: the Role of Teacher and the Role of Student", Darina Babušč áková, 2008.

混合式教学模式在大学英语教学中的综述研究

吴磊萍　赵　冰[*]

西北民族大学外国语学院

摘　要：本文回顾了混合式教学模式在大学英语教学中的相关研究。目前的文献回顾表明，混合式教学模式是多种教学模式、教学平台交叉应用的教学模式。本文用文献综述的方法对国内外的语言教学中应用混合教学模式做了综述性研究，以其了解混合教学模式的特点及发展趋势，有助于大学英语教学质量的提升。

关键词：混合式教学模式；大学英语教学；综述研究

引　言

此前，教育部[①]印发了《大学英语课程教学要求（试行）》（以下简称《课程要求》）。《课程要求》提出大学英语课程教学要采用新的教学模式改进原来的以教师讲授为主的单一课堂教学模式。新的教学模式应以网络技术为支撑，使英语教学走向个性化学习、跨时间和空间学习和主动学习的方向，体现英语教学的趣味性，应充分调动师生的积极性，特别是在教学过程中学生要确立主导地位。

---

[*] 作者简介：吴磊萍，研究方向为课程与教学论（英语）专业。赵冰，西北民族大学教授，研究方向为应用语言学及课程与教学论（英语）专业。

[①] 《教育部办公厅关于印发 2015 年教育信息化工作要点的通知》，http：//www.ict.edu.cn/news/n2/n20150306_ 22716. shtml。

随着教育信息化的迅速发展，信息技术以惊人的速度改变着学生们的学习方式。人们开始思考如何利用信息技术进行课堂教学改革。教育部①办公厅印发的《2015年教育部信息化工作要点》中指出："坚持促进信息技术与教育教学深度融合的核心理念。"在这个大环境下，Blended Learning（混合式教学）的概念被越来越多的教育工作者所提及。

新媒体联盟（New Media Consortium，NMC）和美国高等教育信息化专业组织（EDUCAUSE）合作完成的2015年和2016年的《地平线报告》都把混合教学的广泛应用作为发展趋势，学习分析、适应性学习和数字环境的新兴技术创新等发展都会不断促进混合式学习的应用②。在此背景下，Blended Learning（混合式教学）这一概念由此提出。

一 混合式教学的概念

近几十年来，混合式教学已成为一种新的教学趋势。混合式学习的研究相对较新，并与其他教育领域相联系，如英语教学法、教育技术、计算机辅助语言学习（CALL）和远程教育③。混合式教学的定义不同于传统的面对面教学方法。混合式教学定义为传统面对面教学与计算机辅助教学的结合④。混合式教学是从面对面和远程教学的优势发展而来的⑤。何克抗⑥认为所谓混合式教学就是要把传统课堂教学的优势和网络学习的优势结合起来，即在教学过程中不仅要发挥教师的主导作用，

---

① 《教育部办公厅关于印发2015年教育信息化工作要点的通知》，http://www.ict.edu.cn/news/n2/n20150306_ 22716.shtml。

② 马婧、周倩：《混合式环境下大学生学习性投入维度构成及其实证研究》，《教育发展研究》2019年第Z1期，第54—65页。

③ Picciano, A. G., Dziuban, C., & Graham, C. R., *Blended Learning*: Research Perspectives, New York, NY: Routledge Publication, 2013.

④ Bonk, C. J., & Graham, C. R., *The Handbook of Blended Learning*: Global Perspectives, Local Designs, San Francisco, CA: John Wiley & Sons, 2012.

⑤ Garrison, D. R., & Vaughan, N. D., Blended learning in higher education: Framework, principles, and guidelines. San Francisco, CA: John Wiley & Sons, 2008.

⑥ 何克抗：《Blending Learning看教育技术理论的新发展》（上），《电化教育研究》2004年。

又要体现学生作为学习主体的主动性与创造性。黄荣怀[①]教授提出：混合式教学是综合运用不同的学习理论、不同的技术和手段以及不同的应用方式来实施教学的一种策略。混合式教学是一种灵活、可扩展且有意义的教学方式[②]。

二 混合式教学模式研究现状

（一）国外研究现状

混合式教学的文献研究表明，使用混合式教学可以改善语言学习环境，它对教学起着至关重要的作用。混合式教学可以提高语言学习者的学习过程和结果。英语学习者通常对混合式教学表现出一种积极的看法和态度（见表1）。

表1

	作者	研究内容	研究结论
理论研究方面	Anna Buran, Arina Evseeva（2015）	探讨了混合式教学的优点和缺点，以及在教育过程中整合混合式教学课程的可能性	通过将在线学习与面对面课程相结合，可以成功地实现混合式教学课程的整合
	Olga I. Shaykina（2015）	该研究将混合式教学描述为一种创新的教学方法	总结了建立免费的网络资源库和网络课程，使英语混合式教学过程更加有效
	I. V. Stavtseva, I. A. Kolegova（2020）	讨论了混合式教学及其在线组件的开发问题	结果表明，与没有在线管理系统支持的传统课堂相比，混合式教学提高了学生的阅读技能

---

① 黄荣怀、周跃良、王迎：《混合式学习的理论与实践》，高等教育出版社2006年版。
② Senffner, D., & Kepler, L. G., *Blended learning that works*. Alexandria, VA: Association for Talent Development, 2015.

续表

	作者	研究内容	研究结论
应用研究方面	NatalyaEmelyanova，Elena Voronina（2017）	探讨学生对英语课堂混合式教学态度和看法	混合式教学是作为课堂教学（面对面教学）的补充，可以培养学习者的动机、态度和技能发展
	Lee SO（2013）	探讨了EFL（英语作为外语）学生对混合式教学中第二语言写作教学模式原型的看法	参与者在混合式教学的写作方面得分较高
	Thelal Iqab Oweis（2018）	调查混合式教学对德国大学生英语学习成绩和动机的影响	混合式教学方法提高了学生学习英语的动机，增强了学生对课程的关注
	FatemehBehjat，Mortaza Yamini，Mohammad Sadegh Bagheri（2012）	本研究探索传统或混合式教学环境是否能更好地提高英语学习者的阅读理解能力	结果表明，将传统的课堂教学与技术相结合可以帮助学习者在阅读理解方面取得更好的成绩
	Mahendra Puji Permana Aji（2017）	研究了混合式教学在听力教学中的实施情况	研究结果表明，在大学听力教学中实施混合式教学能够提高学生的听力技能

混合教学模式理论研究方面：教育资源是用于支持教育的在线材料，任何人都可以自由访问、下载、重用、修改和共享，因此在混合式教学中，要为学生去寻找开放的教育资源，开放的教育资源最显著的好处是，在备课和寻找实施新学习方式的方法时，可以为教师节省大量的时间①。

---

① Shaykina，O. I. ，"Blended Learning in English Language Teaching：Open Educational Resources Used for Academic Purposes in Tomsk Polytechnic University"，*Mediterranean Journal of Social Sciences 2015*，doi：10.5901/mjss.2015.v6n3s5p255.

混合式教学为非语言学专业的学生提供了一个机会,不仅可以提高他们的流利程度,还可以通过方便的在线环境增加练习语言技能的动机[1]。混合式教学整合的重要性在于,学生们有机会通过在线互动,在论坛、聊天和其他活动中讨论问题,在课堂外培养他们的沟通技能[2]。

混合教学模式应用研究方面:混合教学模式有助于提高学习者的写作技能,该研究还发现在混合式教学中,学习者还对个人学习设备的使用也很感兴趣,如智能手机、iPad 或平板计算机[3]。混合式教学可以积极地影响对语言的理解,学习者享受技术和在线文本的优势以及课堂上的阅读指导,学习者获取了大量的阅读资源,学习者可以利用现代技术来提高学生的阅读技能[4]。混合教学模式的学生表现更好,因此在英语教学中,除了传统的教学方法外,还必须采用计算机教学法,计算机增强了学生推断抽象概念与其周围环境之间关系的能力,当学生接触到视觉线索和受控的视觉环境时,他们会受到更多的鼓励来监督他们的学习计划[5]。混合式教学不仅影响了学生的听力技能,而且影响了他们的口语技能,并认为混合式教学在听力教学中的应用为更有效的教学过程提供了途径,并为学生带来了积极的结果[6]。在混合式教学中采用线上教学可以使学生学习更容易、更方便、内容更丰富,然而,这并不意味着这些因素本身可能会增加学习者在在线模式中的参与度,因此,教师有

---

[1] Stavtseva, I.; Kolegova, I., "Innovative Technology in Blended Learning: General English Course Design and Its Implementation for University Students", Bulletin of the South Ural State University series, *Education. Educational sciences*, 2020, 12, pp. 51 – 61.

[2] Buran, A.; Evseeva, A., "Prospects of Blended Learning Implementation at Technical University", *Procedia—Social and Behavioral Sciences*, 2015, 206, pp. 177 – 182.

[3] Lee SO, C. H. L., "A Case Study on the Effects of an L2 Writing Instructional Model for Blended Learning in Higher Education", *The Turkish Online Journal of Educational Technology*, 2013, 12.

[4] Behjat, F.; Yamini, M.; Bagheri, M. S., "Blended Learning: A Ubiquitous Learning Environment for Reading Comprehension", *International Journal of English Linguistics*, 2012, 2.

[5] Oweis, T. I., "Effects of Using a Blended Learning Method on Students' Achievement and Motivation to Learn English in Jordan: A Pilot Case Study", *Education Research International*, 2018, pp. 1 – 7.

[6] Aji, M. P. P., "English Listening Blended Learning the Implementation of Blended Learning in Teaching Listening to University Students", *Kajian Linguistik dan Sastra*, 2017, 2.

必要在培养学习者动机的同时让学习者参与到混合式教学中①。

(二) 国内研究现状

混合教学模式同样受到了国内外语教学领域的学者专家们的关注 (见表2)。

表2

	作者	研究内容	研究结论
理论研究方面	李逢庆 (2016)	构建了 ADDIE 教学设计模型,阐释了混合式课程的教学设计,并对混合式教学实施过程中课前、课中、课后三个阶段的师生活动进行了深入探讨	混合式教学作为课堂教学的一种延续性创新,可以为学生提供超越现有教育教学体系的服务,也可以为教师教学学术的发展提供更为广阔的空间
	凌茜、马武林 (2009)	探讨了 Web 2.0 环境下的多元化大学英语混合式教学的实现方式	混合式教学的运用,可使大学英语学习者获取具有丰富的图、声、文字相结合的大量英语学习资料,与英语为母语的本族语者亲切零距离接触学习语言,从而激发学生学习英语的兴趣
	蔡基刚 (2019)	在学术英语教学中,采用什么样的教学方法最能达到有效培养学生的学术英语技能和学术英语素养	根据学术英语教学实践,基于建构主义思想、结合项目教学法 (或案例教学法) 和基于文本分析法的混合教学模式最能达到有效培养学生的学术英语技能和学术英语素养

---

① Emelyanova, N., & Voronina, E., "Introducing Blended Learning in the English Language Classroom: Students' Attitudes and Perceptions Before and after the Course", *Knowledge Management & E-Learning*, 2017, 9 (1), pp. 33 – 49.

续表

	作者	研究内容	研究结论
应用研究方面	索格飞、迟若冰（2018）	探索基于慕课的混合式跨文化外语教学是否有助于提升大学生的跨文化交际能力和英语应用能力	开展线上线下相结合的混合式教学，整体教学效果评价良好，比较成功地实现了大学生跨文化交际能力与英语应用能力提升的双重目标
	钟兰凤、钟家宝（2019）	构建了一个混合式BREAD的教学模式，探讨EAP阅读教学融入线上线下混合课堂的教学效果	BREAD用数字技术支持EAP阅读线上线下教学，营造混合阅读教学环境，有效促进了学习者对EAP阅读知识的建构
	侯建军（2010）	对大学英语混合式教学的学习效果进行了调查和分析	大学英语混合式教学模式对提高学生的英语听说能力取得了一定成效
	孟彦莉（2011）	研究了混合式教学策略在培养英语学习者写作能力方面的应用	使用混合式教学模式的学生具有较高的写作自我效能感
	杨芳、魏兴、张文霞（2017）	研究了混合式教学在ESL环境中的使用	线上线下教学的有机融合是实施英语混合式教学的根本保障
	张汉彬（2019）	研究了混合式教学在英语课程教学中的应用	研究结果显表明，基于Rain课堂的混合式教学模式是大学英语学习中培养学生综合语言水平的有效方法

理论研究方面：混合式教学可以提高学习者学习英语的兴趣，扩大文献的阅读量，提高学生的学术英语写作能力和批判性思维能力，科研方法和科研能力得到显著提高[①]。将掌握学习理论、首要教学原理、深度学习理论和主动学习理论作为混合式教学的理论基础，在混合式教学

---

① 蔡基刚：《以项目驱动的学术英语混合式教学模式建构》，《解放军外国语学院学院》2019年第3期。

中，教师指导学生进行自主探究，教师既尊重学生个体的独立性，让其在自主探究的过程中建构自己的知识体系，又保证在有限的时间内协助学生取得较大的学习效益①。凌茜、马武林②认为混合式教学是线上学习与线下学习的结合，既满足了大学生内在学习的需要，又解决了因设备和教学场所不等足带来的外在困难。

应用研究方面：孟彦莉③研究了混合式教学策略在培养英语学习者写作能力方面的应用。她把混合式教学模式运用在语言学习者的写作技能中，研究结果表明，混合教学模式是提高学生写作水平的有效措施。杨芳、魏兴、张文霞④研究了混合式教学在ESL环境中的使用，其研究结果表明，线上线下教学的有机融合是实现英语混合式教学的基本保证，从互联网上获取丰富、优质的学习资源是实施英语混合式教学的重要手段。教师和学生都对在英语教学中整合混合学习有着积极的看法和态度。索格飞、迟若冰⑤认为在混合式教学评价中，教师可以充分利用慕课平台全面评价学生的英语应用能力和跨文化沟通能力，对学生进行多种方式评价。钟兰凤、钟家宝⑥在BREAD混合教学模式中指出，学习者以课堂教学为出发点，以材料获取为支撑点，在任务和项目驱动下开展学生演示、即时讨论、同伴互评、资源共享、师生互评交流学习，逐渐将EAP阅读教学与BREAD平台建立成相互联系的一个系统，建构以培养学习者的学术能力为最终目标的EAP阅读教学范式。侯建军⑦混合式教学模式下学生的英语听、说水平提高显著，这说明了混合式教学

---

① 李逢庆：《混合式教学的理论基础与教学设计》，《现代教育技术》2016年第9期。

② 凌茜、马武林：《基于Web 2.0平台的大学英语混合式学习探究》，《电化教育研究》2009年第6期。

③ 孟彦莉：《基于混合式教学的大学英语写作自我效能感培养研究》，《电化教育研究》2011年第5期。

④ 杨芳、魏兴、张文霞：《大学英语混合式教学模式探析》，《外语电化教学》2017年第1期。

⑤ 索格飞、迟若冰：《基于慕课的混合式跨文化外语教学研究》，《外语界》2018年第3期。

⑥ 钟兰凤、钟家宝：《混合式EAP阅读BREAD教学模式设计及有效性研究》，《外语电化教学》2020年第1期。

⑦ 侯建军：《基于混合学习的大学英语教学实践与研究》，《电化教育研究》2010年第5期。

可以提高学生的听说能力。张汉彬①这项研究旨在设计一个混合式学习环境，在这个环境中，雨课堂被 ESL 学习者使用，混合式教学能提高学生的综合英语能力。

结　语

国内外学者对混合式教学进行了深入研究，取得了丰富的理论与实践研究成果。但是，对于混合式教学的研究存在一些不足。首先，比较研究仍然缺乏。比如，不同的教育层次之间在实施混合式教学是否存在差异，在小学实施混合式教学和大学实施混合式教学是否会产生一样的教学效果。其次，在以往的混合式教学研究中，较少的研究关注于学习者本身，很多学者的研究都是从教师的视角出发的。在今后的研究中，只有从更加全面的角度进行研究，混合式教学模式才能更加成熟。

---

① Zhang Hanbin,"Blended Teaching Mode Based on Rain Classroom in College English", Conf. Ser.：Mater. Sci. Eng.

外语专业学生实现自主学习的方法

——以阿拉伯语为例[*]

张 靖 马晓明[**]

西北民族大学外国语学院

摘 要：自主学习是实现高效学习的前提。21世纪，外语院校在对外传播中发挥着重要作用的同时，外语专业学生的学习环境及目标与以往的学习环境及目标有极大的差异，学习模式也应随之改变。为了增强外语专业学生特别是阿拉伯语专业学生的核心竞争力，学生除了要掌握自己所学专业的学科知识外，还需重点培养自身的自主学习能力和学习习惯，以及掌握自主学习的方法。

关键词：外语专业学生；自主学习；阿拉伯语；学习方法

天津外国语大学周和军教授撰文《外语院校在对外传播中的职责与使命》称："习近平总书记在庆祝中国共产党成立100周年大会上的重要讲话中提出'九个必须'，科学回答了党和国家事业发展的领导核心、奋斗目标、指导思想、战略支撑、政治建设、重要保障等一系列重大问题，丰富和发展了习近平新时代中国特色社会主义思想。结合习近平总书记主持中共中央政治局第十三次集体学习时发表的重要讲话，外

---

[*] 基金项目：本文系2020年度西北民族大学"国家级一流本科专业建设点：阿拉伯语"（项目编号：2020GJYLZY-06）；外语教育研究创新团队（1110130137）；2022年度西北民族大学教育教学改革研究项目（项目编号：2022XJJG-111）；西北民族大学外语教育研究创新团队项目（1110130137）的阶段性研究成果。

[**] 作者简介：张靖，西北民族大学外国语学院阿拉伯语专业本科学生；马晓明，西北民族大学外国语学院讲师，主要从事阿拉伯语语言教学、语言文学研究。

语院校要把握这两次讲话的精髓要义，明确自己肩负的职责与使命，增强思想和行动自觉，以'赶考精神'办好人民满意的外语教育，向党和人民交出一份优异的答卷。"①周教授把外语院校的职责与使命归纳为四点：第一，外语院校应发挥学科优势，培养新时代国际传播需要的专门人才；第二，外语院校必须勇担外宣使命，深入讲好中国主张、中国智慧、中国方案；第三，外语院校在中外人文交流、公共外交、中华文化传播中具有不可替代的独特优势，要勇担"让世界读懂中国"和"让中国走向世界"的双重使命，通过中华学术外译、对外合作交流等方式增进、深化外国民众对中国的认识和了解；第四，外语院校要发挥多语种翻译、国际传播、中华文化海外推广等学科优势，为构建中国话语和中国叙事体系，展示中国力量献智献力。

可见，外语院校在对外传播方面一直发挥着不可替代的作用，为了更好地发挥这方面的作用，外语院校就应该在培养优秀学生，输出专业人才方面下功夫。外语专业学生的成长是在教师的引导下学会学习，寻找适合自主学习的有效途径。

一　自主学习的内涵

自主学习这一概念最早出现于 20 世纪 60 年代。从 80 年代开始，国内外对自主学习的理论与实践进行了越来越深入的研究。1981 年，语言学家 Holec②将自主学习定义为"自我管理学习的能力"。自主学习根据字面理解应该是学生个人自觉设定学习目标，选择学习内容，做好学习进程安排，通过选择适合自己的学习方式和方法，自我监控学习的过程及做出公平的自我评价等。自主学习是一种现代化的学习方式，与传统的课堂教学有着很大区别。自主学习方式以学生作为学习主体，

---

① 见 2021 年 7 月 18 日光明网，https：//share.gmw.cn/www/xueshu/2021－07/18/content_35001112.htm。
② 1981 年，霍尔克（Henri Holec）在其著作《自主性与外语学习》中，最早把"自主学习"的概念引入语言学习的研究中。他认为自主学习是"对自己的学习负责的一种能力"，它包括确定自己的学习目标、决定达到目标的途径、运用恰当的学习方式、采用合理的评估方式、对所学知识进行评估。

学习中学生自己做主，不受他人支配，不受外界干扰，通过阅读、研究、观察、实践、探索等多种学习方式实现学习目标。①

二　外语专业学生实现自主学习的路径

（一）形成自主学习的意识

自主学习是以学习者自主意识的觉醒为前提的，它以外语专业学生学习主动性的自我激发为出发点，使其在学习过程中进行自主选择、自主监督、自主激励、自主检测及自主修正，最终达到自我管理及自主发展这一高效学习目的。自主学习是循环、开放的，外语专业学生自主意识的（再）觉醒会引发外语专业学生自主目标的（再）选择、学习过程的自主（再）监督、自主（再）检测及自主（再）修正。

意识是行为的先导，真正意义上的自主学习是以学习者自主意识的觉醒为前提条件的。调查显示，所有学习自主性较强的学生都"同意"或"完全同意"有监控学习全程的责任和义务。② 外语专业学生只有充分认识了自身在外语学习中的地位、作用、价值时才会在外语学习过程中充分发挥主观能动性。要促使自主意识的觉醒，阿拉伯语专业学生必须充分认识到以下几个方面的问题。第一，"我"是学习阿拉伯语的主体和主人。第二，"我"有学习并学好阿拉伯语的责任和义务。第三，"我"为提高自己专业能力，促进自身未来发展而学习阿拉伯语。第四，未来对阿拉伯语人才的素质能力要求会更高。第五，"我"不同于其他外语专业学生，"我"应该结合自己的实际情况在不同阶段制定不同的阿拉伯语学习方法。

充分认识自我——自我在学习中的地位、自我特征、自我追求目标，是实现外语学习中自我潜能释放及自我作用发挥的首要条件。无数实践证明：学生自主意识越强，自主学习的特征越显著。

---

① 贾敏：《高校英语专业学生自主学习的必要性与可行性》，《读与写》（教育教学刊）2015年第10期，第19、30页。

② 陈荷荣：《外语专业学生自主学习模式探析》，《广州大学学报》（社会科学版）2003年第11期，第88—91、100页。

（二）自主选择

外语专业学生自主意识的觉醒会产生巨大的内驱力，从而促使外语专业学生进行自主学习活动。有调查发现，90%以上自主意识较强、学习效益较好的学生都会适时、适地对学习目标、内容、方式等进行自主选择。虽然教学大纲统一规定了每一阶段学生在听、说、读、写、译等专业技能和非专业技能方面应达到的标准，但每个学生基础各异，兴趣不同，在中期目标的选择或制定上也应体现差异，既不能过高，也不能过低。外语专业学生应依据每一阶段个人的具体情况，参照整体目标进行调整。对于学校课程未涉及未来发展所需的知识与技能，外语专业学生应自己制订一个与自身情况相适应的目标计划。

自主学习能力是一种跨学科、跨领域解决复杂问题的能力。自主学习能力包含各种不同认知能力的积极使用以及学习动机的自我驱动，可以应用在学习不同学科以及完成不同领域和类型的社会性工作。[①] 例如，若阿拉伯语专业学生有意愿在毕业后从事工程类翻译的工作，那么在大学四年的学习阶段里应自主选择工程类的课程进行学习，为以后的相关工作打下一定的基础。同样，短期小目标的制定也应如此，每月、每周乃至每天应在何种程度上完成哪些任务对于每位外语学习者都不尽相同，只能依据自身实际做恰当处理。例如，一个月内完成新编阿拉伯语第三册的知识回顾；一周内掌握阿拉伯语中虚词的用法；一天内掌握三十个阿拉伯语单词左右组成的阿拉伯语句子等。恰当的目标、内容及方法的选择是引导、激励外语专业学生成功的基础。

（三）进行自主监督

非母语环境下的外语学习的成功需要一个艰苦漫长的过程，大学阶段的外语专业学习更是如此，因为在这期间我们会产生疲倦和懈怠，所以自主监督是必不可少的。每个具体行为实施了，其小目标才有可能实

[①] 郭文娟、刘洁玲：《核心素养框架构建：自主学习能力的视角》，《全球教育展望》2017年第3期，第16—28页。

现，当无数个小目标达到了，大目标才能水到渠成地达到。如第二步所述，当我们要完成某一册书本的知识回顾的时候，我们在心里应该时刻谨记我们要按时按量地完成这个任务，以此来实现这一个小目标，这就是一个简单的自我监督的过程。因而，对于每门课程的目标在每个阶段是否如期达到、课程之外的其他学习行为、目标是否按时实施、实现，每位外语学习者自己必须严格加以监控。调查表明，高效外语学者会采用多种方式检查学习行为及目标的实施、实现情况。外语学习中的自我监督犹如策马疾行的马鞭、鼓舞斗志的号角。有了它，外语专业学生就不会止步不前，外语学习成功的可能性才越大。

（四）自主检测

外语学习中的自主监督是为了确保学习行为如期实施和目标的如期实现，学生对每次、每段学习效果自主检测是为了确保学习行为实施的质量。调查证实，学习效益好的学生都有一套行之有效的自主检测学习效果的方法。其中包括课内外的学习目标、内容、方式、方法，还有学习整体方向的把握以及学习时间的分布是否合理。每门课在每节、每段都有具体的要求；此外，每位学生还有课外所要达到的知识、技能目标，上述具体要求和目标是否已达到需要经过检测才能得知。检测要有计划、分步骤进行。对于每一门课程所学内容，可以对照任课教师或教科书提出的要求进行自我检查，对于课外学习的知识、技能，参照其所属学科门类的相关标准来检测。当然，知识的框架结构和综合技能发展的总体水平难以进行具体化的检测，应结合市场要求做前瞻性估测。自主检测原则上要便于操作，方式可灵活多样。

（五）自主修正

由于学习过程的复杂性和动态性，学习策略的使用效果受到很多因素的影响，这就要求学生加强对自身策略使用的动态监控和修正。学生通过自我评估策略使用情况，保留有效学习策略，并能及时察觉不合适或者没有产生预期效果的学习策略，换用其他更为合适的学习策略。① 这就是自主修正。具体来说，自主修正包括：根据学习任务的完成情况与完成质量来调整不当目标；对要求掌握的知识进行查漏补缺；总结之前学习方法的利与弊，以寻找更加高效的方法等。

结　语

综上所述，适应时代要求，探索自主学习方法，是外语专业学生高效发展的必经之路。外语专业学生一旦掌握了自主学习的方法并付诸实践，那么学生进行自主学习的主观能动性将大大提高，对自主学习的兴趣大大增加，进而能提升学生在专业领域所取得的成绩，而当学生在专业方面取得了听、说、读、写、译等方面的全面发展时，自然而然地就推动了一流本科专业的建设，进而拥有了为中国的对外传播贡献力量的实力。需要指出的是，从培养自主意识，到自主选择目标、自主监督、自主检测、自主反省修正，自主学习方法的开发建立到完善并非一日之功，它的成功实现既要靠学生自身不懈的努力，又要依赖于整个教育环境。

从表面上看，自主学习只强调学生的角色与作用，似乎没有体现教师的作用与地位。但事实并非如此，相反，它对教师提出了更高的要求，它要求教师要更加了解自己的教学对象，更科学地选择教学素材，更充分地利用课堂教学时间，把原来有限的课堂变成无限的自主学习过程②。自主学习的实施，意味着传统教学双方角色会发生革命性的变化。这一学习模式不仅适用于外语专业学生，在很大程度上也适用于其他专业，值得研究与推广。

---

① 徐锦芬：《外语类专业学生自主学习能力的构成与培养》，《外语界》2020年第6期，第26—32、62页。

② 贾琰：《自主学习模式与外语教学》，《郑州轻工学院学报》2000年第12期，第73—75页。

第五部分　教育教学调研报告

多语言系统下少数民族地区初中英语学困生的成因及对策研究

——以甘肃省东乡族自治县第六中学为例*

马 兰 张 慧**

西北民族大学

摘 要：在多语言系统下的少数民族地区，由于诸多因素导致初中学生英语基础和水平相对薄弱与滞后。本文以甘肃省东乡族自治县第六中学三个初中年级的学生为研究对象，采用问卷调查法、访谈法和实物分析等方法，对该校英语教学现状和导致英语学困生产生的原因进行调查与分析，并对提高学困生英语学习能力和水平提出一些对策与建议。

关键词：多语言系统；初中英语；学困生；成因；对策

随着经济全球化不断地发展和"一带一路"倡议的顺利实施，英语的沟通桥梁作用日渐凸显，成为各国人民之间交流沟通的一门重要语言，尤其是我国作为世界第二大经济实体和最大发展中国家，社会对英语人才的需求越来越大。因此，全国各教育阶段的英语教学，其中包括初中英语教学阶段都加大了英语课程或英语专业的培养力度和资源配置，国民的学习英语的思想意识和英语水平都到达了前所未有的高度，

---

* 基金项目：2022年度西北民族大学教育教学改革研究一般项目，"'一带一路'背景下翻译技术与高校阿拉伯语翻译人才培养"（2022XJJG-75）阶段性成果，"新时代高校翻译教学中铸牢民族共同体意识教育途径实践研究"（2022XJJG-76）阶段成果。

** 作者简介：马兰，西北民族大学副教授；张慧，西北民族大学研究生。

英语教育在学校教育中的地位愈加突出，尤其初中英语教育是学生认知世界的第一个重要关口，也是学习英语过程中一个重要的环节。

少数民族是中华民族的组成部分，国家高度重视民族地区的经济社会发展，教育亦然，助力他们走向世界和传播民族文化也给予极大的扶持。随着少数民族地区基础教育的发展，其英语教育发展及提升少数民族学生英语素质和水平更加凸显出其重要性。然而由于民族地区优质教育资源欠缺，教材内容设置偏难，学校和家长的外语教育观念落后，学生对英语学习的重要性缺乏认识等因素，阻碍了英语教育的发展与创新，导致学生英语基础薄弱与滞后。特别是多语言系统下民族地区的学生，其英语学科尤为偏低。由于他们有自己民族地区母语、国家通用语言文字、交际用语多种语言，这种复杂的语言体系在一定程度上加大少数民族学生学习英语的难度，因为他们在英语学习过程中，地方母语、汉语与英语之间双向作用、相互影响，加之民族语言习惯、语言认知心理等因素，使民族地区学生的英语水平远远落后于同龄城镇的学生的水平，这也是少数民族地区的初中英语学困生越来越多的主要原因。

甘肃省东乡族自治县地处黄土高原丘陵地带，位于甘肃省中部西南面，全县辖8镇、16乡，截至2021年2月，全县总人口38.17万人，少数民族总人口占90.13%，其中东乡族33.55万人，占总人口的87.9%。[①] 东乡族是中国56个少数民族之一，他们有本民族语言，无本民族文字，东乡语属阿尔泰语系蒙古语族。东乡语是东乡族人民在生产生活中交流的主要交际工具，与其杂居的其他民族，有不少人也能流利地使用东乡语。汉文为东乡族的通用文字，大多数东乡族都兼通汉语。东乡族自治县全县小学已全面实现国家通用语言文字教学，英语教学已从小学三年级开始授课。然而来自社会、学校、家庭，还有学生自身问题等因素的影响，导致学生学习英语产生诸多困难与障碍。小学即使开设了英语课程，也形同虚设，有些学生汉语都没学好，更谈不上学

---

① 东乡族自治县人民政府门户网站（www.dxzzzx.gov.cn）>魅力东乡>乡情概况（2021年2月20日）。

好英语，从而导致学生小学毕业时，英语基础非常薄弱。这些小学的英语学困生会全部进入初中学习，由于他们英语基础差和自主能力相对较弱等原因，这部分学生也就成为了初中阶段英语学习的学困生。

一　绪　论

（一）选题缘由

2001年6月，教育部正式颁布《基础教育课程改革纲要（试行）》（以下简称《纲要》或"新课标"）。其中明确提出："基础教育阶段英语课程的总体目标是培养学生的综合运用能力。综合语言的运用能力的形成建立在学生语言技能、语言知识、情感态度、学习策略和文化意识等素养整体发展的基础上。"① 之后，《英语课程标准》《小学英语课程教学基本要求》等政策的出台，标志着我国将英语的基础教育事业推向全面发展阶段。2002年7月，在中央召开的民族教育工作会议上提出"要搞好少数民族地区的外语教学"②。这体现了党中央对少数民族地区包括英语在内的外语教育给予前所未有的关注与重视，也表明加强少数民族地区的英语教学，提高民族学生的英语水平势在必行。

事实上，在少数民族地区英语教学水平低、学习成绩差的现象普遍存在，东乡族自治县也不例外，其初中阶段学生的英语水平也不乐观，与同龄城镇的学生的英语水平相比还有很大的差距，并且成为民族地区教育发展和实现教育现代化的主要"瓶颈"之一。笔者在多次前往东乡族自治县的初中学校的调研中发现，由于地域偏僻、经济落后、师资力量薄弱、优质资源短缺、教学方法陈旧、学生对学习英语不感兴趣，加之本民族语言对英语学习的影响，导致英语学困生的人数居高不下。鉴于上述因素，笔者以甘肃省东乡族自治县第六中学初中生为调研对象，对该校英语教学现状和导致英语学困生产生的原因进行调查与分析，并对提高学困生英语学习能力和水平提出一些对策和建议。

---

① 《英语课程标准》第3页，教育部2001。
② 李少伶、周真：《少数民族地区英语教学改革研究》，云南大学出版社2005年版，第1页。

（二）研究的问题

少数民族地区英语教学水平低，学生学习成绩差的现象普遍存在，甘肃省东乡族自治县第六中学也存在同样的问题与困惑。根据该校2020—2021学年第二学期期中和期末英语成绩统计，七年级英语成绩及格率为8.2%，八年级及格率为7.6%，九年级及格率为2.4%，数据显示全校学生整体的英语水平普遍偏低。本文通过量化和质性相结合的方式探析英语教与学方面存在的问题及影响因素，最后提出一些改进的建议与策略。

本文的主要研究问题如下。

（1）英语学困生人数居高现象是否存在学生在英语学习中面临本族语、汉语和英语相互迁移而致的因素？如何解决？

（2）小学阶段英语基础差，造成的原因是什么？

（3）教学条件不足、师资力量不足及家长关注度不够是否制约了英语教与学的良性发展及学生英语水平的停滞不前？

（4）如何培养学生学习英语的兴趣和激发他们学习的能动性？

（三）研究目的和意义

本文以甘肃省东乡族自治县第六中学初中学生作为调研对象，采用实证的方法，通过质性和量化相结合的方法深入了解在校英语学困生的学习现状与困惑，并分析其背后的原因。在此基础上，根据多语言系统下少数民族地区学生英语学习的特点与实际情况，尝试提出促进少数民族地区初中英语教师学科教学知识发展的策略，并对转化英语学困生提出一些建议，希望他们能够打好英语基础，为他们下阶段的学习和未来的发展打下坚实的基础，也希望能为学校管理者和教师提供一些数据支持，同时对家长参与其孩子的英语教学提供一些思考和启发。

因此，研究少数民族地区学生英语学习的现状，分析学困生的成因，并提出一些有针对性和操作性的策略和建议具有一定的实践意义，尤其是分析多语言系统下少数民族地区初中学生英语学习成绩不理想，面临的一些问题和困惑，并提出一些可借鉴的建议具有一定的现实意义。

（四）研究方法

通过梳理和分析国内外学术界对少数民族地区英语学科教学知识、民族学生英语学习的相关前期研究动态的前提下，选取甘肃省东乡族自治县第六中学为样本学校，学校的英语教师和初中三个年级的学生为研究对象，采用已有研究成果开发研究工具，具体使用问卷调查法、访谈法、观察法和实物分析等方法展开研究，使用 SPSS 27.0 数据统计软件做信度分析，从各个方面了解甘肃省东乡族自治县第六中学英语学科教学知识发展中存在的问题，以及初中学生英语学科薄弱、学困生居多的原因。基于对调查结果系统分析的基础上，分析问题产生的原因，提出提升民族地区多语言系统下英语教育教学质量和民族学生英语水平的建议。

（五）研究对象

东乡族自治县初中阶段的学校共有七所中学，本文选取东乡族自治县第六中学为实证研究样本，选择初中三个年级的学生及英语教师作为研究的对象，通过问卷调查和访谈的方法，较为准确地了解样本学校英语教学水平和学生学习成绩的真实情况。

二 甘肃省东乡族自治县第六中学英语学习现状

（一）东乡族自治县第六中学师生数据

东乡族自治县第六中学始建于 1989 年，学校现有学生 1101 名，女生 541 人，教职工 77 人，其中专任教师 62 人。

专任教师中有英语课目教师共 11 人，其中 4 人是英语本科学历文凭，5 人是英语专升本学历，1 人的本科专业是数学，另外 1 人是硕士学历，其硕士专业是农业专业。全校有 1101 名学生，共 20 个班级，班级人数多，都是大班额。其中七年级 8 个班，除一个班级 49 人外，其他班级人数都在 50 人以上。八年级 6 个班，两个班的人数在 50 人以上，另外 4 个班人数都在 60 人以上。九年级 6 个班，相比前两个年级的班额，班级人数少一点，5 个班级在 40 人以上，1 个班的人数在 50 人以上（见表 1）。

表 1　　　　　东乡族自治县第六中学样校学生情况一览表

学生信息	类别	人数（人）	百分比（%）
性别	男	560	50.86
	女	541	49.14
民族	东乡族	1095	99.46
	汉族	2	0.18
	回族	4	0.36
年级	七年级	441	40.05
	八年级	372	33.79
	九年级	288	26.16

从学生性别、民族、年级结构分析，男女生性别比例正常、合理，男生比列略高于女生 1.76%，从女生所占比例的数据中不难看出，国家重视、保障适龄少年接受义务教育的权利，尤其保障女生的受教育权在此地区得到很好的保障。由于东乡族自治县是东乡族群体的集聚之地，因此学生民族结构中 99.46% 是东乡族学生，回族和汉族人数各占 0.18% 和 0.36%。至于学生人数，各年级学生人数比例不均衡，七年级人数最多，占总数的 40.05%；九年人数最少，占总数的 26.16%。

（二）英语成绩数据及分析

从 2020—2021 学年第二学期全校三个年级的期中英语成绩统计整体分析，全校学生整体的英语水平普遍偏低（见表 2）。七年级 8 个班，441 人，及格人数为 36 人。其中一个班级及格人数为 0 人，平均分是 27.3 分，成绩最好的一个班级及格人数为 13 人，及格率为 25.5%，平均分为 58.4 分；八年级 6 个班，342 人中及格人数为 23 人。其中及格人数为 0 的班级竟然达到 4 个，其平均分数都在 23 分以下。成绩最好的一个班级及格人数为 16 人，及格率为 29.6%，平均分为 52.4 分；

九年级 6 个班中，同样及格人数为 0 的班级也是 4 个，成绩最好的一个班级及格人数为 6 人，及格率为 11.5%，平均分为 64.8 分，最差的班级的及格率为 0，平均分为 26.9 分。

表 2　　　2020—2021 学年第二学期期中英语成绩统计表

年级	应考人数（人）	实考人数（人）	及格人数（人）	及格率（%）	平均分（分）
七年级	441	441	36	8.2	35.9
八年级	372	342	23	6.7	30.6
九年级	288	288	7	2.4	39.5

九年级在第二学期未进行期末考试，数据标为 0，因此只针对七年级和八年级的期末英语考试成绩进行分析。由表 3 可知，七年级较之于期中考试，及格人数及平均分略呈现下降水平，但基本上与之持平，可见一学期的学习之后，学生的英语水平没有进步与提升。八年级较之于期中及格人数及平均成绩有小幅度的提升，及格率提高了 2.3%。

表 3　　　2020—2021 学年第二学期期末全校英语成绩统计表

年级	应考人数（人）	实考人数（人）	及格人数（人）	及格率（%）	平均分（分）
七年级	441	430	35	8.1	34.4
八年级	372	334	30	9	37.2
九年级	0	0	0	0	0

总体而言，85 分以上学生人数为 0，优秀率为 0，而英语学困生人数居多，及格率太低，所占比例较大。总体全校学生的英语整体水平还是偏低。

（三）班级成绩分析

对全校七年级八个班随机抽取一个班的英语成绩进行分析，结果如下。

表4　　2020—2021 学年第一学期期末七年级 2 班英语成绩统计表

年级与班级	平均分	最高分	最低分	85 分以上	70 分以上	60 分以上
七年级 2 班	28.6	84	5	0	3	5

抽取的班级为七年级 2 班，该班总共有 56 人，其中英语成绩最低分为 5 分，最高分为 84 分，平均分为 28.6 分，最低分和最高分相差 79 分，由此可见该班学生成绩差距较大。85 分以上有 0 人，70 分以上有 3 人，60 分以上有 5 人。整体成绩偏低。该班优秀率为 0，及格人数仅有 8 人，48 人不及格，因此，可以得知该班的英语成绩整体较差，低分数居多，学困生现象突出（见表 4）。对全校八年级六个班随机抽取一个班的英语成绩进行分析，结果如下。

抽取的班级为八年级 1 班，该班总共有 58 人，班级英语平均分为 23.8 分，班级最高分为 42 分，最低分为 7 分，班级英语成绩及格人数为 0，其中 40 分以上有 2 人，30 分以上有 10 人。因此该班整体的英语水平低，学困生现象非常突出（见表 5）。

表5　　2020—2021 学年第一学期期末八年级 1 班英语成绩统计表

年级与班级	平均分	最高分	最低分	40 分以上	30 分以上	总人数
八年级 1 班	23.8	42	7	2	10	58

对全校九年级六个班随机抽取一个班的英语成绩进行分析，结果如下。

抽取的班级为九年级 4 班，该班总共有 48 人，该班的平均成绩为 33.7 分，班级最高分为 39 分，最低分为 7 分（见表 6）。

表6　　2020—2021 学年第一学期期末九年级 4 班英语成绩统计表

年级与班级	平均分	最高分	最低分	30 分以上	30 分以下	总人数
九年级 4 班	33.7	39	7	6	29	48

由统计结果可以看出，该校学生的英语整体水平较差，英语学困生现象突出。尤其作为面临参加中考的九年级学生，英语整体水平堪忧，

学困生人数居多，这样的英语成绩势必制约了他们考取高中，继而进入大学求学的步伐。由此现象可以看到，从初一的英语学困生到初三的三年时间里，他们的英语水平并没有得到提升，学困生人数并未下降。

三 东乡族自治县第六中学初中英语学困生成因调查分析

（一）调查问卷

1. 调查问卷设计

本文结合不同学者对学困生成因的探究，编制了对少数民族地区初中英语学困生的成因调查的问卷，从多语言系统的角度对学困生成因进行了调查，其中包括6道个人基本信息题，10道学习体验题目以及5道学习满意度的题目。

2. 调查主体

本文的调查样本来自于甘肃省东乡族自治县第六中学七年级学生的54份，八年级学生的61份，九年级学生的57份。此次问卷共发放175份，收回有效问卷172份，有效回收率高达98.3%。

3. 调查问卷对象的基本情况分析

从基本情况来分析可以了解到所调查的学生涉及初一、初二、初三三个年级，其中初一占比31.4%，初二占比35.47%，初三占比33.14%，由此可以看出调查的各年级基本人数相当，在本调查中可以规避因为调查年级不同，学生认知的不同而出现的结果上的偏差。此次调查人数中男生占比33.14%，女生占比66.86%。其中东乡族学生占总人数的98.51%。因此可以了解到本地区东乡族学生占大多数，东乡族学生大多都会东乡语，与本次调查的目的相符，了解本民族的语言会不会对学习英语产生影响，符合本次的调查的要求。被调查的学生大多都居住在农村，比率达61.05%，县城的学生占32.56%，还有少数外地的学生。其中父亲和母亲的学历大多为小学学历，分别为61.63%和77.33%，中学学历占比为33.14%和18.03%，本科学历及以上占比很小，说明该地区整体的受教育水平普遍较低。

4. 调查结果及数据分析

通过 SPSS 27.0 数据统计软件对 172 名同学所反馈的数据进行信度分析，对其中各个选项赋值为：$A=5$，$B=4$，$C=3$，$D=2$，$E=1$，进行以下分析。

（1）学生居住地区与学生英语学习体验的分析。

由表 7 分析可知，参与调查的学生中有 11 人是外地学生，56 人是县城学生，105 人是农村学生，通过平均数和标准差分析来看，外地学生的英语学习体验均高于本县城和农村的学生，本地学生中农村学生的学习体验感高于本县城的学生。

表 7　　　　学生居住地与学生英语学习检验分析

居住地区	样本量	平均数	标准差	标准误差
外地	11	2.654	1.050	0.316
本县城	56	2.228	0.595	0.079
农村	105	2.312	0.672	0.065
合计	172	2.307	0.680	0.051

（2）不同年级对英语学习的学习体验的分析。

由表 8 分析可知，参与调查的学生中初一的有 54 人，初二的有 61 人，初三的有 57 人，通过平均数与标准差的对比，分析出初三学生对英语学习的学习体验高于其他两个年级，初一学生的学习体验最低。

表 8　　　　　不同年级的学习体验分析

年级	样本量	平均数	标准差	标准误差
初一	54	1.838	0.662	0.090
初二	61	2.391	0.547	0.070
初三	57	2.659	0.576	0.076
合计	172	2.307	0.680	0.051

（3）父母亲学历与学生英语学习的学习体验的分析。

父亲学历与学生学习英语的学习体验分析。

由表9分析可知，参与调查的学生中父亲学历为小学的有106人，占大多数，初中学历有47人，高中学历有10人，大专学历有7人，硕士及以上学历有2人。通过平均数与标准差的对比，可以明显看出父亲学历为硕士及以上的学生的学习体验明显高于其他学历，因此可以得出父亲的学历会影响学生的英语学习体验。

表9　　　　父亲学历与学生学习英语的学习体验分析

父亲学历	样本量	平均数	标准差	标准误差
小学	106	2.277	0.686	0.066
初中	47	2.242	0.591	0.086
高中	10	2.360	0.467	0.147
大专	7	2.857	0.423	0.160
本科	0	0.000	0.000	0.000
硕士及以上	2	3.207	2.545	1.800
合计	172	2.3070	0.680	0.051

母亲学历与学生学习英语的学习体验分析。

由表10分析可知，参与调查的学生中有33人的母亲学历为小学，占比较高，初中学历有26人，高中学历有5人，大专学历有4人，本科学历有2人，硕士及以上有2人，分析可知，高学历较少，可以看出母亲的学历与学生英语学习的学习体验是相关的，母亲学历高，学生的学习体验整体较高。因此可以得出母亲的学历会影响学生的英语学习的学习体验。

表10　　　　母亲学历与学生学习英语的学习体验分析

母亲学历	样本量	平均数	标准差	标准误差
小学	133	2.312	0.646	0.560
初中	26	2.188	0.686	0.134
高中	5	1.900	0.509	0.228

续表

母亲学历	样本量	平均数	标准差	标准误差
大专	4	2.675	0.419	0.209
本科	2	2.900	0.282	0.200
硕士及以上	2	3.200	2.545	1.800
合计	172	2.3070	0.680	0.051

（4）学习体验的百分比分析。

由表11可知，64.53%学生对英语感兴趣；72.09%的学生能够听懂老师讲课，68.61%的学生能专心致志，根据相关数据我们可以推测出对英语感兴趣的学生上课都能全心投入并听懂老师的讲课，能听懂必然会积极回答问题；会按时完成作业的学生占比达83.92%，多数学生可以按时完成作业，大多数学生在学习中愿意与同学合作学习；有一半以上的同学认为小学英语的基础对当前的学习是有影响的；86.23%的学生认为在英语互译的过程中对汉语知识的理解是不充分的；在讨论本族语是否对英语的学习有干扰，多数同学还是不赞同的，在英语学习方法上大多数学生都是先从本族语转化到英语的过程，说明本族语（东乡语）在英语的学习中会产生正向的影响；70.44%的学生在英语的学习中都是先从本族语中找到相关联系再转化为英语的方法。

表11　　　　　　　　　　学习体验的百分比分析　　　　　　　　　　单位:%

选项	非常同意	比较同意	一般	比较不同意	非常不同意
我对英语感兴趣	34.3	30.23	30.81	2.91	1.74
我能听懂老师讲课	33.14	38.95	21.51	4.65	1.74
我在英语课堂上专心致志	31.98	36.63	27.91	2.91	0.58
我上课举手发言	24.42	25.58	40.12	8.14	1.74
我按时完成英语作业	57.76	26.16	8.72	4.07	3.49
我与同学合作学习英语	30.81	32.56	28.49	5.81	2.33
小学英语基础差影响我的英语学习及成绩	25.58	25	27.91	13.37	8.14

续表

选项	非常同意	比较同意	一般	比较不同意	非常不同意
学习英语互译过程中无法充分理解汉语知识	22.09	29.07	35.47	6.98	6.4
我的学习英语是汉语—东乡语—英语三语转换的过程	31.4	29.07	19.77	10.47	9.3
本族语言（东乡语）干扰我学习英语	17.44	14.53	18.02	18.02	31.98

（5）对学习满意度的百分比分析。

由表12可知，对于学习的满意度整体上学生还是比较满意的，70.93%的同学对学习英语充满信心，有83.72%的学生认为老师的教学能力和水平很好，整体对教学水平和学习英语环境是比较满意的，家长对学生学习英语大多数是支持的，也有多数人表示以后要学英语专业。整体对学习满意度分析来说，一切都是呈现积极一面的。

表12　　　　对学习满意度的百分比分析　　　　单位:%

选项	非常同意	比较同意	一般	比较不同意	非常不同意
我对自己学好英语充满信心	33.14	37.79	20.93	4.07	4.07
老师的教学水平和能力很好	54.07	29.65	9.3	3.49	3.49
学校的英语学习环境很好	35.47	33.14	22.67	4.65	4.07
家长对我的英语学习很支持	42.44	31.98	18.02	5.23	2.33
我以后要学英语专业	24.42	30.81	33.72	7.56	3.49

（6）学习满意度的相关数据分析。

性别与学习满意度的分析。

由表13可知，男生对学习的满意度平均值与标准差均高于女生，但是高出部分不是十分明显，相差不大，$p > 0.05$，因此，学习满意度与性别没有显著差异。

（7）学生居住地区与学习满意度的分析。

表13　　　　　　　　　　性别与学习满意度的分析

	性别	样本量	平均数	标准差	标准误差	自由度	检验概率
学习满意度	男	57	2.161	0.830	0.109	56	0.564
	女	115	1.972	0.755	0.070	114	

由表14可知，通过平均数和标准差分析来看外地学生的学习满意度均高于本县城和农村的学生。但是本地学生中农村学生的学习满意度高于本县城的学生，但差异不大，说明本地学生对学习的满意度大致上是一致的。

表14　　　　　　　　　学生居住地与学习满意度的分析

居住地区	样本量	平均数	标准差	标准误差
本县城	56	1.992	0.686	0.091
农村	105	2.007	0.772	0.075
合计	172	2.035	0.783	0.059

（8）不同年级与学习满意度的分析。

由表15可知，通过平均数与标准差的对比，分析出初三学生对英语学习的学习满意度高于其他两个年级，初一学生的学习满意度最低。但是初二与初三年级的均值与标准差相差不大，说明初二与初三学生对学习的满意度基本上是一致的。

表15　　　　　　　　　不同年级与学习满意度的分析

年级	样本量	平均数	标准差	标准误差
初一	54	1.540	0.596	0.081
初二	61	2.121	0.703	0.090
初三	57	2.410	0.788	0.104
合计	172	2.034	0.783	0.059

通过对方差结果的分析，只有在不同年级与学习满意度的调查中，显著性水平为 0.00，小于 0.05，说明不同年级对与学习满意度之间存在显著差异，是不同的。其他变量与学习满意度的显著水平均小于 0.05，不存在显著相关。

通过对以上调查数据的检验分析，总结发现，学生的学习满意度与学生的性别没有关系，男生对学习的满意度略高于女生，但相差不大。但是不同年级、不同地区的学生对学习的满意度是不同的。通过调查问卷发现，初三年级的学习满意度要高于其他两个年级，但是初三年级与初二年级差异不大，基本上保持一致；其他地区学生的学习满意度高于本地的，但是本地学生中农村学生的学习满意度高于本县城学生；这些因素与学习满意度的显著性不高，但是以上因素都会影响学生的学习满意度。

5. 调查结果分析

东乡族自治县第六中学 99% 以上的学生是东乡族，他们有本民族语言，东乡语是他们生活中交流的主要交际工具。这些少数民族学生在英语学习中面临着本族语、汉语和英语相互迁移的情况，这种复杂的语言体系在一定程度不仅给少数民族学生的英语学习带来一定的困扰，而且加大了英语教师教学的难度。

进入初中之前的学生英语水平普遍偏低，东乡族自治县小学三年级才开设英语课程，由于学生家庭交流多使用本民族语言，此阶段有的学生连汉语都学不好，就更不要说学好英语了。尤其是在农村地区，英语课程形同虚设，教师师资薄弱，教不了多少英语知识，因此造成英语学困生不少数量的产生，致使后期中学的课程无法兼顾中学课程的同时还补充小学的基础。

收回的 172 份调查问卷中，其中 133 名同学的母亲学历为小学，占 77.3%，初中学历 26 人，高中学历 5 人，大专学历 4 人，本科学历 2 人，硕士及以上 2 人，分析可知，高学历较少，可以看出母亲的学历与学生英语学习的学习体验是相关的，母亲学历高，学生的学习体验整体较高。因此可以得出母亲的学历会影响学生的英语学习的学习体验。

（二）访谈分析

1. 访谈对象及方式

本文的访谈对象是甘肃省东乡族自治县第六中学的三名英语教师，其中七年级、八年级与九年级的英语教师各一名。访谈为半结构化访谈（事先确定好问题，访谈中可适当发挥），访谈的方式为微信电话，语音交流及微信短信的方式以书面交流。

2. 访谈内容

针对老师的访谈内容如下。

（1）您认为您所带班级的英语水平如何？为什么？

（2）您在英语授课过程中面临的最大困境是什么？

（3）造成这种困境的主要原因是什么？

（4）学生在英语学习过程中易受哪些因素干扰？

（5）您认为造成英语学困生的成因是什么？

3. 访谈结果及分析

三位教师在评价自己所带班级的英语水平时一致认为其班级的英语总体水平偏低，至于其因素，则是多方面的。A 教师说："进入初一的学生中有连 26 个英语字母都没认全的学生。有的学生汉语水平都很差。"B 教师说："大部分同学的英语基础非常薄弱，导致学习英语的兴趣不高，继而没有积极性，这个班级期末考试中全班不及格。"教师在授课中面临的最大困境，都认为在课堂上无法全英授课，与学生的口语交流非常困难。B 教师说："哪怕用汉语解释一些英语语法术语时，部分同学都听不懂。"C 教师说："有些学生的汉语都没学好。"问及造成这种困境的主要原因时，三位教师都认为，孩子们缺乏语境的练习，英语课堂上比较被动，不喜欢张嘴说口语，其中，随着需要背的单词越来越多，语法运用的难度逐渐增加，在写作方面，学生缺乏范文的背诵和自主练习，都影响了英语学习，也造成老师在英语授课过程中面临的最大困境。说到学生在英语学习过程中易受哪些因素干扰时，教师都认为学生本族语言对英语学习有干扰，这个学校 99.5% 的学生是东乡族，他们在家里及日常生活中都用本族母语交流。在近几年国家在民族地区的小学阶段大力普及国家通用语言的使用，进入初中的学生能够流利地用汉语交流，即便这样，他们对汉语授课的内容也不是百分之百的明白，尤其是英语课程，即使汉语讲解部分语法与词汇，学生也未必听得懂。同时，他们在学习英语时确实存在汉语—东乡语—英语三语之间互相转换的过程，这种复杂的语言体系在一定程度上加大了学习英语的难度，地方母语、汉语与英语之间双向作用、相互影响，加之民族语言习惯、语言认知心理等因素都会成为他们学好英语的干扰因素。最后谈到造成英语学困生的英语时，A教师说："除了前面提到的几个因素外，还有注意力不集中，缺乏明确的学习目标和自制力。"B教师说："没有兴趣，主要表现在缺乏自信心。"C教师说："没有自学能力，或许学习方法不对。"

访谈结果分析：

与老师访谈的结果与调查问卷的结果有三点比较吻合。其一，东乡族本族语言对学生学习英语有一定的制约性，导致学生学习兴趣不高，课堂表现比较被动。其二，有些学生小学毕业时连英语字母都没认全。这些英语基础知识差的学生进入初中后，严重限制了初中英语教师教学的有效性。其三，家长受教育程度不高，学历较低，对孩子的学习，尤其是对英语学习的关注度和参与度不够。在东乡县男子习惯外出打工挣钱，教育孩子的担子落在母亲肩上，如果母亲对孩子学习英语不是很重视，就无法形成学校家庭协同促进英语教学的良性发展。

学困生是现代教育客观存在的一个群体，他们普遍自信心不足，学习积极性不够，或没有掌握正确的学习方法。

由于东乡族自治县地理环境、经济欠发达等各方面的影响，与省会城市的中学相比，学校现代信息技术设备不完善，起点低。譬如东乡族自治县第六中学与同县其他中学相比，其硬件设施相对完备，其中有计算机室、图书室、体育器材室、钢琴室等，唯独没有英语学习的配套设施语言实验室。英语学习资源和配套设施是提高初中英语教学质量，促进教师学科教学知识发展的有力支撑。

四　建议与对策

本文以实证的方法，通过对甘肃省东乡族自治县第六中学为样本学校，对校长、老师、学生在问卷调查、访谈、座谈、观察和资料收集的基础上，呈现、总结了样本学校英语课程教与学的现状，探讨、分析了造成英语学困生人数居高不下的成因，基于以上数据与分析，提出一些建议与对策。

（一）大力推广和普及国家通用语言文字

对我国有自己民族语言的少数民族学生而言，汉语为他们的第二语言，英语成了第三语言，这造成少数民族学生在学习英语时存在地方母语、汉语与英语之间双向作用、相互影响，也会给英语学习带来一定的困扰。因此，2007年国务院办公厅印发了《少数民族事业"十一五"规划》，提出要"尊重、使用和发展少数民族语言文字，推广使用全国通用的普通话和规范汉字"的基础上，首先要大力推广和普及国家通用语言文字，为学生接受义务教育阶段打好汉语基础，因为学好汉语才能学好英语。其次，在没有使用国家通用语言文字的民族地区的经济和教育的角度上看，通用语言文字已经限制了该地区的发展，也限制了个人发展，阻碍了更多的少数民族人才的出现。所以在义务教育初期，能让孩子们掌握国家通用语言文字非常必要和迫切，在学好汉语的同时，才能够奠基好小学英语基础，为初中英语学习做好铺垫。因此，在民族地区普及国家通用语言文字不仅能提高民族教育质量，培养面向未来的少数民族人才，而且可以加强各民族之间的良性互动，更好地铸牢中华民族共同体意识。

（二）加强与高校合作，弥补英语师资短缺与不足

英语师资不足在加大老师工作量的同时，还存在"所学非所教"的现象，在11位英语教师中，其中两位教师为非英语专业，一位是数学本科，另一位是农业专业硕士。而11名英语教师面对的是20个教学

班，1101名学生。按照国家规定的学校教师人数与培养学生人数的比例，初中师生比为1∶13.5。那么学校面临英语师资严重不足的现象非常明显。如何缓解师资不足的困境，需要学校层面加强与高校合作，在与老师座谈中得知大学生来校实习，在一定程度上缓解了师资短缺问题的同时，而且带来了新的教学方法与效果，深受师生的欢迎。因此，拓宽与高校合作的领域，签订大学生支教及毕业实习的合作项目，稳定这支支援师资力量势在必行。同时，大学生支教过程中更易于与学生交流并增进感情，在一定程度上可以关爱和帮助英语学困生。因此，加强与高校合作，根据需求制定长期、稳定的支教力量，一方面给民族生学好英语注入新的血液；另一方面给大学生提供了社会实践活动的机会。

（三）英语教师开展具有针对性的教学模式

少数民族学生在英语学习中面临着本族语、汉语和英语相互迁移的情况不仅给学生的英语学习带来困扰，而且加大了英语教师教学的难度。基于语言环境的特殊性，在"三语教学"的过程中，会说东乡语的教师的教学效果会更好。原本学生通用语言文字水平的薄弱，限制了学生在英语学习中的理解和提高，对于语法中的术语，那如同天书一样。在这种情况下，本族教师可以使用学生都比较熟悉的母语讲解重难点，在很大程度上节省大量时间，活跃课堂气氛，缓解学生焦虑，增强学习信心。此外，教师可以结合少数民族特色文化及与汉语教材中文化差异性来编写一些英语学习的辅助教材，使其成为少数民族学生"三语教学"的特色教材、特色课堂。不会东乡语的英语教师也可以根据这本教辅指导，在进行英语授课时结合当地语言特征、习惯及文化背景详细剖析学生英语学习过程中语言迁移特点，注重基于民族语言习惯、语言认知心理以及民族文化的特点制定具有针对性的授课内容与方法，尤其是关注班上的"弱势群体"，多为他们设计一些可以达到目标的内容以培养他们的自信与兴趣。

（四）"以人为本"的理念下做好学困生的转化工作

学困生比其他同学更脆弱、更敏感，更渴望得到他人的尊重与关爱。师爱是转化学困生的良药，通过多鼓励、多关心、多尊重、给机会等方式建立良好的师生关系，帮助他们分析学习困难的因素，不要将学科分数作为单一的评价标准，而是从多角度评价学生和分析学生，给每一个学生提供建立他们自信的机会。因此，对不同原因的困难症调制一服对症的药方，让每一位学生都得到应有的提高和发展。转化学困生是一项任重而道远的工作，教师需要更大的耐心关注和关爱他们，要给学困生一个再认识、再改正的机会，使他们在认识过程中循序渐进地改正缺点，给一个重建信心的机会，期待花开的时节。

结　语

本文以甘肃省东乡族自治县第六中学为调研样本学校，其中的初中三个年级的学生为调研对象，学生99%以上的都是东乡族。本文为个案研究，是在以东乡语少数民族语言背景下展开地方母语对英语学习的局限调查研究。中国各民族文化之间存在很大的差异，所以本文不具有代表性和普遍性，并不能适用于其他少数民族地区。本文尚有不足，其中报告中调研部分还不够深入，问卷和访谈分析不够全面，望在后期的研究中进一步完善和提高。期待本文提出的建议与对策能够真正帮助到多语言系统下少数民族地区初中英语学困生突破学习困境，英语教师改善英语教学效果，更多地培养少数民族人才。

民族地区职业教育现状及需求调查研究[*]

赵 冰 吴磊萍[**]

西北民族大学外国语学院

摘 要：本文采用实地考察，座谈、随机访谈以及文献资料等方法，调查研究了临夏地区东乡县的教育现状，特别是职业教育的现状，对存在的问题提出了一些策略，分析了民族职业教育对当地的经济文化发展的推动作用，以其对民族教育事业的发展有一定的助力。

关键词：民族地区；职业教育；问题及策略

职业教育在现代经济中扮演着重要的作用，职业教育可以转化成直接的生产力，我国的经济处在快速的发展和转型时期，职业教育能培养大量的实用型人才投入我国的现代化建设中，这对于我国综合国力提升和培养创新人才是具有现实意义的。

2021年8月至9月，笔者两次深入甘肃省临夏回族自治州东乡县进行了当地职业教育现状的实地考察，采用座谈、随机访谈、文献查阅等方法，了解到当地的社会经济文化，以及基础教育状况，特别是分析研究职业教育的现状，存在的问题，针对问题研究策略，提出了一些可行性的建议，以其对当地的职业教育发展，有一点借鉴之力。

在讨论东乡县职业教育时，首先想到的是通过职业教育的发展来促进地方经济的发展。从德国的职业教育发展来看，德国是目前世界上经

---

[*] 项目名称：西北民族大学外语教育研究创新团队；项目编号：1110130137。
[**] 作者简介：赵冰，西北民族大学教授，研究方向为应用语言学及课程与教学论（英语）专业。吴磊萍，研究方向为课程与教学论（英语）专业。

济和科技最发达的国家之一,职业教育是德国在国际市场竞争中的原动力和经济发展的柱石,德国有75%的中学生进入职业教育领域继续接受教育,无论对人才培养的数量还是质量,职业教育都能满足社会就业对劳动力的要求,能很好地适应不断变化的社会经济发展对人才的需求①。

我国是一个多民族的国家,民族之间的团结关系到国家的长期稳定,实践的发展经验告诉我们,经济的发展有利于社会稳定与和谐。从民族地区所处的地理经济来看,由于受地理位置所限,这些地区经济的发展并不发达。首先,自然环境的不利导致了民族地区的贫困问题,主要表现为生态环境脆弱而引起的自然灾害频发,平均海拔高,气候恶劣,旱涝灾害并存,泥石流、风灾、雨雪冰冻等灾害易发;其次,经济增长因素的缺失,基础设施不完善,公路、铁路等基础设施相对薄弱,经济发展水平低,基本公共服务不足等是民族地区面临的突出经济发展问题;最后,民族地区所逐渐形成的贫困文化也引发了贫困的代际传承问题,由于长期处于贫困状态的民众在行为方式、态度、心理、价值观等多个方面都偏向贫困②。

促进民族地区的发展要依靠职业教育,职业教育以市场为导向,贴近实际生活,为民族地区输送人才直接促进经济的发展。正如德国经济发展的奇迹,重视职业教育可以直接转化为生产力。一方面,职业教育所培养的人才对于经济社会的发展具有积极的意义。总而言之,职业教育从本身的功能来看,服务于经济发展,是直接面向市场经济的教育,通过对对象进行职业培训,使被培养者具有一技之长,使其能够迅速适应社会劳动力的需求。

职业教育可以促进民族地区经济的发展。首先,发展职业教育有利于促进民族特色经济的发展,民族特色资源的合理配置和运用对经济发展起着举足轻重的作用,现代生产技术与民族特色资源的科技化与专业化,促使职业教育催生具有民族特色专门技术的从业人员,进而推进民

---

① 黄育云、熊高仲、张继华:《职业技术教育在中国》,电子科技大学出版社2004年版。
② 许锋华:《连片特困民族地区职业教育定向培养模式研究》,科学出版社2017年版。

族特色经济的进步，如旅游市场潜力、矿产资源、少数民族传统技能技艺，这些优势都将成为民族地区经济前行的重要支柱；其次，职业教育能提高少数民族的科学文化素质，以适应经济发展的需要，它通过少数民族与外界的联系，传授经济生活所必需的技能知识，增强少数民族群众对繁荣生活与高新科技的向往[①]。

一 东乡县地理经济概况

（一）东乡县地理位置

东乡地形中间高、四周低，呈"凸"字形，黄河、洮河、大夏河环县奔流，水利水电能源富集。高峡平湖、民俗故居、杏园风光、丹霞地貌、化石遗址等各类旅游资源遍布，形成了以民族风情、自然风光、寻踪探秘等为主的旅游产业。

东乡县位居连接兰州、临夏的交通要道，西距临夏州府15千米，是丝绸古道南路"回藏风情线"上的重要通道，处在兰州1小时经济圈内，距离兰州中川机场2小时左右，兰临高速、折达、折红二级公路，兰郎公路，国道212、213线纵横交错，规划建设的兰合铁路、安临一级公路、兰永临高速、永广高速穿境而过，构成了四通八达的交通网络。

（二）东乡县的经济状况

东乡族自治县位于甘肃省中部西南面，临夏回族自治州东面，是我国东乡族相对集中居住的民族自治县，由于特殊的地位和周边环境，山沟深，降雨量极少，属于温带和半干旱气候，自然资源匮乏，经济发展滞后。2011年，东乡县GDP达到9.79亿元，同比增长15.5%，其中民营经济增加值达到6.46亿元，比2010年增长12.06%，占东乡族自治县生产总值的65.4%，非公有制经济达3.7亿元，比2010年增长17.6%，占东乡县GDP的37.77%，其中第一产业3.18亿元，比2010

---

① 许锋华：《连片特困民族地区职业教育定向培养模式研究》，科学出版社2017年版。

年增长 5.3%，占 32.48%；第二产业 2.09 亿元，比 2010 年增长 26.2%，占 21.37%；第三产业 4.52 亿元，比 2010 年增长 19.1%，占 46.15%。人均 GDP 达到 3427 元，增长 21.7%[①]。

（三）东乡县的民族文化特色

东乡县有丰富的民族文化特色，有马家窑、齐家、辛店、下王家等新石器时代彩陶文化遗存，尤其是下王家遗址的发现，填补了东乡县乃至临夏州旧石器时代文化的空白。那勒寺一带埋藏或出土的古动物化石群种类多、存量大，世所罕见，十分珍贵。

东乡美食独树一帜。东乡县有各种各样独具特色的美食，"东乡手抓"是颇具盛名的一道食物，唐汪大接杏、河滩桃梨、大红袍花椒、天然地耳、东乡贡羊、洋芋、早酥梨等土特产在省内外享有盛誉，油香、馓子、鸡尾宴、拉什哈等民族美食花样众多，醇正独特[②]。

东乡县的整体经济结构为单一结构，很难找到新的经济增长点，虽然近年来经济发展较快，但整体经济水平相对较低。经济的发展面临着很多挑战，第一，该地区自然环境恶劣，缺少可耕地土地，农业生产条件较差，生态环境脆弱；第二，人口素质总体不高，贫困人口缺少自我发展能力，基础设施普遍落后，生产生活条件不高；第三东乡县的劳动力不足，为了寻求更高的收入，大量的劳动力流失到沿海的发达地区。以上的客观原因对职业教育经济的发展造成了限制。

二　东乡县教育情况

（一）东乡县基本教育情况

东乡族有他们自己的语言，但是也会说普通话。东乡县把普及学生普通话作为一个重要的教学重点。东乡县一共有学校 439 所，其中职业学校 2 所、完全中学 3 所、初级中学 2 所、九年制学校 11 所、小学 200 所

---

① 《甘肃省东乡县 360 百科》，https：//baike.so.com/doc/5346567-5582014.html。
② 《舌尖上的美味》，https：//www.sohu.com/a/373212837_120565235。

(教学点 66 所），幼儿园 221 所（民办 3 所）。在这些学校中，当前一共有学生 72683 名。教职工 4209 人，小学、初中、高中专任教师学历达标率分别达到为 99.1%、98.2% 和 95.6%。幼儿毛入园率达到 94.73%；小学入学率、巩固率、毕业率均达到为 100%；初中入学率达到 99.2%，九年义务教育巩固率达到 96.33%，高中阶段毛入学率达到 75.01%。

近年来，东乡县的职业教育发展得到了高度的重视，加快构建现代职业教育体系，职业技能教育取得了快速发展，在数量和规模上都有较大的提升，为巩固脱贫成果提供了人才支撑，为经济社会可持续发展提供了强劲动力。为适应该地区对高素质技能人才的迫切需求，临夏国强职业技术学校于 2021 年建成使用，有效解决了东乡县 500 多个家庭、孩子上学难的问题，在助力脱贫攻坚方面取得了实效。

东乡县是甘肃省 23 个深度贫困县之一，劳务输出是当地群众增收致富的"铁庄稼"。但长期以来，当地许多老百姓文化素质普遍较低、没有一技之长，打工只能靠苦力。2019 年 6 月，通过招商引资，东乡县建成投资 3 亿元、办学规模 2000 人的临夏国强职业技术学校，对贫困家庭学生实行免费教育、订单培养，为我州职业教育的发展和教育扶贫注入了新的活力。目前，学校开设了建筑工程与施工、物业管理、汽车美容与装潢、城市轨道交通运营管理、高星级饭店运营与管理、会计 6 个专业，有近 600 名学生。

碧桂园集团旗下的产业比较多，物业、酒店还有建筑行业的发展，需求大量的有技能的毕业生，可以订单培养学生。职业学校的学生不仅免除学费、书本费、校服费、体检费、保险费，学校免费提供食宿，而且按男生每个月 40 元、女生每个月 60 元提供给他们生活补贴，每学年报销两次回家车费。国家政府以及大型企业为东乡县的各项发展提供了最大力度的支持，助力于东乡人民的生活及教育状况的改善。

（二）东乡县的教育发展需求

1. 大力发展高职教育

在调研的过程中发现，一般收入低下的人们都是没有技术的。他们在社会的就业中处于不利的地位，收入低和收入不稳定。让贫困人口通过职业教育掌握一技之长、拥有安身立命本领的"造血式"扶贫，更有助于帮助贫困人口稳定脱贫，从根本上拔除"穷根"。实践的经验告诉我们，教育能够促进一个人的发展，特别是职业教育，能对一个人的就业带来最直接的影响。比如在甘肃省东乡族自治县，当地大力开展兰州拉面培训，3个月的培训就能让学员的收入显著提高，并且就业有保障。

近年来，从扩大奖学金、助学金、免费教育等覆盖范围，到高职招生政策倾向深度贫困地区，从加强职业教育东西协作，到灵活采用多种方式送教下乡、送教入户，越来越多的困难家庭学生获得低成本的教育机会、形式多样的职业技能培训，实现了"靠技能吃饭"，许多贫困家庭通过职业教育实现了拥有第一代大学生的梦想。"原本是低保户，如今是名厨师""曾经是打工仔，现在是培训师"，职教扶贫的切实成效，提振着贫困群众的精气神，更激活了他们用知识和技能创造美好生活的信心。

"十三五"时期，我国职业教育取得丰硕成果，其中一大亮点就是在服务脱贫攻坚中发挥了重要作用。"门槛"更低、成本更小、就业通道更为直接的职业教育，不仅点亮了贫困家庭子女的人生梦想，也阻断了贫困代际传递，改写了贫困家庭的命运。近年来，职业教育不断敞开大门，让一批又一批贫困学子"进得去、上得起、学得好、有出路"，助力他们战胜贫困。

2. 注重教师的培养

东乡县按照教育部提出的"面向全员，突出骨干，倾斜农村"的指导原则，大力加强农村中小学教师培训工作，每学期利用假期组织开展内容丰富、形式多样的教师培训，此次寒假中小学教师集中培训活动，是东乡县为进一步加强中小学师资队伍建设、提升教职工整体素质、切实提升教育教学质量而进行实施的重要举措。县教育局将中小学教师培训作为教育目标管理的重要内容，层层组建了培训领导机构，形成县、乡（镇）、校三位一体的管理网络，在财力紧张的情况下，积极筹措资金为教师培训提供资金保障，在选派教师参加省、州教育部门组织的各类继续教育培训活动，组织教师"走出去"学习先进教育理念的同时，还致力于开展教师县级培训活动，中小学校通过申报研究课题、请专家授课、听评课等形式多样的教育科研活动，将继续教育阵地延伸到学校、课堂，有效地促进了教师专业素质的提升。集中开展教师培训活动，使广大教师牢固树立科学教育理念，了解国际、国内教育改革与发展的动态，增强教育改革意识，以提高教师实施素质教育的能力和水平为重点，以提高教师整体素质、自觉遵循教育教学规律、掌握现代教学方法和现代教学手段、培养创新精神和实践能力为目标，坚持统筹安排、分类指导、按需施教、优质高效的原则，进一步明确目标，强化管理，确保教师继续教育工作正常开展，将极大地促进教育教学质量的稳步提高，为办好人民满意教育提供了师资保障。

3. 受益于高校师生的支援服务

作为首批入选"教育部体育美育浸润行动计划"的全国 20 所高校之一，针对甘肃省一些地方农村中小学体育、美育尚未开齐开足的现状。近年来，西北师大"爱在远山·体育美育浸润行动计划"社会实践团连续五年在东乡县春台小学、龙泉学校等深度贫困乡村学校开设舞蹈、体育、美术、书法、普通话等课程，先后集中服务时间 130 余天，共计 1000 余课时，做到了体育艺术教育在相关学校的全覆盖。西北师范大学依托学校高水平体育、艺术学科优势，统筹学校各类体育艺术教育资源，整合舞蹈、音乐、美术、体育等专业，建立部门与学校、学校与学校、学校与社会多位一体的体育美育协同育人机制，深入开展"爱在远山"甘肃深度贫困地区留守儿童艺术教育精准扶贫活动，贫困地区"顶岗支教"教育实习，贫困村对口帮扶教育实习等活动，形成了一支以"体育美育教育学科带头人+中青年骨干教师+大学生志愿者"为主体的"体育美育浸润行动帮扶团队"。

2021 年，兰州理工大学材料科学与工程学院"振兴民族文化，青春逐梦乡村"实践队情系少数民族文化，走进东乡县开展暑期社会实践，助力乡村文化振兴。

4. 多措并举着力破解教育发展难题

2019 年以来，东乡县坚持把发展教育作为阻断贫困代际传递的重中之重，认真贯彻落实中央、省州教育工作部署要求，深入推进"教育立县"战略,抢抓机遇、完善思路,整合资源、借力攻坚,教育事业呈现出持续均衡发展的良好势头①。在教育开展的过程中,主要是从以下方面展开的。

第一,"希望工程"计划。女童辍学率高,难以说服她们重返学校,东乡县把提高女童的入学率作为关注的重点,并采取特别措施解决女童失学、辍学等的问题。同时,通过推行助学政策,对女童进行表彰和奖励,为她们提供一定经济上的支持,以改变不愿意送女生上学的观念。

第二,"腾笼换鸟"方案。着眼从根本上解决上学难、上学远和上好学的问题,县上按照"高中向县外借读,初中往高中靠,小学高年级往寄宿制靠,小学低年级就近入学"的思路,一方面在州委、州政府的大力支持下,锁南镇、百和乡、关卜乡、春台乡、柳树乡、河滩镇、考勒乡、东塬乡等西部乡镇的初中生纳入州直高中招生范围,与临夏市学生同等享受临夏中学、临夏回中的招生政策,790名东乡籍初高中学生在临夏中学、临夏回中及临夏市、永靖县中学就读,接受优质的教育资源,并选派4名优秀校长和8名教师分赴借读学校负责东乡县借读生的管理和后勤保障工作,从全县遴选37名优秀教师在临夏中学、临夏回民中学负责东乡县借读生的教学工作,好质量的教师能促进学生的发展,通过提升教师的质量,从而提高学生的质量,尽最大努力为学生提供好的学习环境和资源。

第三,控制学生的辍学。针对控辍保学劝返难、巩固难的问题,县上通过开展户籍整顿、摸清底数、核查整改、学籍系统动态管理等一系列措施,保证所有适龄儿童有户籍、有学籍,户籍姓名、年龄信息与学籍系统与实际情况三者保持一致;每年在入学的时候,县级干部就会下乡开展入学动员,防止每一位学生失学,并列出重点关注对象并跟进,严防"二次"辍学,保证在义务阶段每一位学生都有学上。

第四,为教育发展的难题提供新的方案。针对教育质量不高和激励机制不完善的问题,县上正在研究制定《关于加快东乡县教育教学提

---

① 《东乡县多措并举着力破解教育发展难题》,http://www.linxia.gov.cn/Article/Content? ItemID = da663d79 - 077f - 4cec - 9570 - 2e3c788a9256。

质发展的意见》，重点从教师培养、校长选聘、培训提高、职称改革、评价考核、待遇保障、规范管理、布局调整等方面，进一步明确未来东乡教育发展的目标任务和推进举措。通过新建、改建、扩建、改制等方式，年内建设寄宿制学校 16 所，进一步优化配置学校资源；抢抓西固区帮扶机遇，发挥名校带动作用，与省内名校兰炼一中联合办学建设示范性高标准的中学，明年 9 月将建成投入使用；碧桂园援建的国强职业技术学院项目已开工建设，建成之后对东乡籍学生全免费。健全完善考评激励制度，职称评定、评先评优、乡村生活补助等奖励措施向基层一线教师倾斜，充分调动教师队伍积极性，在第 35 个教师节庆祝大会上，表彰奖励了 226 名优秀教师，55 名 2019 年普通高考一本上线学生；依托"国培计划"和省州各类培训项目，利用寒暑假加大教师培训力度，不断提升全县教育队伍专业能力和教育教学水平，已完成教师、校长培训 1678 人；打破传统选拔机制，30 名校长通过竞聘实现上岗，激发了校长队伍活力。紧盯国家义务教育均衡发展验收指标，以义务教育办学评估和创建优质学校为抓手，持续推进薄弱学校改造、村幼儿园、寄宿制学校、温暖工程、教师周转房等 63 个项目正在建设，全县教育软硬件水平不断提高。

三　东乡县职业教育现状及发展远景

（一）东乡县职业教育发展现状

通过调研发现，东乡县职业教育发展方面还存在一些问题。

1. 职业教育在校生比例低

受招生制度和社会偏见的影响，东乡县职业教育没有得到重视，甚至被认为是"没有前途的教育"。在调研过程中发现学校的入学人数并不多，由于自然环境相对封闭，经济发展水平较低，人们的思想较为保守和落后，导致职业教育认可度较低，中途辍学现象加剧了职业学校的招生，调研发现部分学生宁愿外出务工也不愿学习一技之长。东乡县职业学校还同时面临着来自不同地区职业学校的竞争，这样更加剧了学生的流失。

2. 专业课教师缺少

在民族地区缺少专业的教师为学生授课，职业教育是实践性很强的教育，不仅需要扎实的理论基础，还需要动手操作能力。在当前的职业学校里的教师中，有些教师并不能完全满足于职业教育教学的工作，他们没有接受过正规的职业教育训练，且大部分教师是来自普通的中小学，因此，在对学生的实际教学中，教学质量达不到预期想要的效果。由于区域经济落后，引进"双师型"教师仍然十分困难。

3. 技能实训基地匮乏

实训基地不足是职业学校面临的又一个发展的问题。由于缺少实训基地，学生的技能得不到很好的训练，比如汽车维修专业，学生的实践经历比较少。东乡县的经济不发达，在教学资源的获取上是不充分的。在实际教学中，职业教育需要大量的仪器设备，而在经济落后的地区购买设备是一笔昂贵的费用。职业学校的培训基地离不开企业的支持与合作，职业学校在寻求自身发展时，应与企业保持良好的沟通，为学生提供更好的学习环境。

(二) 东乡县职业教育发展策略及远景

通过文献查询及调研问题的研究，笔者认为东乡县的职业发展需要以下几个方面的解决策略。

一是以就业为导向。在市场经济的社会中，工作岗位的更替是迅速和灵活的，随着人工智能对市场就业的影响，技术型人才就变得尤为重要。职业教育直接以市场经济为导向，需要实现其对市场变化的灵活性，在对课程设置时要满足市场需求，通过课程教育为学生进入劳动力市场提供技能基础。在东乡县，通过职业教育让学生学习到技术和技能，这有利于学生的职业发展和更好的适应社会。职业教育对促进社会经济的发展和提高就业率发挥着重要的作用。

二是突出民族特色。在发展职业教育的过程中，必须根据当地情况采取措施，设计出具有民族特色的职业教育体系。东乡县作为少数民族地区，应根据地方特色突出其发展优势，更好地将民族地区的特色与人文情感和经济价值结合起来，为区域经济的发展服务。长期以来，少数民族在其所处的环境中受到本民族文化的影响，对本民族的各种文化有着特殊的感情。因此，将民族文化与职业教育相融合，发展具有中国特色的职业教育，使其增强在市场经济环境中的竞争力。

三是积极响应国家对职业教育改革实施的政策方案。改革开放以来，我国教育现代化在探索、政策设计和行动实践等方面都取得了长足的进步。中国共产党第十九次全国代表大会指出，中国特色社会主义进入了新时代，社会主要矛盾发生了变化，经济正处于向高质量发展转型的阶段，现代化建设面临着更加复杂严峻的挑战。尤其是伴随着人工智能影响由价值传递环节向价值创造环节的渗透，传统产业结构正经历着深度改造①，创新驱动逐渐成为经济社会发展的主要动力。劳动就业领域发生迭代，规则性体能劳动和规则性智能劳动逐渐被人工智能取代②，社会越来越迫切地需要复合型和创新型人才。那么，面向未来，探讨教育现代化的若干问题就成为发展中必须直面的时代议题。职业教育作为与经济社会发展和人的发展密切相关的教育类型，既能通过技能积累、教育普及和技术创新服务国家现代化③。2019年国务院颁布了《国家职业教育改革实施方案》（以下简称"职教20条"），这为中国职业教育现代化的发展提供了方向。

（三）东乡县职业教育发展策略

1. 领会职业教育现代化要义

教育现代化是中国教育改革的一贯主题，是优先发展教育的理想追求和不竭动力④。我国的经济正在快速的发展和转型中，在这一阶段需要大量的技术性人才去建设我国的现代化。在此背景下，国家对职业教育给予了高度重视，并出台了一系列支持职业教育发展的文件。民族地

---

① 张桂文、孙亚南：《人力资本与产业结构演进耦合关系的实证研究》，《中国人口科学》2014年第6期，第96—106、128页。
② 张学英：《人工智能视域下基于劳动就业迭代的技能形成问题研究》，《中国职业技术教育》2018年第30期，第17—24、56页。
③ 庄西真：《国家视角下的职业教育现代化：基于经济社会若干领域的分析》，《教育发展研究》2018年第23期，第65—71页。
④ 袁振国：《开启教育现代化新征程》，《中国教育报》2019年4月12日第1版。

区作为全面建设小康社会的重要组成部分，必须大力发展职业教育，为该地区积累优质人才，从而促进当地社会的经济发展和为民生服务。

2. 继续深化产教融合、校企合作

职业教育从"分等"走向"分类"的前提是其具备不同于普通教育的独特发展规律和特征，即企业与学校跨界的结构形式和办学格局，产业与教育需求整合的功能定位和社会价值，共性与个性框架重构的设计方法和逻辑工具①。深化产教融合、校企合作才是职业教育核心办学模式和人才培养模式的具体体现，同时也是实现教育链、人才链与产业链、创新链的有机衔接，增强其经济和育人双重功能的必然要求。"职教20条"明确提出："经过5—10年的时间，职业教育由参照普通教育办学模式向企业社会参与、专业特色鲜明的类型教育转变。"校企合作是未来的一种趋势，通过企业和学校合作，一方面学校为企业提供人才；另一方面企业为学校提供了可以供学生实践的机会，这对于学校和企业都是有利的。

在国家宏观政策的推动下，产教融合、校企合作虽积累了有益经验，但也呈现职业院校偏重自身发展而忽视与产业的融合，企业与学校融合动力不足、深度不够，产教供需双方对接机制不畅等问题②。针对这种情况，"职教20条"提出了前瞻性目标和战略性方案。首先是坚持知识与行动相结合，重视实践。职业教育改革要借鉴"双元制"，总结现代学徒制和企业新型学徒制试点经验，灵活调整专业设置，校企"双元"开发教材和信息化教学资源，运用新技术和网络学习空间支撑课堂教学变革。其次是校企合作，共同对人才的培养。校企双方要在明晰各自权、责、利的基础上积极探索合作领域，寻找企业行业与职业院校的利益结合点，构建命运共同体；政府要扮演一个调解员的角色，调动企业参与到职业教育中去。

---

① 姜大源：《跨界、整合和重构：职业教育作为类型教育的三大特征——学习〈国家职业教育改革实施方案〉的体会》，《中国职业技术教育》2019年第7期，第9—12页。

② 马树超、郭文富：《高职教育深化产教融合的经验、问题与对策》，《中国高教研究》2018年第4期，第58—61页。

3. 不断增强职业教育的吸引力

党的十九大报告明确提出，要加快教育现代化，办好人民满意的教育。① 对职业教育而言，增强吸引力和提升质量是其现代化的应有之义，同时也是打破"低等次"教育定位、实现"类型"身份转变的必然要求。换言之，提高职业教育质量能促使人们平等地看待职业教育，真正将职业教育视为对经济、社会和个体发展具有特定功能的教育，并广泛接受职业教育，进而认可职业教育的"类型"地位②。因此，提高职业教育的质量很有必要性。

"职教20条"指出："与建设现代化经济体系、建设教育强国的要求相比，我国职业教育办学和人才培养质量水平参差不齐。"纵观中国职业教育发展史，尽管国家反复强调职业教育的重要战略地位，但出于高等教育扩招、职业之间本身不平等、劳动人事制度改革等多重原因，中国的职业教育吸引力始终不足。因此，要巩固职业教育作为"类型教育"的地位，职业教育的现代化改革必须着力增强吸引力和提高质量。

根据"职教20条"的设计，首先是改革招考制度，提高职业教育生源质量，从源头上改变职业教育的"弱势"地位。我国要建立"职教高考"制度，采用"文化素质＋职业技能"的考试方法，增加不同类型学生接受职业教育的可能。其次是推进教学相关标准体系建设，从过程上提升职业教育作为具有特定功能教育的达标率。职业教育现代化改革要基于人工智能时代产业发展的趋势，在多种先进职业教育思想的指导下，利用职业能力分析技术，开发和建成"覆盖大部分行业领域、具有国际先进水平的中国职业教育标准体系"，进而实现其对职业教育过程的规范、统一和建设性功能③。最后是启动"1＋X"证书制度试点，制定国家资历框架，提高技术技能人才待遇，从结果上保障职业教

---

① 《习近平在中国共产党第十九次全国代表大会上的报告》，2017年10月28日，人民网，2019-05-01。
② 徐国庆：《从分等到分类——职业教育改革发展之路》，华东师范大学出版社2018年版。
③ 徐国庆：《国家专业教学标准建设是实现职业教育现代化的基础》，《中国职业技术教育》2019年第7期，第62—66页。

育与普通教育市场转入的等值性。积极推动职业院校毕业生在落户、就业、参加机关事业单位招聘、职称评审、职级晋升等方面与普通高校毕业生享受同等待遇,逐渐消除对技术技能人才的歧视。

4. 持续提升职业教育的社会服务能力

调研发现,在少数民族家庭需要老人家庭护理,月嫂、育婴师等职业需求缺口比较大,需要专业技能培养机构提供少数民族服务型人才。职业教育要服务于社会,与社会的需求相关联。

东乡县的职业教育的发展定位要精准,有一定的市场。东乡美食名佳西北,逐步走向全国,特别是当地的"农家乐"美食给旅游经济增长带来了不可忽视的增长点。调研发现,清真餐厅特别是清真"农家乐"美食吸引了不少的游客和当地美食爱好者,但是服务员的礼仪等方面需要培训机构提供职业培训服务,在上岗之前,进行短期职业培训,以便提供更好的服务,提升服务意识,给东乡美食锦上添花。

长期以来,中国职业教育办学坚持"以服务为宗旨",尽管在促进经济社会发展、帮助农村劳动力转移、助推贫困地区脱贫中发挥了重要作用,但与2035年国家现代化目标实现的需求相比,其社会服务能力提升还任重道远。同时,党的十九大以来,中国经济发展步入新常态,社会形势发生深刻变化,职业教育发展的外部环境也相应变化,这就要求职业教育审时度势,有效聚焦社会需求,持续提升社会服务能力。因此,职业教育要以创新、协调、绿色、开放和共享五大发展理念为统领,始终围绕国家重大战略布局,为现代化建设提供前瞻性的精准支撑。

据预测,到2030年中国的产业结构会发生明显调整,三次产业比重分别为5.05%、32.58%和62.37%[①],产业结构的调整升级将促使就业结构转为以工业和服务业为主体。这意味着职业教育现代化要紧密对接关键产业领域和智能生产领域,形成人才培养和技术研发转换合作机制,从而为产业转型升级提供人才、技术和资源等多方面支持,就要

---

① 中国职业技术教育学会课题组:《从职教大国迈向职教强国——中国职业教育2030研究报告》,《职业技术教育》2016年第6期,第10—30页。

有力服务新兴服务业发展。我国职业教育现代化改革要基于生产要素的国际流动打造职业教育合作发展平台，促进与"一带一路"沿线国家和地区职业教育的通力合作，将"走出去"与"引进来"相结合，为"一带一路"倡议提供文化和人力资源保障。职业教育现代化改革要充分发挥县域职业教育中心的基础组织作用，面向贫困地区和乡村地区全面开展技能提升的职业教育和培训，通过改善相关群体的经济资本、社会资本和文化资本，缩小城乡差距，促进城乡一体化。

碌曲县中小学教育信息化调研报告

周 倩 栗 晨[*]

西北民族大学外国语学院　甘肃兰州 730030

摘　要：教育信息化是我国教育发展中的重要环节，甘肃省甘南州碌曲县政府高度重视教育资源的发展，重视信息化给教育带来的重大机遇和发展，优先配置教育资源，县政府成立了县教育信息化平台指挥中心，快速推进教育装备信息化水平的提高，不仅在条件有限的情况下突破性地完成了"教育信息化1.0"的任务，还全面提升教育信息化基础支撑能力，合理制定"十四五"教育规划，使得全县的教育在信息化过程中取得了较好的发展。

关键词：碌曲县；中小学；信息化

教育信息化是我国教育发展中的重要环节，有助于形成完善的现代国民教育体系，能够为"形成全民学习、终身学习的学习型社会"提供重要支撑。推进教育信息化不仅是我国教育改革与发展的必然选择，也是实现教育跨越式发展的重要手段和途径。

"十二五"以来，特别是《教育信息化十年发展规划（2011—2020年）》发布和首次全国教育信息化工作会议召开以来，教育信息化工作坚持促进信息技术与教育教学深度融合的核心理念，坚持应用驱动、机制创新的基本方针，加强顶层设计、多方协同推进，以"三通两平台"为主要标志的各项工作取得了突破性进展。学校网络教学环境大幅改

---

[*] 作者简介：周倩，西北民族大学，语言学、语言教学；栗晨：西北民族大学，语言学。

善,全国中小学校互联网接入率已达87%,多媒体教室普及率达80%;优质数字教育资源日益丰富,信息化教学日渐普及;全国6000万名师生已通过"网络学习空间"探索网络条件下的新型教学、学习与教研模式;教育资源公共服务平台服务水平日渐提高,资源服务体系已见雏形;教育管理公共服务平台基本建成覆盖全国学生、教职工、中小学校舍等信息的基础数据库,并在应用中取得显著成效;实施全国中小学教师信息技术应用能力提升工程,全国教师、校长和教育行政管理者的信息化意识与能力显著增强。各级各类教育信息化也都取得丰硕成果,基础教育、职业教育、高等教育和继续教育等领域结合各自需求,在扩大资源覆盖面、促进教育公平和提高教育教学质量等方面涌现出一批利用信息技术解决教育改革发展问题的应用典型,教育信息化对教育改革发展的支撑引领作用日益凸显。

作为民族院校,支持和关心民族地区基础教育改革与发展是我们应尽的职责和义务。为了学习贯彻习近平总书记关于教育的重要论述和全国教育大会精神,西北民族大学外国语学院确立进行了"碌曲县中小学教育情况调研"活动,作为调研活动的一个重要方面"教育信息化"成为本次调研的一个主题展开。

一 调研活动的目标任务和基本方法

本次调研活动以甘南藏族自治州碌曲县为目标,依托"西北民族大学外语教育研究创新团队",对碌曲县中小学进行了为期4天的调研活动(2021年7月5日—2021年7月8日)。

(一)目标任务

在碌曲县重点确立的5所代表性中小学(小学4所,中学1所)中,深入开展参观和访谈活动。通过实践活动,达到互相交流、共同学习、掌握情况、提高素质的目的。

(二) 工作方法

本次活动我们和当地教育部门、学校、教师、学生广泛接触,听取情况介绍,进行座谈交流,举办专题讲座,参观典型学校、开展观摩教学、观看学生展演等,通过有效的活动,基本上达到了预想的目的。

二 碌曲县中小学教育信息化建设调研总况

甘肃省甘南州碌曲县虽地处偏远和经济不发达地区,但是党和政府高度重视教育资源的发展,重视信息化给教育带来的重大机遇和发展,县政府成立了县教育信息化平台指挥中心,快速推进教育装备信息化水平的提高,不仅在条件有限的情况下突破性地完成了"教育信息化1.0"的任务,还全面提升教育信息化基础支撑能力,合理制定"十四五"教育规划。下面从七个方面来对碌曲县教育信息化的建设和展望情况进行总结和说明。(注:这七个方面主要提取自"教育信息化1.0"和"教育信息化2.0"的主要适用内容。)

(一) 完成"三通工程"建设

"三通工程"主要内容:加快推进"宽带网络校校通",结合国家"宽带中国"建设,采取多种形式,基本实现各级各类学校宽带网络的全面覆盖,具备条件的教学点实现宽带网络接入;有效提升各类学校和教学点出口宽带,城镇学校班均出口宽带不低于10M,有条件的农村学校班均出口宽带不低于5M,有条件的教学点接入宽带达4M以上;推进"无线校园"建设,东部和具备条件的城镇各类学校应实现无线网络全覆盖。将学校网络教学环境和备课环境建设纳入义务教育学校建设标准,鼓励具备条件的学校配备师生用教学终端。大力推进"网络学习空间人人通",网络学习空间应用普及化,基本形成与学习型社会建设需求相适应的信息化支撑服务体系。

甘肃省甘南州碌曲县全面推进"三通两平台"建设,深刻认识到科学技术可以给教学带来革命性的改变,在经费有限甚至不充分的情况下，优先保障教育信息化的经费投入。以 2020 年为例，教育现代化推进工程专项资金为 950 万元，省级均衡发展奖补资金 850 万元，投资 336.6 万元为全县各级各类学校购置计算机及计算机教室等设备。生机比 5.2∶1；师机比为 2.5∶1。目前，全县义务教育阶段学校带宽接入率为 100％。全县各级各类学校采购班班通教学一体机及幼教一体机设备 86 套，科学发现室 1 间，共有多媒体教室 268 间，学生用计算机教室 23 间，计算机 1610 台，校际同步课堂互动设备一套，信息采集室 11 间（其中精品录播教室 9 间，常态化录播教室 2 间）。

此外，网络和计算机设备的接入还大大提升了校园安全管理成效。为了加强校园安全管理和安全防范，完善人防、物防和技防措施，先后投入资金 500 余万元为各学校安装了视频监控系统，实现了全县校园监控全覆盖。将安全任务目标细化到基层、分解到人头，保证了学校安全工作层层有人管、事事有人抓，全县各级各类学校连续多年未发生任何校园安全事故。

（二）实现公共服务平台协同发展，大幅提升信息化服务教育教学与管理的能力

碌曲县积极利用云计算、大数据等新技术，创新资源平台、管理平台的建设、应用模式。各地要根据信息化教学的实际需求，做好资源平台建设规划论证，充分利用现有通信基础设施，加快推进区域平台建设和与国家教育资源平台的协同服务。

碌曲县积极参与平台建设，全县建成"全县共有教育资源"平台一套。还充分利用自建现有平台和甘南州平台（"甘南州数字教育云服务中心"和"甘南州数字服务云服务平台"）积极开展各种活动：2020 年天津市红桥区教育系统骨干名师赴碌曲县开展主题式教育培训活动，利用县级教育资源平台面向全县中小学直播；参加教育信息化竞赛及调研问卷情况；统筹安排学校利用已建成的"甘南州数字教育云服务中心"和"甘南州数字服务云服务平台"，积极开展"三个课堂"建设应用工作及"甘南州数字教育云服务平台上线运行"相关工作，积极推进信息技术与教育教学工作的全面深度融合。

(三)不断扩大优质教育资源覆盖面,优先提升教育信息化促进教育公平、提高教育质量的能力

深入推进三个课堂建设,积极推动"专递课堂"建设,巩固深化"教学点数字教育资源全覆盖"项目成果,进一步提高教学点开课率,提高教学点、薄弱校教学质量;推广"一校带多点、一校带多校"的教学和教研组织模式,逐步使依托信息技术的"优质学校带薄弱学校、优秀教师带普通教师"模式制度化。大力推进"名师课堂"建设,充分发挥名师的示范、辐射和指导作用,以"名师工作室"等形式组织特级教师、教学名师与一定数量的教师结成网络研修共同体,提升广大教师的教学能力和水平。积极组织推进多种形式的信息化教学活动,鼓励教师利用信息技术创新教学模式,推动形成"课堂用、经常用、普遍用"的信息化教学新常态。创新推进"名校网络课堂"建设,各地教育行政部门要制定相关规定,鼓励、要求名校利用"名校网络课堂"带动一定数量的周边学校,使名校优质教育资源在更广范围内得到共享,让更多的学生享受到高质量的教育。

本县积极联合陕西师范大学、情系远山基金会开展"精准扶贫,共享优质资源,促进义务教育优质均衡发展"试点项目,使广大师生受益。另外,在此次调研活动走访碌曲县城关小学和尕秀小学时,调研团队还了解到,由于碌曲县是天津的对口支援县城,因此,双方对口学校会开展线上教学交流活动,以此来推动当地教学水平的提高。受此启发,西北民族大学调研团队还与碌曲县藏族中学拟达成了英语教师远程课堂指导项目等可以通过互联网提升教学质量的活动,使双方资源通过互联网充分发挥和使用。

(四)加快探索数字教育资源服务供给模式,有效提升数字教育资源服务水平与能力

碌曲县开展"一师一优课、一课一名师"等信息化教学推广活动,激发广大教师的教育智慧,不断生成和共享优质资源。

本县统筹用好国家网络云课堂、甘肃省智慧教育云平台"优课"

资源和本校的课堂实录、教学课件、微课等优质教学资源，通过多种形式提供给师生使用，对牧区部分不具备线上教学条件的师生不做硬性要求，但鼓励其使用教学平台、教学资源或 App 教学工具。同时，为广大教师积极举办各种活动，推动优质资源的生成和共享。例如，深入开展"随堂点课""一师一优课、一课一名师"活动，多次举办"课件大赛""同课异构""电子白板应用大赛"等，组织教师参加"一师一优课、一课一名师"活动，报名晒课教师 98 名，晒课 55 节，推进了信息技术与教育教学的全面深度融合。

（五）创新"网络学习空间人人通"建设与应用模式，从服务课堂学习拓展为支撑网络化的泛在学习

要积极利用成熟技术和平台，统筹推进实名制网络学习空间的建设与应用。空间要集成网络教学、资源推送、学籍管理、学习生涯记录等功能。要融合网络学习空间创新教学模式、学习模式、教研模式和教育资源的共建共享模式。鼓励教师应用网络学习空间开展备课授课、家校互动、网络研修、指导学生学习等活动；鼓励学生应用网络学习空间进行预习、作业、自测、拓展阅读、网络选修课等学习活动，养成自主管理、自主学习、自主服务的良好习惯；鼓励家长应用网络学习空间与学校、教师便捷沟通、互动，关注学生学习成长过程，有效引导学生科学使用空间。要实现学生学习过程、实践经历记录的网络学习空间呈现；依托网络学习空间逐步实现对学生日常学习情况的大数据采集和分析，优化教学模式，以"人人通"的广泛、深度应用进一步体现"校校通""班班通"的综合效能。

为了鼓励学生和教师适应网络学习和使用网络学习、备课等，全县组织中小学开展了一系列活动，例如，《"共抗疫情、爱国力行"主题宣传教育和网络文化成果征集活动》《第二十一届全国中小学电脑制作活动》《第十一届"中国移动和教育杯"全国教育技术论文征集活动》；举办了《碌曲县第六届中小学及幼儿园教师课件大赛》，并邀请天津市红桥区教育专家进行优秀作品评选。

2020 年，疫情期间网络学习发挥了巨大的作用，本县制定了《碌曲县教育系统疫情防控期间开展线上教学工作实施方案》，充分发挥"互联网＋教育"模式，统筹利用多种教育资源和各类网络技术平台，采取线上教学方式，确保疫情防控期间教育教学活动顺利进行。此次行动不仅推动了先进技术在学校中的广泛应用，还推动了家长和学生在家庭中的"网络学习空间"使用能力。

因此，这方面的应用也得到碌曲县的高度重视，在碌曲县教育事业"十四五"规划中专门提道：要引领推动网络学习空间建设与应用。组织开展多种形式的示范交流活动；开展校长领导力和教师应用力培训；宣传推广优秀学校网络学习空间应用普及成果和经验，引领全县学校加快推进网络学习空间建设与数字校园应用，使网络学习空间真正成为广大师生利用信息技术开展教与学活动的主阵地。另外，在重视发展的同时，还不断提到要重视规范数字校园建设，要依照教育部发布的《中小学数字校园建设规范》和《网络学习空间建设与应用指南》引导并规范数字校园建设与应用。充分发挥地方与学校的积极性与主动性，引导各级各类学校结合实际特色发展，开展数字校园建设与应用。

（六）深化信息技术与教育教学的融合发展，从服务教育教学拓展为服务育人全过程

碌曲县依托信息技术营造信息化教学环境，促进教学理念、教学模式和教学内容改革，推进信息技术在日常教学中的深入、广泛应用，适应信息时代对培养高素质人才的需求。面向未来培养高素质人才，教师能力是关键。要建立健全教师信息技术应用能力标准，将信息化教学能力培养纳入师范生培养课程体系，列入高校和中小学办学水平评估、校长考评的指标体系，将教师信息技术应用能力纳入教师培训必修学时（学分），将能力提升与学科教学培训紧密结合，有针对性地开展以深度融合信息技术为特点的课例和教学法的培训，培养教师利用信息技术开展学情分析与个性化教学的能力，增强教师在信息化环境下创新教育教学的能力，使信息化教学真正成为教师教学活动的常态。

碌曲县长期通过各类活动的开展，引导广大教师树立正确的教育观念，丰富、提高教学能力，引导钻研学科课程标准和教材，不断改进教学方法，创新课堂教学模式，实施素质教育，强化教学实效，提高教学质量，促进发展教师专业成长。

一是开展线上指导教学活动。会利用假期开展培训活动，例如，疫情期间通过教育系统微信群，印发《碌曲县教育科学研究室疫情防控期间学校线上教学教研工作的指导意见建议》，印发《碌曲县教育科学研究室关于各校既要明确当前线上教学教什么和怎么教又要不断探索开学后课堂教学与线上教育的有机结合的意见建议》，立足分析研究各校反馈的在线教学问题矛盾，给予合理解答建议。

二是抓课改提质量。聚焦课堂改革，深度融合现代信息技术，充分调动教师教和学生学的积极性，发挥全体学生的潜力和个性。加强县校两级教研机构建设，从配齐配强专兼职教研员方面入手；以县级月"教研动态"通报为抓手，指导服务及督促各校开展校本教研活动；开展各类"示范引领"型的县级教研活动，促进提高各校教育教学质量；开展"网络＋教研"的创新教研活动。通过在线点课、评课、议课等活动，指导服务各校强化课堂教学实效，提升教育教学质量。

（七）紧密结合国家战略需求，从服务教育自身拓展为服务国家经济社会发展

碌曲县教育信息化要更好地服务国家重大需求，在"一带一路""互联网＋"、大数据、信息惠民、智慧城市、精准扶贫等国家重大战略中发挥作用，提供广覆盖、多层次、高品质的公共服务，优化社会资源配置、创新公共服务供给模式、提升均等化普惠化水平，培育新型业态和新的经济增长点，在促进信息消费、提升基本公共服务水平、加强和创新社会管理、构建和谐社会等方面积极探索。

碌曲县在提升科技服务方面也开展了突破性的活动。碌曲县民生科技专项《扶贫攻坚电商＋扶贫》项目于2019年12月开始实施，总投资25万元，目前下拨资金10万元。计划建立健全5个乡镇级电子商务三级服务体系，截至2020年7月已经投入建设完成4个服务站点，服务站的相关资料已汇编完成。在乡级服务站举行大学生创业创新培训

500余人次,覆盖面积5个乡镇。

在其"十四五"规划中强调要进一步加强信息平台建设,整合科技资源,集成落地政策、完善服务模式、加强院地企合作,加快搭建科技创新平台,定期发布科技信息,为农牧民提供科技服务。

三 存在的问题与整改建议

(1) 碌曲县"双语"教学的学校占90.48%,由于没有可共享的资源平台,教学资源十分匮乏,教师的信息技术素养普遍较低,与课堂教学融合度不高,部分信息化设备更新换代较快无法正常使用,相对于城区,乡镇、农牧村学校信息化手段服务教学应用的水平呈逐级递减态势。

对该问题的建议:针对该部分内容,碌曲县应积极联系甘肃高校进行校校合作或者是联系高校教师支持其申报"互联网+"的公益项目,利用现有网络平台对信息化设备进行培训。

(2) 碌曲县地处青藏高原东部,境内大部分地区海拔为2900—4287米,年均气温为2.3℃,属于贫困县,县财力有限,人口基数少、生源不足,每个学校学生人数较少,不足百人学校(园)占全县各级各类学校总数的70%,每年按教育事业统计年报下达的学校公用经费严重不足,严重影响教育事业的发展。

从本调研报告的第二条第(七)项中可以看出,现代信息技术在经济发展方面有能起到的四两拨千斤的潜能。本调研小组在驾车开往尕秀小学和郎木寺小学的途中被沿途的风景深深吸引,由于工作繁忙,未能驻足观赏一二确实感觉很遗憾,也萌生了要再次前往的想法。由此可见,碌曲风光的美貌。县政府和州政府应积极突破性地使用网络,积极研究、寻找国家优惠政策中诞生的公益平台和公益项目,借其智慧、经验、眼界或平台发展绿色有机产品,发展绿色旅游业等。相信,美丽的碌曲会成为甘南的名片、甘肃的名片。

(3) 碌曲县教育信息化工作队伍力量薄弱,目前仅有专业计算机教师18人,部分教育信息化设备陈旧老化,无法正常使用,学校原有电网及变压器无法满足学校用电需求，需进一步加大对学校信息化设施设备的更新换代及电网改造。

针对该问题，县政府已经在积极地向州政府反映，希望其能够调配资源统筹解决。

（4）目前，碌曲县没有职业教育，但是随着产业发展、农牧产业升级对职业教育的需求越来越大。建议充分利用国家对职业教育大力支持和扶持的契机，申请职业教育数字资源试点专项，国家示范性职业学校数字化资源共建共享计划等，推动职业院校广泛应用。

（5）虽然碌曲县在推进信息化对教学的助力方面取得了相当显著的成果和进步，但是其学校与学校之间的差距还是很明显的，建议其通过活动、活动与考评挂钩、活动与职称挂钩等，进一步对其进行推进和推广。

结　语

当前，云计算、大数据、物联网、移动计算等新技术逐步广泛应用，经济社会各行业信息化步伐不断加快，社会整体信息化程度不断加深，信息技术对教育的革命性影响日趋明显。党中央、国务院对网络安全和信息化工作的重视程度前所未有，"互联网+"行动计划、促进大数据发展行动纲要等有关政策密集出台，信息化已成为国家战略，教育信息化正迎来重大历史发展机遇。

碌曲县在过去的工作中扎实地落实国家的大政方针，以可触及的方法进行各项教育信息化事业的推进。为祖国的一方水土培育出了许多优秀的教师、优秀的人才。与此同时，从"十四五"教育规划中还可以看到，碌曲县明确了"教育信息化是实现教育现代化的基础，可以实现信息互通、资源共享，对于提升教育水平、促进教育均衡具有极其重要的作用，可以弥补薄弱学校、边远学校师资不足、课程不全等问题"。并提出了坚持以信息化建设为重点，提升教育现代化水平；锐意推进教育体制机制改革，着力提升教育质量，着力促进教育公平，以人民满意的教育工作成效，为碌曲县教育事业的快速均衡发展而不懈奋斗的目标。

调研团队的所见所闻让我们有理由相信,踏实、勤劳、创新的碌曲政府和教育界一定会与时俱进,为碌曲的未来插上科技的翅膀,带其高飞、带其领略更多的美好!

甘南藏族自治州碌曲县中小学师德师风建设调研报告

栗 晨 周 倩[*]

西北民族大学外国语学院 甘肃兰州 730030

摘 要：支持和关心民族地区基础教育改革与发展是民族院校应尽的职责和义务。本次调研的对象是甘南藏族自治州碌曲县的七所中小学师德师风的建设情况。通过实践活动，体现送教下乡、关怀师生、联络感情、增进友谊的精神；达到互相交流、现身说法、掌握情况、提高素质的目的。调研方法为与当地教育部门、学校、教师、学生广泛接触，听取情况介绍，进行座谈交流，举办专题讲座，参观典型学校、开展观摩教学，观看学生展演等。通过调研，总结了七所中小学在师德师风建设方面的亮点。其中，以碌曲县藏族中学最为突出，具体体现在四个方面："三心"与"三信"的教育理念；推行"德育五步法"；鼓励教师发展；以及坚持教学反思。最后将贡校长的笔记摘抄和藏族中学学生写给贡校长的信作为附件，从侧面展示碌曲县藏族中学"师德师风"发展的成果。

关键词：民族地区；师德师风建设；调研报告

引 言

教育部百年大计，教育为本，教育大计，教师为本。努力培养造就

---

[*] 作者简介：栗晨，女，西北民族大学外国语学院讲师，英国谢菲尔德大学硕士，主要研究方向为语言与文化。电话：18419702386；Email：260039337@99.com。周倩，女，西北民族大学外国语学院副教授，西北民族大学博士。

一大批一流教师，不断提高教师队伍整体素质，是当前和今后一段时间我国教育事业发展的紧迫任务。

"做好老师，要有道德情操。"老师的人格力量和人格魅力是成功教育的重要条件。"师也者，教之以事而喻诸德者也。"老师对学生的影响，离不开老师的学识和能力，更离不开老师为人处世、爱国利民、持有奉献精神的价值观，担当起立德树人的责任，具有率先垂范、以身作则，引导和帮助学生树立远大的理想目标，把握美好人生方向。

"做好老师，要有仁爱之心。"教育是一门"仁而爱人"的事业，爱是教育的灵魂，没有爱就没有教育。好老师应该是仁师，没有爱心的人不可能成为好老师。高尔基说："谁爱孩子，孩子就爱谁。只有爱孩子的人，他才可以教育孩子。"教育风格可以各显身手，但爱是永恒的主题。爱心是学生打开知识之门、启迪心智的开始；爱心能够滋润浇开学生美丽的心灵之花。老师的爱，既包括爱岗位、爱学生，也包括爱一切美好的事物。

老师还要具有尊重学生、理解学生、宽容学生的品质。离开了尊重、理解、宽容同样谈不上教育。"学而不厌、诲人不倦"，有教无类，因材施教，教也多术，就是要求老师具有尊重、理解、宽容的品质。这本身就是一种伟大的教育力量。受到尊重、得到理解、得到宽容，是每一个人在人生各阶段都不可缺少的心理需要，儿童和青少年更是如此。一些调查材料反映，尊重学生越来越成为好老师的重要标准。好老师应该懂得既尊重学生，使学生充满自信、昂首挺胸，又通过尊重学生的言传身教教育学生尊重他人。

作为民族院校，支持和关心民族地区基础教育改革与发展是我们应尽的职责和义务。为了学习贯彻习近平总书记关于教育的重要论述和全国教育大会精神，本团队确立进行了"碌曲县中小学师德师风建设调研"活动。

一　调研活动的目标任务和基本方法

本次调研活动以甘肃省甘南藏族自治州碌曲县为目标，组织专门团队，由 13 人组成。调研活动于 2021 年 7 月 5—8 日进行。

（一）目标任务

调研碌曲县 7 所中小学（小学 5 所，中学 2 所）的师德师风建设情况，深入到每一所学校开展活动。通过实践活动，体现送教下乡、关怀师生、联络感情、增进友谊的精神；达到互相交流、现身说法、掌握情况、提高素质的目的。

（二）工作方法

与当地教育部门、学校、教师、学生广泛接触，听取情况介绍，进行座谈交流，举办专题讲座，参观典型学校、开展观摩教学，观看学生展演。通过有效的活动，基本上达到了预想的目的。

二 碌曲县中小学师德师风建设调研总况

（一）教师队伍思想政治工作建设良好

教师团队能做到坚持思想铸魂，用习近平总书记"新时代中国特色社会主义思想"武装教师头脑，开展习近平新时代中国特色社会主义思想系统化、常态化学习，重点加强习近平总书记关于教育的重要论述的学习，自觉用"四个意识"导航，用"四个自信"强基，用"两个维护"铸魂。对中国特色社会主义的政治认同、思想认同、理论认同、情感认同。

教师党支部成为涵养师德师风的重要平台。学校通过组织集中学习、定期开展主题党日活动、经常开展谈心谈话、组织党员教师与非党员教师结对联系，充分发挥教师党支部的战斗堡垒作用和党员教师的先锋模范作用。

（二）碌曲县中小学在师德师风建设中各有亮点

1. 碌曲县中学

该校是一所普通类半寄宿制完全中学。学校因缺少后勤管理人员，老师自愿承担食堂、宿舍的管理工作，不计回报，无怨无悔——在教学中为学生传递知识，在生活中照顾学生的起居。

通过与该校学生的沟通，他们普遍反映感谢老师的付出，认为老师辛苦了。这种以身作则、甘愿奉献的教师精神潜移默化地影响着孩子们的品格。

2. 碌曲藏族小学（民族类）

该校是一所半寄宿制小学。教师们牺牲自己的课余时间，群策群力为学生们举办各类社团活动，丰富学生的寄宿生活，缓解寄宿学生的想家情绪。教师根据自身特长，开办社团多达二十多个，如音乐社团、美术社团、雕塑社团、书法社团……美术每周二、四下午利用 40 分钟让学生全部参加社团活动。学生的作品被展示在特定的区域，装饰美化了校园，也肯定了学生的努力与工作，这增进了师生凝聚力，加强了学生爱校如家的情怀。丰富的社团活动拓宽了孩子们的眼界，提升了动手能力，缓解了学业压力，从而能够更好地进行学习。

作为一所民族类学校，如何提升学生们的汉语水平也是老师们日常工作的一大重点。教师们积极主动参与对课程改革的研究以及"全国通用语言文字"校内培训。培训效果明显，成效理想，学生因课改对成绩的影响逐渐消除，学生的汉语水平也日渐提升。除此之外，教师们鼓励学生加大阅读经典图书从而提升汉语水平；教室和寝室都设有图书角，同时设立图书日，每周抽出两个下午组织学生进行图书阅览，全面提升学生阅读能力。在阅读过程中，老师们会定期与学生沟通，讨论书本内容，并分享自己的人生经验，亦师亦友。

碌曲藏族小学将立德树人融合在了教学环境的每一处——教学楼内分别设有特色彩色双语走廊：民俗文化走廊（绿色）、文明礼仪走廊（红色）、名人名言走廊（黄色）、阅读走廊（蓝色）；除此之外，还设立民族团结进步创建工作室。

3. 碌曲县城关小学（普通类）

该校紧抓"五育并举"，部分教师自发兼职为学生开展爱国主义教育——道德与法治专项课程，除此之外在其他课程的前五分钟，都会为学生分享时事热点，社会新闻，知识拓展等与学生息息相关的知识，开阔学生视野的同时，有机地进行爱国主义教育。学校还设立众多社团（音乐2个、体育2个、美术1个）。开设劳动课程（打扫卫生，捡垃圾）。在劳动课程中教育孩子们爱护校园，热爱家乡，保护环境，渗透"五无甘南"全域无垃圾的思想教育。课前五分钟进行思想教育。

4. 尕秀小学

该校是一所双语半寄宿制完全小学。拥有社团7个（篮球、足球、舞蹈、书法、民俗弹唱、藏戏、电子琴），均为教师兼职举办。该校的生源主要来自三个自然村，孩子们有时候会有想家和不适应的情况发生。学校建立了心理健康咨询室，虽然没有专业老师，但是老师们都会积极主动帮助学生解决情绪问题，排解学习压力。由于学校门口没有斑马线，学生过马路成了一大安全隐患，教师们会叮嘱并引导孩子安全过马路，安全上下学，努力地保护着学生们的身心健康。除此之外，由于管理人员的欠缺，教师们轮流兼职管理工作，为教学的顺利进行奉献个人的力量。

5. 尕海镇中心小学

该校是一所寄宿制小学，200多名学生全部住在校内。该校开设劳动课，教师起到积极的带头作用，带领学生在草原上进行义务劳动，帮助牧民、清理垃圾等，强化了学生的劳动意识与爱家爱国的思想情怀。该校还聘有专业的思政课教师，思政教育效果明显。

由于住宿条件有限，存在高年级和低年级合住的现象，导致很多孩子产生心理不适应的情况。为了解决这一问题，该校教师积极寻找校外合作，如邀请3名来自上海志愿者在心理健康方面对教师和学生进行培训和疏导。

6. 郎木寺镇中心小学

该校是一所藏、汉、英三语类教学的"双轨"寄宿制小学。该校教师以教研组为单位（藏语文、汉语文、数学、英语和音体美教研组）积极研发适合学生们的社团活动，创立了藏戏、舞蹈、手工制作、音乐、书法和导游社团。其中导游社团极具特色，教师带领学生探寻家乡之美，教导学生挖掘家乡文化与中国文化，为宣传美丽甘南、多彩甘南培养人才。

该校办公资源紧张，虽然只有 4 间办公室，教师用房紧张，但是教师们从不抱怨，在与一位教师沟通时他表示，只要能为孩子们做一些力所能及的事情，这些困难他们都能够克服。

7. 碌曲县藏族中学

碌曲县藏族中学是一所以藏族为主、以寄宿制为主的完全中学。该校校长贡去乎才旦工作兢兢业业，甘于奉献，以身作则，向我们展示了"师德师风"建设的至高典范。具体体现在以下四个方面。

第一，信奉与实践"三心"与"三信"的教育理念。

贡校长时常叮嘱藏中的老师们要有"三心"和"三信"。"三心"是指教师要有"耐心""爱心"与"信心"；"三信"是指"学生信任老师""老师信任学生""师生信任学校"。

贡校长的"三心"体现在他对学生浓浓的爱与关怀中。每天凌晨 5：30 的早自习，学生们都会看到贡校长穿梭在教室间的身影。他有时候会询问学生们的学习情况和生活情况，有时候只是默默无言。这种无声的陪伴，无形中给予了莘莘学子无限的力量。一名学生向调研团队反映，高考的时候真的很辛苦，五点多摸黑起床很难受，但是一想到贡校长这样坚持了几十年，他就觉得没有放弃的理由。

贡校长罗列了十类困难学生，有学习基础较为薄弱的劝返僧童、留守儿童、经济困难家庭、单亲家庭、残疾儿童等。他根据每个孩子的困难，与任课教师们一起沟通并给予关怀与帮助。藏中的孩子们都叫他"校长爸爸"，这一声"爸爸"包含了学生对贡校长的爱戴和感恩之情。

毕业多年，很多学子走出了草原，还有很多留在了家乡。走出草原的孩子，定期会和贡校长视频通话，或者写信交流，他们一次又一次地表达对藏中的感谢，并在祖国的大江南北，将淳朴和坚韧的"藏中精神"延续下去。留下来的孩子，有的像贡校长一样，成为藏中的教师。在与一位藏中毕业的英语教师沟通时询问他为什么选择在藏中任教，他说这就是榜样的力量，他发自内心地崇拜和敬爱贡校长，并且愿意贡献自己的一己之力，像贡校长一样，帮助和培养更多的学生。

贡校长的"三信"理念表现在他鼓励教师和学生们要自信与互信。他常说虽然甘南的经济发展没有大城市快，生活资源没有大城市多，但是草原的孩子更懂得怎么在辽阔的土地上奔跑。只要有一颗相信的心，就能够不断进步，超越自己。作为一名藏中的毕业生，他总是向同事们分享自己对于这片土地的热爱。正是因为相信的力量，才能让他无怨无悔地扎根与守候。正因为相信的力量，才能看到每一个孩子身上的光芒，培养出一批批优秀的学子。

第二，推行"德育五步法"。

贡校长在教师团队中反复强调和推行"德育五步法"即"一个根本""两个阵地""三项措施""四个教育"以及"五分钟教育"。

"一个根本"是指将立德树人作为教师教学工作中的核心，在为学生讲授课本知识的时候，将善良友爱的种子播种在每一个学生心间，把学生培养成爱祖国、爱家乡、爱人民的"三有"好少年。他时常告诫教师，草原上环境艰苦，但是党和政府一直在关注和帮助我们的教育发展；我们要告诉学生们永怀感恩之心，"斯是陋室，惟吾德馨"。

"两个阵地"是指坚持开好"周会课"和"思政课"。贡校长坚信课堂是立德树人的重要平台，每周一次的周会课是教师帮助学生总结问题、解决问题的好时机。藏中的思政课程使用通用教材，普通话授课，知识讲解与课堂互动结合良好，寓教于乐。

"三项措施"是指"藏汉英"三语经典诵读。贡校长遵循费孝通先生中华民族"多元一体化格局"思想。藏语的经典诵读让孩子们更了解自己的家乡；中文的经典诵读是民族团结、文化自信的实践；英语的诵读让学生放眼世界，开拓格局。

"四个教育"是指品德教育、养成教育、知识教育以及技能教育。贡校长认为在所有的教育中，"品德"先行。无论是对教师团体还是学生团体，他都这样要求。他以身作则，一言一行如盐化水、润物无声。

"五分钟教育"是指保证每堂课课前五分钟德育教育，贡校长要求教育的素材多样化、生活化，不能生搬硬套，要结合学生的实际情况开展。

第三，深入教师群体，帮助教师发展。

贡校长关注每一位教师的职业规划与发展，深入了解教师们的教学工作以及日常生活。几乎每一次的教研活动他都会参与，比如教导处开展"点课"工作时,他都会旁听,并认真记录教师的讲课亮点和不足,课后及时给予反馈,帮助教师进步。

除了校内活动之外,他还积极地为教师们争取各种培训与进步的机会,比如和本科研团队达成了"一对一"或"一对二"的教师帮扶计划。我们从侧面得知,贡校长在藏中任职的几十年间,放弃了很多荣誉和晋升的机会,都让给了其他的教师。他总是体恤着他人的难处,以淡泊名利、无私奉献的精神,感染着藏中的每一位师生。

他鼓励教师们多读书的同时也要多实践。他教导教师们,对草原上的孩子来说,读书是最好的出路。这个出路不光是找一个好工作,更是更加全面地、深刻地认识这个世界。对教师来说,也是一样的。只有多读书、读好书,才能不断丰富自己的知识储备,提升自己的内涵,给学生带去更为丰富的知识和人生经验。

第四,坚持教育反思。

贡去乎才旦校长88本高高垒起的工作笔记中记录了他对教育管理过程的教育反思和经验总结。笔记内容大致分为两部分,藏语笔记基本都是校长在近几年毕业典礼和教师节庆祝大会上的发言稿,另一部分汉语笔记基本都是学校例会上的讲话内容,其中包括需要向全体师生传达的上级文件指示和学校常规管理中发现的各类问题,以及对学生在信件中向校长提出或反映的问题做出的答复,此外还有一些是读书摘抄和心得。

在这些笔记中我们看到了一位全身心致力于民族教育事业的教育工作者对教育工作的孜孜不倦和满腔热忱。每一本笔记中除了记录日常教学管理中需要传达的上级文件指示和需要特别强调师生们完成的工作学习内容外,还有认真准备过的大小会议上的发言稿和一些积极向上的中外名人语录和读书心得。

随访的教师粗略地浏览了部分笔记内容,读到了校长针对近期学生来信中所提出问题的一一回复,以及学校相关人员组织讨论后的解决方案,其具体内容细微到某个楼道或教室里有老鼠出入等。

在碌曲藏中学生的德育始终被视为"以人为本"的教育扎根的基础,以贡校长为首的两百多名教师在贯彻和执行国家各项教育政策的同时把"立德树人"作为学校教育的核心。

贡校长提出碌曲县藏族中学的"三优"目标,即学校校风优、教师教风优、学生品德优。

藏中的师德师风建设不仅在甘南藏族自治州成为典范,更是教育界的典范。贡校长以其朴实无华、无私奉献的精神感染着藏中的师生,也震撼了科研团队教师们的心灵。教育部指出师德师风建设应树立"教师典范",贡去乎才旦校长当之无愧。

附录:贡去乎才旦校长笔记与信件摘要

笔记摘录

(1)"勿以善小而不为,勿以恶小而为之",无论是环境保护还是助人为乐,我们都应该从身边的小事做起,扶起倒地的栏杆,捡起脚下的纸屑,都是我们应该养成的良好习惯。

(2)做教师就要执着于教书育人,有热爱教育的定力、淡泊名利的坚守。作为教师,我们要干一行爱一行,不看轻自己的职业,不羡慕他人的资产,我们要以自己崇高的理想为后盾,秉持利他与仁爱之心,为所有师生的美好明天而并肩努力。

书信内容

在贡校长办公室的文件柜中保留了上千份学生信件,其中有在校生的日常信件、毕业生感谢信和往届毕业生的问候寄语。不少学生都抒发了同样的情感:

"选择碌曲藏中是我最正确的选择,在这里我遇到了最好的教育、最好的教师。感恩母校领导及教师对自己无微不至的关怀和照顾。"

"感谢校长爸爸给寄宿和留守的孩子们亲情般的温暖;是您的教导让我们成为有抱负、有理想的好少年。"

"无论我今后去向哪里,都不忘您的谆谆教诲。"

"我们也是支持您工作的坚实力量,只要您需要我们,我们都风雨无阻地奔向您。"

还有信件提出了学校日常教学管理中的一些问题，如学习任务繁重，休息时间不够；学生学习压力和负面情绪的问题；以及学生之间矛盾纠纷问题和师生关系问题等。贡校长针对学生提出的问题在学校周总结大会上都会做认真的回复，及时解决学生面临的困惑和疑问，这让学生们深刻感受到了"爱校如家，爱生如子"的工作态度，并对贡校长给予了高度的评价，被称为"校长爸爸"。贡校长自然成为整个藏中师生的精神支柱和引路人。